principle of Futures Studies

미래학원론

미래연구·미래전략 입문서

안종배 국제미래학회 회장 저

박영사

▍미래학원론 출간에 부쳐 ▍

"미래는 준비하는 자의 것이고, 성공은 실천하는 자의 것이다"라는 미래학자 피터 슈워츠의 경구가 현실이 되고 있다. 국가·기업·기관·개인을 막론해 급변하는 미래사회를 예측하고 이에 대응하는 미래전략을 입안하여 실천하는 것은 미래 지속 발전을 넘어서 생존의 문제가 되고 있다.

이는 미래학이 발전하여 미래연구 및 미래전략이 활발히 진행되고 있는 미국·독일·일본·핀란드 등 해외 선진국 및 중국의 최근 발전과 구글·애플·삼성 등 글로벌 기업의 지속성장 그리고 빌 게이츠·스티브 잡스·손정의 등의 미래사업전략에서 성공적인 사례를 볼 수 있다.

반면 미래학 및 미래연구와 미래전략이 부재하거나 취약한 한국·이탈리아·그리스 및 중남미의 나라들처럼 한때 부흥하였으나 최근 어려워지고 있는 국가 상황 그리고 코닥·노키아 휴대폰사업 등 글로벌 공룡기업들의 몰락 등을 통해 미래 대응 실패가 지속발전을 어렵게 하고 생존에도 영향을 미침을 볼 수 있다.

저자는 15년 전부터 짐 데이토, 제롬 글렌, 티모스 맥, 존 나이비스트 등 미래학자들과 교류하며 2007년엔 한국에 전 세계 미래학자들을 초빙하여 국제미래학회를 국내에 본부를 두고 설립하였고, 국내에 미래학과 미래예측연구방법을 소개해왔다.

하지만 해외 선진국들이 미래연구와 미래전략의 기반이 되는 미래학을 오래 전부터 대학과 기관에서 활성화하고 있는 반면에 한국은 아직 미래학이 뿌리를 내리지 못하고 있는 현실이다.

이에 저자는 10년 전부터 국내 미래학의 초석이 될 미래학원론을 집필해야겠다고 결심하고 그동안 미래학 관련 다양한 자료수집과 국내의 미래학자들과 교류를 통한 미래연구, 미래전략 방법과 통찰력을 익혀 왔다. 마침 2019년 연구년을 맞아 그동안 수집한 방대한 자료와 연구결과를 토대로 1년 동안 미래학원론을 집중하여 집필하였고 이제 11년간 노력의 결실로 국내 최초의 『미래학원론』인 미래연구·미래전략 입문서를 출간하게 되었다.

본서는 미래에 관심 있는 누구나 정독하면 미래를 보는 눈을 갖출 수 있고 미래 전략을 입안할 수 있게 이해하기 쉽고 재미있게 저술하였다.

『미래학원론』은 1부에서는 미래학에 대한 이해를 갖출 수 있도록 미래학의 성격과 특성, 미래학의 역사, 한국의 미래학을 담았다.

2부에서는 미래학의 필요성과 중요성을 이해할 수 있도록 미래예측과 미래전략으로 성공한 사례와 실패한 사례, 한국의 미래예측·미래전략 성공사례, 중국의 사례 및 영국 수상 윈스터 처칠의 미래예측, 삼성반도체의 미래예측전략 등을 다루었다.

3부에서는 미래학 연구학파의 종류와 성격을 이해할 수 있도록 전 세계 대표적인 5개의 미래학파의 특성과 각각을 대표하는 미래학자들을 소개하였다.

4부에서는 미래예측 연구 프로세스를 이해하도록 미래예측연구 프레임워크, 미래예측방법론의 종류와 분류를 소개하였다.

5부에서는 주요 미래예측 방법론을 이해하고 실제 활용할 수 있도록 12개의 미래예측방법론을 구체적으로 설명하였다. 미래예측 용도에 따라 사회미래예측, 기술미래예측, 산업미래예측, 환경미래예측, 정책미래예측, 대안적미래예측 방법론으로 구분하여 이해하기 쉽게 소개하였다.

6부에서는 미래예측방법론을 활용한 미래연구와 미래전략 수립을 실전적으로 수행하는 프로세스를 담고 있다. 비져닝 워크숍으로 미래전략 수립 주제 도출하기, 주제별 환경 변화 STEEP분석하기, SWOT 전략 입안하기, 미래전략수립 캔버스 작성하기를 담고 있다.

7부에서는 주요 선진 국가의 미래전략 기구를 소개하였다. 행정부주도형 국가미래전략기구로 미국·프랑스·영국·싱가폴의 사례를 소개하고, 입법부 주도형 국가미래전략 사례로 핀란드 사례, 사회적 대화형 국가미래전략기구로 독일의 사례를 이해하기 쉽고 구체적으로 소개하였다.

미래학원론 : 미래연구·미래전략 입문서

8부에서는 미래학을 어디서 무엇을 공부하는지 담았다. 미래학 교과목 내용과 미래학을 통해 함양하는 역량, 세계의 미래학 정규 학위대학교, 미래연구기관의 미래전문가 양성과정들을 구체적으로 설명하였다.

9부에서는 미래학에서 윤리의 중요성과 활동 현황을 담았다. 미국과 유럽연합의 미래 윤리 활동, 국내의 미래 윤리 활동, 미래사회 윤리의 중요성을 SF영화 8편을 통해 재미있게 살펴보았다.

10부에서는 미래학 및 미래연구의 주요 메가트렌드 이슈를 A부터 J까지 10가지를 이해하기 쉽게 설명하였다. 즉, Ageing(저출산·고령화), Bio Revolution(바이오혁명), Climat Change(기후변화, 신재생에너지), Digital AI World(디지털 초지능세상), Education Revolution(교육혁명), Feeling & Spirituality Era(감성과 영성), Global 4.0(개인의 글로벌화), Heath Life Care(건강한 삶 관리), Internet Everywhere(만물지능인터넷), Job Revolution(일자리혁명)을 소개하였다.

11부에서는 미래학과 미래연구에서 사용되는 주요 용어의 개념을 담았다. 미래학·미래연구의 일반용어 개념, 미래예측방법론 용어 개념, 4차산업혁명 용어 개념과 미래연구기관을 소개하는 사이트 정보를 담고 있다.

12부에서는 미래학 석학과의 대화를 담았다. 그동안 저자가 교류해 온 세계적인 미래학자인 짐 데이토 하와이대 교수, 토마스 프레이 다빈치연구소 소장, 호세 코데이로 싱귤래리티대학교 교수, 시르카 하이노넨 핀란드 터쿠대 교수, 실리콘 밸리의 브록 힌즈만 의장과의 인터뷰를 통해 그들의 미래연구와 미래예측 전망에 대한 식견을 소개하였다.

본서는 미래연구와 미래전략의 입문서로서 심도있게 일독하면 미래사회를 이해하고 미래변화를 예측하여 미래전략을 수립할 수 있게 되며 미래를 꿰뚫어 볼 수 있는 시각을 갖게 될 것이다.

본서는 미래학 연구자뿐만 아니라 미래변화를 읽고 미래대응 전략을 입안하기 원하는 누구나에게 유익한 지침서가 될 것이다.

본서를 통해 국내 미래학의 기반이 더욱 굳건해지고 미래변화(change)를 예측하여 이에 도전적(challenge)으로 대응해 위기를 기회(chance)로 만드는 미래전략을 입안하고 실행하는 차(Change) 차(Challerge) 차(Chance) 전략을 수행하는 지혜를 갖는 데 도움이 되길 바란다.

본서의 집필은 필자가 15년 전부터 교류해 온 미래학자 및 국제미래학회 위원님들의 식견과 도움으로 가능하였다. 먼저 그분들께 감사드린다. 또한 본서의 편집과 출판을 총괄한 박영사의 임직원들에게도 감사드린다. 그리고 저자가 본서를 집중 집필하는 1년 동안 물심양면으로 힘이 되어 준 가족인 아내 박금선, 딸 안나혜, 아들 안준범에게도 고마움을 전한다.

2020년 1월 11일

북한산 백운대의 밝은 햇살을 바라보며

안종배 국제미래학회 회장 / 한세대학교 교수

▌미래학원론 **추천의 글**▌

진대제
스카이레이크
인베스트먼트 회장
(전 정보통신부 장관)

「미래학원론」은 저자의 15년간의 미래학에 대한 폭넓은 이해와 식견을 토대로 미래를 조망했다. 저자는 4차 산업혁명으로 다변화되는 현실에서 전 산업 업무 종사자들에게 미래에 대한 귀한 인사이트를 제공하고 있다. 급변하는 미래를 꿰뚫어보며 미래 시나리오를 입안하고, 바람직한 미래를 만들기 위한 미래 전략을 수립할 수 있도록 본서는 우리에게 미래학의 기본 원리와 유용한 사례 및 실전적 미래예측 전략 방법을 제시하고 있다.

김광두
국가미래연구원 원장
(전 국민경제자문회의
부의장)

미래학이라는 학문에 대해 미래학의 특성과 역사, 미래예측과 미래전략 수립 방법, 미래학 학습 영역과 미래연구 이슈, 미래연구 윤리와 미래학 석학의 인사이트 등 미래학의 모든 영역을 아울러 체계화한 저서이다. 본서는 10년, 20년의 긴 세월이 흘러도 미래학이라는 학문을 알기 위해서는 다시 찾을 수밖에 없는 핵심 집약서이다. 급변하는 미래사회와 국제정세로 한 치 앞을 보기 힘든 상황에서 저자가 제시한 미래학은 깜깜한 숲길에 앞길을 비추는 한줄기 빛이 될 것이다.

▌미래학원론 **추천의 글** ▌

이영탁
세계미래포럼 이사장

미래에 대한 이해와 준비는 앞으로 생존과 미래 번영을 위한 필수 요건이 되고 있다. 「미래학원론」은 미래학의 기본 개념에서 시작하여 미래학파와 미래연구 프로세스, 미래예측방법론, 미래전략 수립 실전, 미래전략기구 운영 현황, 미래연구의 주요 메가트렌드 이슈에 이르기까지 미래학 관련 지식 및 최근 추이를 총망라하고 있다. 이 책을 통해 인류와 국가, 기업 및 기관의 미래 문제해결 방안과 개인의 지속가능에 기여하는 미래학의 매력을 느낄 수 있을 것이다.

조동성
국립인천대학교 총장

이 책은 우리가 그간 막연히 알았던 미래학에 대해 보다 구체적이고 깊은 이해를 위한 초석을 제공하고 있다. 그동안 국내에 미래학과 미래연구 및 미래전략에 대해 이와 같이 심도 깊은 논의와 청사진을 제시한 책은 없었다. 총 12개 챕터로 이루어진 「미래학원론」을 읽다 보면, 미래를 보는 시각을 갖추고 미래학에 한발 더 다가선 자신을 확인할 수 있을 것이다.

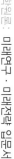

미래학원론: 미래연구 · 미래전략 입문서

▌미래학원론 추천의 글 ▌

이남식
서울예술대학교 총장

「미래학원론」은 미래학, 4차산업혁명, 미래 윤리, 미래성공학, 미디어 미래, 스마트 콘텐츠, 디지털 마케팅 등을 국내 최초로 연구해온 국제미래학회 회장 안종배 교수의 필생의 역작이다. 15년간 해외 및 국내의 미래학, 미래연구 석학들과의 지속적인 교류와 수십 차례 미래학 학술대회를 주관했던 저자의 경험을 통해, 「미래학원론」에서는 미래를 보는 눈을 가질 수 있는 미래연구와 미래전략 방법을 소개하고 미래학 석학들과의 대화를 제시하며, 미래 한국의 메가트렌드를 제시하고 있다. 미래 변화를 예측하고 미래에 효과적으로 대응할 수 있는 식견을 갖추기 위한 최적의 지침서가 될 것이다.

이광형
카이스트 부총장
(문술미래전략대학원
초대원장)

「미래학원론」은 모든 대한민국 사람들에게 미래를 꿰뚫어볼 수 있도록 도움을 주는 필독서로 추천하고 싶은 책이다. 이 책은 미래예측과 미래전략을 입안하기 위한 미래연구를 쉽게 이해하고 실전에 응용할 수 있게 한다. 또한 이 책은 미래를 보고 미래전략을 입안할 수 있는 식견을 갖추게 한다. 그리고 미래사회 변화의 배경이 되는 주요 메가트렌드 이슈를 다루어 가까운 미래뿐 아니라 먼 미래에 이르기까지 우리가 나아가야 할 방향을 제시하고 있다.

▌미래학원론 세부 목차 ▌

PART 1 미래학이란 무엇인가?

PART 2 미래학은 왜 중요한가?

미래학원론 : 미래연구 · 미래전략 입문서

PART 4   미래예측 연구는 어떻게 하는가?

미래학원론 : 미래연구·미래전략 입문서

목차

미래학원론: 미래연구 · 미래전략 입문서

미래학원론: 미래연구 · 미래전략 입문서

목차

PART 8   미래학은 무엇을 어디서 공부하나?

미래학원론 : 미래연구·미래전략 입문서

목차

미래학원론: 미래연구·미래전략 입문서

목차

목차

PART 11 미래학 & 미래연구 용어 개념

PART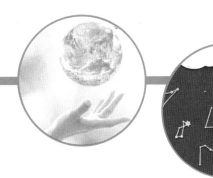

미래학이란
무엇인가?

미래학원론 : 미래연구 · 미래전략 입문서

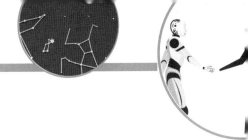

PART 1
미래학[1]이란 무엇인가?

　　미래는 모든 사람들이 관심을 가지고 있지만, 미래는 특정한 사람만의 전유물로 생각되어 왔다. 누군가는 미래를 인간의 영역이 아니라 신의 영역으로 생각하기도 한다. 점성술사, 점쟁이 또는 종교의 지도자들이 신의 대리인으로 미래를 알려준다고 생각한다. 또한 누군가는 미래를 고도의 전문 분야라 일반인은 근접하기 힘든 영역으로 생각하기도 한다. 그래서 특정한 재능을 천부적으로 가진 미래학자만이 미래를 진단하고 예측할 수 있고 일반인은 이를 단지 배우고 수용하는 것이라 생각한다.

　　하지만 모든 인간은 누구나 미래에 대해 생각하고, 미래에 대해 대비하려 하고 있다. 특히 세상의 변화가 크고 빨라질수록 미래에 대해 더욱 관심이 높아지고 나름 미래를 예측하여 준비하려 노력하고 있다. 이러한 미래에 대한 예측과 대비는 개인 차원뿐만 아니라, 기업이나 기관, 국가, 인류 사회 등 모든 영역과 차원에서 점점 중요해지고 있다. 따라서 이러한 미래를 예측하고 이에 대비하는 전략과 방안을 고안하기 위해 미래학에 대한 관심이 높아지고 있다. 한편 미래학을 통해 미래예측 방법을 배워 적용하면, 누구나 미래를 나름 예측하고 전략을 입안할 수 있다는 것을 알게 되었다.

출처: https://images.app.goo.gl/bXKYsQCLduXECeMU8

1　미래학은 영어로 futures studies 또는 futurology로 표기된다.

I 미래학의 개념

　　위키피디아에서는 다음과 같이 미래학을 정의하고 있다. 미래학(未來學, futures studies, futurology)은 가능성 있는, 개연성 있는 그리고 더 나은 미래를 상정하고 이를 기저로 하는 세계관이나 신화에 대해 연구하는 학문이다. 또한 미래학은 과거 또는 현재의 상황을 바탕으로 미래사회의 모습을 예측하고, 그 모델을 제공하는 학문으로 정의되기도 한다.[2] 미래학은 예술인지 과학인지에 관하여 이견이 있으며 일반적으로 사회과학의 한 갈래와 역사의 또 다른 분야로 일컬어진다. 역사는 과거를 연구하고, 미래학은 미래를 생각한다. 미래학은 무엇이 지속되기에 개연성이 있는지 또 무엇이 그럴싸하게 바뀔 수 있는지에 대해 이해하기 위해, 학문의 분야와 같이 체계적으로 보고 과거와 현재의 패턴을 기반으로 한 이해와 미래의 사건과 트렌드의 존재 가능성을 알아낸다. 좀 더 좁게, 더 명시적으로 연구되는 물리학과 다르게 미래학은 세계의 체계를 더 크게, 더 복잡하게 이해한다.

▼ 그림 1-1 미래전문 이정문 만화가의 미래학 개념

출처: 이정문 화백이 '미래학원론' 출간 기념으로 필자에게 제공.

2　두산백과사전의 미래학 정의이다.

영어 사전[3]에서는 미래학은 지금 일어나는 일들을 기반으로 앞으로 일어날 일들을 예측하는 연구 활동(Futurology is the activity of trying to predict what is going to happen, on the basis of facts about what is happening now.)이라고 정의되어 있다.

상기의 정의에서 알 수 있듯이 미래학은 과거와 현재를 기반으로 미래예측방법론을 활용하여 미래를 예측하고 이를 통해 더 나은 미래를 상정하고 이를 구현하는 방안을 제안하는 학문 활동이다. 미래학에서 미래는 운명처럼 이미 결정되어 있는 것이 아니라 다양하게 예측되는 미래 중에서 최선의 것을 선택하고 이를 구현하기 위해 노력토록 하는 것이다. 따라서 미래학 또는 미래 연구는 영어 복수 Futures Studies로 사용하고 있다.

II 미래학의 성격

미래학은 다른 학문 분야와 마찬가지로 고유의 연구영역과 연구방법론을 갖고 있다. 또한 미래학은 다른 학문의 경우처럼 다양한 학문 분야로부터 연구주제, 연구영역, 연구방법론을 채택한다.

미래를 발견하고 입증하는 데 적용되는 연구방법은 미래 학자에 따라 매우 다양하다. 유토피아·반유토피아의 창안이나 공상과학소설과 같은 창조문학적 접근으로부터 일찍이 미국 랜드재단에서 사용한 과학기술 사전영향 평가기법에 이르기까지 미래학자들은 자기의 필요와 성향에 따라 사실과 자료를 독창적으로 탐구하거나 고안하고, 또는 증거의 법칙을 엄격히 적용하기도 한다. 미래학의 세계에서 미래학을 연구하는 사람은 상상의 세계를 마음껏 펼 수도 있고 증거의 법칙에 입각하여 실제를 엄격하게 적용할 수도 있다. 이와 같이 미래학은 과학적 원칙뿐 아니라 정신적 요소, 심지어는 신비성을 모두 포함하기 때문에 예술적 요소와 과학적 요소가 함께 공존하는 독특한 학문 영역이라고 할 수 있다.

미래학은 시간학에 밀접하게 연계된 학문이다. 미래는 과거와 현재라는 존재와 함께 시간에 적용되는 아주 일반적인 용어 중의 하나이다. 시간은 하나의 존재영역이며

---

3   영어사전 Collins Cob에서 정의한 미래학 의미이다.

장소, 맥락, 관찰자와 연결되어 있는 하나의 연속체이다. 현재인 지금으로부터 시간을 되돌려 과거 속으로 투사함으로써 인간이 이미 경험한 사실과 사건들을 찾아낼 수 있고, 또한 현재인 지금으로부터 시간을 앞으로 전진시켜 미래 속으로 투영함으로써 기대하는 것들의 가능성을 탐색할 수 있으며 동시에 피해야 할 것들을 찾아낼 수 있는 가능성을 예측할 수 있다. 이런 가능성 때문에 미래 속에서 발생할 수 있는 사건들을 중심으로 미래의 다양성이 존재하고, 바람직한 미래를 제안하고 이를 구현하기 위한 미래전략을 제안할 수 있다.

이런 의미에서 미래연구나 미래학은 앞으로 인간이 경험해야 할 미래의 역사가 어떤 시간 속에서 새로운 공간과 더불어 어떻게 구성될 것인가를 탐색하는 일이다. 과거는 하나이지만 관점에 따라 많은 역사들로 구성되어 있는 것과 같이, 미래는 하나이지만 가능성은 많은 미래 역사들로 구성된다. 또한 과거 역사의 구성은 존속되어온 역사적 사실에 근거를 두는 동시에 역사가들의 역량과 창의력을 바탕으로 하는 것처럼, 미래 역사 구성에는 과거 역사에 대한 깊은 고찰, 정확한 현재 분석, 주의 깊은 상상력, 인류애와 윤리의식, 명확한 시간흐름 개념 등이 요구된다.

미래의 시점과 기간 설정은 미래학이나 미래연구에서 대단히 중요하다. 미래의 시점이나 기간 설정은 매우 다양하지만, 일반적으로 하인호[4]를 비롯한 미래학자들은 다음과 같은 시간별 개념을 갖고 미래를 연구하고 있다.

▼ 사진 1-1 미래학의 대중화에 기여한 엘빈 토플러의 제3의물결

출처: https://images.app.goo.gl/DgrBNHWcPZ2mgaZs9

① 근래의 미래: 1년 이내
② 단기의 미래: 1년 이후에서 5년 이내.
③ 중기의 미래: 지금부터 20년 이내.
④ 장기의 미래: 20년 이후부터 50년 이내.
⑤ 상상의 미래: 50년 이후.

4　하인호 교수(1938~2010)는 국내 1세대 미래학자로 한국미래학연구원을 설립하고 '미래학이란 무엇인가' 등의 저서를 남겼다.

현재 미래학자들은 3,000년까지의 가상적 미래역사도 상상할 수 있으나 그 변화 속도가 가속화됨에 따라 미래학에서는 향후 20년 이후까지를 예측하고 연구하는 것이 주류가 되고 있다.

 ## III 미래학 미래연구의 특징과 영역[5]

현대 미래학은 시간이 흘러감에 따라 연구 영역이 확장되고 다양한 특징을 띠게 되었다. 1940년대 초기 첨단무기 개발에 치중되었던 미래연구는 1950년대에 접어 들면서 국방산업과 무기개발의 수준에서 벗어나 조금씩 개방적인 연구풍토를 조성하였다. 1950년대에는 체제접근과 체제분석을 통해 경영혁신으로까지 확산되었고, 1960년대 초에는 정책분석에 적용되고 1960년대 말부터는 사회과학에 적용되어 사회변화에 대한 미래예측을 함으로써 사회과학 연구에 새로운 분야를 마련하였다.

한편 미래학은 1980년대 말에 접어들면서 고유의 연구주제와 연구영역, 연구방법론을 구축하고 이를 토대로 많은 연구가 이루어졌다. 이때 발표된 논문과 도서들은 대부분 어떤 방법론을 기반으로 한 연구결과들이었고, 또한 미래학의 다양한 연구방법들이 모든 학문분야와 산업분야에 파급되어 적용되기 시작하였다. 1990년을 전후로 한 미래학의 주요 연구영역과 연구내용은 다음과 같이 확장되었다.

1) 미래학 분야, 2) 일반공통 분야, 3) 기업, 4) 정보통신, 5) 과학기술, 6) 경제, 7) 교육, 8) 환경과 자원, 9) 주거환경, 10) 생활양식, 11) 공공정책, 12) 가치관, 13) 노동, 14) 세계문제, 15) 우주 분야 등으로 다양화 되었다.

최근에 미래학은 더욱 다양한 영역으로 확장되고 타 학문과 융합적 미래연구가 활발해지면서 다음과 같은 특징을 나타내고 있다.

첫째, 미래학은 다학문적이고 통합적 접근이 일반화되고 있다. 즉 미래연구를 위해서는 인문학적·사회과학적·자연과학적·기술공학적·예술적·심미적·철학적·윤리적·마케팅 등 다양한 학문 분야와 연계하여 통합적으로 미래를 예측하고 미래전략을

---

5   하인호. 『미래학이란 무엇인가』에서 주요 내용 참조.

입안하는 것이 필요하고 일반화 되고 있다.

둘째, 미래학은 특히 과학기술의 미래 변화에 따른 예측가능한 대안적 미래를 제시해야 하므로 과학기술 변화에 대한 통찰력과 창의성, 상상력이 요구된다.

셋째, 미래학은 인류의 미래를 위한 사회적 공공성과 도덕성이 중요해지고 있으며 인공지능과 로봇을 포함한 인간을 넘어선 새로운 윤리적 패러다임의 형성이 요구되고 있다.

넷째, 미래학은 인류 전체의 미래뿐만 아니라 국가, 기업, 기관, 개인의 미래를 예측하고 준비하는데 갈수록 중요한 역할을 하고 있다.

다섯째, 미래학은 다양한 미래연구방법론이 정착됨에 따라 학문적 성격과 사회적 신뢰가 강해지고 있고 국제미래학회와 같은 통합적 미래연구 학회와 다양한 영역에서 미래연구소의 활동이 활발해지고 있다.

한편 세계가 하나의 지구공동체가 되면서 최근의 미래학에서의 미래연구 내용과 영역은 다음과 같은 특성을 나타내고 있다.

첫째, 지구 환경과 기후변화 및 에너지 같은 범세계적 문제에 관한 미래 연구가 높이 부각되고 있다.

둘째, 저출산 고령화 문제, 여성문제에 관한 미래연구가 크게 부각되고 있다.

셋째, 미래 인재 양성을 위한 교육분야에 관한 미래연구도 중요해지고 있다.

넷째, 인간수명의 연장과 헬스케어에 관한 미래 연구가 크게 부각되고 있다.

다섯째, 미래 변화의 동력인 과학기술과 정보통신의 미래 변화 예측연구가 부각되고 있다.

여섯째, 미래연구의 결과는 모든 분야의 주요 정책과 미래전략 수립의 기초로 활용되고 있다.

Ⅳ 미래학의 역사

　　개인과 사회의 미래에 대한 탐색은 동서양을 막론하고 인류가 존재하는 곳 어디서든지 이루어져 왔다. 미래 모습에 대한 최초의 역사적인 기록 흔적은 인류 문명의 발생기인 이집트 문명, 메소포타미아 문명에서 나타난다.

▼ 사진 1-2 사자의 서

출처: https://ko.wikipedia.org/wiki/사자의_서

　　기원전 3500년경 이집트인이 쓴 <사자(死者)의 서(書)>(Book of Dead)가 기록상 최초의 미래서이다. 두루마리 형태로 된 이 책에서 이집트인들은 개인의 사후 미래의 세계에 대해 당시 종교적 시각으로 제시하고 있다.

　　기원전 2200년경 메소포타미아에서 쓰여진 것으로 추정되는 <니퍼의 서판(書板)>(Tablets from Nippur)[6]에도 인류의 역사와 바람직한 인류의 미래를 탐색하려는 내용을 포함하고 있다.

　　이 책은 인류의 기원과 함께 사람들이 신을 의지하여 바람직한 미래를 탐색하려는 노력을 담고 있고, 또한 생명 부활과 거대한 홍수 이후에 새로운 미래가 어떻게 나타났는가를 기술하고 있다.

　　기원전 15세기~12세기에 작성된 것으로 추정되는 앗시리아 법(Assyria Code)[7]은

6　니퍼의 서판은 메소포타미아 지역 Nippur에서 발견된 석판에 새겨진 내용이다.

7　앗시리아 사회규범은 세계 최초의 성문 법전인 함무라비 법전의 토대가 된다.

바람직한 미래 사회를 위한 사회 관계와 사회 규범을 규정하고 있다.

이처럼 인류는 기원전부터 계속해서 미래에 관심을 가지고 미래를 예측하고 바람직한 미래를 만들기 위한 방안을 모색하였고, 근대 그리고 현대에 이르기까지 미래를 예측하고 탐색하려는 노력이 계속되고 있다.

이상적 미래사회 방안을 제시한 고대 플라

▼ 사진 1-3 니퍼의 서판(書板)〈Tablets from Nippur〉

출처: https://images.app.goo.gl/YT3GsmJ3NqGnwiHu7

톤과 아리스토텔레스를 계승한 르네상스 시대에 미래에 대한 상상력이 다시 부흥하였다. 이때 레오나르도 다빈치는 오늘날의 낙하산, 비행기, 전차, 잠수함, 증기기관 등을 예측하고 그림으로 제시하기도 하였다. 1627년 영국의 프랜시스 베이컨(Francis Bacon)

▼ 사진 1-4 앗시리아 사회규범

출처: https://images.app.goo.gl/QD8LfnGC1q4B6EzE8

은 <뉴아틀란티스(The New Atlantis)>를 출간하였는데 가공의 섬에 미래 이상 사회인 유토피아를 제안하였다. 1773년 프랑스의 마르키드 콩도르세(Marquis de Condorcet)는 <인간정신 진보의 역사적 개관(Progress of the Human Mind)>을 출간하여 세계문명의 역사를 10기로 구분하고 지식과 정보가 주역이 되는 미래가 도래할 것을 예측하였다.

18세기 중엽 영국에서 시작된 기술혁신과 이에 수반하여 일어난 사회·경제 구조의 변혁인 산업혁명[8]으로 과학기술의 발전과 사회변화가 빨라지면서 미래에 대한 관심이 더욱 높아졌고 특히 1851년 영국 런던에서부터 시작된 만국박람회(EXPO)는 과학기술과 사회의 미래를 예측하고 전시하는 장이 되었다.

특히 1893년 콜럼버스의 미국대륙 발견 400주년을 기념하여 시카고에서 열린 만국박람회는 '미국의 기술 발전과 세계의 미래'란 주제로 미래세계의 조망에 초점을 맞췄다. 이를 기념하여 미국신문협회는 '100년 후 미국의 미래'란 주제로 행사를 개최하여 당대 미국 최고의 전문가 100명이 예측한 미국의 미래를 발표하였다. 시카고 박람회는 3,000만 명에 가까운 관람객이 방문했는데 이는 기술발전과 미래사회에 대한 관심을 증폭시키는 계기가 되었다.

당시의 미래에 대한 관심은 세계의 미래를 예측과 상상으로 저술한 다양한 책이 출간되어 더욱 관심을 끌게 된다. 프랑스의 유명 생리학자인 샤를 리셰(Charles Richet)

▼ 사진 1-5 1893년 시카고 만국박람회

BIRDS-EYE VIEW OF THE WORLD'S COLUMBIAN EXPOSITION, CHICAGO, 1893.

출처: http://www.koreadaily.com/news/read.asp?art_id=4410104

---

8   최근에 제1산업혁명으로 불리며, 왓슨의 증기기관으로 촉발되어 기계가 동력을 얻어 움직인 것이다.

▼ 사진 1-6 1,900년 프랑스 삽화 '100년후'[9]

A Very Busy Farmer

Electric Scrubbing

Aerial Firemen

Aero-Cab Station

At School

A Whale-Bus

출처: https://images.app.goo.gl/RY1d7Vm29Ta4Wy1t8

는 1892년에 ＜100년 후(Dans cent ans)＞라는 책을 출간하여 세계 인구 증가에 대한 통계적 예측으로 '향후 100년 동안 유럽의 출생률은 점차 내려가고 미국과 러시아는 계속 증가하여 1992년에는 미국과 러시아가 세계 최강의 국가가 될 것이다.'라고 예측했고 주력 에너지는 '석탄시대에서 석유시대를 거쳐 태양에너지시대가 올 것이다.'라고 예측했다.

프랑스의 공상과학 소설의 선구자인 쥘 베른(Jules Verne)은 『기구를 타고 5주일』

---

9   장 마크 코테 등 프랑스의 화가들이 주로 1899~1901년 사이에 그린 '2000년의 프랑스' 연작 삽화다. 1900년 파리 세계박람회에 출품되었다.

(1863), 『지구 속 여행』(1864), 『지구에서 달까지』(1865), 『달나라 일주』(1869), 『해저 2만 리』(1869), 『80일간의 세계 일주』(1873), 『신비의 섬』(1874) 등 공상과학소설에서 풍부한 상상력과 과학지식을 토대로 미래사회를 묘사하였다. 그의 소설에는 당시에는 일반인이 상상도 하기 힘들었던 원자력잠수함, 해저 여행, 달나라 여행 달로켓 등이 묘사되어, 이는 오늘날 현대 과학으로 대부분 구현되고 있다.

　　본격적인 현대 미래학의 창시자로 지칭되는 영국의 소설가 겸 미래예측가인 허버트 조지 웰스(Herbert George Wells)는 1895년 <타임머신>(1895년), 1897년 <투명인간>, 1898년 원자폭탄을 예견한 <우주전쟁> 등의 SF 공상과학소설을 출간하여 상상의 미래사회를 제시하였다.

　　웰스는 1901년 최초의 본격 미래예측서인 <예견(Anticipations)>을 출간한다. 이 책에서 웰스는 당시 교통수단인 마차가 미래에 자동차로 대체될 것으로 예측하고 하늘을 나는 비행기의 등장을 예측하여 향후 교통과 전쟁의 주요 수단이 될 것이라 하였다. 무엇보다 그는 이 책에서 '인간이 미래에 관심을 가지고 있는 한 미래를 알 수 있는 실마리도 항상 그 속에 있다. 과학의 진보는 과거의 발굴에 크게 기여함과 동시에 미래의 발견에 기여하는 힘도 지니고 있다. 각 분야의 전문지식과 사회 동향에 관한 정보가 있으면 과학적인 방법으로 미래를 예측함으로써 미래를 창조해 나갈 수 있다. 그러기 위해서는 정치, 경제, 사회, 종교, 윤리, 과학 등을 하나의 시스템으로 묶어 종합적으로 다루는 미래연구라는 학문을 하루 빨리 확립해야 한다.'라고 미래연구를 하나의 학문으로 최초로써 제창하였다.

▼ 사진 1-7 조지 웰스가 1901년 출간한 미래예측서
〈예견(Anticipations)〉

출처: https://images.app.goo.gl/kMX9TWETP8zt2oRo8

　　웰스가 주창한 미래학으로서 현대적 의미의 본격적인 미래연구는 2차 세계대전 전후에 본격화되었다. 미래예측에 관한 방법론의 개척은 1907년 코럼 길피란(Column Gilfillan)에 의한 기술변화예측방법에서 시작되었고 웰스가 주창한 학문으로서의 미래학(futurology)

이란 용어는 미국의 정치사회학자인 오시프 플레이트하임(Ossip Flechtheim)이 처음 사용하였다. 플레이트하임은 2차 세계대전 종결 무렵에 미래연구의 중요성을 강조하였고 1943년 「역사의 미래로의 확장」이라는 제목의 논문에서 미래학(Futurology)이라는 용어를 처음으로 사용했다. 이후 헝가리 출신의 미국 항공역학 학자인 테오도르폰 카르만(Theodore von Karman)이 1947년 <새로운 지평선을 향하여(Toward New Horizons)>라는 보고서를 통해 '기술예측방법론(Technological Forecasting)'이라는 미래예측 방법론을 정립하여 미래학의 초석을 다졌다.

이후 미국의 랜드연구소(RAND Corporation)에 의해 현대 미래학이 체계화 되었다. 랜드연구소(RAND: Research ANd Development의 약어)는 1946년 미 공군의 'RAND 프로젝트'의 형태로 시작되어 1948년 미국의 방산업체인 맥도널더글러스의 전신 더글러스 항공이 미국 공군을 지원하기 위해 학자·기술자들을 중심으로 창립한 비영리 민간 연구기관이다. 랜드연구소는 현대적 미래예측방법론의 산실로 불리는데 1948년 대표적인 미래예측 방법인 '델파이(Delphi) 기법'을 개발하였고 1950년에는 '시나리오 기법(Scenario Planning)'을 개발하였다.

랜드연구소는 이러한 미래예측 기법을 활용하여 미국의 국방기술수요와 사회발전 추세예측 등 다양한 보고서와 저서를 발간하였다. 랜드연구소는 현대적 미래예측 방법론을 개발하여 미래학의 체계적 정립에 기여하였고 수많은 미래학자를 배출하였다.

랜드연구소를 통해 한국의 산업화 초기 발전에도 영향을 준 허먼 칸, 노벨 평화상 수상자 헨리 키신저, 경제학자 폴 새뮤엘슨 및 30명 이상의 노벨상 수상자를 배출하여

▼ 사진 1-8 미국 산타모니카에 위치한 랜드연구소 본사

출처: www.rand.org

대표적인 미국의 씽크탱크로 발전하였다. 랜드연구소는 초기의 국방연구 영역에서 점차 과학기술, 에너지, 노동시장, 환경, 기업경영, 인구문제, 교통, 건강보험, 위기관리, 정보보안, 사회보장, 교육 등 지구적 현안에 대한 모든 영역의 미래와 정책으로 연구 범위를 확장하였다.

랜드연구소에서 본격화된 현대적 미래예측 방법론은 이후 여러 기관과 전문가들에 의해 계속 개발되어 현재 40여 개의 미래예측 방법론이 다양한 용도로 활용되고 있다. 이러한 다양한 미래예측 방법론은 2015년 국제미래학회에서 <전략적 미래예측방법론 바이블>이란 저서로 출간되어 국내에도 소개되고 있다.

랜드연구소의 초기 미래학자들은 독자적인 연구소를 설립해 미국의 미래학을 이끌어갔다. 랜드연구소에서 시나리오 기법을 개발했던 허먼 칸(Herman Kahn)은 1961년 독립하여 허드슨연구소(Hudson Institute)를 설립하였고, 올라프 헬머는 미래연구소(Institute for the Future), 데이비드와 마빈 애델슨은 시스템개발연구소(System Development Corporation), 시어도어 고든은 1971년에 미래전략그룹(Futures Group)을 설립하였다.

허먼 칸은 미래의 세계는 인구통계학, 전략, 시장, 첨단기술, 문화, 법제도 사이의 역동적인 상호작용에 의해 형성될 것으로 믿었다. 그리고 미래사회를 준비하는 가장 좋은 방법은 다른 미래를 예측하고 정책적 상상력을 펼쳐서 세상을 바꾸는 일이라고 믿었다. 허먼 칸은 1960년대 아시아, 특히 한국의 미래 발전에 대해 관심을 갖고 한국의 미래 발전에 대한 많은 정책 자문을 제공하였다.

헬머와 고든은 미래예측 기법을 이용해 미래예측 게임기인 '퓨처(Future)'를 개발했고 특히 비즈니스를 미래예측과 접목시켰다.

1966년 미국 메릴랜드주 베데스다에서 '세계미래회의(World Future Society, WFS)'가 창립되었다. 미국의 짐 데이토와 엘빈 토플러 등 미래학자 중심으로 본격적인 미래연구를 전문적으로 수행하는 비영리단체로 설립되어 매년 연례 회의(Annual Meeting)를 개최하고 있다. 이 연례 회의는 전 세계의 미래 관련 연구자, 전문가들이 모여 세미나, 강연 등을 통해 미래에 관한 다양한 주제를 집중적으로 의견을 교환하는 미래학 분야의 가장 중요한 행사가 되었다. 세계미래회의는 또한 <더 퓨처리스트(The Futurist)>라는 미래 전문 잡지를 2015년까지 발간하였으며 2018년부터 <더 퓨처리스트 저널(The Futurist Journal)>이란 전자책 형태의 저널을 발행하고 있다. 또한 웹사이트 www.wfs.org를 최근에 유료로 전환하여 운영하고 있다.[10]

---

10 세계미래회의는 최근 임원진들이 바뀌면서 유료회원들만 사이트에 들어갈 수 있게 하는 등 초기와는 달리 다소 폐쇄적인 운영으로 이전에 비해 미래학자들의 참여가 못하다는 평가가 있다.

유럽에서도 현대적 미래연구가 본격화되면서 유럽의 미래학자 중심으로 1967년 '세계미래연맹(World Futures Studies Federation)'이 설립되었다. 프랑스 현대 미래학의 선구자 베르트랑 드 주브넬과 프랑스의 세르쥬 앙투완느, 독일 페터 멘케글뤼케르트, 이탈리아의 엘레노라 마시니, 폴란드의 앙드레이 시신스키 등 유럽의 미래학자들이 창립멤버로 참여하여 학술적이고 전문적인 미래연구를 위한 국제 미래 연구네트워크인 세계미래연맹을 만들었다. 그리고 노르웨이 수도 오슬로에서 첫 국제 미래연구 컨퍼런스를 개최하였다. 세계미래연맹은 파리에 본부를 두고 정례적인 국제 컨퍼런스 개최 및 미래 연구를 계속하고 있다.

1968년 4월 서유럽의 정치가·과학자·경제학자·교육자·경영자들이 로마에 모여 비영리 민간단체인 '로마클럽(The Club of Rome)'[11]을 결성하였고 미래연구에 관심을 갖고 환경문제를 중심으로 인구증가, 산업팽창, 공해, 식량 부족 및 천연자원 고갈, 세계 질서과 정신혁명에 대한 연구 결과를 발표하고 있다.

이후 유럽 국가별로도 미래연구에 대한 관심이 높아지면서 1970년 덴마크에 코펜하

---

11 로마클럽은 1968년 이탈리아 사업가 아우렐리오 페체이의 제창으로 지구의 유한성이라는 문제 의식을 가진 유럽의 경영자, 과학자, 교육자 등이 로마에 모여 회의를 가진 데서 붙여진 명칭이다. 천연자원의 고갈, 환경오염 등 인류의 위기 타개를 모색, 경고·조언하는 것을 목적으로 했다. 1972년 『성장의 한계』라는 보고서를 발표, 제로성장의 실현을 주장하여 주목을 받았다.

겐 미래연구소(Copenhagen Institute Futures Studies), 1987년 스웨덴에 스웨덴 미래연구소(Swedish Institute for Futures Studies)가 설립되었고 핀란드 미래연구센터(Finland Futures Research Centre) 및 영국의 미래전략청(The Strategy Unit) 등이 설립되어 국가 차원의 미래예측과 국가 미래정책 연구를 주도하고 있다. 특히 핀란드는 국가와 정부 차원에서 미래연구를 국가

출처: https://es.wikipedia.org/wiki/Club_de_Roma

정책에 적극 적용하고 있다. 핀란드 국회는 1993년 임시 위원회 형태로 미래위원회를 만들고 2000년 상설 위원회로 개편하였다. 의원내각제인 핀란드 신임 총리는 법에 따라 10~20년까지의 미래를 내다본 핀란드 국가전략 보고서를 국회에 제출해야 한다. 이 보고서는 핀란드 국회 미래위원회에서 토론, 자문을 거치고 정권이 바뀌어도 정책은 유지된다. 미래보고서는 20년에 걸쳐 평가가 이어지게 된다. 이처럼 핀란드 정부와 국회는 핀란드의 미래를 걱정하며 자연 보호, 바이오 산업, 유전자 기술, 고령인구 등의 주요 미래 이슈를 챙기며 국가 미래전략을 마련하여 4년마다 미래 보고서도 낸다. 핀란드 총리는 2014년에는 '핀란드의 미래 기회 100가지'를 제시했고 2018년엔 '일의 변환에 대한 해법' 보고서를 만들어 국회에 제출했다.

한편 미래학에 대한 강좌와 학위과정이 1970년대에 미국 대학에서 개설되기 시작했다. 1971년 짐 데이토(Jim Dator)[12]교수의 주도로 하와이 대학교에 미래학연구센터(Hawaii Research Center for Futures Studies)가 최초로 설립되었다. 짐 데이토 교수는 1977년 하와이 대학교에 최초의 미래학 석사인 대안미래학(Alternative Futures) 과정을 개설하였고 이후 미래학 박사학위 과정도 최초로 개설하였다. 또한 짐 데이토 교수는

---

12 짐 데이토 교수(1933~)는 세계 미래학계의 대부로 불리며 1967년 미 버지니아공대에서 미국 최초로 '미래학 강의'를 개설하였고 미국 하와이대 미래학연구소를 설립하여 40년간 소장을 역임하였다. 미래학자 엘빈 토플러와 함께 '대안미래연구소(IAF)'를 설립했으며 세계 미래연구의 양대 산맥 중 하나인 세계미래학연맹(WFSF)의 사무총장과 의장을 지냈다.

그는 30년 전부터 한국을 방문하여 미래학을 소개하고 한국의 미래 발전 전략을 제시하였다. 국제미래학회 설립부터 국제자문위원으로 있으며 카이스트의 미래전략대학원 설립 시 교육과정에도 많은 도움을 주었고 1년에 한번씩 한국을 방문하여 미래학 강의를 아직도 하고 있다.

버지니아 공대 정치학부에 학부 최초의 미래학 강좌도 개설하여 직접 강의하였다.

　　1975년 미국 텍사스주의 휴스턴 대학교 클리어 레이크에도 미래학 석사학위 과정이 개설되었다. 이후 미래학은 미국의 주요 대학의 전공 및 필수 교양과목으로 자리 잡고 있다. 특히 미국은 1980년대 중반부터 초·중고등학교에 미래 교과목을 개설하였고, 1990년대 이후에는 미국의 거의 모든 대학이 미래학 전공 프로그램이나 미래학 강좌를 개설하고 있다.

　　또한 미국의 미디어 학자이자 멀티미디어 개념을 처음으로 제시한 매사추세츠공과대학(MIT)의 네그로폰테(Nicholas Negroponte), 인공지능(AI)의 창시자로 불리는 민스키(Marvin Minsky)가 주도하고 발달과 학습이론의 권위자인 페퍼트(Seymour Papert), 3차원홀로그램의 창시자 벤턴(Stephen A.Benton) 등이 참여하여 1985년에는 MIT 미디어랩이 설립되었다. 이를 통해 디지털시대를 예견하고 구현시키는 수많은 미래연구가 이루어지고 있다.

　　2008년 구글과 미항공우주국(NASA)이 후원하여 미래연구 전문가를 양성하는 기관인 싱귤래리티 대학교(Singularity University)가 설립된다. 통섭과 융합을 목표로 하는 싱귤래리티 대학은 미국의 미래학자 레이 커즈와일 박사가 주창한 특이점, 즉 싱귤래리티의 시대를 대응하기 위한 다양한 융합연구와 미래창업전문가 양성을 위해 10주 단위의 미래융합 과정을 운영하고 있다. 이처럼 최근엔 미래학을 연구하는 기관의 성격도 다양해지고 있다.

　　1980년은 미래학에 대한 관심이 일반인에게까지 급속히 퍼진 해이다. 이는 바로 세계적인 밀리언셀러가 된 미래학자 엘빈 토플러의 ＜제3의물결(The Third Wave)＞이

▼ 사진 1-11 미국 싱귤래리티 대학교 캠퍼스 전경

출처: https://www.su.org

출간된 해이기 때문이다. 엘빈 토플러[13]는 제3의물결에서 산업사회에서 정보사회로의 변혁 과정을 설명하며 탈대량화, 다양화, 지식기반 생산과 변화와 가속이 있을 것이라고 예측했다. 이러한 변화는 인류의 모든 영역에 영향을 미치고 이에 대한 대비가 필요하다고 주장하였고 이 책을 통해 정책입안자와 일반인들도 미래학에 대해 관심을 갖게 되었다. 이후에도 엘빈 토플러는 1990년 <권력이동>, 2006년 <부의 미래> 등 뛰어난 통찰력과 미래예측으로 미래 사회 변화를 저술하면서 미래학을 일반대중 관심 속으로 들어가게 만들었다. 이로 인해 일반인들도 미래학에 대한 관심이 점점 높아졌고 미래학 관련 저서도 지속적으로 많이 출간되고 있다.

특히 2000년 밀레니엄을 맞이하면서 미래학은 더욱 관심을 모으게 된다. 초기 미래학자 허먼 칸의 제자였던 제롬 글렌(Jerome Glenn)은 1996년 새로운 밀레니엄을 대비하는 미래를 연구하기 위해 미래학 싱크탱크인 밀레니엄 프로젝트(Millennium Project)를 설립하고 여러 나라의 미래학자들이 참여하는 네트워크형 미래연구를 실시하였다. 밀레니엄 프로젝트는 전 세계에 50개의 지부를 두고 있고 매년 '미래보고서 (State of Future)'를 발간하고 있다. 제롬 글렌은 '퓨처링(Futuring)'이란 용어를 처음 만

▼ 사진 1-12 밀레니엄 프로젝트 세계 총회에서 제롬 글렌 회장(오른쪽에서 네 번째)과 필자(왼쪽 첫 번째)

---

13 엘빈 토플러(1928~2016)는 미래학을 대중화시킨 대표적인 미래학 저술가로 한국에도 관심이 많아 한국 정부의 위탁연구를 실시하여 2001년 한국 비전보고서를 당시 김대중 대통령에게 직접 설명하기도 하였다. 특히 그는 한국의 미래를 위해서는 교육혁신이 필수라고 지적하였다. 이후에도 수차례 한국을 방문하여 한국의 미래 발전 방안에 대한 특강과 인터뷰 등을 실시하였다.

들었으며 미래예측 기법인 '퓨처스 휠'을 창안했다. 또한 그는 스승인 허먼 칸의 영향으로 한국에 관심이 많아 한국을 자주 방문하며 자문을 하고 있으며 특히 세계미래회의(WFS)에서 함께 활동하던 안종배 교수와 박영숙 대표 주도로 한국에 본부를 두고 설립된 국제적인 미래학 학술연구단체인 국제미래학회(Global Futures Studies, www.gfuturestudy.org)의 공동회장을 2007년 창립 때부터 현재까지 맡고 있다.

 ## 한국의 미래학

한국에서도 미래에 대한 관심은 선사시대부터 있어 왔다. 자신과 후손의 미래를 위한 지혜를 모으는 활동을 지속함으로써 김치와 된장같은 미래 건강 발효식품이 개발되었고, 세종대왕에 의한 한글도 디지털시대 최적의 문자로 우리 민족이 갖게 되었다. 이와 함께 개인과 국가의 미래를 좀 더 체계적으로 예측하려는 노력으로 점술과 관상 및 풍수지리와 사주명리 등이 저술되어 전해지고 있다.

하지만 국내에 현대적인 미래학이 도입되고 관심을 갖게 된 것은 1960년 이후이다. 미래학은 1960년대 국내 산업화의 장기 계획을 입안하는 데 기여했다. 특히 미국 허드슨연구소의 설립자이자 소장이었던 허먼 칸(Herman Kahn)은 국내에 여러 차례 방문하여 경제개발 계획 등의 국내 미래 발전 계획을 자문한 것으로 알려져 있다. 허먼

▼ 사진 1-13 미래학자 허먼 칸과 저서

칸은 '발전'과 '지속 성장'이라는 미래에 기초를 두고 한국의 인구·경제·과학·기술·
사회환경·윤리 등의 분야에서 일어날 변화를 예측하고 조언하였다. 이런 내용은 그가
1966년부터 저술하여 1976년에 출간한 저서 <대전환기: 김윤환 번역(World Economic
Development)>에 수록되어 있다.

국내에서 학술적 차원의 현대적인 미래학에 대
한 활동은 1968년 7월 서울 수유리 아카데미 하우스
에서 '서기2000년회'가 창립되면서 시작되었다. 창립
발기인은 권태준, 김경동, 이한빈, 이헌조, 전정구,
최정호 등 6명이었고 창립 당시 정회원은 35명, 특별
회원은 3명이었다. 이후 한국미래학회로 이름을 바
꾸었고 1970년 4월 학회지 <미래를 묻는다>를 창
간했다. 한국미래학회의 초대 회장은 부총리 및 경제
기획원 장관을 지낸 이한빈 교수[14]가 맡았다. 한국미
래학회는 인문·사회·자연과학·정책·기업·언론 등

▼ 사진 1-14 한국미래학회 초대 회장
이한빈 부총리

다양한 분야의 학자와 전문가들이 회원으로 참여했다. 한국미래학회의 목적은 '미래로
부터 기습당하지 않도록 하는 것'이란 모토로 표현되었다. 당시 한국의 미래란 국가 발
전 목표와 연결되어 있었다. 한국미래학회 학자들은 국가 발전과 함께 사회의 미래 변
화와 윤리적 영향을 이해하는 데 관심을 가졌고 인간·환경과 같은 미래 이슈에도 관
심을 가지고 연구하여 발표하였다.

1971년 한국미래학회는 한국과학기술연구소 명의로 국내 최초의 미래예측 연구보
고서인 <서기 2000년 한국에 대한 조사연구(Korea in the Year 2000)>란 제목의 영문
보고서를 출간하였다. 이 보고서는 국내 처음으로 미래예측 방법론인 델파이 기법을 활
용하여 작성되었다. 1984년엔 대한상공회의 100주년 기념 행사의 일환으로 '2010년의
한국'이란 주제의 미래 컨퍼런스를 한국미래학회가 개최하였다.

1989년에는 민간미래연구기관인 미래구상연구소가 설립되었는데 이것은 1992년
에 한백연구재단으로 확대 개편되었다. 한백연구재단은 델파이 기법을 활용한 미래연

---

14 이한빈 전 부총리는 미래학의 중요성을 일찍이 인식하여 한국미래학회를 창설하였다. "적어도
30년을 내다보고 살라"를 생활신조로 삼으면서 한국의 미래도 이러한 신념에 따라 작은 나라가
살아갈 수 있는 길인 '중강국론(中强國論)'을 주장했다. 『미래가 보이는 창』(1978), 『미래가 가
는 길』(1980), 『Future Innovation & Development』(1982), 『문명국의 비전』(1986), 『한국의 미
래와 미래학』(1996) 등 한국의 미래와 미래학 관련 서적도 저술하였다.

구보고서로 계간지 <포럼21>을 발간했다. 한백연
구재단은 1993년 <21세기 한국과 한국인>이란 미
래예측서를 공저로 출간하기도 했다.

　　1995년에 한국 미래학의 1세대학자인 하인호
교수가 국내 최초의 민간 미래학 연구기관인 한국미
래학연구원을 설립했다. 한국미래학연구원은 미래학
의 국내 보급을 위해 미래학 강좌, 월간 미래지식정
보 발간, 국내 미래문제에 관한 연구, 미래학 저서
출간 등의 활동을 하였다. 특히 하인호 교수는 당시
'투 더블유 중심권 신세계 질서' 이론을 통해 21세기
엔 중국과 한국, 그리고 인도와 인도차이나가 양축으
로 세계 문화와 경제의 중심이 될 것이란 미래예측
을 제시하였다. 이 외에도 그는 <미래를 읽는 9가지
방법>, <미래학이란 무엇인가> 등 국내 미래학에 초석을 다지는 저술을 출간하였다.

　　2000년 전후로 세계의 유명 미래학자들이 한국에 많은 관심을 갖고 방문하여 교
류가 활성화된다. 특히 세계적인 미래학자 엘빈 토플러(Alvin Toffler)는 1998년 당시 김
대중 대통령의 초청으로 한국을 첫 방문하고, 2001년에는 정보사회를 위한 한국의 미
래 발전 연구보고서를 김 대통령에게 제출하고 이는 국내 정보화 사회 추진의 기폭제
역할을 하게 된다. 엘빈 토플러는 이후에도 여러 차례 한국을 방문하여 국내 미래학자
및 전문가와 교류하며 한국의 미래 발전 방안에 대한 의견을 제시하였다.

　　이후 <메가트렌드>의 저자인 미래학자 존 나이스비트(John Naisbitt), <드림 소

▼ 사진 1-16 엘빈 토플러가 당시 김대중 대통령에게 한국 사회의 비전보고서 전달

출처: http://news.kbs.co.kr/news/view.do?ncd=3304071

사이어티>의 저자인 미래학자 롤프 옌센(Rolf Jensen), 1세대 미래학자이자 리얼타임 델파이 기법의 공동 개발자인 테드 고든(Ted Gordon), 1세대 미래학자이며 하와이 대학에 최초로 미래학 과정을 만든 짐 데이토(Jim Dator), 세계미래회의(WFS) 회장인 티모시 맥(Timothy C. Mack), 싱귤래리티대학 교수인 미래학자 호세 코르데이로(Jose Cordeiro), 과학자이자 최고의 미래학자로 꼽히는 <특이점이 온다(Singularity is near)>의 저자 레이 커즈와일(Ray Kurzweil), 미국 다빈치연구소 소장인 토마트 프레이(Thomas Fley) 등 세계적인 미래학자들이 국제미래학회 및 한국 정부 기관과 기업의 초청으로 한국을 방문하여 한국의 미래에 대한 식견을 제시하였다.

이때부터 국내 미래학도 세계의 미래학자와 교류를 활성화하기 시작했다. 그 양대 축이 2005년 발족한 유엔미래포럼 한국지부와 2007년 설립된 국제미래학회이다. 유엔미래포럼 한국지부는 당시 주한 호주대사관 공보관이었던 박영숙 대표가 한국에 설립하여 해외 미래학자들을 초청 대행하고 해외 미래 정보를 소개하는 활동을 전개했다. 특히 제롬 글렌을 비롯한 밀레니엄 프로젝트 위원들이 함께 매년 출간하는 <State of Future>를 국내에 편역하여 <유엔미래보고서>로 출간하였다. 박영숙 대표는 특히 해외의 우수한 미래학자들의 다양한 최신 정보를 국내에 소개하여 국내의 일반인들에게 미래에 대한 관심을 높이는 데 기여하였다.

한편 2007년에는 세계미래회의(WFS)에서 활동하던 안종배 교수와 박영숙 대표의 주도로 한국을 본부로 하여 국내외 미래학자와 각 분야 전문가들 100여명이 모여 국제미래학회가 대한민국 국회에서 창립식을 갖고 당시 김영길 한동대 총장과 제롬 글렌 밀레니엄 프로젝트 회장을 공동회장으로 추대하고 설립되었다. 이는 국내 미래학의 관심과 위상을 높이는 계기가 되었다. 국제미래학회는 해외 유명 미래학자를 초청하여

▼ 사진 1-17 국제미래학회 2010년 임원회

국제미래학 컨퍼런스를 50여 차례 개최하였고 국내 미래학을 과학·기술·정치·경제·
신산업·인문·사회·환경·ICT·미디어·문화·예술·기후에너지·교육 등 다양한 분
야에 적용하여 미래예측 및 변화에 대한 연구를 통해 바람직한 미래 사회를 제안하고
지속적인 성장과 발전에 기여함을 목표로 실용적인 연구와 저술 활동을 전개하여 왔다.

국제미래학회는 2011년부터 이남식(당시 전주대 총장)과 제롬 글렌 회장이 2대 공
동회장을 맡았고 2007년 창립 이후 10년 동안 세계적인 미래학자 초청 강연, 미래학
컨퍼런스, 미래 정책세미나 등을 100여 차례 진행했다. 2019년에는 안종배 교수가 제3
대 회장으로 취임하여 미래학 저술과 미래지도사 등 미래학 전문인력 양성으로도 영역
을 확대하였다.

또한 국제미래학회 안종배 회장 주도하에 공동연구로 국내 미래학자의 시각과 미
래예측방법론을 적용하여 2013년부터 미래예측 저서를 발간하였다. 이는 해외 미래학
자들의 관점을 소개하는 한계를 벗어나 국내 미래학의 역량을 높이고 국내의 특수성에

▼ 사진 1-18 국제미래학회 공동 저술 서적 리스트

적합한 미래를 예측하여 대한민국의 미래 발전에 기여코자 진행된 저술연구 프로젝트였다. 이 결과 미래예측서인 <미래가 보인다, 글로벌 2030>(2013), <대한민국 미래보고서>(2016)가 출간되었고, 미래학에서 사용되는 핵심 미래예측 방법론 34가지를 소개하고 활용할 수 있도록 <전략적 미래예측방법론 바이블>(2015)이 출간되었다. 또한 바람직한 미래를 만들어 가고 준비하기 위한 미래예측 전략서로 <4차 산업혁명 시대 대한민국 미래교육보고서>(2017), <대한민국 4차 산업혁명 마스터플랜>(2017), <4차 산업혁명 대한민국 성공전략>(2018)을 공동 저술하였다.

또한 국제미래학회는 2017년 미래예측방법론과 미래예측 전략 입안, 미래 창의적 사고력 등 미래학의 역량을 높이기 위한 50여 개 교육 프로그램을 개발 완료하고 미래형 오픈 교육기관인 '미래창의캠퍼스(Future Creative Campus)'를 설립하여 '4차산업 미래전략 최고지도자 과정', '미래예측전략 전문가 과정', '미래예측 성공 전략 입안 워크숍', '미래 지도사 자격과정' 등 미래 교육을 실시하고 있다.

한편 국제미래학회의 자문위원으로 활동하던 이영탁 전 국무조정실장이 2009년 세계미래포럼을 설립하여 미래CEO 등 미래교육을 실시하고 있다. 또한 국제미래학회 국제자문위원인 짐 데이토 교수가 교과과정 설계를 자문하고 국제미래학회 자문위원이던 이광형 교수가 주도하여 국내 최초의 미래전략대학원이 카이스트에 2013년에 설립되었다.

점차 미래 변화와 미래전략의 중요성이 인식되면서 국내에서도 미래학을 교양과목 또는 전공 선택 과목으로 선정하는 대학들이 생기고 있다. 국내에도 점차 미래학을 주요 이수 교양 과목 및 전공으로 개설하는 대학이 늘어날 것으로 예측된다.

▼ 사진 1-19 국제미래학회 미래예측 성공전략 워크숍 팀별 발표 장면

그리고 국제미래학회는 창립 세미나 주제로 삼을 만큼 국가 차원의 미래전략기구 설립의 필요성을 강조해 왔고 국회에서 수차례 정책세미나를 개최하며 제안해 왔다. 비록 국가 차원의 미래전략기구는 설립되지 않았지만 2018년 국회미래연구원이 국회 내에 설립되어 대한민국의 미래 발전 방안에 대한 연구 활동이 진행되고 있다.

그리고 국가 차원의 지속가능한 미래발전을 위한 미래예측과 미래전략계획인 국가미래전략계획은 5년마다 행정부가 수립하여 국회에 보고하고 전 국민에게 소통케 하는 것을 골자로 "국가미래기본법"을 국제미래학회가 법령을 작성하고 국회미래정책 연구회를 통해 2019년 국회 법령으로 발의하였다.

한편 2019년 9월부터 국제미래학회에서 주관하여 국내 미래 석학들의 소그룹 지혜의 모임인 '미래사랑방'이 시작되었다. 정식 명칭은 [대한민국 미래를 위한 사랑방 모임]이다.

국제미래학회 자문위원인 진대제 전 정통부 장관의 제안으로 국제미래학회 위원들이 월 1회 모여 매월 정한 부문별로 대한민국의 10년 후 미래 시나리오와 미래 발전 방안을 자유롭게 토의하고 논의하는 소그룹 토론 모임이었다. 이 논의의 결과를 1년 후 공동저술로 출간함으로써 한국의 미래 발전에 기여하기 위한 지혜 토론 모임이 발족한 것이다.

이 모임에는 진대제 스카이레이크 인베스트먼트 회장(전 정통부 장관), 안종배 국제미래학회 회장, 김광두 국가미래연구원 원장(전 국민경제자문회의 부의장), 이남식 서울예술대학교 총장(국제미래학회 명예회장), 윤은기 한국협업진흥협회 회장, 주영섭 고려대 석좌교수(전 중소기업청장), 엄길청 경기대 서비스경영대학원 교수(경제평론가), 엄창섭 고려대 의과대학 교수, 고문현 숭실대 헌법학 교수(전 한국헌법학회 회장), 서용석 카이스트 미래전략대학원 교수, 이종규 대구가톨릭대 교수(전 한국은행 실장), 김동섭 UNIST 교수, 김형준 명지대 교수, 이순종 서울대 미대 명예교수, 이창원 한양대 교수(한국생산성학회 회장), 권대봉 인천재능대 총장, 강건욱 서울대 의대 교수, 문형남 숙명여대 교수, 이정기 홍익대 교수, 최운실 아주대 교수, 김경준 딜로이트컨설팅 부회장, 김병희 서원대 교수(한국광고학회 회장), 김세원 아주경제 논설고문, 한상우 삼일회계법인 고문, 김경아 르엘오페라단 단장 등 위원 25명과 심현수 국제미래학회 사무총장, 김복만 글로벌IT리더스포럼 사무총장이 참여하였다.

국내 미래학과 미래연구를 중심으로 한국의 미래를 시나리오로 예측하고 이에 대해 함께 토론하며 미래 발전 방안을 나누는 최초의 '미래사랑방'이 2009년 8월 26일 기획 모임을 시작으로 2019년 9월 23일부터 월 1회씩 계속 진행되고 있다.

▼ 사진 1-20 국내 최초의 미래 석학 토론 소그룹모임 '미래사랑방' 제1차 모임

▼ 사진 1-21 '미래사랑방' 모임 후 기념사진

연구 문제
토의 사항

1. 미래학의 의미는 무엇인가?

2. 미래학은 어떠한 성격을 가진 학문인가?

3. 미래연구의 특징과 영역은 무엇인가?

4. 미래학은 언제부터 어떠한 역사를 거쳐 변해 왔는가?

5. 한국에서의 현대 미래학은 어떤 역사를 가지고 있는가?

2

미래학은 왜 중요한가?

미래학원론 : 미래연구·미래전략 입문서

PART 2
미래학은 왜 중요한가?

　　미래학은 미래예측방법론을 활용하여 미래를 예측하고 이를 통해 더 나은 미래를 상정하고 이를 구현하는 방안을 제안하는 학문 활동이다. 과학기술의 혁명적 발전으로 세상의 변화는 더욱 가속화되고 있어 미래를 예측하여 바람직한 미래를 구현하는 전략이 더욱 중요해지고 있다. 미래예측 전략을 입안하게 해주는 미래학은 점차 국가와 기관 및 기업의 성공과 실패를 넘어, 지속가능한 생존을 위해서 더욱 중요한 역할을 하게 되었고 이제 개인의 미래 준비를 위해서도 꼭 필요한 학문이 되고 있다.

I 미래예측 연구의 필요성

1 미래예측과 대응에 실패한 글로벌 기업

　　2009년 6월 1일 미국의 상징이자 101년 역사의 세계최대 자동차기업 GM이 외부 상황 변화에 대응하지 못해 파산하였고, 2012년 1월 세계적인 다국적 기업 코닥은 디지털카메라와 스마트폰에 밀려 132년 역사를 뒤로하고 파산하였다. 2013년 9월엔 전 세계 디지털 핸드폰 시장에서 13년간이나 1위로 군림했던 노키아가 스마트 시대의 변화에 대응하지 못해 매각되었다. 미국 최대의 통신기업 AT&T도 휴대전화 시장의 미래에 대한 잘못된 예측으로 그 명성을 잃었다.

　　코닥(KODAK)[1]은 자신들이 세계 최초로 개발한 디지털카메라 시장을 선점하여 새로운 성장의 기회를 살리지 못하고 파산의 길을 걷게 되었다. 1975년 코닥연구소는 세

1　코닥(KODAK)은 1882년 필름을 개발하면서 '필름은 코닥'이라고 불릴 정도로 전 세계 필름의 대명사가 되었지만 디지털카메라 시장에 대응하지 못해 2012년 파산보호 신청을 하고 필름사업을 접게 된다.

계 최초로 디지털카메라를 개발하였다. 하지만 코닥 임원진은 디지털카메라 시장의 도래를 예측하지 못하고 필름시장을 잠식할 수 있다며 오히려 이를 막았다. 이로 인해 코닥의 임원은 디지털카메라 개발자인 스티브 사손에게 "좋기는 하지만 누구에게도 이를 얘기하지 마세요(That's cute, but don't tell anyone about it)."라며 디지털 카메라 출시를 중지시켰다. 이후 1981년 소니가 처음으로 디지털카메라를 발표하였는데 코닥은 '디지털 사진 기술은 필름 시장을 대체하지 못할 것'이라며 또다시 디지털카메라를 출시하지 않다가 디지털카메라 시장이 성숙기에 들어간 1994년에야 뒤늦게 출시하였다. 코닥은 외부 환경의 미래 변화를 정확한 예측하지 못하면서 오히려 자신들이 최초로 개발한 디지털카메라에 의해 파산하게 된 것이다.

▼ 사진 2-1 코닥 본사 빌딩   ▼ 사진 2-2 코닥 필름

출처: https://images.app.goo.gl/FQA3Dp6C9NvQgEUw6

노키아(Nokia)[2]는 디지털 핸드폰으로 전 세계 휴대폰 시장의 45%까지 점유할 만큼 절대 강자였다. 2007년 애플사가 스마트폰인 아이폰을 출시했을 때 노키아의 회장은 '노키아가 휴대폰의 표준이다'라며 이를 무시로 일관하였다. 얼마 되지 않아 전 세계의 스마트폰 열풍으로 노키아는 핸드폰 사업을 마이크로소프트(MS)에 넘기며 접게

---

2   노키아는 1865년에 설립되어 150년의 오랜 역사 동안 종이, 고무장화, 타이어, 케이블, 나아가 텔레비전까지 차례차례 제조해왔다. 그러나 1993년 노키아는 폭발적인 수요를 보인 휴대전화 사업에만 전념하기 위해 다른 사업들을 다 포기했다. 2000년대 중반까지 전 세계 휴대폰 시장의 절대 강자로 군림했다. 그러나 스마트폰 시장 변화에 대응하지 못하여 2013년 휴대폰사업이 MS에 매각되었다.

되었다. 이때 노키아 회장은 기자회견에서 '노키아 전 직원이 정말 열심히 했는데 왜 이런 상황이 왔는지 모르겠다'며 눈물을 보였다.

이처럼 미래를 정확하게 예측하여 제대로 대응하지 못하면 철옹성 같았던 기업과 국가도 심각한 어려움에 직면하게 된다.

2 미래예측을 통해 미래 대응에 성공한 글로벌 기업

현대사회는 복잡하고 변화가 빠르다. 국가나 기업의 미래전략을 세우고, 과학기술과 정보통신기술(ICT), 연구개발(R&D) 계획을 잘 짜기 위해선 미래 변화에 대한 신뢰도 있는 예측이 필수다. 급속히 발전하는 유무선 인터넷을 기반으로 한 초연결 사회, 폭발적인 인공지능 AI 기술의 발전으로 인한 초지능 사회가 구현되는 4차 산업혁명 시대가 도래함에 따라 미래를 정확히 예측하여 통찰력과 예지력(Future Insight & foresight)을 가지고 미래에 대응하는 전략을 입안하는 것은 이 시대 모든 리더의 필수 요건이 되고 있다.

미래예측을 위해서는 다양한 미래예측 방법론 연구가 필요하며 목적과 상황에 따라 적합한 미래예측 방법론을 활용할 수 있는 미래학 역량을 기르는 것이 필요하다. 미래예측 방법론은 1907년 코럼 길피란(Column Gilfillan)이 시작한 이후 1960년대 허먼 칸(Herman Kahn)이 하나의 학문으로 자리매김시켰다. 이후 테드 고든(Ted Gorden)과

▼ 사진 2-3 세계 최대 컴퓨터 제조사에서 미래형 비즈니스로 계속 혁신중인 IBM

출처: https://www.kpf.com/zh/projects/ibm-world-headquarters

국제미래학회 공동회장인 제롬 글렌(Jerome Glenn)등 미래학자들에 의해 지속적으로 개발되어 왔다.

미국은 이미 2차 세계대전 이후부터 미래예측 방법론을 통한 국가 미래비전과 미래전략을 입안했고 미항공우주국 NASA를 포함한 국가연구기관과 IBM을 포함한 민간기업에서도 미래예측을 중시해 미래연구소나 미래연구 부서를 만들고 미래학자를 중용했다. 최근 구글은 특이점(Singularity) 시대를 예견한 세계적인 미래학자 레이 커즈와일(Ray Kurzweil)을 미래기술이사로 영입해 미래예측방법론을 통한 기술과 산업의 미래를 예측하고 지속적으로 미래를 선도하기 위한 연구 개발에 노력을 기울이고 있다. IBM도 미래예측 연구를 통해 전통적인 컴퓨터 제조회사에서 일찍이 미래형 비즈니스 솔루션 기업으로 변모하였고 지금도 양자컴퓨터, 빅데이터, 블록체인, 인공지능을 중심으로 한 미래형 비즈니스로 혁신을 계속하고 있다.

한때 세계 최고의 기업이었던 코닥과 노키아는 미래예측 실패로 파산과 인수합병됐지만, GM은 파산 후 New GM으로 미래를 예측하고 이에 대응하기 위한 선택과 집중 그리고 미래 자동차 개발에 주력하면서 새로운 성장을 이루어 내고 있다.

▼ 사진 2-4 파산 후 미래예측 전략으로 재기한 미국 자동차회사 GM

출처: 이코노믹리뷰. 2019.04.01.

GM은 2009년 파산하여 정부의 지원금을 받아 회생 절차에 들어갔다. 새롭게 GM의 최고경영자(CEO)로 임명된 메리 바라[3]는 미래 자동차의 변화를 예측하며 New GM

---

3   메리 바라 CEO는 1980년 18세에 GM에서 인턴으로 근무를 시작해 내부 승진을 거듭한, 입지전

의 비전을 세 가지 목표로 요약했다. '제로 충돌, 제로 배출, 제로 혼잡'(Zero Crashes, Zero Emissions And Zero Congestion)이었다. 이러한 목표와 새 비전은 회사가 전기 자동차, 자율주행 자동차, 카셰어링이라는 새로운 세계를 용기 있게 받아들이면서 직원들에게 명확한 목표를 제시해 주었다. 최근 GM은 높은 수익을 올리며 다시 자동차업계의 강자로 입지를 강화하고 있다.

이처럼 미래예측으로 미래 대응에 성공한 기업은 기업가치가 지속 성장하고 있다. 급변하는 시대일수록 미래에 대한 통찰력 있는 예측과 대응은 기업의 성패는 물론이고 국가 정치·사회·문화·경제 전반을 좌지우지하는 중요한 일이 됐다.

갈수록 정확한 미래예측을 통한 미래전략 수립이 기업과 국가의 명운을 갈라 놓을만큼 중요해지고 있는 것이다.

3 한국의 미래예측과 미래 대응

우리나라에서도 1960년대 초 암울한 경제환경에서 미래학자 허먼 칸(Herman Kahn)[4]의 미래예측 방법론을 활용한 국가 미래 비전과 발전 전략을 제시받아 5개년 경제개발계획, 새마을운동, 그린벨트 지정, 교육입국 등의 국가 발전 정책 구현

▼ 사진 2-5 미래학 석학인 허먼 칸 박사의 예방을 받고 있는 박정희 전 대통령

출처: 국가기록원.

적인 여성이다. 파산한 GM의 구원수로 CEO로 임명된 메리 바라는 전기차 및 자율주행차 등 미래형 자동차에 집중 투자하고, 이익의 대규모 창출에 집중하고자 대량판매 및 가격경쟁보다는 확실한 마진, 즉 하나를 팔더라도 수익 창출이 있는가를 선호한다.

4 허먼 칸 박사(1922~1983)는 사회학자이며 미래학 최고석학으로 1947~1961년 랜드코퍼레이션 (RAND Corporation 미 국방성 산하 미래연구기관) 연구원, 1961년 허드슨 연구소를 차려 회장을 맡는다. 1960년대부터 한국을 자주 방문하며 한국의 미래 발전 계획에 영향을 주었다.

의 단초를 만들었다. 허먼 칸은 1968년부터 한국을 자주 방문하며 당시 박정희 대통령의 미래 자문 역할을 하며 한국의 미래 발전 청사진을 제시하였다. 허먼 칸은 당시 박정희 대통령이 장기적인 안목에서 국가 미래 정책을 구상할 수 있도록 조언을 한 것이다. 허먼 칸이 제공한 자문의 예로, "한국은 발전을 위해서 국민들에게 미래비전을 보여주고, 국민들에게 목표를 만들어주어, 그 목적이 달성되면 잘 산다는 미래비전, 미래계획(Images of Future)을 주지 않으면 안 된다. 이를 위해서는 장기적인 계획, 즉 5개년 개발계획은 아주 중요하다"고 말했다(데일리안, 2011.9.17.).

또한 1970년부터 그는 세계 각국을 돌며 지구촌이 개발과 함께 환경보호를 동시에 추진해야 한다고 강하게 역설했다. 개발과 환경보호의 조화가 중요하다며 '그린 프로젝트'를 주장하였다. 그의 이러한 주장은 한국에서 '그린벨트'라 불리는 환경보전 정책으로 반영되고 20세기 여러 나라의 국토계획 중 대표적인 성공사례로 꼽히고 있다 (월간조선, 2014.4월호).

또한 허먼 칸은 한국에서 강연과 언론 인터뷰를 통해 한국 국민, 특히 사회 지도층에게 '우리도 발전할 수 있다'는 미래 비전을 심어 주었다. 허먼 칸은 70년대에 자주 한국을 방문하며 강연을 하고 토론회에도 참석했다. 그는 시종일관 "한국은 반드시 발전하며 선진국 대열에 올라선다"고 주장하며 한국인들에게 미래에 대한 꿈과 비전을 갖도록 역설하였다.

이후 미래학자 엘빈 토플러도 수차례 한국정부의 미래 자문을 맡아 대한민국 미래보고서를 작성하여 당시 김대중 대통령에게 제안하며 한국의 정보화 발전에 기여하기도 하였다. 이후에도 엘빈 토플러는 자주 한국을 방문하여 한국의 미래에 대한 자문과 강연을 통해 미래 발전 방안을 제안하였다.

우리나라의 기업들도 점차 미래예측을 경영의 중요한 부분으로 인식하기 시작하고 있다. 하

▼ 사진 2-6 허먼 칸 박사의 강연을 소개한 ≪동아일보≫ 기사

출처: 동아일보 1973년 8월 10일.

지만, 아직까지 국내의 기업들은 미래 트렌드에 주로 관심을 갖고 있으나, 독자적인 미래 비즈니스와 미래 기술 로드맵으로 미래예측을 통한 미래전략을 준비하는 기업은 극히 일부이다.

삼성의 경우는 삼성종합기술원이 미래 기술에 대한 연구개발을 수행하고, 삼성경제연구소는 트렌드 분석이나 연구기능을 수행하고 있다. LG그룹은 LG경제연구원 내에 '미래연구팀'을 만들어 운영하면서 국내 경제환경을 분석하고 중·장기적 위험과 기회를 예측하고 있다. SK그룹도 SK경영경제연구소에서 미래연구를 본격화하기 시작했다. 미래예측에 대한 기업의 관심이 높아지면서 기업 경영에서 미래예측 전문가들의 조언을 활용하는 사례는 점점 늘고 있다.

4 한국과 중국의 미래예측과 미래 대응 현황

미래예측으로 미래 대응에 성공한 기업은 기업가치가 지속 성장하고 있다. 급변하는 시대일수록 미래에 대한 통찰력 있는 예측과 대응은 기업의 성패는 물론이고 국가 정치·사회·문화·경제 전반을 좌지우지할 중요한 일이 됐다.

정부 정책결정자, 기업과 기관의 경영자, 미래 인재를 양성하는 교육자, 개인에 이르기까지 미래는 무한의 가치와 기회, 수많은 의사결정의 변수로 존재한다. 급변하는 미래 환경에 대한 시나리오를 만들고 미래에 영향을 미치는 변수들, 특히 우리가 조종 가능한 변수를 찾아내고 이들을 관리하기 위해서는 올바른 미래예측과 방법론을 익히고 이에 대응하는 미래전략을 입안하는 미래학이 중요하고 필요성이 증대되고 있다.

변화는 자그마한 패션 유행에서부터 시장·소비자 등의 트렌드 교체, 나아가 국가 및 시대적인 패러다임 전환까지 규모나 영향력에 있어 천차만별이다. 단계별로 잘 예측하고 대응하지 않으면 시대나 시장에서 뒤처지는 것은 물론이고 개별 유행에서도 뒤처진 존재로 전락하기 쉽다. 다양한 식견과 문화에 근거한 여러 시각들을 참조하고, 폭넓은 시야와 식견으로 미래를 내다볼 필요가 커졌다.

이제는 미래를 단지 상상에 의존하는 것이 아니라 합리적이고 과학적인 방법으로 예측할 수 있는 역량을 갖추는 것이 중요한 시대다. 각 분야의 리더는 미래를 보는 힘, 미래예측 역량을 강화시킬 것을 요구받고 있다. 미래예측 역량이 급변하는 환경 속에서 국가와 기업, 기관 그리고 개인의 생존과 지속 가능한 성장 발전을 도모하기 위한 핵심 역량이 되었다.

앞으로 범국가 차원에서 미래를 합리적이고 과학적으로 예측할 수 있는 미래예측

전문가를 양성하고 미래예측 방법론을 확산해 실무에 응용할 수 있도록 지원할 필요가 있다. 미래에 대한 정확한 예측과 대응 역량이 곧 국가와 기업의 경쟁력인 시대가 도래했기 때문이다.

다행히 대한민국은 산업화와 정보화를 거치면서 미래 변화 예측을 통해 장단기 대응 계획을 세우고 이를 성공적으로 실천에 옮기면서 세계에 유례가 없는 발전을 이루었다.

그런데 언제부터인가 대한민국은 코닥이나 노키아처럼 산업화와 디지털화의 성공에 안주하며 미래 변화를 예측하고 대응하는 적극적이고 체계적인 계획과 실천이 부실해졌다.

세계는 이미 산업 사회와 정보화 사회를 넘어 창의와 상상력이 힘의 원천인 스마트 사회 성숙기에 접어들면서 인공지능과 사물인터넷을 통한 초지능·초연결사회인 4차 산업혁명시대에 진입하였다. 전 세계는 이러한 4차 산업혁명시대를 앞다투어 자국에서 구현해 4차 산업혁명 강국이 되고자 노력하고 있다.

전 국민의 95% 이상이 스마트 폰을 사용하고 세계 최초로 5세대 이동통신인 5G가 상용화된 우리 사회 곳곳에는 이미 제4차 산업혁명의 기반인 스마트 사회로서의 욕구가 분출되고 있는데 이를 국가 산업과 국가 경쟁력으로 연결하지 못하고 있는 것이다.

이에 반해 중국은 시진핑 주석의 강력한 리더십하에 국민적인 동참을 유도하여 4차 산업혁명시대를 리더하는 스마트 강국으로 중국을 만들겠다는 전 국가적인 비전과 어젠다 공유 및 체계적인 계획과 구체적인 실천을 통해 빠른 속도로 대한민국을 따라잡았고, 이미 4차 산업혁명의 대부분의 영역에서 한국을 추월하기 시작하였다.

▼ 사진 2-7 2017 다보스포럼에서 발표한 시진핑 중국 주석

출처: https://news.kbs.co.kr/news/view.do?ncd=3412242

스마트폰은 중국 업체 3사를 합하면 삼성을 제치고 전 세계 점유율에서 1위를 차지하고 있고 스마트 TV와 가전시장에서도 한국을 무섭게 위협하고 있다. 더구나 자율주행 자동차를 위시한 스마트 자동차 개발은 중국이 이미 일반 도로 주행에 성공하였고 한국을 앞서가고 있다.

중국 정부의 대규모 지원과 기업들의 집중 투자에 힘입어 인공지능과 로봇 산업도 중국이 한국을 멀찍이 앞서가고 있다. 또한 4차 산업혁명으로 급성장하고 있는 전 세계 드론시장의 70% 이상을 중국업체가 점유하고 있지만 한국은 드론 산업에 본격 진입도 못하고 있는 상황이다. 그리고 4차 산업혁명의 핵심 산업의 하나인 3D 프린터 시장도 중국은 곧 세계 2위 생산국이 될 전망이지만 한국은 아직 제대로 출발도 하지 못하고 있는 상황이다.

▼ 그림 2-1 2018년 한국과 중국의 기술 차이와 미래 전망

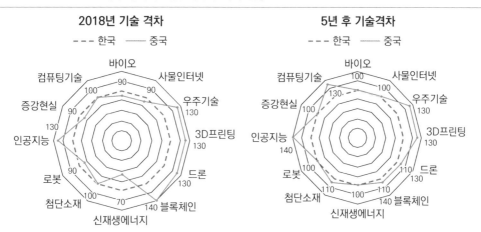

출처: 한국경제연구원.

새로운 시대적 변화에 대응하여 대한민국의 경제 패러다임이 4차 산업혁명시대로 한 단계 도약하기 위해서는 과거의 산업화와 IT 강국이라는 성공 모델의 틀에서 벗어나야 한다. 스마트화 된 사회 인프라를 활용해 창조적 상상력을 발휘할 수 있도록 전 산업분야가 스마트로 융합되고 제4차 산업혁명으로 고도화되어야 한다.[5]

또한 4차 산업혁명 벤처와 창업 활성화를 통해 4차 산업혁명 비즈니스 영역을 확장해야 한다. 이것이 지속 가능한 국가 발전과 일자리의 창출로 이어지고, 4차 산업혁명 강국으로서의 대한민국의 글로벌 경쟁력을 높일 수 있도록 구체적인 비전과 로드맵이 만들어지고 또 이를 실천할 강력한 스마트 리더십이 필요하다.

---

5   스위스 IMD(국제경영개발대학원)가 매년 발표하는 국가경쟁력 평가 순위에서 2019년 대한민국은 28위를 차지하여 중국 14위에 비해 계속 떨어지고 있다. 스위스 금융기관 UBS가 2016년 평가한 4차 산업혁명 대응 준비도는 대한민국이 25위로 OECD에서 최하위였다.

초지능·초연결이 특징인 4차 산업혁명시대를 대비하기 위해 국가와 기업은 미래를 예측하고 성공적인 미래전략을 입안하는 마스터플랜을 구축하여야 한다.

초지능·초연결 사회는 과학기술의 개별 영역만으로는 발전을 도모할 수 없다. 과학기술의 다양한 영역이 서로 연계되고, 인문 사회적인 영역과 문화 예술적인 영역 그리고 정책적인 영역 및 교육과 윤리적인 영역까지 총괄적으로 상호 연계하여야 지속적인 발전을 도모할 수 있게 된다.

구소련 붕괴를 예측한 것으로 유명한 미래학자 피터 슈워츠는 "준비하지 않는 국가, 기업, 개인에게 미래란 없다. 미래는 준비하는 자의 것이고, 성공은 실천하는 자의 것"이라고 했다. 경영학의 그루(guru)인 피터 드러커도 "미래사회는 곳곳에 위험과 불확실성이 도사리고 있다. 이로 인해 미래에 대한 예측과 대비는 성공을 위한 필수 요소다. 계획이란 미래에 대한 현재의 결정이다"라고 했다. 이 말들을 명심해야 하겠다.

이제 변화가 가속화되고 있는 미래사회에서 대한민국과 개인의 지속 가능한 발전과 생존을 위해서는 미래학이 국가와 기관, 기업 그리고 개인의 미래 준비 차원까지 다양한 영역에서 활용되어 정확한 미래예측과 미래전략 방안을 도출하고 이를 구체적으로 실천해나갈 필요성이 절실해지고 있다.

Ⅱ 미래예측의 가능성과 사례

1 영국 수상 윈스턴 처칠[6]의 미래예측

노벨문학상 수상자이자 영국의 철의 재상으로 유명한 윈스턴 처칠(Winston Churchill)은 1932년 수필집 <50년 후의 세계(Fifty years hence)>를 발표하였다. 처칠은 이 책에서 향후 50년 후인 1982년경에 발생할 수 있는 사회적 변화가 무엇인지에 대해 예측했다. 그는 코럼 길피란(Column Gilfillan)이 1907년에 제시한 미래예측방법론인 기술변화예측방법처럼 과학기술의 추세를 분석하여 미래에는 기기만 들고 다니면서 멀리 떨어져 있는 상대방과 통화할 수 있는 무선전화기와 무선 텔레비전을 예측했다. 또한 처칠은 미래에는 닭의 특정 부위를 먹기 위해서 닭을 기르지 않고 적절한 조

---

6   윈스턴 처칠(1874~1965)은 영국의 수상을 두 차례나 역임한 정치인으로 2차 세계대전을 연합군의 승리로 이끈 주역이다. 그는 또한 전쟁 회고록 <제2차 세계대전사>로 1953년 노벨문학상을 받았다.

건에서 배양할 수 있게 될 것이라고 배양고기를 예측했다. 또한 그는 인간다운 삶의 향상에 기여하는 과학기술의 발전이 미래에 윤리와 도덕이 함께 하지 않으면 인류를 멸망으로 이끌 수 있다고 경고하기도 하였다.

▼ 사진 2-8 윈스턴 처칠의 50년 후 세계(1932)

출처: https://images.app.goo.gl/c6cuVPaDrGD553v17

2 로열더치셀의 미래예측

▼ 사진 2-9 중동의 오일쇼크를 예측한 피에르 왁(Pierre Wack)

출처: https://alchetron.com/Pierre-Wack

1970년대에 미래예측전문가 피에르 왁(Pierre Wack)은 미래학을 비즈니스에 응용하는 방법을 정립하였다. 피에르 왁은 로열더치셀의 런던 사무소에서 시나리오 기획 담당으로 근무하며 국제유가에 영향을 미칠 만한 사태나 변화를 분석하면서 중동의 오일쇼크를 정확히 예측하였다. 그는 OPEC(석유수출기구)이 석유를 무기화하여 국제적인 영향력을 확대하기 위해 유가를 큰 폭으로 올릴 가능성이 있다는 시나리오를 작성하고 석유가격을 재교섭하는 1975년경이 변동시점이라는 예측을 했다.

로열더치셀의 중역들은 처음에는 왁의 예측 시나리오에 대해 긴급성을 인식하지 않았지만, 왁의 완강한 주장을 수용해 경영전략을 수정하였다. 결국 1973년 10월 제4차 중동전쟁 발발로 석유가격이 폭등하면서 오일쇼크가 밀어닥쳤고, 왁의 예측 덕분에 미리 미래전략을 입안하여 대응했던 셀은 업계 하위에서 세계 2위로 올라섰고 수익성

면에서는 세계 1위를 차지하게 되었다.

이후 로열더치셸은 미래학자 피터 슈워츠[7]를 합류시켜 기업의 미래 장기 전략 수립에 미래예측을 응용하는 분야를 담당케 하였다. 장기적인 미래예측 연구 후 피터 슈워츠는 당시 그 누구도 예상하지 못했던 소련의 붕괴를 정확히 예측하고 로열더치셸로 하여금 러시아 자원에 대한 개발 경영 전략을 입안케 함으로써 개발권 획득을 성공케 하였다.

피터 슈워츠는 국제 정치·경제 상황에 주목하며 특히 원유와 천연가스의 보고인 소련에 주목하였다. 당시 소련은 생산성이 낮아지며 경제가 붕괴되기 시작했다. 출생률은 계속 떨어지고 노령화는 빨리 진행되어 국가 노동력이 감소하는 '죽어가는 사회'의 모습으로 분석했다.

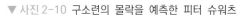

▼ 사진 2-10 **구소련의 몰락을 예측한 피터 슈워츠**

출처: 조선비즈(2007.8.31.)

---

7 피터 슈워츠(1946년~) 미국 미래학자로 글로벌 비즈니스 네트워크(GBN) 공동 창립자이다. 1982년 로열더치셸에 근무하며 소련의 붕괴를 예측했다. 그는 2001년 2월 9.11테러 7개월 전에 이를 예측하는 보고서를 대통령에게 제출하였다. 당시 피터 슈워츠는 미 의회에서 주관해 3년간 한시적으로 설치했던 하트루드먼 국가안보위원회 일원으로 활동하고 있었다. 이 보고서의 첫 문장은 "오늘날 미국 안보상 최대 리스크는 미국 심장부인 워싱턴·뉴욕의 주요 건물들에 대한 대대적인 테러 공습이다. 수많은 생명이 희생될 수 있다."였다. 그러나 당시 부시 대통령은 이 보고서를 무시했다. 영화 '마이너리티 리포트(Minority Report)', '딥 임팩트(Deep Impact)', '스니커즈(Sneakers)' 등에 등장하는 신기술 관련 시나리오가 모두 그의 머릿속에서 나왔다.

그는 소련이 택할 수 있는 두 가지 시나리오를 작성했다. 엉망진창인 채로 이념을 지키다 죽거나, 굳게 닫힌 문을 열어 변화를 맞이하거나. 그는 소련이 후자를 선택할 것으로 전망하고 소련의 거대 유전이 시장에 나오면 유가가 폭락할 것이므로 이에 대응하는 전략을 입안토록 요청하였다. 구소련이 붕괴되면서 1986년 세계 유가는 폭락했다. 로열더치셸은 이미 이에 대한 대응 시스템을 설계해두었기 때문에 이는 기업 성장의 기회가 되었다.

이상과 같이 로열더치셸이 미래예측 전략으로 일거에 업계를 장악했던 일은 유명한 사례이다.

3 21세기 혁신 기업의 미래예측

21세기에도 혁신 제품의 아이콘으로 스마트 시대를 연 스티브 잡스의 아이폰, 창립 10년만에 세계 자동차시장의 지각 변동을 일으킨 전기자동차 회사 엘론머스크의 테슬라, 전 세계 유통업계 최강자로서 급부상한 마윈의 알리바바, 이들 모두는 미래예측을 통해 미래 사회의 변화를 미리 읽고 이에 대응하는 미래전략으로 상품과 서비스를 개발하여 성공적으로 비즈니스를 확장하고 있다.

스티브 잡스는 2002년 당시 휴대폰에 컴퓨터와 응용프로그램, 음악재생기, 카메라, 인터넷 등이 내장되고 사용자들이 쉽게 터치로 사용 가능한 아이폰에 대한 아이디

▼ 사진 2-11 2007년 1월 9일 최초의 아이폰을 소개하는 스티브 잡스

출처: https://images.app.goo.gl/xSMykqJJbLvvDsKh7

어를 처음 떠올린다. 그는 향후 사회는 융합되고 소비자는 여러 기능을 각각 다른 기기를 사용하기보다는, 한 개에 많은 기능을 쉽고 편하게 사용하기를 원한다는 미래 트렌드를 읽고 이를 고안하였다.

이후 철저한 보안 속 오랜 시행착오를 거친 연구 개발 끝에 5년만인 2007년 1월 9일 스티브 잡스는 아이폰을 세상에 소개했고 6월 29일 첫 판매를 실시해 2007년에만 1,400만 대를 팔며 스마트폰 시대를 열었다.

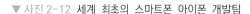

▼ 사진 2-12 세계 최초의 스마트폰 아이폰 개발팀

사진 왼쪽부터 필 쉴러(Philip W. Schiller: 애플마케팅), 토니 퍼델(Tony Fadell: iPod 담당), 조나단 아이브(Jonathan Ive: 디자인), 스티브 잡스(Steve Jobs: 애플 CEO), 스캇 포스탈(Scott Forstall: 소프트웨어), 에디 큐(Eddy Cue: 인터넷 서비스)

출처: https://www.wired.co.uk/article/tony-fadell-apple-to-google

4 한국의 경제 발전과 미래예측

대한민국의 초기 경제 발전에 미래예측 전략이 큰 도움이 되었다. 당시에 대표적 미래학자였던 허먼 칸은 60년대부터 대한민국 정부의 초청을 받고 한국을 방문하며 미래예측을 통한 미래전략을 조언하였고 그 내용을 강연했다. 허먼 칸은 국민소득 100달러이던 시절이었음에도 "한국은 반드시 발전하며 선진국 대열에 올라선다"고 주장했다. 허먼 칸의 강연. 내용을 담은 ≪동아일보≫ 1972년 8월 10일자 내용은 다음과 같다.

"허드슨연구소의 연구 활동 중에는 한국에 관한 연구가 포함되어 있으며, 우리는 한국의 정치, 경제, 사회, 문화 등 각 분야에 관심을 갖고 있다. (중략) 한국의 경제성장률을 연 7%로 잡고 인구증가율을 연 2%, 연간 국민소득 증가율을 5%로 잡아 본다면 한국은 10년 후에는 중진국의 수준에, 25년 후에는 대중소비단계에 도달할 것이며, 그 후 10년이면 농업, 공업, 대중소비단계의 다음 단계인 탈공업 시대에 들어설 것이다. 이것은 막연한 예언이 아니라 구체적인 자료를 토대로 작성한 시나리오다."

이러한 발전 가능성의 근거로 그는 대한민국 국민들의 창의적 열정과 당시 대통령의 국가 발전에 대한 확고한 리더십을 꼽았다. 그는 "한국은 국민들의 잘살아 보겠다는 의지, 즉 허리띠를 졸라매는 국민통합이라는 훌륭한 문화가 있고, 발전하고자 하는 의지가 강하다. 대통령의 리더십이 단호하고 유능한 경제학자가 대통령을 지원하므로 한국은 성공할 것이다"라고 하였다.

이러한 미래학자 허먼 칸의 대한민국의 미래예측에 대한 청사진은 정부 정책뿐만 아니라 언론을 통해 국민들에게도 계속 전달되었다. 이를 참조하여 작가적 상상력으로 이정문 만화가는 1965년에 '서기 2000년대 생활의 이모저모'라는 미래예측 만화를 그려 <학생잡지>에 게재하였다.

당시 미래학자들의 미래예측을 기반으로 한 이 만화의 내용을 하나하나 살펴보면 현재 대부분 이루어진 것을 알 수 있다.

1) 달나라 수학여행: 인간이 달에 왔다갔다 하는 게 더이상 놀라운 일이 아니다.
2) 태양열을 이용한 집: 태양열을 이용한 집을 흔히 볼 수 있다.
3) 전기자동차: 머지않아 전기차가 휘발유, 경유 차량보다 많아질 것이다.
4) 로봇청소기: 혼자 돌아다니며 청소하는 원반 모양의 로봇청소기는 이미 사용 중이다.
5) 집에서 치료를 받고: 원격으로 의사와 만나 치료받는 헬스케어는 이미 시연 중이다.
6) 공부도 집에서: 온라인 강좌와 스마트 강의는 이미 일반화 되어 있다.
7) 오늘의 메뉴는: 인터넷과 스마트TV로 요리 레시피를 따라하며 편하게 요리한다.
8) 전파신문: 인터넷 신문과 TV로 종이 신문이 대체되고 있다.
9) 움직이는 도로: 에스컬레이터나 공항의 무빙워크로 구현되어 있다.
10) 소형TV전화기: 스마트폰으로 영화와 방송을 본다.

이처럼 1965년 당시에는 황당한 이야기로만 여겨졌던 2000년도 한국의 생활을 미래예측한 만화는 당시의 미래학자들의 예측이 얼마나 정확했는지를 알려주고 있다.

이정문 화백은 당시 미래학자들이 수십년 뒤 미래사회를 전망한 내용의 신문기사를 스크랩하며 숙독하고 작가적 상상력을 추가하여 이 만화를 그렸다고 한다.

이정문 화백은 이후에도 지속적으로 미래학자들의 미래예측 기사를 스크랩하고 있고 이를 기반으로 2009년엔 자신이 100세가 되는 2041년 모습을 상상한 만화를 그렸다. 구글 무인자동차처럼 혼자서 달리는 자동차 시대가 열리고 좁쌀 크기만 한 의료로봇이 몸 안을 휘젓고 다니며 병을 치료할 것이란 내용이 들어 있다.

▼ 사진 2-13 이정문 화백 작업실에서 화백과 필자

5 삼성의 반도체 사업 진입과 미래예측

대한민국 발전의 원동력인 삼성의 반도체 사업은 1970년초 컴퓨터는커녕 흑백TV도 몇 대 없던 시절에 이건희 당시 삼성 이사가 컴퓨터 시대의 도래에 대한 미래예측을 통한 전략으로 삼성 회장실을 찾으며 시작된다. 그는 이병철 회장에게 '아버지, 반도체 사업을 할 수 있도록 도와 주십시오'라며 반도체 사업계획서를 제시한다. 이병철 회장은 '반도체라는 그게 뭐냐?'며 처음 듣는 이름에 황당해 한다. '컴퓨터에 들어가는 건데, 반도체가 세상을 지배하게 될 것입니다'라며 이건희 이사는 간절히 요청한다. 그러나 이병철 회장은 처음 들어본 반도체 투자를 거절한다.

그러나 끈질긴 이건희 이사의 설득으로 이병철 회장은 이건희 이사의 개인 사재로, 대한민국 반도체의 산파인 강기동 박사가 1974년 1월 국내 최초로 부천에 반도체 제조 공장을 설립하였으나 자금난으로 파산위기에 있던 한국반도체를 인수하여 시험 적으로 성공시켜 보라고 허락하여 삼성은 1974년 12월 반도체에 첫발을 들여놓게 된 다. 하지만 한국반도체의 적자가 계속되면서 이병철 회장은 이건희 이사가 반도체 사 업에 대한 미련을 버리고 삼성의 기존 사업에 집중하도록 독려하였다.

하지만 미래 변화를 예측하며 반도체 사업의 미래 가능성을 확신한 이건희 이사 는 이병철 회장에게 반도체 사업의 중요성과 가능성을 계속 설득하며, 이병철 회장이 마침 1982년 4월 2일 미국 보스톤 대학교에서 명예박사학위를 받으러 미국에 갈 때 꼭 미국의 실리콘 밸리를 방문한 후 반도체 사업에 대한 최종 결정을 내려 줄 것을 요 청하였다.

그러나 이병철 회장은 계속하여 이건희 이사가 주장하는 반도체 사업에 별 관심 이 없었고 당시 국내 반도체 수요도 별로 없는 상황이라 시장성에 대해서도 낮게 평가 하고 있었다. 더욱이 시험적으로 해보게 한 한국반도체의 적자가 계속되어 자본이 잠 식되면서 반도체 사업을 더 이상 추진할 의향이 별로 없었다. 더구나 반도체 사업은 최첨단 기술과 막대한 자본이 투입되어야 하는 사업으로 전 세계에서도 미국과 일본의 몇 개 기업 외에는 시작도 못하고 있던 사업일 정도로 위험도가 너무 높았다.

▼ 사진 2-14 이건희 이사의 요청으로 삼성의 반도체 사업 진출을 협의하는 이병철 회장

출처: 연합인포맥스 TV(2015.7.27.)

그런데 이병철 회장이 미국의 실리콘밸리를 방문하여 휴레트팩커드(HP)등의 첨단 회사를 견학하며 모든 사무실에 직원들이 컴퓨터를 이용하여 업무를 진행하고 향후 1인 컴퓨터 시대가 올 것이라는 전망을 들으며 생각이 바뀐다. '아니, 이것이 회사 사무실입니까?', '책상에 책이나 펜 없이 컴퓨터 한 대로 일하고 있단 말입니까?'라고 당시 이병철 회장은 휴레트팩커드 안내 임원에게 물을 정도로 충격을 받았다. 그리고 IBM 반도체 공장도 견학하며 다시 한번 미국의 힘은 이런 곳에서 나온다고 생각했다.

이때 이병철 회장은 미래의 사회 변화를 직감하고 컴퓨터가 중요한 역할을 하게 되며 이에 필수적인 반도체 사업의 미래 가능성을 확신하게 된다.

귀국한 후 반도체의 미래예측과 사업 가능성에 대한 연구를 거친 후 당시 72세의 이병철 삼성 회장은 반도체가 향후 대한민국의 400년 먹거리의 핵심이 될 수 있다며 1982년 삼성의 미래 운명을 걸고 반도체 사업에 올인하겠다는 결단을 내리면서 본격적인 삼성 반도체 사업이 시작된다. 삼성의 이병철 회장은 1983년 2월 8일 도쿄에서 삼성의 반도체 사업 진출을 공식적으로 발표한다. 이 과정을 통해 이 회장은 이건희 이사에 대한 미래를 내다보는 사업 전략에 깊은 신뢰를 갖게 된다.

1983년 삼성이 반도체 사업에 올인하겠다며 생산시설과 연구를 집중하고 있을 때, 미국에서 젊은 청년이 이병철 회장을 찾아 온다. 그는 이병철 회장에게 직접 가져

▼ 사진 2-15 1983년 삼성 본관으로 73세의 이병철 회장을 찾아 온 28세의 청년 스티브 잡스

출처: http://www.donga.com/news/article/all/20111006/40900294/1

온 컴퓨터를 보여주며 '이것은 제가 만든 컴퓨터입니다.' '앞으로 삼성이 반도체를 생산하면 저의 컴퓨터용으로 공급받고 싶습니다.' 이 청년은 애플의 스티브 잡스였다. 1984년 9월 27일 드디어 생산된 삼성의 64KD램 반도체가 미국의 애플사에 20만개 첫 수출되며 본격적인 삼성 반도체 사업이 시작된다.

이후 삼성의 반도체는 삼성이란 기업을 넘어서 대한민국 발전의 원동력이 되어 왔다. 이 모든 것이 컴퓨터화 될 미래 변화를 예측하고 도전한 이건희 당시 삼성 이사의 미래예측 전략과, 시대 변화를 꿰뚫어 보고 결단한 이병철 삼성 회장의 통찰력 및 이를 구현하는 철저한 미래 경영 전략 준비 덕분일 것이다. 만약 이런 미래예측 전략이 없었다면 우리 나라의 현재와 미래는 어찌 되었을까.

6 미래예측의 중요성

미래를 정확히 예측하는 것은 인간의 능력을 벗어난다. 아무리 뛰어난 미래학자라도 미래를 정확하게 예측할 수는 없다. 그럼에도 불구하고 미래예측은 필요하고 중요하다. 예측은 아무리 해도 예측일 뿐이지만, 그래도 좀 더 과학적인 예측은 어느 정도 가능하다. 예측의 정확도는 적절한 방법론이나 데이터의 신뢰도에 따라 높아질 수 있다.

급변하는 사회에서 기업과 기관, 그리고 국가적인 차원에서 미래예측은 중요하다. 물론 개인에게 있어서도 미래예측은 필요하다. 미래예측의 과학적인 방법론을 추구하여 미래예측력을 높이고 바람직한 미래를 창조하기 위한 미래전략을 입안하는 것이 미래학(futurology, futures studies)이다.

연구 문제
토의 사항

1. 코닥과 노키아의 실패 원인은 무엇인가?
2. 미국 자동차회사 GM의 실패와 재기에 성공한 요인은 무엇인가?
3. 현재 우리나라의 미래 대응 전략은 어떠한가?
4. 로열더치셸의 미래예측과 성공은 어떤 관계가 있는가?
5. 대한민국의 산업화와 미래예측 전략은 어떤 관계가 있는가?
6. 삼성 반도체 사업 진출과 미래예측은 어떤 관계가 있는가?

미래학 연구 학파는
어떤 것들이 있나?

PART 3
미래학 연구 학파는 어떤 것들이 있나?

현대미래학 연구는 2차 세계대전 이후 급속히 발전되면서 다양한 연구 방법이 이용되고 있다. 특히 미래연구를 통한 미래예측을 보는 관점에 따라 다양한 미래연구 학파가 형성되었다.[1] 현재까지의 미래연구 학파는 크게 5개로 분류된다. 외삽주의적 미래학파, 전이주의적 미래학파, 급진주의적 미래학파, 마노아학파, 싱귤래리티학파이다.

외삽주의학파(extrapolationist)는 미래를 돌발적인 변화에 의한 것이 아니라 과거로부터 현재까지의 변화 추세에 연결되는 것으로 보고 미래를 예측한다. 허먼 칸을 포함한 현대미래학의 기초를 정립한 많은 미래학자들이 여기에 속한다.

전이주의학파(Transitionist)는 미래사회는 오랜 기간을 거쳐 확산되는 점진적 변화가 축적되어 어느 시점에 새로운 사회로 전환된다고 보고 이런 관점으로 미래를 예측한다. 후기산업사회를 제시한 다니엘 벨과 메가트렌드 예측으로 유명한 존 나이비스트가 여기에 속하는 대표적인 미래학자이다.

급진주의학파(Radicalist)는 미래를 과거 역사와는 단절되고 불연속적인 것으로 보고 새로운 사회는 총체적인 위기나 혼란으로부터 만들어진다는 관점으로 미래를 예측한다. 자본주의의 총체적 위기로 프롤레티리아 혁명이 일어나 공산주의라는 새로운 세상이 올 것을 예측한 마르크스나 인류가 성좌시대를 맞을 것이라고 예측한 로스자크 등이 여기에 속한다.

마노아학파(Manoaist)는 미래를 단선적이고 결정론적으로 주어지는 것이 아니라 복수의 다양한 미래가 예측 가능하다고 본다. 이런 관점으로 마노아학파는 미래에 가능한 복수의 대안을 예측하고 이중에서 바람직한 미래를 설정하여 이를 구현하는 방법과 전략을 제안하는 것이 미래학의 역할이라고 주장한다. 이런 관점에서 미래연구를 단수가 아닌 복수인 futures studies로 사용한다. 하와이 대학교에 세계 최초로 미래학 정규 과정을 개설한 짐 데이토 교수를 필두로 그 제자 미래학자들이 여기에 속한다.

---

1 하인호 교수는 저서 '미래학이란 무엇인가'에서 미래학파를 외삽주의학파, 전이주의학파, 급진주의학파, 3개로 구분하고 있다. 그의 저서 내용에서 일부 발췌하였다.

싱귤래리티학파(Singularitist)는 미래예측이 가능한 최종 지점을 특이점이라 번역된 싱귤래리티(Singularity)가 구현되는 시점으로 본다. 즉 이들은 인공지능이 인류 전체의 지능을 넘어서고, 인공지능 스스로 더 뛰어난 인공지능을 만들어 내며 인간의 통제를 벗어나는 시점인 싱귤래리티가 도래하기까지 인류의 미래를 예측하고 이에 대한 대응 방안을 모색하는 것이 미래 연구라고 보고 있다. 싱귤래리티의 창시자인 레이 커즈와일(Ray Kurzweil)과 싱귤래리티 대학의 미래학자들이 여기에 속한다.

▼ 사진 3-1 대표적 현대 미래학자들

출처:http://www.youtongnews.com/bbs/board.php?bo_table=01_4&wr_id=28

미래학은 미래를 준비하기 위한 현재의 행동을 연구하는 것이며 미래전략 수립을 위해 과거와 현재를 분석하는 것이다. 모든 미래학파는 관점이 달라도 공히 이를 수행하는 미래연구를 지향한다.

I 외삽주의 미래학파

1 특성

외삽주의 미래학자들은 과거로부터 현재까지의 추세의 연속을 통해 미래를 예측한다. 그들은 미래의 변화는 돌발적으로 나타나는 것이 아니고 과거로부터 현재까지의 변화 추세가 미래로 연결된다고 본다. 따라서 그들은 과거와 현재의 자료와 사실을 기초로 이를 평가하고 분석하여 추세를 읽고 이를 통해 알려지지 않은 미래를 예측하는 외삽적 탐구를 미래예측방법으로 사용한다.

외삽주의 미래예측은 특히 산업화의 추세를 파악할 수 있는 나라에 적합하다. 이로 인해 외삽주의 미래예측은 이미 산업화되고 기술이 발전하고 있는 유럽과 북미지역에서 주로 적용되었다. 아시아권에서는 일본과 한국이 산업화와 기술이 발전되면서 외삽주의 미래예측이 적용되었다.

외삽주의 미래예측은 낙관주의적인 미래예측에 해당한다. 즉 산업의 발전, 과학기술의 발전이 미래 사회를 보다 풍요롭게 하고 인류에게 이로운 방향으로 미래를 유도할 수 있다고 믿고 있다.

외삽주의 미래학자들은 과거로부터 현재까지 추세의 연속을 통해 미래를 예측한다. 이때 외삽주의 미래학자들의 미래를 연결시키는 과거와 현재에 대한 시간개념 구조는 다양하다. 신석기 시대부터 시작하여 현재까지를 연결시키거나 500년 전의 과거와 현재를 연결시키기도 한다. 또한 중세기 말인 1500년 이후부터 연결시키거나 또는 산업혁명기인 1800년 이후부터, 또한 제2차 대전 이후부터 지금까지를 연결시키는 다양한 시간개념 구조를 설정하기도 한다.

한국의 경우는 고조선시대부터 현재까지를 연결시키거나 삼국시대부터 또는 식민지 시대 이전, 해방 이후, 6·25 이후, 4·19 이후, 5·16 이후, 유신 이후, 1970년대 경제개발 이후, 국민소득 5,000달러 소득 달성 이후, 국민소득 10,000달러 이후부터 지금까지 등 다양한 시간개념 구조가 설정될 수 있다.

2 대표적인 외삽주의 미래학자

대표적인 외삽주의 미래학자는 허먼 칸(Herman Kahn)과 제라드 오닐(Gerard K. O'Neill)이다. 허먼 칸은 ≪생각할 수 없는 것을 생각한다≫(Thinking About the Unthinkable, 1962), ≪2000년≫(The Year 2000, 1967), ≪다음 2000년≫(The Next 2000, 1976), ≪세계경제 발전≫(World Economic Development, 1979), ≪새로운 붐≫(Coming Boom, 1982) 등의 저서를 출간하였다.

제라드 오닐은 <우주식민지와 에너지의 지구에 대한 공급>(Space Colonies and Energy Supply to the Earth, 1975)과 <우주식민지, 귀중한 개척지>(Space Colonies, The High Frontier, 1976)라는 논문을 발표한 후 ≪귀중한 개척지: 인간 우주식민지≫(The Higher Frontier: Human Colonies Space, 1977), ≪2081: 인간 미래의 희망≫(2081: A Hopeful View the Human Future, 1981)등의 저서를 출간하였다.

1) 현대 미래학의 정립자 허먼 칸(Herman Kahn)[2]

현대 미래학을 정립시킨 초기의 대표적인 미래학자 허먼 칸은 1947년부터 1961년까지 미국 최초의 미래연구기관인 랜드연구소에서 근무하며 미국의 미래연구를 주도하였고 1961년 퇴직하며 '미래상점'(A Future Shop)을 창설하고 허드슨 연구소를 창립하였다.

허먼 칸은 미래예측 방법론인 델파이 기법과 시나리오 기법을 개발, 발전시켰고 또한 유럽과 미국을 중심으로 서구사회 발전의 1,500가지의 요소로부터 추출한 상호관련 추세를 분석하여 복합적 장기추세모형을 설정하였다.

허먼 칸은 그가 설정한 복합적 장기추세모형에 관하여 다음과 같이 설명하였다. 복합적 장기추세모형은 복합적 요소로 구성되어 있는데, 각 요소는 추진력과 결과, 원인과 결과의 양면성을 지니고 있는 하나의 복합적 체제로써, 각 구성요소는 하나의 천

---

2 허만 칸(Herman Kahn, 1922~1983) 미국의 전략이론가·미래학자. 캘리포니아공과대학 졸업 후 계속해서 물리·공학·수학 등을 전공한 뒤 1947~61년 랜드 연구소(RAND Corporation) 연구원, 61년 허드슨 연구소를 설립·주재했다. 저서에 '열핵전쟁(On Thermonuclear War, 1960)', '생각할 수 없는 것을 생각한다(Thinking About the Unthinkable, 1962)' 등이 유명하다. 1960~70년대 지구촌을 돌면서 강연을 열어 성공한 사람은 허먼 칸밖에 없었다고 한다. 엘빈 토플러가 1980년대에 유명해졌지만 60~70년대 대부분 각국의 국제행사의 기조연설자는 허먼 칸 박사였다.

체도와 같은 총체의 각 부분들이나 측면으로 간주되고 있다. 복합적 장기추세모형에서 제시하는 추세들은 사회의 모든 영역에 영향을 미치게 된다.

허먼 칸은 복합적 장기추세모형에서 12개의 추세를 예측하고 있는데, 칸은 이러한 추세들이 저개발국이나 개발도상국에 확산될 것으로 가정하고 있었고, 또한 이러한 추세들은 앞으로 지구적인 현상으로 나타날 것으로 보고 있었다. 허먼 칸은 그가 제시한 추세 중의 일부는 1천 년 전부터 시작되었고, 대부분의 추세는 몇 세기 전부터 시작되었다고 보고 있다.

허먼 칸이 복합적 장기추세모형을 통하여 제시한 가장 기본적인 복합적 장기추세들은 다음과 같다.

⑴ 허먼 칸의 기본적 복합적 장기추세

① 감각문화의 급증 현상 VS 급격한 하향 현상

경험적·세속적·인간주의적·실용주의적·조작적·형식적·이성주의적·공리주의적·계약적·향락적·쾌락주의적 문화는 과거로부터 오랫동안 지속되어 왔으나, 최근에 서구에서는 감소되고 있는 추세라고 밝히고 있다. 이러한 감소현상은 복고주의적 신성, 비이성적 금기와 권위 구조의 와해에서 비롯된 것으로 보고 있다.

② 과학기술공학적 지식의 축적 VS 순수이론적 구조 출현

지금까지 진행되어 온 기술공학적 축적의 결과는 최근 생물학 분야를 중심으로 순수이론적 구조에 관한 연구가 진행되고 있으며, 사회과학 분야에서는 아직까지 초기 단계에 있으나 앞으로는 사회과학 분야에도 순수이론 연구가 진행될 것으로 보고 있다.

③ 기술공학의 제도화 VS 우연적인 발명과 발견에 대한 인식 강조

지금까지 기술공학의 제도화는 연구, 개발, 혁신과 확산에서 꾸준히 증가현상을 가져왔으나, 최근에 와서는 우연적인 발명과 발견을 추구하는 연구 활동에 대한 특별한 관심이 필요하다고 보고 있다.

④ 자본가적·관료적·능력주의 엘리트의 역할 증가 VS 지성적·기술공학적 엘리트의 증가

지금까지 자본가적·관료적·실력주의 엘리트가 증가하여 왔으나, 최근에 와서는 지성적·기술공학적 엘리트 계층이 증가하는 현상이 나타나고 있으며, 이러한 현상은 모든 사람을 위한 교육체제의 발전과 새로운 지식사회와 자식산업이 구축되어 새로운

지식과 이론의 승리에서 오는 결과로 보고 있다.

⑤ 서구문화 지향 지역의 증가 VS 토착문화와 소수민족 문화의 재발견

지금까지 서구문화 경향 지역이 증가하고, 서구문화가 세계화되는 현상이 나타나고 있었으나, 최근에 와서는 서구 물질문명에 대한 조심스러운 거부반응이 일어나 토착문화와 소수민족문화의 부활과 재발견이 나타남과 동시에 세계적인 문화통합의 필요성이 요구되어 있다.

⑥ 서구의 군사력 증가 VS 대량파괴와 테러리즘의 쟁점화, 핵무기의 확산

지금까지 서구사회의 군사력이 증가되어 왔으나 근본적인 군사력 축소현상은 나타나지 않고 있으며, 최근에는 대량파괴 현상과 테러리즘이 더욱 증가되고 있어 오히려 대륙간 유도탄과 핵무기가 확산되고 있다. 아직까지 서구의 선진 군사기술공학 중심의 국가들은 한 손에는 평화, 또 다른 한 손에는 핵무기를 들고 아시아 지역과 저개발국에 압력을 가하고 있어 발전이 가속화되고 있는 동북아 지역에 많은 어려움을 가져다주고 있다.

⑦ 풍요로움의 증가 VS 인류 평등주의 강조

지금까지 산업화된 국가에서는 계속해서 풍요로움이 증가되어 왔으나, 최근에는 인류평등주의의 실현을 위해 부, 자원, 정보의 분배가 요구되고 있다.

⑧ 세계 인구의 증가 VS 한계점에 육박

지금까지 계속된 세계인구의 증가율이 최근에 와서는 지구가 수용할 수 있는 한계점에 가까워지고 있다.

⑨ 도시화 VS 교외지역의 도시화

산업화와 함께 증가일로에 있던 도시화 현상이 최근에 와서는 위성도시와 위성도시가 연결되고, 교외의 인구과밀 지역이 대도시화 되어 계속해서 교외의 도시화가 이루어지고 있다.

⑩ 거시적 환경문제에 대한 우려 증가

20세기 말에 제기된 거시적 환경문제에 대한 우려의 증가는 지구의 유한성, 지역별 지구사회의 공해흡수 능력의 한계성에 대한 우려로 나타나고 있다.

⑪ 1차·2차 산업 직업의 감소 VS 3차 산업 직업의 감소와 4차 산업 직업의 증가

지금까지 지속되어 온 산업화는 1차 산업 직업과 2차 산업 직업을 감소시켜 왔으

나, 최근 선진국에서는 3차 산업 직업도 감소현상을 나타내고 있으며, 4차 산업 직업이 증가하고 있는 추세이다.

⑫ 발전지향적 사고와 기획 강조 VS 응용적 · 의식주의적 · 미완성적 · 사이비적 합리성의 증가

지금까지 발전 지향적 사고와 계획이 강조되어 왔으나, 최근에는 의도적 · 계획적 혁신과 인간의 합리성을 강조하는 활동에서 오히려 질적인 퇴보현상이 부분적으로 나타나고 있다. 사회적 · 정치적 · 문화적 분야에 대한 물질적 · 기술적 응용이 증가되어 의식주의적 미완성적 · 사이비적 현상에 대한 합리성을 강조하고 있다.

허먼 칸은 이와 같은 추세분석모형을 통하여 앞으로 이러한 추세는 세계적으로 일반화될 것이며, 많은 지역에서 변화가 가속화될 것이라는 외삽주의적 미래예측을 하였다.

▼ 사진 3-2 허먼 칸의 허드슨연구소 미래연구 회의

출처: https://www.hudson.org

2) 미래학자 제라드 오닐(Gerard K. O'neill)

제라드 오닐(Gerard K. O'Neill)은 미국의 물리학자이며 우주식민지론을 주장한 미래학자이다. 그는 프린스턴 대학교의 물리학 교수로 있으면서 에너지와 우주 개척에 대한 연구를 하며 실제 Storage Ring이라 불리는 에너지 장치를 개발하였고 인류의 생활공간으로 우주를 개척하기 위한 미래 연구기관으로 우주연구원을 설립하고 우주정

거장 계획을 제시하였다.

특히 제라드 오닐은 1981년에 출간한 본인의 저서 ≪2081: 인간 미래의 희망≫ (2081: A Hopeful View the Human Future, 1981)에서 이후 100년간에 일어날 사회 변화를 주도할 5가지의 주요 세력을 제시하고 있다.

⑴ 제라드 오닐의 미래사회 변화를 주도할 5가지 주요 세력

① 컴퓨터

컴퓨터는 변화를 주도하는 강력한 힘이다. 오닐은 2081년 이전에 컴퓨터로 인한 변화는 공공기관이나 기업의 축소를 가져 올 수 있어 사회적 축소화 현상이 모든 분야에서 일어날 것으로 예측하였다.

② 자동화

자동화는 사회 변화를 주도하는 세력이다. 오닐은 오늘날 대부분의 자동화체제 공장에서 사용되고 있는 컴퓨터 통제 연결 기계와 같은 컴퓨터 체제의 확산이 모든 산업 분야와 경영에 도입될 것으로 믿고 있다. 또한 그는 이러한 단계를 넘어서 자동화 기계로 구성된 자동화 공장이 출현하고, 이어서 자동화 기계를 조정하여 운영하는 자동화 통제체제가 나타날 것으로 예측하고 있었다.

③ 우주개척

우주개척은 엄청난 지구촌의 변화를 야기시킨다. 오닐은 지구상의 현존문제 해결방안은 우주개척이나 우주식민지 정책이라고 주장하였다.

그는 우주개척이 지구상에 살고 있는 모든 인류에게 여러 가지 어려움을 가져다주는 자원의 한계와 부족현상, 영토문제, 에너지문제, 공해문제, 식량문제, 인구문제 등으로부터 벗어나게 하여 인류를 자유롭게 해줄 것으로 믿고 있었다. 또한 그는 우주식민지 개척은 긴축경제에서 벗어나 풍요로운 사회로 전환시킬 수 있는 하나의 수단이 될 것으로 보았다.

④ 에너지

변화를 주도하는 세력은 에너지다. 에너지 문제를 해결하기 위한 노력은 여러 분야에서 사회 변화를 야기시키게 된다. 오닐은 에너지 절약을 위한 새로운 영역의 발전으로서 핵연료 이용, 에너지를 줄일 수 있는 새로운 모형의 자동차, 액체수소 개발, 태양열과 같은 에너지 자원을 기대하고 있다.

⑤ 통신

통신은 사회 변화를 주도하는 세력이다. 오닐은 지구촌 사회를 하나로 연결시키는 통신체제의 필요성을 제기하고 그 가능성을 제시하여 지구촌 사회의 변화를 예측하였다. 이러한 통신체제는 초대형 안테나가 설치된 인공위성과 아주 강력한 트랜지스터에 의하여 해결될 것으로 믿고 있었다. 특히 아주 작고 값비싼 지하 기반시설에 의해서만 가능하다고 보았다. 이러한 통신체제는 컴퓨터, 통신위성, 광섬유 케이블에 의한 십자성망을 통하여 실현될 수 있다고 제시하였다.

▼ 사진 3-3 제라드 오닐(Gerard K. O'Neill)

▼ 사진 3-4 제1981년 출간된 2081년 저서 표지

출처: https://en.wikipedia.org/wiki/Gerard_K._O%27Neill

외삽주의적 미래학자 허먼 칸이 제시한 복합적 장기추세모형에서 예측한 12개 유형의 추세는 이미 주요국에서 그 맥락이 형성되고 있다. 오닐이 1981년에 제시한 5개의 사회변화 주도세력은 이미 지구촌 사회를 괄목할 만하게 변화시키고 있어, 그가 제시한 외삽주의적 예측이 이미 현실화되어 가고 있다고 할 수 있다.

II 전이주의적 미래학파

1 특성

전이주의 미래학자들은 미래의 변화를 오랜 기간에 걸친 질적이고 확산적인 것으로 본다. 이들은 이러한 변화가 축적되었다가 어떤 전환점을 통해 이전과 구분되는 변화의 경계가 생겨 한 형태의 변화로부터 확연하게 다른 새로운 형태의 변화로 전이된다고 주장한다.

전이주의 미래학자들은 두 가지의 변화형태가 분기점이나 전환점을 통하여 경계를 표출시킨다고 보고, 하나의 세계 A로부터 또 다른 신세계 B로의 전환적·전이적 변화를 중심으로 미래를 예측한다.

이처럼 전이주의적 미래예측은 '무엇으로부터(From) 무엇으로까지(to)'의 전환적 변화의 예측을 강조한다. 즉 사회 변화 과정에서 두 가지 형태의 사회는 하나의 전환점이나 분기점을 중심으로 그 전까지는 성장지수에 따라 하나의 사회형태로 나타나고 전환점을 중심으로 역동적 변화와 함께 또 다른 형태의 곡선으로 전혀 새로운 형태의 사회로 나타나게 된다는 것이다.

2 대표적 전이주의 미래학자

전이주의 미래학파를 대표하는 미래학자는 다니엘 벨(Daniel Bell)과 존 나이스비트(John Naisbitt)이다. 다니엘 벨은 ≪2000년을 향하여≫(Toward the Year 2000, 1967), ≪후기산업사회의 도래≫(The Coming of Post−Industrial of Capitalism, 1973), ≪자본주의의 문화적 모순≫(The Cultural Contradictions of Capitalism, 1976)의 저자이며, 존 나이스비트는 ≪메가트렌드 2000≫(Megatrend 2000)의 저자이다.

1) 미래학자 다니엘 벨(Daniel Bell)[3]

다니엘 벨은 미국의 사회학자이며 1969년부터 하버드 대학교 교수로 활동하며 미래사회에 대한 연구를 통해 1970년대 초에 새로운 세계로의 전환을 의미하는 후기산업사회를 예측하고 그 개념과 용어를 전 세계적으로 대중화하고 일반화시켰다.

다니엘 벨은 인류사회 역사를 세 가지 형태의 사회로 명확하게 구분하고 이전 사회에서 새로운 형태의 사회로 전이되고 있다고 예측하였다. 벨이 제시한 세 가지 형태의 사회는 ① 전기산업사회(Pre-Industrial Society), ② 산업사회(Industrial Society), ③ 후기산업사회(Post-Industrial Society)인데 인류사회는 전기산업사회에서 산업사회로 그리고 다음 단계인 후기산업사회로 전환되고 있다고 예측하였다.

다니엘 벨은 3가지 형태의 사회 특징을 규명하기 위하여 4가지 범주를 정하였다. 벨이 설정한 4가지 범주는 자원, 생산양식, 기술공학, 설계로 설정되었다.

▼ 표 3-1 다니엘 벨의 세 가지 사회의 특징

범주＼사회구분	전기산업사회	산업사회	후기산업사회
자원	원자재	에너지	정보
생산양식	발췌·추출	제작·구성·조립	과정(過程)
기술공학	노동집약	자본집약	지식집약
설계	자연에 대한 게임	재조직·재구성된 자연에 대한 게임	인간 간의 게임

출처: 하인호, 미래학이란 무엇인가.

다니엘 벨은 인류사회는 전기산업사회에서 산업사회로 그리고 후기산업사회로 전환되는데 각각의 사회 형태는 각각 다른 특성을 가지고 있고 이전 사회 형태의 변화가 축적되었다가 어느 시점에 전환점이 오면 새로운 형태의 사회로 전환된다고 주장하였

---

3 다니엘 벨(1919~2011) 뉴욕 출생. 뉴욕시립대학교를 졸업하고, 1941~1945년 잡지 《뉴 리더》, 1948~1958년 《포춘 Fortune》 등을 편집하며 저널리스트로 활동하였다. 1959~1969년 컬럼비아 대학교 사회학 교수를 지냈으며, 1969년부터 하버드 대학교 교수로 있으며 저술 및 강연 활동을 했다. 주요 저서로 《미국의 신좌익》(1955), 《이데올로기의 종언》(1960), 《급진적 수익》, 《오늘날의 자본주의》(1971), 《후기산업사회의 도래》(1973), 《자본주의의 문화적 모순》(1976) 등이 있다.

다. 다니엘 벨은 인류는 전기산업사회에서 출발하여 산업사회로 전환되었으며 서구사회 등은 1970년대 초 당시 이미 후기산업사회로 전환되고 있다고 예측하였다.

▼ 그림 3-1 서구사회와 한국사회의 3가지 발전형태 비교

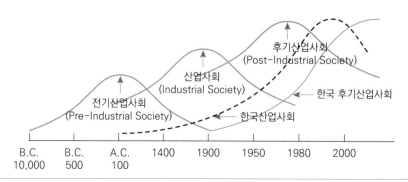

출처: 이홍림, 세라미스트, 제9권 제2호[4]

① 전기산업사회 특성

전기산업사회에서 인간은 씨앗, 밤, 유충류, 광물, 식물뿌리, 야생곡물, 동물과 같이 자연으로부터 직접 추출한 원자재나 원료를 주요 자원으로 활용하였다. 생산양식은 자연으로부터의 발췌와 추출이었고 이로 인해 농경과 가축 사육이 전기산업사회를 지탱하는 힘이었다.

전기산업사회의 주된 산업은 인간의 육체적 노동과 동물의 힘에 의존하는 농업, 광업, 어업, 임산업이었다. 설계는 생존을 위한 설계, 즉 무섭고 두려운 자연의 힘을 이용하고, 자연의 힘에 대결하는 자연에 대한 경쟁과 자연을 이겨내려는 게임이었다.

② 산업사회 특성

산업사회의 주된 자원은 수력자원과 화석원료를 이용하여 생산된 에너지이다. 생산양식은 제작·구성·조립을 통해 이루어졌고 제조업과 기계공업 공장에서 이루어지는 활동이 중요한 힘이었다.

산업사회에서 새로운 기술공학의 출현과 과학의 성장은 새로운 발전을 더욱더 촉진시켜 대량생산에 알맞은 새로운 기계를 창안하게 되고, 새로운 기계에 알맞은 제조

---

4   이홍림, '미래학이란 무엇이며, 미래예측은 가능한가?' 세라미스트, 제9권 제2호, 2016년 6월.

▼ 사진 3-5 다니엘 벨

▼ 사진 3-6 저서 후기산업사회의 도래

출처: https://images.app.goo.gl/TTbPaERGSawai9G37

과정을 촉진시키기 위하여 막대한 자본을 요구하게 되었다.

산업사회는 대량생산을 위하여 자연을 재조직하고 재구성하여 자연의 재구조화를 위한 경쟁이나 게임을 하게 되었다.

③ 후기산업사회 특성

후기산업사회의 주된 자원의 원천은 정보이다. 따라서 정보에 의존하는 사회가 된다. 새로운 기술공학은 정보를 처음에는 기계식으로, 그 다음에는 전자식으로 어떠한 과정을 밟아 어떻게 재설계하느냐에 치중하게 되었다. 즉 산업사회에서 구조화된 생산과정, 의사결정과정, 조직과정, 조직의 운영과정, 정보의 전달·수취·처리과정을 후기산업사회는 새로운 기술공학의 도움을 받아 재조직하고 재구성하지 않으면 효과를 올릴 수 없게 되었다. 이로 인하여 생산 및 모든 업무수행이 과정(Process) 중심으로 움직이게 되었다.

컴퓨터의 이용은 인간 개개인의 사회생활을 비롯한 모든 사회생활 영역에 충격적인 변화를 던져 주고 있다. 컴퓨터가 인간을 대신하여 많은 지식·정보·자료를 축적하여 재생산하고, 조직하는 일을 해주게 되었다. 그리고 소프트웨어 프로그램과 지식이 컴퓨터를 움직이게 되었다. 새롭게 창안된 새로운 지식이 컴퓨터 프로그램을 진행시켜 새로운 지식 중심의 사회가 열리게 되었다. 이제 인간은 자연을 넘어 정보와 지식을 가진 인간 간의 경쟁 게임을 하게 된다.

또한 산업구조나 산업조직에도 큰 변화를 가져올 것이다. 다니엘 벨은 후기산업사회는 산업구조와 산업조직에서도 산업사회와는 다른 다음과 같은 특성을 가진다고 예측하였다. 첫째, 정보의 중심지인 도시로 정보가 집중되어 정보산업에의 관심이 일반적으로 높아진다. 둘째, 산업인구의 분포가 변화하게 될 것이다. 셋째, 사회전체가 시스템화 될 것이며 사회전체 시스템의 최적화를 위한 관리사회가 형성될 것이다. 넷째, 정보나 연구가 급속하게 진전됨에 따라 그만큼 진부화가 빨라서 정책지향적이고 미래지향적인 전문가의 연구집단 내지 두뇌집단의 생성이 필수적일 것이다. 다섯째, 연구집약적인 정보산업 내지는 지식산업, 예로 서비스업, 교육기관, 커뮤니케이션 산업이 중요하게 될 것이다. 여섯째, 각 조직에 있어서도 협력관계로서 조직의 그룹화 또는 네트워크화가 형성되고 시스템경영의 차원에서 운영될 것이라고 예측하였다.

2) 미래학자 존 나이스비트(John Naisbitt)[5]

세계적인 미래학자 존 나이스비트는 유타대, 코넬대 및 하버드대에서 정치학을 공부하고 이스트만 코닥사와 IBM에서 근무한 후 자신의 회사 도시연구소(Urban Resarch Corp)를 설립하여 운영하며 미국의 주요 기업을 상대로 미국 사회의 변화추세를 분석해 알리는 자문 역할을 하였다. 1981년엔 내스비트그룹을 창설하여 미국을 중심으로 하는 사회변화 예측을 집중 연구했다. 이러한 연구 결과로 1982년 ≪메가트렌드≫(Megatrend)를 출간하며 미래사회 예측으로 세계적인 명성을 얻었다.

그는 이후 계속하여 ≪메가트렌드 2000≫(Megatrend 2000: Ten New Directions for the 1990's, 1990)라는 저서를 통해 현대사회의 전이 형태를 예측하였다. 그의 저서 메가트렌드는 전 세계에서 베스트셀러가 되며 새로운 세상으로의 전이를 메가트렌드로 설명하는 것을 일반화시켰다. 그는 한국을 수차례 방문하여 강연 및 필자를 포함한 학자들과도 교류하며 메가트렌드를 전수하였다.

존 나이스비트는 현대사회, 특히 미국을 중심으로 새로운 사회로 전이되는 방향을 다음과 같은 10개의 영역을 설정하여 예측하고 있다.

---

5 존 나이스비트(1929~)은 IBM, 코닥 등 기업체에서 40여 년간 근무 및 케네디 전 대통령 및 존 슨 전 대통령 특별보좌관을 역임하였다. 하버드대 및 모스크바 주립대 교수를 역임하였다. 저서로 메가트렌드(Megatrends, 1982), 메가트렌드 2000(Megatrends 2000, 1990), 글로벌 패라독스(The Global Paradox, 1994), 메가트렌드 아시아(Megatrends Asia, 1995), 하이테크 하이터치(High Tech High Touch, 1999), 마인드 셋(Mind Set, 2006), 미래의 단서((Mastering Megatrends, 2018)가 있다.

① 방향 1: 산업사회 → 후기산업사회

미국사회는 이미 산업사회에서 후기산업사회로 전이되고 있다고 보고, 새로운 사회는 정보의 창조와 분배에 기초한 경제를 갖추고 있다고 하였다.

② 방향 2: 강력테크 → 하이테크/하이터치

새로운 사회는 기술주도에서 하이테크와 하이터치 간의 조화가 원칙이 되고 있다. 새로운 사회는 기술공학에 대한 인간의 반응양식을 충분히 고려한 후에 사회에 적용되어야 한다.

③ 방향 3: 국가경제 → 세계경제

국가경제의 상호 독립성은 약화되고 국가경제를 넘어서는 세계경제로의 전환이 이루어지고 있다.

④ 방향 4: 단기계획 → 장기계획

기업이나 정부는 그동안 빠른 기간 내에 성과를 보여주기 위한 단기계획 위주로 추진해 왔다. 그러나 점차 미국도 새로운 사회에서는 장기계획을 추진해야 한다.

⑤ 방향 5: 중앙집권화 → 분권화

미국은 중앙정부나 연방정부의 주도 아래 사회문제를 해결하려고 하거나 대규모적·관료적·비인간적 기업과 제도로서만 해결하려고 하는 것은 한계에 도달했다. 새로운 사회에서는 지방자치단체, 지역수준과 산업체 근로계층과의 협력을 통한 노력을 통하여 더 많은 효과와 성공을 이룰 수 있다.

⑥ 방향 6: 제도적 도움 → 자기 자신의 도움

정부, 학교, 병원과 기업에 대한 충성도와 신뢰도는 더욱 떨어지고 있다. 국민 각자는 기존의 제도보다는 자기 자신과 친구에 의존하려 한다. 이러한 예는 식품소비조합, 여성운동 조직망, 가정의 학교화, 민간진료 등으로 나타난다.

⑦ 방향 7: 대표민주주의 → 참여민주주의

통신 매체와 전자 미디어의 발전으로 대의정치 형태의 대표민주정치는 국민들에게 비효과적인 것으로 받아들여지고 있다. 오히려 참여 중심의 새로운 정치적 윤리는 미국 전역에서 밑바닥으로부터 위로 확산되고 있다. 일반 시민들과 노동자, 그리고 소비자들은 정부, 기업과 상품시장에 대한 발언권을 강력히 요구하고 있으며, 또한 발언권을 이미 얻고 있다.

⑧ 방향 8: 하이어라키(Hierarchy) → 네트워킹

미국의 행정부나 기업 조직은 아래로부터 위로 올라가는 하이어라키, 즉 계선조직으로 이루어져 있다. 이러한 조직은 문제를 해결하는 데 이미 실패하고 있다. 사회문제를 해결하기 위해서는 조직을 구성하고 있는 사람들이 서로 토의하고 협의하도록 요구받고 있다. 이러한 요구에 따라 새로운 조직으로 네트워크식의 망적 조직개발이 시작되었다. 이러한 형태의 모임 조직의 일환으로 어떤 이익이나 취미를 가진 비형식적 집단이 늘어나고 있다. 현대의 새로운 사회의 대부분의 사람들은 발표회, 전화통화, 독서운동, 여행, 뉴스레터, 워크숍, 유대관계, 라디오, 컴퓨터, 오디오, 동영상 등에 의하여 공감대를 만들어 새로운 조직망을 형성하고 있다.

⑨ 방향 9: 북 → 남

미국의 많은 사람들은 이미 낡고 오래된 산업도시를 떠나 남부와 서부에 이주해 살고자 한다. 1980년 인구조사에 의하면 미국 역사상 처음으로 북부와 동부보다 서부와 남부에 인구가 더 많아졌다. 인구 이동이나 교체는 부와 경제활동의 이동을 반영한다.

⑩ 방향 10: 이분법 → 다분법

현대 사회의 사람들은 '이것' 아니면 '저것' 또는 '예' 아니면 '아니오'와 같은 흑백론에서 벗어나 자율적이고 다양한 선택권을 향유할 수 있는 사회를 선호하고 열어가고 있다. 이념과 유행 등이 단일화된 대중화 사회는 다양한 취미와 가치관을 가진 사람들로 구성된 복잡다기한 사회가 되어 가고 있다.

존 나이스비트의 메가트렌드에 의한 새로운 사회로의 전이를 예측한 전환 방향은 미래사회를 선택하고 준비하는 데 도움을 줄 수 있어 많은 호응을 얻었다.

▼ 사진 3-7 미래학자 존 나이스비트 ▼ 사진 3-8 메가트렌드 ▼ 사진 3-9 메가트렌드 2000

 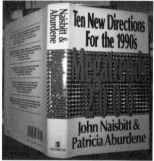 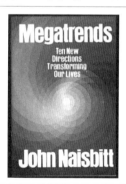

출처: https://images.app.goo.gl/yagtgfSgJx6TiSLE7

Ⅲ 급진주의 미래학파

1 특성

급진주의 미래학자들은 과거, 현재, 미래의 역사를 불연속선으로 분리하여 본다. 새로운 사회변화는 이전 사회의 총체적 위기와 혼란으로 혁명같은 충격으로 온다고 보고 있다. 즉, 한 사회 형태에 대한 불만족과 불평이 한 사회의 기초가 되는 문화와 가치관을 휩쓸 정도의 균형점에 도달하게 되면 혁명과 같은 형태로 이전의 사회와는 단절되는 새로운 변화가 발생하는 것으로 보고 있다.

따라서 급진주의적 미래학파는 변형주의적, 혁신주의적 미래학파라고도 불린다. 이들은 이전 사회 형태에서 새로운 사회 형태로 변화에 이르기까지 불연속적이고 극단적인 단절이 된다고 주장하여 기본적으로 연속 체제에 있다는 외삽주의 미래학자들이나 전이주의 미래학자들과는 차별화 된다.

급진주의 미래학자와 전이주의 미래학자는 이전 사회와 새로운 사회가 다르다는 인식은 같으나 각각 사회 변화의 조건이나 상황에 의한 교체 과정과 두 사회의 유사성에 대해 차이를 나타내고 있다. 즉, 두 학파는 변화의 속도, 변화의 폭이나 깊이에 대하여 차이를 나타내고 있다. 전이주의 미래학자들은 몇십 년대, 1세기, 또는 수세기 동안의 변화의 축적이 있다는 것을 주장하는 데 반하여, 급진주의 미래학자들은 비록 혁명의 씨앗은 오래 전에 시작되어 자라오고 있었을지라도 10년 이내나 수년 내에 혁명적 변화가 일어날 수 있다고 주장한다. 또한 전이주의 학자들은 한 사회의 이념, 가치관이 근원적으로 완전히 달라지는 총체적 변화가 일어나지는 않는다고 보는 반면에, 급진주의 -학자들은 사회의 이념과 가치관을 포함하여 이전 사회를 뿌리째 뒤흔드는 극단적인 변화와 완벽한 혁명이 가능하다고 보고 있다.

특히 소수의 급진주의 미래학자들은 정반합의 변증론적인 인식을 가지고 사회는 한동안 건전하고 번영하나 그 다음에는 해결되지 않는 복잡한 문제를 야기 시키는 모순들이 표출되고, 또 다른 종류의 위기가 발생하여 사회의 구성원들은 그러한 결점을 보완하고 개선하기 원하면서 위기의 중첩현상이 생겨 총체적인 사회 변화를 일으키는 혁명을 불러온다고 믿는다. 또한 이들은 모순에 대한 해결의 실마리가 나타나게 되면 사회 속의 소수집단이나 개인들이 새로운 사회건설을 위한 잠재적 설계를 창안하고, 설계를 시험해 보면서 혁신을 시도하게 된다고 보고 있다. 이러한 시작이 새로운 사회를 성취하기 위한 혁명에 도달하는 수단이라고 보고 있다. 이러한 주장을 내세우는 급진주의 미래학자들은 두 가지 형태의 사회적 징후를 내세우고 있다.

첫번째 징후로는 사회 내의 모순, 불안, 잠재적 위기의 원천 표출이다. 예를 들면, 모순과 몰락의 징후는 가난, 범죄, 종족주의, 섹스, 공해, 인플레이션, 실업, 약물 과용, 기근과 굶주림, 핵 위협, 과잉개발, 과소비 등에 관한 비판과 불만에서 나타나게 된다. 또한 다음의 세 가지 역사적 단절에 의해 불안이 야기된다. ① 자연으로부터 인간의 단절, ② 인간과 인간과의 단절, ③ 내적 자아로부터 외적 자아의 단절. 이러한 모순과 불안 및 잠재적 위기에 있는 서구 산업사회의 문제점을 관찰해 보기 위해서는 다음과 같은 요인을 분석해 볼 필요가 있다; ① 효과 있다고 느낄 수 있는 기회, ② 부와 권력의 공평한 분배, ③ 새로운 기술공학의 책임 있는 관리, ④ 희망적 미래의 강박적 전망, ⑤ 물질적 필요와 정신적 필요의 균형.

두번째 징후로는 사회적 구조 내의 모순을 해결하기 위한 잠재력으로서 다음과 같은 개인적·사회적 실험의 유형이 나타난다. ① 하이테크에 대비할 수 있는 적절한 중간 수준의 기술공학 창조, ② 작은 것이 아름답다는 운동, ③ 자기억압과 자기성취 자제, ④ 의도적·실험적 지역사회 추구, ⑤ 자율적 간소화 운동, ⑥ 탈도시화·농촌부활 운동, ⑦ 첨단 심상의 연구, ⑧ 심리·정신공학의 연구.

2 대표적 급진주의 미래학자

대표적인 급진주의 미래학자는 세오도 로스자크(Theodore Roszark)와 윌리스 하먼(Willis W. Harman)이다. 로스자크는 ≪역기능적 문화형성≫(Making of a Counter Culture, 1969), ≪불모지의 종말≫(Where Wasteland Ends, 1972), ≪미완성 동물≫(Unfinished Animal, 1975), ≪인간: 혹성≫(Person: Planet, 1978)의 저자이며, 하먼은 ≪미래에 대한 불완전한 안내≫(An Incomplete Guide to the Future 1976)의 저자이다.

1) 미래학자 세오도 로스자크(Theodore Roszark)

로스자크는 UCLA를 졸업하고 프린스턴 대학교에서 역사학 박사 학위를 받았다. 그는 1959년 스탠포드대에서 강의를 하여 캘리포니아 주 헤이워드(California Hayward)에 소재한 캘리포니아 주립대학교에서 35년 동안 교수로 재직하며 당시 젊은이들의 문화와 사회 변화에 관한 많은 책을 발표하였다.

그는 현대 문화 속에서 과학의 지배가 억압적이고 비합리적이고 반 과학적 문화가 실제로 해방으로 이어진다고 주장했다. 1960년대 젊은이들의 항의 운동을 언급하기 위해 반문화라는 용어를 사용했다.

로스자크는 그의 저서 ≪미완성 동물≫에서 새롭게 출현하고 있는 복지, 인간성의 변형, 인간의식의 전반적 교체는 인간의 도구 제작 능력의 출현으로 인류의 신기원을 맞이하였듯이 새로운 '성좌시대'(An Aquarian Age)를 맞이하게 될 것으로 예측하고 있다.

로스자크는 새로운 성좌시대의 개척을 위하여 다음과 같은 12개의 진입점을 제시하였다.

① 주데오 크리스천(Judeo-Christian) 부활: 새로운 성령강림주의
② 동양의 종교: 선, 티벳 불교, 도교, 요가, 회교의 금욕주의
③ 심오한 비기(祕器)연구: 비교종교학, 신지학, 첩신학, 고고철학
④ 선정신의학적 치료: 정신분석학, 정신의학, 아리카(Arica), 범인간 심리학
⑤ 영기화 치료: 통합적 치료, 동종요법, 침술, 최면요법
⑥ 신체치료: 롤핑(Rolfing), 생물유전학, 마사지, 아이키도(Aikido), 감각지각 치료
⑦ 상고주의와 우상숭배: 철학적 신비론 마법, 원시종교, 자율적·원시적 생활유형
⑧ 유기체론: 생태학적 신비주의, 장수학, 자연식품 애용, 바이오리듬

▼ 사진 3-10 미래학자 로스자크

▼ 사진 3-11 저서 〈인간/지구〉

출처: https://trailersfromhell.com/secret-movies-theodore-roszaks-flicker

⑨ **야생과학**(Wild Science): 의식의 개조상태, 뇌해부 연구

⑩ **심령연구**: 관념론적 정신주의, 신비로운 집단 출현

⑪ **심리공학**: 신경 인공두뇌학, 심성(인성)개량 약품

⑫ **팝 문화**: 과학소설, 형이상학적 현상, 산성암석, 레이저 광선

로스자크는 위와 같은 성좌시대 진입의 중요성을 메마르고 죽어가는 당시의 문화에 대한 식수공급자와 같은 희망을 제공한다는 데 큰 의미를 부여하고 있다. 성좌(Aquarius)는 식수공급자이며, 황무지 속의 삶의 상징이고, 삶의 표상으로 산업화 이후에 나타난 부작용을 해결하기 위한 인류에 대한 애원이라고 하였다.

로스자크는 그의 저서 ≪인간/지구≫(Person/Planet)에 반문화의 관점과 지구의 목소리로 산업 사회의 비인간적인 세력에 가장 완고하게 저항할 것을 제시한다. 그는 지구의 환경적 운명처럼 우리의 문제가 많은 도시 산업 문화를 치유하기 위해서 혁명적인 변화를 제시하고 있다. 그는 "지구의 요구는 사람의 필요이며 사람의 권리는 지구의 권리이다."라고 믿으며 산업사회의 창조적 해체를 통한 인류 사회의 변화를 제시하였다.

로스자크와 같이 급진주의적 미래학파들은 현 시점에서 급진적인 변화를 가져 오느냐, 그렇지 않고 인류가 사라지느냐의 기로에서 분명한 결정을 해야 한다고 주장한다. 즉 이들은 인류가 급진주의적인 변화를 위한 선택을 해야만 인류의 재탄생이 가능하다고 주장한다.

2) 미래학자 윌리스 하먼(Willis W Harman)

윌리스 하먼은 공학을 전공한 미래학자이다. 워싱턴 대학교에서 전기공학을 전공하였고 스탠포드 대학교에서 전기 공학 박사학위를 받았다. 그는 제너럴 일렉트릭에서도 근무하였고 1952년부터 스탠포드 대학교에서 전기공학 교수로 근무하였다. 하먼은 미래연구기관인 SRI 인터내셔널에서 미래 사회 변화 연구를 하기도 하였다. 그는 1978년부터는 스탠포드 대학교의 순수 지성과학 연구소(The Institute for Noetic Science) 소장으로 활동하며 미래연구 및 "Global Mind Change"를 총괄하였다.

하먼은 물리학, 기술공학과 경제학 분야의 학문적 배경을 가지고 있으며, 그는 이러한 학문적 바탕 위에 인간의 잠재력 개발, 지식개발 방법과 사회정책적 미래연구를 추진하였다.

하먼(Harman)은 서구 문화가 산업주의와 경제 논리로 인해 영적, 도덕적 위기에

직면해 있다고 확신하였고 그는 이를 "세계의 거시적 문제"라고 명했다.

하먼은 이러한 거시적 관점으로 미래연구의 필요성을 주장하며 세분화하고 피상적인 연구를 피하고 다양하고 넓은 영역의 지식분야를 통합하여 간학문적·통합적 기반 위에서 미래 연구를 수행하였다.

그는 ≪사회적 미래≫라는 그의 저서에서 산업시대의 패러다임은 산업화, 과학, 물질주의, 실용주의(공리주의에 부과된 쾌락주의)를 포용하고 있다고 지적하고, 다음과 같은 네 가지 딜레마가 있어 새로운 전환을 위한 혁명적인 변화의 필요성을 제시하였다.

① 성공과 성장의 딜레마

성공에서 야기되는 문제에서 오는 모순 중 하나가 성장의 딜레마이다. 즉 산업화된 사회는 풍부한 소비재 상품을 즐기고 있다. 그러나 석유, 광신자원, 농산물 경작지, 수자원, 공해와 폐기물을 흡수할 수 있는 환경능력의 제한 때문에 성장이 계속 유지될 수 없으나, 산업화된 대부분의 국가들은 국가경제가 계속 성장할 수 있도록 사회적 자원과 환경이 구조화되어 있는 것으로 믿고 있다.

② 노동과 역할의 딜레마

노동과 역할의 딜레마는 성공과 성장 딜레마의 반대편에 있다. 만약 어느 사회에서 경제발전이 둔화되면 노동에 관련된 모든 집단은 총체적인 약화현상을 나타내게 된다. 이러한 약화현상으로 실업, 실업에 대한 위협, 광범위한 복지제도를 유지하기 위한 경제적·사회적 비용, 가난과 영양실조, 실업의 확산과 노동이나 근로에 대한 직무 불만족이 나타나고, 특히 젊은 세대는 일을 적게 하려고 하는 반면에 기성세대는 일을 더 많이 하려고 하는 세대 간의 갈등이 유발될 수 있다.

▼ 사진 3-12 미래학자 윌리스 하먼

▼ 사진 3-13 미래에 대한 불완전한 가이드

출처: https://www.organism.earth/library/author/74

③ 세계적 배분의 딜레마

자원과 부의 세계적 분배 문제에서 딜레마에 빠지게 된다. 인류는 지금 가난한 나라를 부유하게 만들고, 부유한 나라가 부를 분배하게 만드는 데 필요한 해결방안을 찾지 못하고 있다. 이로 인하여 부유한 국가와 가난한 국가 간의 심각한 불균형에서 야기되는 국제적 불안정을 해결하기 위한 모험은 또 다른 위기를 불러올 수 있다.

④ 공학기술 통제의 딜레마

인류는 현재 공학기술과 인간 중에서 하나를 선택해야 하는 양자택일의 문제에 직면하고 있다. 인류는 개인적 자유를 희생하지 않고 기술공학을 사회적 요구에 의해 통제할 수 있는가? 그러나 기술공학의 개발과 사용에 대한 통제는 자유경제와 민주주의의 기본을 무너뜨리는 결과를 초래하게 된다.

하먼은 이러한 딜레마를 해결하기 위해서는 선택적인 새로운 패러다임이 필요하며, 새로운 패러다임은 인간본성의 새로운 개념에서 그 기본적인 뿌리를 찾아야 한다고 주장하고 있다.

 마노아 미래학파

1 특성

마노아 미래학파의 가장 큰 특징은 '하나의 정해진 미래는 없다'는 관점이다. 미래는 하나로 결정되어 있는 단선적인 것이 아니라 여러 가지 가능성을 포함하는 복수라고 본다. 그래서 미래 연구를 복수인 Futures Studies로 표현한다. 마노아 미래학자들은 미래학의 역할을 하나의 정해진 미래를 예측하는 것이 아니라 가능한 여러 개의 미래를 예측하고 그중에서 가장 '가장 바람직한 미래(Desirable Future)'를 선택하고 그것을 이루기 위해 미래 방향과 설계를 제시하는 것으로 본다. 마노아 미래학파는 바람직한 미래를 선정하기 전 단계인 다양한 미래의 모습을 계속성장, 붕괴, 지속가능, 변형의 네 가지 미래의 이미지(Images of Futures)로 형상화한다.

이처럼 마노아 미래학자들은 미래예측을 통해 다양한 대안적 미래들을 구상하고 이중에서 바람직한 미래 이미지를 찾아내고 원하는 방향으로 미래가 창조될 수 있도록 설계하는 것이 미래학자들의 첫 번째 임무라고 본다.

또한 두 번째 임무는 원하는 바람직한 미래를 실행하고 다시 재구상할 수 있는 기반을 조성하고 활성화시키는 것으로 본다. 이러한 기반 조성을 위해 주요 대안적 미래에 대한 감식과 확인, 그중 바람직한 미래의 구상과 창조를 위한 전략적 계획을 입안하는 것을 미래연구의 주요 역할로 포함시킨다. 이러한 마노아 미래학자의 활동은 대안적 미래와 바람직한 미래의 변화를 염두에 두고 지속적이고 현재진행형으로 진행되어야 한다고 본다.

그리고 마노아 미래학파는 창시자인 짐 데이토 교수가 40년간 미래학을 가르치고 미래예측방법론을 개발하면서 미래에 대해서 깨달은 몇 가지를 다음과 같이 '데이토의 미래법칙'이라 칭하고 이를 공유한다.

① 데이토의 미래법칙 1

미래를 정확히 예측하는 것은 불가능하다. 왜냐하면 미래는 현재 존재하지 않기 때문이다.

그러나 가능성있는 대안적 미래들은 예측할 수 있으며 미래연구는 주요한 대안적 미래들을 예측하는 것이고 이중에서 바람직한 미래를 선택하여 이를 구현하기 위한 계획, 창조, 실행 계획을 입안하고 이러한 미래들에 대해 꾸준히 평가, 수정, 기획되어야 한다. 결국 미래연구의 주요 임무는 바람직한 미래 이미지를 그리고, 그것을 조직화하고 실행하고 기획하면서 창조해 나가는 것이다.

② 데이토의 미래법칙 2

미래에 유용한 아이디어는 언제나 처음 들으면 우스꽝스럽다. 우스꽝스럽거나 미치광이 소리 같지 않은 것은 이미 미래가 아닌 현실이기 때문이다.

미래학자들은 처음에는 엉뚱해 보이는 아이디어를 실현 가능한 시나리오로 조합하여 설득력 있는 실행 시나리오를 짜고 그 아이디어를 현실로 만드는 기획력을 가져야 한다. 미래학자들은 적절한 증거를 이용해 가능한 대인직 시나리오를 짜내야 한다. 초기의 우스꽝스러운 아이디어를 그럴듯하고(plausible) 실천 가능하게(actionable) 만들어내야 할 책임이 있다.

③ 데이토의 미래법칙 3

우리는 도구를 만들고, 그 도구는 우리를 만든다. 캐나다의 미래학자 겸 미디어학자인 마셜 맥루한이 말한 이 명언을 인용한 세 번째 미래법칙은 기술의 변화가 사회와 환경 변화의 중요한 원인이라는 뜻이다.

결론적으로 마노아 미래학파는 미래학의 본질이 '정확한 미래를 예측하는 것'이 아니라 다양한 가능성을 고려한 복수의 미래를 구상하고 그 속에서 가장 바람직한 미래(desirable future)를 찾아내고 또 원하는 미래(preferred future)로 설계하고 그에 대한 올바른 전략을 수립하는 것으로 본다.

2 마노아 미래학파 창시자 짐 데이토(Jim Allen Dator)

마노아 미래학파의 창시자이자 대표적인 현대 미래학자인 짐 데이토는 하와이 대학교(University of Hawaii)의 교수였고 하와이 미래학연구센터의 창설자이기도 하다. 그는 Stetson 대학의 고대 및 중세 역사 및 철학 학사 학위를 받았고, 펜실베이니아 대학교에서 정치학 석사 학위를, American University에서 정치학 박사 학위를 받았다.

그는 하와이 대학교 정치학 교수로 재직하며 세계 최초로 미래학 전공을 개설하여 미래학을 공부하는 미래학자들을 양성하였다. 그는 또한 국제 우주 대학(Strasbourg, France)의 우주 인문학 공동 의장과 세계적인 미래학자 모임인 세계미래회의 World Futures Society의 사무총장과 편집장으로도 10년간 활동하였다. 특히 그는 한국에 관심이 많아 한국을 자주 방문하고 한국의 미래학자들과도 교류가 많았다. 한국미래학회 초대 회장인 이한빈 전 경제기획원 부총리와 가까이 지내며 많은 자문을 해주기도 했

▼ 사진 3-14 짐 데이토 교수 한국에서 강연 후 필자와 국제미래학회 위원들과 기념

고, 2007년 한국에 본부가 있는 국제미래학회의 설립시부터 국제자문위원으로도 활동하며 한국을 방문하여 많은 미래학 소개 강연을 하였다. 이후 카이스트 미래전략대학원의 설립과 교육과정에도 많은 자문을 해주고 고령의 나이에도 한국에 와서 미래학 대학원 강의를 하였다.

그는 미래는 정확히 예측하는 것이 아니라 대안적 미래들을 구상하고 바람직한 미래를 선정하여 이를 구현하기 위해 미래전략을 제안하는 것이라는 마노아 미래학파의 미래연구에 대한 관점을 제시하였다. 또한 마노아 미래학파의 지침이 되는 데이토의 미래법칙 1.2.3을 제정하고 이를 구체적으로 미래학 교육과정을 통해 구현함으로써 수많은 제자들을 마노아학파 미래학자로 양성하였다.

마노아 미래학파의 창시자인 짐 데이토 하와이대 교수는 다음과 같이 마노아학파의 특성을 한국 언론과 인터뷰[6]에서 밝혔다.

"고객들은 미래를 보여 달라고 합니다. 그럼, 우린 'NO'라고 하죠. 우린 하나의 가능성만 얘기하지 않습니다. 고객이 여러 가능성을 염두에 두고 대안을 찾도록 도와줍니다. 사실 미래학자가 되는 것은 어렵고, 뛰어난 미래학자가 되는 사람은 극소수예요. 공부해야 할 것도 엄청나게 많죠. 과학, 철학, 종교, 윤리학, 사회학, 심리학, 우주공학, 유전공학 또 몇 가지 언어 능력은 물론이고 기술과 기술의 변화, 상상력, 창의성, 위험대응력 등도 배워야 합니다. 이렇게 얘기하면 굉장히 어려워 보이죠.

그러나 누구나 자신의 길을 개척하는 미래학자가 되는 것은 어렵지 않습니다. 나는 미래학자는 건축가의 삶과 같다고 생각하는데요. 건축가는 논리적이고 분석적인 변호사와는 달리, 공상하는 것을 좋아하고 창조력을 발휘합니다. 건물을 짓기 전 공간을 효과적으로 활용하는 방안에 대해 머릿속에 그려야 하고, 건물이 창조할 새로운 커뮤니티의 특성에 대해서도 예상합니다. 그리고 실제 땅을 파고, 건물을 짓습니다. 여러 인부들을 조직하고 효과적으로 일을 시켜야 합니다. 건설에 필요한 자금을 예상하고, 이를 집행하는 능력도 있어야죠. 일꾼들의 건강이나 안전을 지키는 노하우와 관련 법규를 숙지하고 있어야 합니다. 노조의 요구나 고객의 변덕에 대해 어떻게 대처해야 하는지도 알아야죠. 이런 과정을 거치면서 건축가는 새로운 건물을 짓습니다. 미래학자가 하는 일과 같죠. 누구나 건축가처럼 사고하면 미래를 준비할 수 있다고 믿어요."

6 신동아, 세계 미래학계 '대부' 제임스 데이터 교수, 2006.3.28.
   중앙일보, 짐 데이토의 미래학 이야기, 2007.12.3, 2010.11.28, 2010.12.10.
   조선일보, 짐 데이토 교수 인터뷰, 조선비즈. 2007.1.8 등.

짐 데이토 교수는 미래학자는 '엉뚱한 몽상가'가 되어야 한다고 생각하고 본인도 이를 실천하려 한다. 이런 그의 엉뚱한 미래에 대한 상상으로 그는 70년대부터 나노와 바이오 기술의 도래를 예상했다. 또한 로봇이 진화해 언젠가는 인간에게 권리를 요구할 수 있다는 생각으로 법률가들과 함께 로봇의 '권리장전'을 만들기도 했다. 지금도 공간순간이동(Teleportation)이 미래에 가능해진다며 이를 연구하고 있다.

짐 데이토의 제자 중 저명한 미래학자도 많다. 호주 퀸스랜드 대학의 소하일 이냐야툴라 교수와 파키스탄 출신의 미래학 권위자인 요한 갈퉁 교수로 ≪거시사의 세계≫라는 책을 펴낸 바 있다. 미국 휴스턴 대학의 웬디 슐츠 교수와 크리스 존스 교수도 미래학계에서 활발히 활동하고 있다. 특히 존스 교수는 세계미래연맹 부회장을 맡고 있다. 전자 민주주의 분야에서 독보적인 논문을 발표하고 있는 미국 어번 대학의 크리스타 슬래톤 교수도 그의 제자다. 이들은 자연스럽게 마노아 미래학파의 미래학자로서 짐 데이토 교수는 그 제자들과 함께 미래학의 지경을 넓혀 가고 있다.

▼ 사진 3-15 짐 데이토 교수

▼ 사진 3-16 짐 데이토 저서, ≪대학에서의 미래연구≫

출처: https://images.app.goo.gl/bd5E8Fsi1gsdyRqW9

싱귤래리티 미래학파

1 특성

　싱귤래리티 미래학파는 인공지능(AI)이 인류전체의 지능을 초월해 스스로 진화해 가는 기점인 싱귤래리티(Singularity: 특이점으로 번역됨)가 도래한다고 예측하고 이 시점이 되면 인공지능은 자신보다 더 뛰어난 인공지능을 만들어 내고 사람은 더 이상 인공지능을 통제할 수 없게 된다고 믿는다. 미래학자는 이러한 싱귤래리티 시대를 대비하여 인류에게 유익한 방향으로 싱귤래리티가 전개될 수 있도록 대응하고 준비하도록 미래 대응책을 마련하는 것을 주요한 임무라고 생각한다.

　싱귤래리티가 미래학의 화두가 된 것은 레이 커즈와일(Ray Kurzweil)이 2005년 <싱귤래리티가 다가온다(Singularity is near)>라는 책을 발간하면서이다. 이후 레이 커즈와일의 미래예측을 추종하는 학자들이 늘어나면서 싱귤래리티 미래학파가 자연스럽게 생성되었다.

　싱귤래리티의 의미를 담은 기술적 특이점에 내재된 개념은 1950년 초부터 싹트고 있었다. 영국의 저명한 물리학자이자 수학자인 앨런 튜링(Alan Mathison Turing)은 1951년 논문 '지능형 기계, 이단의 역사'에서 "사고하는 기계가 만들어지기 시작하면, 우리의 미약한 능력을 앞지르는 건 오래 걸리지 않을 것"이라고 예측했다.

▼ 그림 3-17 기술적 특이점을 예견한 버너 빈지

출처: https://youtu.be/YXYcvxg_Yro

이후 천재 수학자이자 현재의 컴퓨터 구조를 처음 제안한 존 폰 노이만(John von Neumann)이 1953년 친구와의 대화에서 이렇게 언급했다. "점점 빨라지는 기술적 진보와 인류 생활양식의 변화 속도를 보면 인류의 역사가 어떤 필연적인 특이점에 접근하고 있다는 인상을 받는다. 이 시점 이후 인간의 역사가 지금 우리가 이해하는 형태로 계속될 것인지는 알 수 없다."

구체적으로 기술적 특이점이라는 용어가 보편화된 계기를 준 사람은 수학자이자 컴퓨터 공학자인 SF소설가인 버너 빈지(Vernor Vinge)이다. 버너 빈지는 1981년 발표한 <진정한 이름들(True Names)>에서 특이점에 대해서 언급했다. 1992년에 출간된 <심연 위의 불길(A Fire Upon the Deep)>에서는 특이점과 포스트휴먼 문명 등의 개념이 등장한다. 버너 빈지는 1993년 <기술적 특이점>이라는 논문에서 "인간을 능가하는 지능이 발전을 주도한다면 발전 속도는 훨씬 빨라질 것"이라며 "특이점에 도달하면 현재의 우리가 과거의 우리와 완전히 다른 상황으로 접어들 것"이고 "생명공학과 신경공학과 IT기술의 발달로 인해 인류의 지능을 초월하는 인공지능(AI)이 출현하면서 인간의 시대가 종언을 맞을 것"이라고 주장했다.

또한 로봇 전문가인 한스 모라벡(Hans Moravec)[7]은 1988년에 출간한 <마음의 아이들(Mind Children)>이라는 책에서 사람이 죽으면 육체는 소멸되지만 마음은 컴퓨터

▼ 사진 3-18 **로봇전문가 한스 모라벡**

▼ 사진 3-19 **저서 〈마음의 아이들(Mind Children)〉**

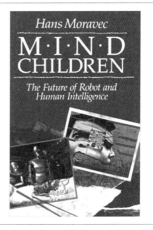

출처: https://frc.ri.cmu.edu/~hpm

7　한스 모라벡(1948년~)은 카네기 멜론대학교 부설 로봇연구소(The Robotics Institute) 교수로 로봇 분야 최고의 전문가이다. 모라벡의 역설, 즉 '1. 사람에게 쉬운 것은 로봇에게 어렵다. 2. 사람에게 어려운 것은 로봇에게 쉽다.'를 주장했다.

기억장치에 저장돼 복제된 몸으로 옮겨가 영생을 누린다는 아이디어를 담았다. 한스 모라벡이 1999년에 펴낸 책 <로봇: 보통의 기계에서 초월적인 마음으로(Robot: Mere Machine to Transcendent Mind)>에서 그는 로봇은 우리 마음의 자손이라고 적었다. 그는 이 책에서 2040년대에 로봇 4세대가 출현하면 20세기의 로봇보다 성능이 100만배 이상 뛰어나고 로봇 3세대인 원숭이 수준보다 30배 정도 뛰어나면서 놀라운 속도로 인간을 추월하여 2050년 이후에는 지구의 주인은 인류에서 로봇으로 바뀌고, 로봇은 소프트웨어로 만든 인류의 정신적 유산인 지식·문화·가치관 등을 물려받아 다음 세대로 넘겨주게 된다고 예측했다.

싱귤래리티, 즉 특이점의 도래 시점을 비교적 구체적으로 예언한 미래학자가 레이 커즈와일이다. 그는 싱귤래리티를 무엇보다 기술의 발전과 수확 체증의 법칙에 근거하여 특이점을 예측함으로써, 특이점을 예언을 넘어 과학적 예측으로 보이게 했다. 이로 인해 '싱귤래리티(특이점)＝레이 커즈와일'이라는 도식에 이의를 누구도 달지 않을 만큼 레이 커즈와일은 싱귤래리티 미래학파의 창시자로 인식되고 있다.

따라서 싱귤래리티 미래학자들은 커즈와일의 미래예측에 많이 의존하고 있다. 커즈와일은 2005년 출간된 그의 저서 <특이점이 온다(Singularity is near)>에서 2045년에 특이점이 도래할 것이라고 예측했다.

레이 커즈와일은 기술의 발전 속도, 즉 기술의 가속도가 수확 체증의 법칙 속에서 작동한다고 주장한다. 컴퓨터의 연산력, 기억 장치의 발전은 수확 체증의 법칙을 따르며 기하급수적으로 그 능력이 성장하고, 이로 인해 인간 뇌의 연산 및 저장 능력은 2020년대에는 컴퓨터에 의해 따라 잡힐 것이고 인간 뇌에 대한 인공지능공학적 분석도 빠른 속도로 고도화할 것이라는 게 특이점 도래를 예측하는 근거다. 특히 인간 뇌에 대한 인공지능공학 분석이 일정 수준 이상으로 발전하면 소프트웨어도 비약적으로 성장하고 또한 인공 뇌를 만들만큼 바이오과학기술도 급속히 발전하게 될 것이고 이러한 과학기술의 비약적 발전으로 인해 2045년에는 싱귤래리티(특이점)가 도래하게 된다는 것이다.

싱귤래리티 미래학자들은 특이점이 GNR 혁명이라는 기술 혁명을 통해 이루어 진다고 주장한다. GNR은 유전 공학(Genetic engineering), 나노 기술(Nano-technology), 로봇 공학 및 인공지능(Robotics)의 약어이다. 특이점주의자들은 유전 공학을 통해 생물학의 원리를 파악하고, 나노기술을 이용하여 그 원리들을 자유자재로 조작할 수 있게 되고 인공지능기술을 통해 인간의 뇌와 같은 인공 뇌를 개발하면 그 자체가 특이점의 도래일 것이라고 말한다.

싱귤래리티 미래학자들은 현재의 과학기술의 가속화된 발전 속도는 결국 싱귤래리티 시대를 가져올 것이고 이에 대한 대비와 준비가 필요하다고 주장한다. 기본적으로 그들은 싱귤래리티의 긍정적 효과에 주목하고 부정적인 효과를 최소화하기 위한 노력을 미리 해야 한다고 주장한다.

2 대표적 싱귤래리티 미래학자

싱귤래리티 미래학파의 창시자이자 가장 영향력 있는 미래학자인 레이 커즈와일(Ray Kurzweil)과 싱귤래리티 대학을 설립하여 싱귤래리티를 전 세계로 전파하고 있는 피터 디아만디스(Peter Diamandis)가 대표적인 싱귤래리티 미래학자이다.

1) 미래학자 레이 커즈와일(Ray Kurzweil)

레이먼드 레이 커즈와일(Raymond Ray Kurzweil)은 미국의 컴퓨터 과학자, 발명가이자 미래학자이다. 그는 전자 이미지 스캐너, 광학 문자 인식(OCR), TTS 합성, 음성 인식 기술, 전자 키보드 악기를 개발한 발명가로도 유명하다. 커즈와일은 수명 연장 기술, 그리고 나노 기술, 로봇공학, 생명공학기술의 미래에 대해 긍정적으로 바라보는 낙관적 미래학자이다.

커즈와일은 1948년생으로 뉴욕에서 자라면서 5세 때 스스로 발명가가 되고 싶다고 결정했다고 한다. 이러한 꿈을 이루려고 그는 어린 시절 과학 소설 문학을 열렬히 읽었고 7~8세에 그는 로봇 인형극과 로봇 게임을 만들었다. 그는 뉴욕시 전체에 12대의 컴퓨터만 존재할 당시, 12세에 전산용 컴퓨팅 장치 및 통계 프로그램 운영을 담당했다. 14세에 대뇌 피질의 이론을 담은 논문을 썼다. 1963년 그의 나이 15세 때 그의 첫 컴퓨터 프로그램을 완성했다. 그는 CBS TV 프로그램인 I've Got a Secret에 출연하여 그가 만든 컴퓨터로 만든 피아노곡을 연주했다.

그는 MIT에서 1970년 컴퓨터 과학으로 학사 학위를 취득했다. 1974년 그는 Kurzweil Computer Products, Inc.를 설립하고 일반 글꼴로 작성된 텍스트를 인식할 수 있는 컴퓨터 프로그램과 광학 문자 음성 인식 시스템의 개발을 주도했다.

커즈와일은 1982년 세계적인 팝스타 스티비 원더(Stevie Wonder)와의 만남에서 전자 신디사이저와 전통 악기 사이의 기능과 품질의 격차가 크다는 것을 알고 실제 악기의 사운드를 정확하게 재현할 수 있는 새로운 신디사이저를 제작하도록 영감을 받았다.

이를 위해 Kurzweil Music Systems을 설립하고 1984년 Kurzweil K250을 출시하였는데 이는 여러 악기 소리를 재현할 수 있었고, 시험에서 음악가는 일반 그랜드 피아노와 Kurzweil K250 피아노의 차이점을 식별할 수 없을 만큼 완벽하게 악기음을 재현했다. Kurzweil Music Systems은 1990년 한국 악기 제조업체인 영창에 판매되었다.

이외에도 그는 상업용 컴퓨터 음성 인식 시스템을 개발하기 위해 Kurzweil Applied Intelligence을 설립하고 의사와 환자 간의 컴퓨터 시뮬레이션 양방향 컴퓨터 교육 프로그램을 개발하는 Medical Learning Company를 설립했다. 또한 크리에이티브 아트 프로세스를 지원하는 컴퓨터 프로그램을 담은 KurzweilCyberArt.com 사이트를 개설하였다. 그는 또한 KurzweilAI.net를 개설하여 하이테크 사상가와 비평가 모두의 아이디어를 대중에게 공개하고 Mind-X 포럼을 통해 일반인들이 미래학자와 토론하는 사이트를 개설하였다.

2012년 12월 커즈와일은 <기계 학습 및 언어 처리와 관련된 새로운 프로젝트 작업>을 위해 구글 Google에 기술개발 이사로 영입된다.

커즈와일의 첫 번째 책인 <지능형 기계 시대(The Intelligent Machines of Age)>는 1990년에 출판되었다. 이 책에서 그는 컴퓨터 인공 지능(AI)의 역사를 논의하고 향후 발전을 예측한다. 그는 컴퓨터에 인공지능이 탑재되고 언젠가는 유익한 투자 결정에서 인공지능이 최고의 인간 재무 전문가보다 우수한 것으로 입증될 것이라고 예측했다.

커즈와일은 2005년에 <특이점이 온다(Singularity Is Near)>를 출간했다. 그는 이

▼ 사진 3-20 레이 커즈와일　▼ 사진 3-21 특이점이 온다　▼ 그림 3-22 커즈와일이 예측한 컴퓨터지능 발전

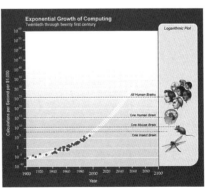

출처: https://www.wikipedia.org

책에서 과학기술 발전으로 생물학적 인간의 조건을 뛰어넘는 미래 인류의 모습을 예측했다. 또한 기술이 인간을 넘어 새로운 문명을 낳는 시점을 뜻하는 '특이점'(Singularity)이라는 개념을 강조하고 이를 어떻게 활용하며 대처하기 위한 방법은 어떤 것들이 있는지 소개하였다.

그는 싱귤래리티(Singularity)는 인공지능(AI)이 인류 전체의 지능을 초월해 스스로 진화해 가는 기점이라고 하였다. 이 기점을 특이점, 즉 싱귤래리티(Singularity)라고 부르며 이 시점부터 인공지능은 자신보다 더 뛰어난 인공지능을 만들어 내고, 사람은 더 이상 인공지능을 통제할 수 없게 된다고 하였다.

그는 싱귤래리티 시대를 낙관론적으로 바라보며 이 시점이 오면 인류의 노화와 질병의 과정이 역전되고, 환경오염이 제거되고, 전 지구적 기아나 가난도 해소된다고 주장한다. 혈관을 흐르는 의학용 나노 로봇, 완전몰입형 가상현실에서 이루어지는 일상 생활, 뇌의 정보로 스캔하여 컴퓨터로 옮기고 영생을 누리기, 광속을 뛰어넘어 온 우주로 지능을 전파하고 우주로의 삶의 영역 확장, 인간과 기계가 융합되어 새로운 인류로 진화한다고 주장한다.

커즈와일은 기자 회견에서 인류는 우리의 한계를 뛰어 넘는 유일한 종이라고 말한바 있다 그는 "우리는 동굴에만 머물지 않았고, 지구상에만 머무르지 않고, 우리는 생물학의 한계에만 머물지 않을 것"이라고 말했다. 그의 미래에 대한 예측과 주장은 많은 추종과 함께 많은 비난을 또한 받고 있다. 싱귤래리티, 즉 특이점의 도래 여부에 대한 논쟁보다는 싱귤래리티의 도래가 인류에게 유익한 방향으로 작동되기 위해서 인류와 개인이 대비하고 준비해야 할 것을 계획하고 실천하는 것은 미래학자뿐만 아니라 미래세대를 위한 모든 사람의 과업이기도 하다.

2) 미래학자 피터 디아만디스(Peter Diamandis)

피터 디아만디스는 싱귤래리티의 신봉자로 구글의 투자를 유치하여 레이 커즈와일과 함께 싱귤래리티 대학(Singularity Unversity)을 창립하였다.

디아만디스는 MIT에서 분자 유전학을 전공하고 다시 하버드 의과대학에 입학하였다. 그는 특히 우주탐험과 개발에 관심이 높아 대학 재학 중 우주항공세대재단(Space Generation Foundation)을 설립하고 국제우주항공대학교(International Space University) 및 마이크로 위성 발사 회사(International Micro Space)의 대표이사로도 활동하였다. 이런 그의 우주개발에 대한 열정으로 1986년 디아만디스는 의학 학위를 보류하고 MIT로 되돌아와 NASA Johnson Space Center, MIT Man Vehicle Laboratory 및

MIT Whitehead Biomedical Institute에서 연구를 수행하며 항공 우주 및 우주 비행에서 석사 학위를 받았다. MIT에서 석사 과정을 마친 후, 디아만디스는 하버드 대학교로 돌아가 의과대학을 박사과정까지 마쳤다.

디아만디스는 의사이지만 실리콘밸리에 10여 개의 혁신 기업을 세운 기업가이자 미래학자로서 활동하고 있다. 그는 인류의 행복에 기여할 창의적인 아이디어를 모색하고 그 아이디어를 실제 창업까지 연결시키는 일종의 창업 사관학교인 싱귤래리티 대학의 창립자이자 학장이다. 그는 또한 지구 밖 소행성에서의 우주광산채굴 프로젝트 회사 '플래니터리 리소시스'(Planetary Resources Inc.)의 공동 회장, 인간의 DNA를 분석하여 맞춤화된 치료법을 제공하는 기업 '휴먼 롱제버티'(Human Longevity Inc.)의 공동 설립자이다. 그리고 그는 엑스프라이즈 재단을 설립하여 에너지와 환경보호, 우주 탐험, 빈곤을 퇴치할 지구개발 사업, 생명공학 등 인류와 지구촌의 당면 과제 해결에 막대한 자금을 지원하고 있다. 그는 민간 우주선 왕복 비행 경연대회를 기획하고 운영하는 등 인류의 미래를 만드는 일에 몰두하고 있다.

그는 기술발전과 함께 인류 모두 힘을 합하면 모든 것들이 많아지고 저렴해지면서 풍요의 시대가 온다고 주장한다. 이런 노력이 지속되면 의식주, 교통, 교육, 에너지 등이 2030년엔 거의 무료화가 되는 "풍요의 시대(Abundance)"가 오며, 컴퓨터, 의학발전, 3D프린터, AI로봇, 신소재들이 급속히 발전하여 지구촌 과제들을 해결해준다는 낙관적인 미래예측을 제시하고 있다.

디아만디스는 티븐 코들러와 공동으로 출간한 〈볼드(Bold)〉에서 세계가 기하급수적으로 가속 변화하고 있다고 했다. 가속의 요인으로는 컴퓨터기술, 기술융합, 인터페이스, 초연결사회, 인공지능센서, 지성의 발전 그리고 부의 집중화 7가지를 꼽았다. 이때 다음과 같은 기하급수의 6단계(Exponential 6Ds) 변화가 연쇄반응적으로 발생하기 때문에 이러한 미래 변화를 읽고 거시적인 문제를 해결하려는 용기있는 선택으로 기하급수의 시대를 준비해야 한다고 하였다.

① **디지털화**(Digitalization)

아날로그의 세계에서 디지털의 세계로 모든 것이 전환되고 이것이 기술혁신 가속화의 핵심 원인이다.

② **착시현상**(Deceptive)

이러한 기술혁신의 기하급수적인 성장은 대부분 사람들의 눈에 띄지 않게 처음에는 서서히 다가온다. 기존 산업을 위협할 것처럼 보이지 않는 착시현상이 온다.

③ **파괴적 혁신**(Disruptive)

기하급수적인 성장으로 기술혁신은 새로운 시장을 만들고 기존의 시장을 파괴시킨다.

④ **무료화**(Demonetization)

기술발전과 디지털 혁신으로 모든 제품과 서비스 비용이 격감되어 무료화 시킨다.

⑤ **소멸화**(Dematerialization)

기술발전은 전체 제품라인을 소멸시키고 제품을 비물질화 시킨다.

⑥ **대중화**(Democratization)

기술혁신으로 비싼 제품들이 저렴화되고 대중적으로 누구나 구매 가능한 상품이 된다.

그는 세상은 기하급수적으로 향상되고 있고 기술의 발전은 이러한 6D 단계를 거쳐 모든 것이 무료화되고 대중화되기 때문에 풍요의 시대가 도래한다고 주장한다. 그는 이러한 과학기술의 가속화된 변화는 싱귤래리티 시대를 열 것이라고 믿고 있으며 이를 통해 인류에게 새로운 가능성을 열어줄 것이라는 낙관주의적 미래예측을 하고 있다.

▼ **사진 3-23 피터 디아만디스와 저술 〈Bold〉**

출처: http://www.boldbook.com

연구 문제
토의 사항

1. 미래학 연구학파는 어떤 기준으로, 어떤 종류가 있는가?

2. 외삽주의 미래학파는 어떤 특성이 있고 대표적인 미래학자는 누구인가?

3. 전이주의 미래학파는 어떤 특성이 있고 대표적인 미래학자는 누구인가?

4. 급진주의 미래학파는 어떤 특성이 있고 대표적인 미래학자는 누구인가?

5. 마노아 미래학파는 어떤 특성이 있고 대표적인 미래학자는 누구인가?

6. 싱귤래리티 미래학파는 어떤 특성이 있고 대표적인 미래학자는 누구인가?

미래예측 연구는
어떻게 하는가?

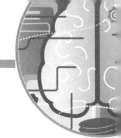

PART 4
미래예측 연구는 어떻게 하는가?

　　미래는 예측할 수 있는가? 좀 더 정확하게 미래를 예측하려면 어떻게 해야 하는가? 인류의 이러한 질문과 노력은 선사시대에서부터 계속되어 왔다. 동서양을 막론하고 오래 전엔 이런 미래예측에 대한 영역은 인간의 영역을 넘어서는 신의 영역이라 생각되어 왔다. 그리하여 신으로부터 권한을 부여받은 특정한 사람들인 예언자, 선지자, 점성술사, 역술가들만이 신의 영역인 미래를 예측할 수 있다고 여겨졌다.

　　르네상스 이후 인간도 나름대로의 방법으로 미래를 예측할 수 있을 것이란 시도가 있어 왔고, 20세기 과학적 사고가 강화되면서 미래에 대한 예측은 합리적이고 과학적인 방법으로 어느 정도 가능하다는 것이 밝혀졌다. 마치 점성술사에 의한 날씨 예측에서, 과학적인 방법에 의한 기상전문가의 날씨 예측이 현재 가능해진 것과 같다. 물론 아직 오지 않은 미래를 정확히 예측한다는 것은 불가능하다. 그러나 과학기술과 다양한 기상예측 방법으로 날씨 예보의 예측력이 높아지는 것처럼, 현대 미래학에서 미래예측의 다양한 방법론이 개발되고 활용되면서 다양한 영역에서 미래예측이 가능해지고 예측력이 높아지고 있다.

　　그럼 현대 미래학에서 미래예측을 위한 연구는 어떻게 진행되고 미래예측 방법론에는 어떤 종류가 있으며 어떤 상황과 영역에서 어떤 미래예측 방법론이 사용되고 있는지를 살펴보겠다.

Ⅰ　미래예측(Foresight)¹ 연구 프레임워크

　　미래예측(Foresight) 연구는 불확실성이 높고 수많은 요인들이 복잡하게 연결되어 서로 영향을 미치며 아직 오지 않은 미래 상황을 예측하는 연구이기 때문에 쉽지 않은 작업이다. 그러나 누구나 미래를 상상할 수 있듯이 어찌 보면 미래예측은 누구나 가능하다.

　　어떤 의미에서 미래예측 연구는 요리와 비슷하다고 생각된다. 요리를 위해서는 요리사, 요리재료, 요리방법, 요리기구, 요리와 식사 장소, 요리와 식사 시간, 요리를 식사할 대상, 요리 장식, 요리가 담길 식기 등 다양한 요인들이 필요하다. 이중에서 특히 핵심은 요리사와 요리재료와 요리방법일 것이다. 어느 누구나 요리를 할 수 있지만 어느 요리사가 요리를 하느냐에 따라 그 요리의 맛과 가치가 확연히 달라진다. 특급 요리사는 자신의 전문성을 활용하여 다양한 요인을 고려하여 최적의 요리 재료를 선정하고 자신이 알고 있는 최적의 요리 방법(레시피)으로 최고의 요리를 만들어 내어 놓는다.

　　이처럼 미래예측 연구는 미래학자가 주어진 상황과 용도에 따라 최적의 미래예측 방법론으로 필요한 자료를 분석하여 미래예측 결과를 내어 놓는 것이라 할 수 있다. 결국 미래학자의 전문적 역량과 적합한 미래예측방법론 및 필요한 자료가 잘 활용되었는지가 미래예측 연구 결과의 예측력에 영향을 미치게 될 것이다.

▼ 그림 4-1 미래예측연구 프레임워크(비숍과 앤디 하인스, 2018)

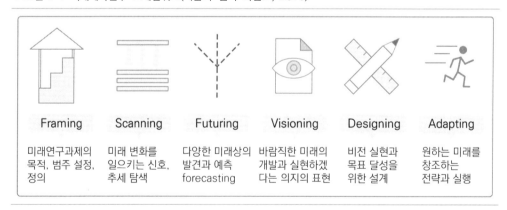

Framing	Scanning	Futuring	Visioning	Designing	Adapting
미래연구과제의 목적, 범주 설정, 정의	미래 변화를 일으키는 신호, 추세 탐색	다양한 미래상의 발견과 예측 forecasting	바람직한 미래의 개발과 실현하겠다는 의지의 표현	비전 실현과 목표 달성을 위한 설계	원하는 미래를 창조하는 전략과 실행

출처: 이주헌, 『미래학, 미래경영』, 2018.

1　미래예측은 영어로 'foresight, future prediction, future forecast' 등으로 표현되나 여기서는 미래를 전략적인 관점으로 예측한다는 의미를 담아 foresight로 사용하였다.

미래예측(Foresight) 연구는 영국의 소설가 웰스(H.G. Wells)가 1932년 BBC 방송에서 "과거 역사를 연구하는 교수는 수천명인 데 반해, 새로운 발명이 가져올 미래예측을 전업으로 하는 사람은 한 명도 없다"며 미래예측 연구 교수(professor of foresight)의 필요성을 주장하면서 포사이트(Foresight)라는 용어를 미래예측의 의미로 처음 사용하였다.

미래예측(foresight)은 합리적인 방법론으로 체계적이고 통합적인 과정을 통해 미래 현상이나 사건의 가능성을 조망하고 바람직한 미래를 창조하기 위한 미래전략을 제시하는 활동이다. 미래예측은 일련의 과정인 프로세스를 거쳐 진행되는데 마노아 미래학파 미래학자인 휴스턴 대학교의 피터 비숍 교수는 2,000년 초 이 프로세스를 미래예측 프레임워크(Framework Foresight)로 제시했다. 이 미래예측 프레임워크는 그의 동료 교수인 앤디 하인스(Andy Hines)에 의해 2018년에 [그림 4-1]과 같이 업데이트 되었다.

미래예측 연구 프레임워크의 첫 단계는 프레밍(Framing)으로 미래연구 과제와 현재 상황, 그리고 연구 범주를 설정한다. 두 번째는 스캐닝(Scanning)으로 미래 변화 요인과 지표의 신호를 탐색한다. 세 번째는 퓨처링(Futuring)으로 다양한 대안적 미래를 구상하고 확정한다. 네 번째는 비저닝(Visioning)으로 바람직한 미래를 개발하고 확정한다. 다섯 번째는 디자이닝(Designing)으로 바람직한 미래의 비전과 목표를 달성할 수 있는 계획을 수립한다. 마지막 여섯 번째 단계는 어댑팅(Adapting)으로 미래 변화에 따라 바람직한 미래를 구현하는 전략을 변경하며 실현한다.

한편 국제미래학회 이남식 명예회장은 2013년 기술인문융합창작소와 함께 미래예측 비저닝 프레임워크(Foresight Envisioning Framework)를 개발, 제시하였다. 이 프레임워크는 미래예측 연구 프로세스를 보다 구체적으로, 그리고 해당 단계에 적합한 미래예측방법론까지 담아 좀더 쉽게 활용할 수 있도록 하였다.

▼ 그림 4-2 미래예측 비저닝 프레임워크 프로세스(기술인문융합창작소, 2013)

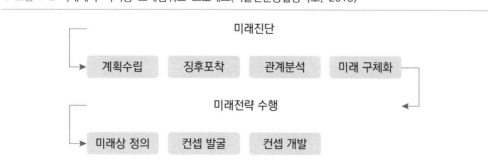

미래예측 비저닝 프레임워크는 7개의 미래예측 단계로 이뤄지며, 미래진단 단계는 개별적인 기준에 의한 선택 프로세스로 구성된다. 각각의 선택 프로세스를 통해 적합한 방법론을 선정하고 순차적으로 전체적인 미래예측 프로세스를 설계할 수 있도록 구성되어 있다.[2]

▼ 그림 4-3 미래예측 비저닝 프레임워크 구조도(기술인문융합창작소, 2013)

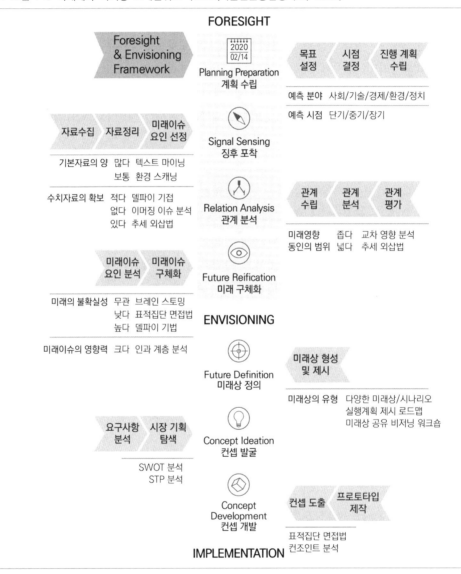

2   기술인문융합창작소, 미래예측 프레임워크와 방법론, 2013.

전체 프레임워크는 미래진단과 미래전략 수행이라는 두 개의 단계로 이루어져 있으며, 미래진단 과정에서는 미래예측 프로젝트에 대한 전반적인 계획을 수립하고 징후를 포착한 후, 미래이슈를 정의하고 미래를 구체화하는 세부적인 단계로 구분된다. 또한, 미래전략 수행 단계는 컨셉을 개발하고 구현하는 실행 단계에 대한 내용을 다루고 있다.

미래진단 단계는 미래에 영향을 미칠 수 있는 요인을 파악하기 위해 자료를 수집하고 이를 통해 미래동인을 선정하는 징후 포착 단계이며, 이 단계에서 파악된 미래이슈 요인의 영향력을 평가하기 위한 관계 평가, 그리고 본격적으로 미래이슈 요인을 분석하는 것이 바로 미래 구체화이다. 실제적인 미래이슈의 도출은 여기에서 마무리되지만, 미래상의 형성과 비전을 제시하는 미래상 정의 단계를 통해 좀 더 포괄적이고 선명한 미래상을 엿볼 수 있을 뿐 아니라, 예측된 미래에 대비한 전략을 준비하기 위한 기반을 마련한다. 미래진단 단계는 사회, 기술, 경제, 환경, 정치를 포함하는 STEEP 분류에 의한 분야와 단기, 중기, 장기 등 예측 기간의 조합에 따라 가장 적합한 방법론으로 이뤄진 프로세스를 추천한다. 이 프로세스를 통해 목적에 맞는 미래진단을 할 수 있도록 구성되어 있다.

미래진단 단계에서 도출된 결과를 실제로 적용하는 단계인 미래전략 수행 단계는 요구사항을 분석하고 아이디어를 도출하는 컨셉 개발 과정과 프로토타입 제작, 컨셉을 재검토하는 컨셉 구현 과정으로 구성되어 있으며, 이 과정을 통해 신제품 개발이나 비즈니스 전략 수립, 혹은 정책이나 비전 수립 등에 활용할 수 있다.

Ⅱ 미래예측 방법론의 종류와 분류

현대적 미래예측 방법론은 1907년 미국의 사회학자이자 작가인 코럼 길피란(Column Gilfillan)이 필요성을 역설하고 1930년대 처음 소개된 이후 2차 세계대전 이후 미국 랜드연구소에서 델파이연구 등을 개발 활용하기 시작했다. 미래학자와 미래 연구소 등을 통해 현재 40여 개의 미래예측방법론이 개발되어 활용되고 있다.

미래예측 방법론은 다양한 기준 및 각각의 특성에 따라 몇가지 유형으로 분류될 수 있다. 첫 번째는 미래를 보는 태도와 미래예측 시간축 방향에 따라 분류하는 것이다. 두 번째는 자료나 결과의 성격에 따라 정성적 기법과 정량적 기법, 그리고 이 둘의 혼합 형태 정량/정성적 기법으로 분류하는 것이다. 세 번째는 미래예측을 위한 지식의 원천에 의한 분류로서 창의성 기반, 전문성 기반, 근거 기반, 상호작용 기반 기법으로 분류하는 것이다. 네 번째는 사용 목적/예측 과정에 의해 분류하는 것이다. 그리고 다섯 번째로 미래예측 기간과 미래예측 용도를 복합적으로 고려한 분류도 가능하다. 미래예측 방법들은 실제 적용 시에는 다양하게 조합되어 사용되어지고 있다.

▼ 사진 4-1 최초의 미래예측방법 제안자 코럼 길피란과 저서 〈발명의 사회학〉

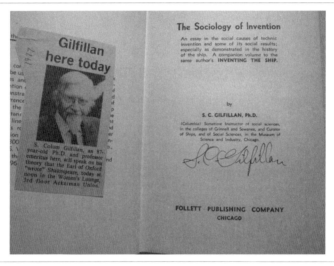

출처: https://www.abebooks.com

1 미래를 보는 태도와 시간축에 의한 분류

미래를 바라보는 태도와 미래예측의 시간축 방향에 관련하여 탐구적 방법과 규범적 방법으로 분류할 수 있다.

탐구적(Exploratory) 방법은 현재를 기반하여 발생가능한 미래(Possible futures)를 탐구·예측하는 것이다. 이러한 탐구적 방법은 미래로의 방향성을 지니는데, 이는 시작점인 현재에서 제안을 시작하고 미래의 전방향(forward)으로 이동하는 것을 의미한다. 다시 말하면, 현재의 시점에서 가능한 지식과 자료 등을 최대한 활용하여 미래에 발생할 미래 상황을 예측하는 것이다. 이에 해당하는 주요 미래예측 방법으로는 정통 델파이(Delphi), 정통 시나리오 워크숍(Scenarios), 상호영향분석(Cross−impact Analysis), 경향분석(Trend Extrapolation) 등이 있다.

규범적(Normative) 방법은 미래학자에 의한 선정 또는 이미 설정된 미래상에 기반하여 이를 어떻게 실현해 낼 것인가를 기획하는 것이다. 이러한 규범적 방법은 탐구적 방법과는 대조적으로 미래에서 현재로의 방향성을 지니는데, 이는 미래의 지향점에서 시작하여 거꾸로 후방향(backward)으로 이동하는 것을 의미한다. 다시 말하면, 이는 도덕이나 규범 등의 가치적 요소를 가미하여 바람직한 미래의 방향과 미래상을 설정한 후 미래의 시점에서 거꾸로 현재로 진행하는 것이다. 이에 해당하는 주요 방법으로는 목적지향적 델파이, 성공 시나리오 워크숍, 연관트리(Relevance Trees), 형태분석(Morphological Analysis), 로드맵핑(Roadmapping) 등이 있다.

2 자료나 결과의 성격에 의한 분류

미래예측을 위한 자료의 성격에 따른 것으로 객관적인 자료를 이용하여 예측하는 정량적 방법과 전문가의 주관적 판단에 보다 의존하는 정성적 방법, 이 둘의 혼합형태로서 주관적 지식을 통계적 방법으로 처리하는 정량/정성적 방법으로 구분한다.

정량적(Quantitative) 방법은 숫자나 통계 등 객관적인 자료에 의존하는 방법으로 계량적 데이터를 이용하여 추세나 경향을 파악하는 방법이다. 이 방법은 데이터베이스 또는 다양한 지표의 분석 및 가공 등이 주요한 내용이라 할 수 있다. 이에 해당하는 주요 방법으로는 추세연장기법(Trend Extrapolation), 모델링/시뮬레이션(Modeling and Simulation), 문헌서지학(Bibliometrics) 등이 있다.

정성적(Qualitative) 방법은 미래예측을 위해 숫자나 통계보다는 주로 미래학자나 관련 전문가의 통찰력과 주관적 판단에 더 의존하는 방법으로 주로 분석보고서, 새로운 이슈나 사고에 대한 통합 및 평가 등의 내용을 포함하는 것이다. 대표적인 방법으로는 브레인스토밍(Brainstorming), 시나리오 기법(Scenarios), 통찰력 예측(Genius Forecasting), SWOT 분석 기법, 미래워크숍(Future Workshops), 전문가패널(Expert Panels), 문헌리뷰(Literature Review) 등이 이에 해당하는 미래예측 방법이다.

정량/정성적(Semi-Quantitative) 방법은 정성적인 주관적 지식의 처리를 위하여 수학 및 통계적 방법을 적용하는 것이다. 이에는 아이디어 및 판단 가중치 평가, 시스템이론 등이 이용된다. 이에 해당하는 주요 방법은 델파이(Delphi), 교차영향분석(Cross-impact Analysis), 구조분석(Structural Analysis), 기술로드맵핑(Technology Road

Mapping) 등이 있다.

위의 두 가지 분류 방식에 따라 주요 미래예측 방법론을 구분하여 보면 [표 4-1]과 같다.

▼ 표 4-1 미래예측을 위한 자료나 결과의 성격에 따른 미래예측방법론 분류

구분	정량적	정성적	규범적	탐색적
에이전트 모델링(Agent Modelling)		●		●
인과계층 분석(Causal Layered Analysis)		●		●
교차영향 분석(Cross-Impact Analysis)	●			●
결정 모델링(Decision Modeling)	●			●
델파이 기법(Delphi Technique)		●	●	●
계량분석 및 통계모형(Econometrics/Statistical Modeling)	●			●
환경 스캐닝(Environmental Scanning)		●	●	●
필드 변칙완화 기법(Field Anomaly Relaxation)		●	●	●
퓨처스 힐(Futures Wheel)		●	●	●
천재적 예측, 비전, 직관(Genius Forecasting, Vision, and Intuition)		●	●	●
상호반응 시나리오(Interactive scenario)		●	●	●
다중 관점(Multiple Perspective)		●	●	●
참여적 방법(participatory Methods)		●	●	
적합성 수목업/형태학적 분석(Relevance Tree/Morphological Methods)		●		
로드맵 작성(Road Mapping)		●	●	●
시나리오(Scenario)	●	●	●	●
시뮬레이션 게임(Simulation-Gaming)		●		●
미래예측지수 기법(State of the future index)	●	●	●	●
구조분석(Structural Analysis)	●	●		●
시스템 모델링(System Modeling)	●			●
기술순차분석(Technological sequence Analysis)		●	●	
텍스트 마이닝(Text Mining)		●	●	●
트렌드 영향 분석(Trend Impact Analysis)	●			●

출처: SETP1(이세준, 이윤준, 홍정임), '통합적 미래연구 방법론의 탐색 및 적용' 정책연구 2008-16.

③ 미래예측 지식과 방법의 원천적 성격에 의한 분류

이는 미래학자가 미래예측에 사용하는 지식과 방법의 원천적 성격에 따른 분류이다.

창의성 기반(Creativity-based) 방법은 창의적이고 상상적인 생각들의 조합을 기반으로 미래예측이 도출되는 방식이다. SF공상과학 작가와 같은 개인의 독창성과 상상력이 원천이기도 하고 브레인스토밍(Brainstorming) 혹은 와일드카드(Wild cards) 등을 통한 집단의 영감(inspiration)이 원천이기도 하다. 이에 해당하는 주요 방법으로는 천재적예측기법(Genius forecasting), 백캐스팅(Backcasting), 미래상상에세이(Futures Essays) 등이 있다.

전문성 기반(Expertise-based) 방법은 특정 영역에서의 관련 전문가의 전문지식과 경험, 이들 간의 상호지식공유가 미래예측의 원천인 방법이다. 주로 하향식 의사 결정(Top-down decision) 혹은 조언과 추천의 목적으로 사용되어 진다. 이에 해당하는 주요 방법으로는 전문가 패널(Expert panels), 로드맵(Roadmapping), 핵심기술추세(Keytechnologies) 등이 있다.

▼ 그림 4-4 미래예측 지식과 방법의 원천적 성격에 의한 미래예측방법론 분류

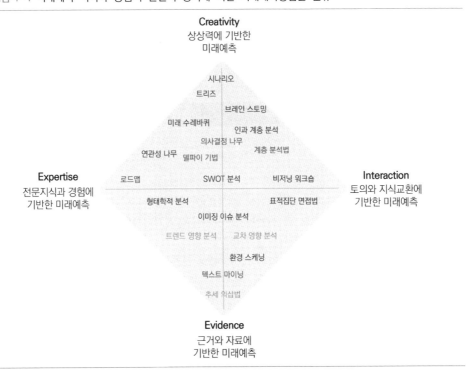

출처: STEPI(이세준, 이윤준, 홍정임), '통합적 미래연구 방법론의 탐색 및 적용' 정책연구 2008-16.

근거 기반(Evidence−based) 방법은 미래예측을 위해 객관적인 사실과 자료를 주요 원천으로 사용하는 방법으로, 주로 신뢰성 있는 자료(documentation), 통계치나 지표(indicator)를 사용한다. 이 방법은 특정 이슈에 대한 발전 정도를 이해하는 데 유효하다는 특징을 지닌다. 이에 해당하는 주요 방법은 문헌연구(Literature reviews), 트렌드 외삽(Trend extrapolation) 등이다.

상호작용 기반(Interaction−based) 방법은 관심있는 사람들의 토론과 지식교환, 상호학습에 기반하는 방법으로 상향식 의사결정(Bottom−up)적인 성격이 강하다는 특징이 있다. 이에 해당하는 주요 방법으로는 워크숍(Conference/Workshop), 시민패널(Citizen panel) 등을 들 수 있다.

4 미래예측 프로세스 과정과 활용 목적에 의한 분류

먼저 미래예측 연구를 미래예측 과정인 프로세스(Process)로 분류하는 것이다. 이는 미래예측 과정인 프로세스 각 단계에서 필요한 미래연구방법들을 구분하고 제안한 것이라 할 수 있다. 일반적으로 미래예측 연구 프로세스에 포함되는 진행 과정으로 어떠한 이슈가 떠오르고 중요한지 확인하는 이슈 혹은 트렌드 확인과 그러한 이슈가 어떻게 진행될지에 대해서 추정하기 위한 통계적 분석과 이를 통해 미래 가능성을 구상

▼ 표 4-2 미래예측 프로세스 과정에 따른 분류

구분	미래연구 방법론
이슈의 확인 (Identifying Issues)	환경스캐닝(Environmental Scanning), 이슈서베이(Issues Survey), SWOT 분석
통계적 분석 (Quantitative Analysis)	회귀분석(횡단면분석: Cross-sectional Analysis, 시계열 분석: Time series Analysis), 시뮬레이션(Modelling and Simulation), AHP(Analytical Hierachy Process), Bayesian 모형(Bayesian Model), 형태분석기법 (Morphological Analysis)
창의적 예측 (Creative Foresight)	브레인스토밍(Brainstorming), 전문가패널(Expert Panels), 시나리오기법 (Scenarios), 정책 델파이(Policy Delphi), 교차영향분석(Cross-Impact Analysis), 통찰력 예측(Genius Forecasting), 실현성 예측(Feasibility Forecasting)
우선순위 선정 (Priority Setting)	핵심기술 우선순위 기법(Critical and Key Technologies), 우선순위 로드맵 기법(Technology Roadmapping)

출처: STEPI(이세준, 이윤준, 홍정임), '통합적 미래연구 방법론의 탐색 및 적용' 정책연구 2008-16.

하는 창의적 예측 그리고 통계적으로 추정하고 창의적 방식을 통해 나타난 미래의 상황을 우선순위로 분류하는 우선순위 접근이 종합적으로 필요하다. 이와 같은 미래예측 과정에 따라 Miles와 Keenan이 미래연구 방법론을 앞의 [표 4-2]와 같이 분류하였다.

또한, 미래예측 연구를 사용하는 목적에 따라 적합한 미래연구 방법론이 [표 4-3]과 같이 구분된다. 이는 미래예측 연구를 사용하는 목적이 무엇이냐에 따라 적합한 방법론을 구분하여 제안한 것이다.

▼ 표 4-3 미래예측 목적에 따른 미래예측 방법론 분류

구분	미래연구 방법론
그럴듯한 대안 미래 제시	시나리오(Scenario), Futures Wheel, Simulation Gaming, Agent Modeling
미래가 개선되고 있는지에 대한 이해관계 성립	미래상황지수(SOFI: State of the future index)
변화와 가정 추적	환경스캐닝(Environmental Scanning), 텍스트 마이닝(Text Mining)
시스템의 안정성 확인	비선형 기법(Non-linear Techniques)
판단을 모을 때	통찰력 예측(Genius Forecasting), 델파이(Delphi), 퓨처스 휠(Futures wheel), 그룹미팅(Group Meetings), 인터뷰(Interviews)
시계열과 다른 양적방법 예측하기	계량경제학(Econometrics), 트렌드 영향분석(Trend Impact Analysis), 회귀분석(Regression Analysis), 구조분석(Structural Analysis)
사건, 유행 그리고 움직임 사이의 관계에 대한 이해	시스템 역학(System Dynamics), 에이전트 모델링(Agent Modeling), Trend Impact Analysis, 교차영향분석(Cross Impact Analysis), 결정나무(Decision Trees), Futures Wheel, 시뮬레이션(Simulation Modeling), 다중전망(Multiple Perspective), 인과계층분석(Casual Layered Analysis), Field Anomaly Relaxation
불확실성 하의 행동을 정할 때	결정분석(Decision Analysis), 로드맵(Road Mapping), Technology Sequence Analysis, 통찰력 예측(Genius Forecasting)

출처: STEPI(이세준, 이윤준, 홍정임), '통합적 미래연구 방법론의 탐색 및 적용' 정책연구 2008-16.

5 미래예측하고자 하는 미래 변화의 크기와 용도에 따른 분류[3]

미래예측방법을 예측하고자 하는 미래 변화의 크기와 용도에 따라 분류할 수 있다. 미래 변화의 크기란 각 변화가 가지는 세상에 대한 영향력, 즉 공간에 대한 점유율이라고 할 수 있다. 다음과 같은 8개의 미래 변화 크기에 대한 예측 개념이 가능하다.

① 유행, 패드(Fashion, Fad)

시간적으로 짧은 변화의 주기를 가진다. 공간적으로는 대체로 어떤 분야라는 영역에 한정된다. 변화의 시간이 짧기 때문에 이 영역에서 미래요소는 언제든 다른 것으로 교체될 수 있다. 그래서 발생하기 전에 유행과 패드의 미래요소를 탐색하기는 거의 힘들며, 발생한 이후에야 알 수 있는 경우가 대부분이다.

② 트렌드(Trend)

변화의 공간적 범위는 유행과 패드에 비해 크며 시간상으로도 보통 10여 년에 걸친 주기를 가진다. 따라서 잘 포착하면 미래요소를 발견할 확률이 높고 변화의 방향에 대한 지속가능한 예측이 가능하다.

③ 메가트렌드(Megatrend)

변화의 주기는 수십년에 걸쳐 있으며 그 기간 동안 변화의 공간은 삶의 거의 모든 영역에 걸쳐져 있다. 변화의 폭이 넓기 때문에 미래요소는 복합적인 경우가 대부분이며 변화의 방향에 대한 장기적 예측지를 생성할 수 있다.

④ 불확실성(Uncertainty)

단어의 의미를 원래대로 사용하면 세상의 모든 변화에 해당할 수 있다. 따라서 여기서는 트렌드와 비슷한 시간에 걸쳐 변화하며 공간적 범주도 유사한 것으로 한정한다. 발생할 불확실성의 종류는 어느 정도 예측가능하지만 말 그대로 변화의 방향에 대해서는 정확한 예측이 어려워 미래요소를 찾아내기가 쉽지 않다.

⑤ 빅 체인지(Big change)

불확실성의 한 종류로서 시간적으로도 훨씬 긴 변화의 주기를 가지며 공간적으로도 큰 영역을 차지한다. 기업 환경의 변화에 막대한 영향을 주는데 빅 체인지의 미래요소는 비교적 찾기 쉽지만 실제로 언제, 어느 정도로 실현될지, 혹은 실현 가능한지와 같은 구체성을 알기 어렵다.

---

3 국제미래학회, '전략적 미래예측방법론 바이블', 2014에서 발췌.

⑥ 불변성(Invariability)

여기서 사용하는 불변성이라는 개념은 트렌드와 비슷한 시간과 공간 속에서 좀처럼 변하지 않는 것들에 대해 쓰고 있다. 사회의 안정성에 기여한다. 무엇이 불변성인지 찾는 것이 중요하며 일단 포착이 되면 예측이 비교적 쉽다.

⑦ 법칙, 패턴(Law, Pattern)

변화의 구성요소들 간의 상호작용에서 생기는 규칙이 작동되는 것이다. 불변성이 확장된 것으로 볼 수 있고 긴 시간 동안 특징이 유지되며 적용영역도 크게 변하지 않는다. 다만 그 패턴을 찾아내기는 쉽지 않다.

⑧ 패러다임(Paradigm)

가장 시간적으로도 긴 변화이며 공간적으로는 지구상의 거의 모든 영역에 영향을 미친다. 다른 사회적 변화의 바탕이 되어 문명의 기초가 된다. 따라서 패러다임의 미래 요소적 특징을 이해하면 다른 변화들에 대한 심층적인 분석에 대단히 유효하며 좋은 예측의 원천이 된다.

▼ 표 4-4 미래예측 연구의 미래 변화 크기와 미래예측 결과 활용 용도에 따른 분류

	사회미래예측	기술미래예측	산업미래예측	환경미래예측	정책미래예측	동양미래예측
유행		텍스트마이닝	빅데이터 기법	이머징 이슈기법	패널기법	
트렌드	퓨처스 휠	계층화 분석법	리얼타임 델파이법	환경 스캐닝법	형태학적 분석방법	
메가트렌드		로드맵	델파이 기법	트렌드 생태계예측법	표준예측기법	
불확실성	시나리오 기법	계량정보 분석법	질적 추세 분석법	비저닝 워크숍	팬시나리오기법	
빅 체인지			교차영향력 분석법		시나리오 기획의 툴박스 기법	
불변성	의사결정나무 방법		미래지수기법		게임이론	관찰에 의한 예측방법-상학
법칙	에이전트 모델링 기법	기술발전단계 예측방법	통계학적 모델링 방법	다층적 시스템 시나리오기법		규칙에 의한 예측방법-명학
패러다임	천재적 예측 기법	STEEP 분석법	세차주기 미래예측법	생태학적 사회구조 분석기법		직관에 의한 예측방법- 점학

출처: 국제미래학회, '전략적 미래예측방법론 바이블', 2014.

또한 미래예측 연구의 결과를 활용하는 용도에 따라 사회 미래예측, 기술 미래예측, 산업 미래예측, 환경 미래예측, 정책 미래예측, 동양 미래예측으로 분류가 가능하다.

미래예측에서 연구하는 미래 변화의 크기와 미래예측 연구의 주요 용도에 따라 앞서 [표 4-4]와 같이 미래예측 방법론이 분류될 수 있다.

연구 문제
토의 사항

1. 미래예측 연구의 프레임워크는 어떻게 구성되어 있나?

2. 미래예측 방법론은 어떤 기준으로 분류할 수 있는가?

3. 시간축으로 미래예측 방법론은 어떻게 분류되는가?

4. 결과의 성격으로 미래예측 방법론은 어떻게 분류되는가?

5. 지식과 방법의 원천적 성격으로 미래예측 방법론은 어떻게 분류되는가?

6. 프로세스에 따라 미래예측 방법론은 어떻게 분류되는가?

7. 미래예측 목적에 따라 미래예측 방법론은 어떻게 분류되는가?

8. 미래 변화의 크기에 따라 미래예측 방법론은 어떻게 분류되는가?

9. 미래예측 용도에 따라 미래예측 방법론은 어떻게 분류되는가?

PART 5

주요 미래예측
방법론 이해하기

미래학원론 : 미래연구 · 미래전략 입문서

PART 5
주요 미래예측 방법론 이해하기

미래학에서 사용되는 미래예측 방법론은 용도별로 구분되는 '사회미래예측방법, 기술미래예측방법, 산업미래예측방법, 환경미래예측방법, 정책미래예측방법'이 있다. 이 중에서 주요 미래예측방법론을 소개한다. 물론 각각의 미래예측방법론이 해당 용도로만 쓰이는 것이 아니라 다른 용도로도 다양하게 활용 가능함을 꼭 주지하기 바란다.

본 내용들은 국제미래학회에서 저술한 '전략적 미래예측방법론 바이블'[1]에서 몇가지 주요 방법론을 선별하여 핵심 내용을 발췌하여 소개한 것이다.

I 사회 미래예측 방법론

사회적인 변화의 미래를 예측하는 주요 방법론은 퓨처스 휠, 시나리오 기법, 의사결정나무방법, 에이전트 모델링 기법, 천재적 예측기법 등이 있다.

1 퓨처스 휠(Futures Wheel) 기법[2]

1) 퓨처스 휠 기법 개요

미래수레바퀴 기법으로 번역되는 퓨처스 휠 기법은 현재 국제미래학회 공동회장인 제롬 글렌에 의해 1971년에 개발되었다. 퓨처스 휠 기법은 방법과 필요한 도구가

---

1   국제미래학회 소속 25명의 미래학자들이 34가지의 미래예측방법론을 분석 저술한 '전략적 미래예측방법론 바이블'로 2014년 출간되었다.
2   국제미래학회 공동저술 '전략적 미래예측방법론 바이블' 제1장(안종배) 내용을 발췌하였다.

쉽고 간단하여 미래학의 초보자부터 전문가에 이르기까지 누구나 이용할 수 있다. 퓨처스 휠은 현재의 사회 변화나 특정 이슈를 중심으로 미래 변화를 전문가들의 토론과 브레인 스토밍 등으로 1차, 2차, 3차의 파급효과와 영향을 파악하고 이를 수레바퀴 모형에 구조화하는 방법이다.

즉 미래 변화를 파악하고자 하는 이슈를 중앙에 배치하고 바퀴 모양으로 영향이나 결과들을 확장해 나가는 방법이다. 간단해 보이지만 이슈를 확장해 나가는 과정에서 다양한 요인들을 고려할 수 있고 완성된 수레바퀴 구조도를 통해 상호 관계를 쉽게 파악해 주는 미래예측 방법이다.

이 방법은 기술이나 사회 이슈를 기술과 사회 변화 관점뿐만 아니라 경제, 정치, 산업, 법제, 심리, 문화, 생활방식 등 다양한 영역과의 상호 작용적인 관점에서 미래 변화를 파악할 수 있게 해 준다.

퓨처스 휠은 미래에 대한 생각을 이끌어내어 방향을 설정하고 창의적 아이디어를 접목하기에 매우 유용한 방법이며 누구나 쉽게 접근할 수 있어 미래예측의 초기 교육용으로 활용하기에 매우 유익한 방법론이기도 하다.

▼ 그림 5-1 퓨처스 휠의 기본 모형

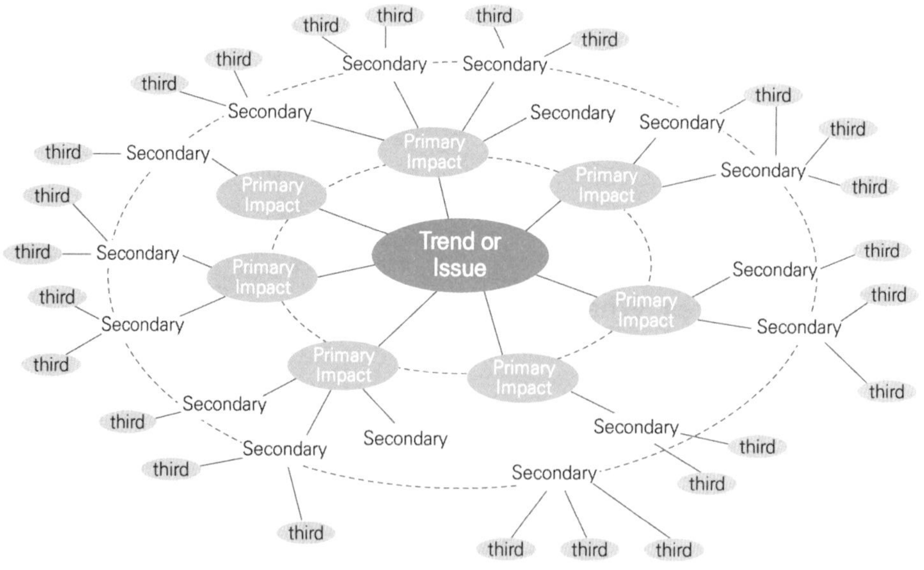

출처: Jerome C. Glenn, Future Research Methodology, 2011.

2) 퓨처스 휠 기법의 프로세스

퓨처스 휠의 기본 모형 기법은 예측하고자 하는 사회 트렌드나 관심 이슈를 주제 키워드로 결정하여 이를 대형 종이나 보드 가운데 원(첫번째 바퀴)을 그려 넣는 것에서 출발한다. 이후 주제로 정해진 주제 키워드에 대한 다양한 인과적 사건들과 내용들을 탐색 규명하기 위해 관련 분야 전문가와 미래학자들이 함께 개방적, 수렴적, 확산적, 창의적, 비판적, 문제해결적 사고를 전제로 토론과 브레인 스토밍을 거친다.

이를 통해 1차, 2차, 3차 파생효과와 파급영향들을 도출 선정하여 단계별 원(두 번째, 세 번째, 네 번째 수레바퀴)에 기입한다. 이후 전체적인 수레바퀴 모형을 리뷰하여 최종적으로 퓨처스 휠을 확정한다.

▼ 그림 5-2 퓨처스 휠 기법 프로세스

(1) 주제 키워드 결정

퓨처스 휠을 활용한 미래 연구 책임자는 참가자들과 함께 파악하고자 하는 미래 사회 변화나 관심 이슈를 협의하고 수레바퀴 중심원에 들어가 주제 단어를 결정하고 선정한다. 퓨처스 휠을 작성할 종이나 보드의 중앙에 원을 그리고 그 안에 결정된 주제 단어를 써 넣는다.

▼ 그림 5-3 주제 키워드 결정

소형화

(2) 직접 파생효과 확장

연구자들은 토론과 브레인 스토밍을 통해 중심에 기입한 주제의 직접적인 영향으로 파생될 사건이나 요인과 효과에 대해 논의하고 도출한다. 그 결과를 중심원에서 바퀴살을 긋고 두 번째 원들을 그리고 여기에 예측된 파생 영향을 써 넣는다. 결정된 파생 영향들을 수레바퀴 형태로 표현한다.

▼ 그림 5-4 직접 파생효과 도출

(3) 간접 파급영향 확장

다음 단계로 연구자들은 주제에 대한 생각은 배제하고 1차 파생효과 각각의 효과들을 토대로 발생할 수 있는 영향이나 사건과 요인들을 토의하여 결정한다. 결정된 2차 파생영향을 수레바퀴 형태로 1차 영향에서 확장하여 원을 그려 기입한다.

같은 방법으로 2차 파생영향 각각에서 3차 파생영향을 토의하여 도출하고 상호 영향 관계를 선으로 표시한다.

(4) 명확화 과정

연구진들은 작성된 퓨처스 휠을 전체적으로 보고, 분석하고 평가한다. 이 과정에서 연구 참여자 전체의 동의를 얻지 못하는 영향 요인은 제거되고 수정이 필요한 영향 요인은 전체 동의에 의해 수정된다. 이러한 명확화 과정을 거쳐 퓨처스 휠의 결과는 정확성과 신뢰성을 높이게 된다.

참고로, 소형화를 주제 키워드로 작성한 퓨처스 휠 기법의 결과물 사례는 다음과 같다.

▼ 그림 5-5 퓨처스 휠의 작성 샘플(주제: 소형화)

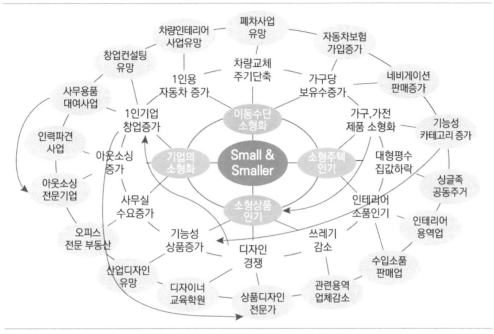

출처: http://blog.naver.com/micimpact?Redirect=Log&logNo=20170068908

3) 퓨처스 휠 버전2 모형

퓨처스 휠 개발자인 제롬 글렌은 1970년대 후반 퓨처스 휠 기본 모형을 기초로 다양한 영향들을 고려할 수 있게 도움을 주는 버전2 모형을 개발하였다. 퓨처스 휠 버전2 모형은 기본 모형이 다양한 분야의 영향들을 충분히 포괄하지 못할 가능성이 있다는 단점을 보완하여 개발되었다. 즉 파생 영향들을 도출할 때 특정 영역에 제한되지 않고 정치, 경제, 문화, 과학기술, 환경, 교육, 공공복지 및 심리적 영향 등 현실적으로 다양한 영역을 고려하도록 하는 것이다. 이때 영역의 선정은 주제와 목적에 따라 다양하게 수정할 수 있다.

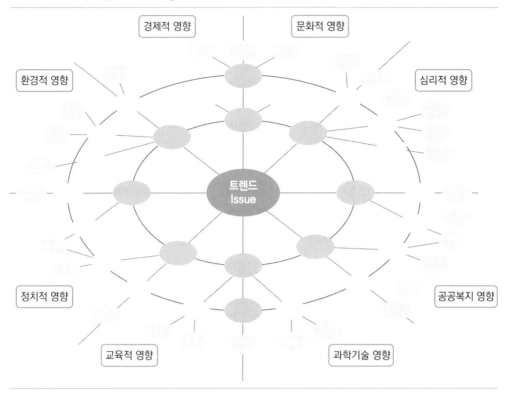

출처: Jerome C. Glenn, Future Research Methodology, 2011.

4) 퓨처스 휠 버전3 모형

퓨처스 휠 버전3은 과거의 역사적 영향, 현재 일어난 사건이나 트렌드의 영향 그리고 미래 결과로 예상되는 미래의 영향 3가지를 입체적으로 연결하여 미래 수레바퀴를 확장한 것이다. 즉 퓨처스 휠 버전3은 특정 이슈나 트렌드가 과거에서부터 시작하여 현재와 미래에 주는 영향을 각 시간대에 초점을 맞추고 연관 관계를 비교 분석하는 것이다.

퓨처스 휠 버전3은 구조화 과정이 다소 복잡하고 시간이 많이 소요되지만 특정 트렌드와 이슈에 대해 심층적인 이해가 가능하고 이를 토대로 다양한 요소를 도출할 수 있다. 버전3을 진행할 때는 과거, 현재, 미래 시점별로 3개 팀으로 나누어 파생 영향을 확장하고 이후 서로 결합하여 입체화 한다.

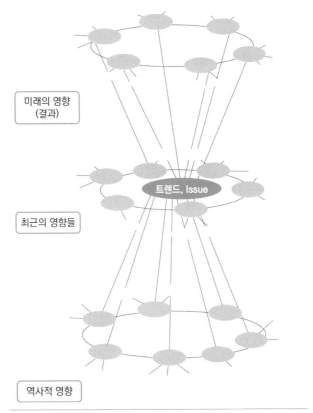

미래의 영향
(결과)

트렌드, Issue

최근의 영향들

역사적 영향

출처: Jerome C. Glenn, Future Research Methodology, 2011.

5) 퓨처스 휠 기법의 장점과 단점

(1) 퓨처스 휠 기법의 장점

퓨처스 휠의 가장 큰 장점은 미래예측 방법론 중 가장 쉽게 접근이 가능하다는 점이다. 퓨처스 휠의 작성 방법이 쉬워 전문적인 교육 없이 간단한 설명을 통해서 누구나 미래예측에 참여할 수 있게 된다. 또한 퓨처스 휠은 특정 트렌드와 이슈의 영향과 미래 변화에 대한 연속성을 보여 주며 다양한 요인들의 상호관계를 알 수 있게 해 준다. 그리고 최종 작성된 퓨처스 휠 모형을 통해 미래 변화와 요인들을 한눈에 전체적으로 파악하고 쉽게 이해할 수 있게 된다.

(2) 퓨처스 휠 기법의 단점

퓨처스 휠 기법의 가장 큰 단점은 지나친 단순화가 가능해진다는 점이다. 미래 변화의 파생 영향이 몇 가지 단어로 요약 압축됨에 따라 단순히 하나의 요인이 엄청난 영향을 가져온다고 착각하게 만들 수도 있는 것이다.

또한 퓨처스 휠의 단계별 파생 영향과 요인들 사이에 일정한 패턴과 연결고리가 나타나지 않으면 내용이 모호해지고 다음 단계로 넘어가기가 어려워진다.

다음으로 퓨처스 휠의 파생 영향과 요인들이 제대로 검증되지 않을 경우, 서로 상반되거나 모순된 결과를 보여 신뢰도가 떨어지고 미래예측에 실패할 수도 있다는 점이 단점이다.

6) 퓨처스 휠 기법 적용 사례

새로운 미디어의 강자로 부각된 소셜미디어의 미래를 예측하고자 미디어분야 전공 학생들과 미디어 학자 그리고 미래학자가 함께 소셜미디어의 퓨처스 휠 모형을 작성하였다.

(1) 퓨처스 휠 기본 모형 작성 사례

▼ 그림 5-8 소셜미디어의 미래: 퓨처스 휠의 기본 모형

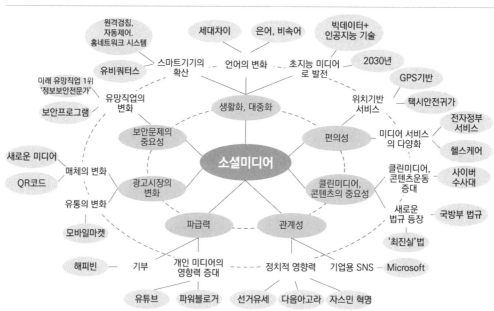

소셜미디어의 미래에 대해 퓨처스 휠 기본 모형을 작성한 결과는 다음과 같다. 소셜미디어를 중심으로 하여 소셜미디어에서 파생될 1차 파생 영향으로 관계성, 생활화, 편의성, 파급력, 광고시장 변화, 클린콘텐츠 중요, 보안문제 중요성 등이 선정되었고 이를 기준으로 2차와 3차 파생 영향 요인들이 위와 같이 선정되어 퓨처스 휠 기본 모형이 작성되었다.

(2) 퓨처스 휠 버전2 모형 작성 사례

소셜미디어의 미래에 대해 퓨처스 휠 버전2 모형을 작성한 결과는 다음과 같다. 소셜미디어의 미래에 상호 영향을 미칠 영역으로 언론, 미디어, 교육, 문화, 광고, 경제, 마케팅, 소비자를 선정하고 이들 영역별로 1차 파생 영향과 2차 및 3차 파생 영향을 선정하여 다음과 같은 퓨처스 휠 버전2가 작성되었다.

▼ 그림 5-9 소셜미디어의 미래: 퓨처스 휠의 버전2 모형

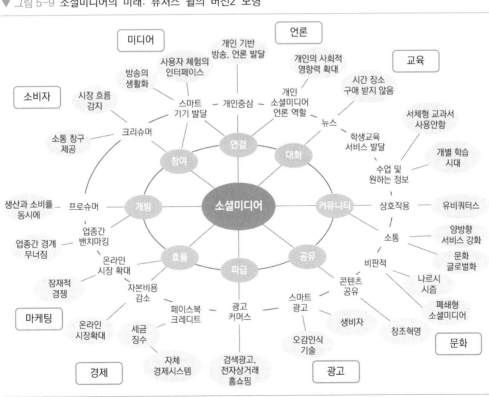

(3) 퓨처스 휠 버전3 모형 작성 사례

소셜미디어의 미래에 대해 퓨처스 휠 버전3 모형을 작성한 결과는 다음과 같다. 소셜미디어의 발전에 영향을 미친 역사적 영향과 현재의 영향 그리고 미래의 영향 3가지 시대적 구분으로 파생 영향 요인을 각각 선정하여 퓨처스 휠 버전3을 작성하였다.

▼ 그림 5-10 소셜미디어의 미래: 퓨처스 휠의 버전3 모형

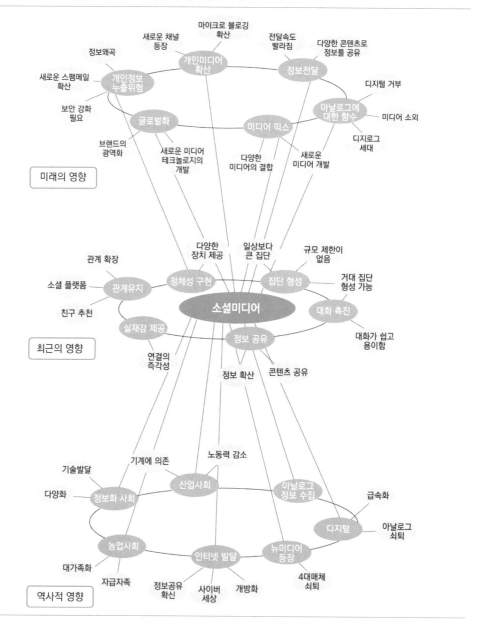

7) 퓨처스 휠 기법의 활용 방안

퓨처스 휠 기법은 미래학자들이 미래의 사회 트렌드나 미래 변화 이슈에 대한 생각을 정리하고 영향 요인들을 도출하는 데 자주 이용한다.

퓨처스 휠은 다른 미래예측 방법론과 연계하여 사용되기도 한다. 예를 들어, 시나리오 기법과 연계하여 시나리오 안에서 필요 요인이나 기술을 확장하여 미래를 예측하는 데 사용될 수도 있다. 선택된 시나리오의 주제와 목표를 달성하기 위해 퓨처스 휠의 모형을 작성하며 기존 요인들을 보충하거나 새로운 요인들이나 의견들을 추가하기도 한다. 이처럼 퓨처스 휠을 이용하여 시나리오의 완성에 필요한 요소와 가능성을 확장하고 구조화하여 미래예측의 정확도를 높이는 데 활용될 수 있다.

이처럼 퓨처스 휠 기법은 비교적 간단한 방법으로 사회적 이슈나 트렌드의 미래를 예측하고 다른 미래예측방법과 연계하여 보다 정교한 미래전략을 수립하는 데 매우 유용하게 활용될 수 있을 것이다.

2 시나리오(Scenario)[3] 기법

1) 시나리오 기법 개요

시나리오 기법이란 미래에 일어날 수 있는 여러 가지 상황을 '스토리(story)' 형식으로 전달하여 미래의 다양한 모습을 쉽게 이해할 수 있도록 도와주는 예측기법이다. 시나리오 기법은 1950년대 랜드연구소에서 허만 칸(Herman Kahn)을 중심으로 개발되었다. 시나리오란 어떤 상황에서 발생할 수 있는 여러 가지의 가상적인 결과나 과정을 의미한다. 시나리오 기법은 복잡하고 급변하는 불확실성 시대의 비선형적이고 불연속적인 변화에 대해 창의적인 발상을 유도함으로써, 발생 가능한 다수의 대안적 미래(alternative futures)를 가정하고 선택의 폭을 확장시켜 준다.

시나리오는 다음의 두 가지 조건을 반드시 갖춰야 의미있는 것으로 평가된다.

첫째, 제시한 시나리오는 미래에 발생할 가능성이 있어야 한다. 따라서 시나리오 분석에서는 발생 가능성의 범위를 결정하여 집중하는 것이 중요하다. 시나리오 기법의 목적은 정확한 미래예측보다는 미래 발생 가능성의 범위를 확인하는 데 있다.

둘째, 하나의 시나리오에서 일어날 수 있는 사건들은 각각 인과적으로 맞물려 내

---

3 국제미래학회 공동저술 '전략적 미래예측방법론 바이블' 제2장(김병희) 내용을 발췌하였다.

재적 일관성이 있어야 한다. 따라서 좋은 시나리오는 내용에 있어서 내재적 일관성이 있어 그 일관성이 가상적인 미래를 예측하는 데 도움이 되어야 한다.

2) 시나리오 기법 프로세스

시나리오 기법은 직관적 논리를 바탕으로 진행된다. 정치·경제·사회·문화는 물론 기술과 자원 같은 다양한 환경 요인들을 고려해 시나리오 작성이 진행된다. 더욱이 조직 외부의 요인은 물론 조직 내부의 변수들도 고려해야 한다. 측정이 가능한 양적 자료도 있지만 측정하기 어려운 질적 자료도 변수에 해당된다. 따라서 몇 가지 단계나 절차를 거쳐 환경 요인이나 주요 변수들을 추출해야 한다. 시나리오 기법은 다음과 같은 8단계 과정을 거쳐 진행된다(최항섭, 음수연, 전미경, 2006; Lindgren & Bandhold, 2003; Ogilvy, 2002).

▼ 그림 5-11 **시나리오 기법 프로세스**

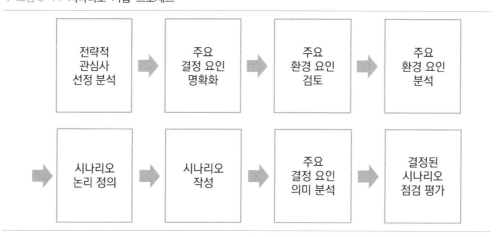

제1단계의 전략적 관심사 선정 분석에서는 미래에 필요한 의사결정을 생각하며 관심사 분석의 범위를 축소하고 전략적으로 한정한다. 전략적으로 관심사의 범위를 좁히면 좁힐수록 시나리오를 개발하기가 쉬워진다. 질문을 통해 전략적 관심사를 정의하고 예측할 미래의 시기를 정해야 한다.

제2단계의 주요 결정 요인의 명확화에서는 가장 영향력이 있는 요인들을 수집해 명확히 정의해야 한다. 예를 들어, 전통적 미디어의 영향력은 점점 감소되고 스마트미디어의 영향력은 갈수록 커지고 있는 미디어 환경에서, 무조건 우리나라의 미디어 환경의 미래를 예측한다고 하기보다 미디어 환경 변화에 따른 2020년의 광고시장의 변화를 예측한다는 식으로 주요 결정 요인을 구체적으로 명시해야 한다. 주요 결정 요인들에 대해 많이 알면 알수록 시나리오의 질은 더 높아질 것이다.

제3단계에서는 주요 환경적 요인들에 대해 검토해야 한다. 여러 가지 환경 요인들은 대체로 사회적, 경제적, 정치적, 기술적인 현안과 관련된다. 예를 들어, 인구통계학적 패턴, 사회적 요인, 경제 상황의 변화, 천연 자원, 생태계, 정치적 규제, 기술력, 국제정세 같은 다양한 요인들이 중요한 환경적 결정요인에 해당된다. 따라서 여러 요인들의 영향력의 정도(중요도)와 불확실성(가능성) 정도에 따라 요인을 분류하고 서열화해야 한다.

제4단계의 주요 환경 요인의 분석에서는 제3단계에서 검토한 주요 환경적 요인들의 원인과 예상되는 결과를 분석해야 한다. 예를 들어, 기업과 조직 및 개인에 대한 환경이나 상황을 분석하는 데 자주 활용되는 스왓(SWOT) 분석 기법을 이 단계에서 적용할 수 있다. 조직 내부의 강점(Strength)과 약점(Weakness)을, 조직 외부의 기회(Opportunity)와 위협(Threat)을 서로 대응시키고 비교해 주요 환경 요인을 분석하고 적합한 대응 전략을 모색하는 것이다.

제5단계의 시나리오 논리의 정의에서는 가상적인 시나리오를 만드는데 필요한 주제나 가정을 체계화시켜야 한다. 이때 시나리오의 논리는 일관성과 타당성을 확보해야 하며, 특히 시나리오의 논리는 제1단계부터 제4단계까지 검토했던 대부분의 요인들과 미래의 불확실성을 포함해야 한다. 맹목적으로 낙관하거나 비관하는 시나리오는 무용지물이기 때문에 불확실성에 기초한 시나리오 논리를 개발하는 것이 중요하다.

제6단계의 시나리오 작성에서는 중요한 요인들에 초점을 맞춰 가상적인 시나리오를 만들어야 한다. 일관성과 타당성을 확보한 시나리오의 논리를 바탕으로, 주요 관계자의 역할을 설정한 다음, 다가올 미래의 모습을 그려내야 한다. 특히, 관계자의 특성 변화나 예상되는 문제점을 적시하면서 이야기의 뼈대를 설득력 있게 구성하여 시나리오를 작성하면 된다.

제7단계의 주요 결정 요인의 의미 분석에서는 미래를 결정하는 핵심 요인들이 구체적이고 현실적인 의미를 갖는지를 평가해야 한다. 이때는 제2단계에서 확정한 주요 결정 요인에서 도출된 시나리오 대안들의 함의가 무엇이고 미래예측을 위해 내포하는 의미가 무엇인지 섬세하게 해석하는 데 주안점을 둔다. 의사 결정자에게 어떤 시나리오가 명확하고 의미가 크다면 미래를 예측할 정보에 대한 확신을 심어주는 것이 가장 중요하다.

마지막 제8단계에서는 결정된 시나리오를 점검하고 평가해야 한다. 이때 다음과 같은 질문을 하며 시나리오 내용을 점검해야 한다. 결정된 시나리오와 전략이 초기의 가정을 증명할 수 있는가? 시나리오 대안에 내포된 핵심 전략은 무엇인가? 시나리오에 위협과 기회 요인이 담겨져 있는가? 시나리오에서 예상하는 주요 이슈는 무엇인가? 시나리오는 어떠한 유연성과 탄력성을 반영하고 있는가? 시나리오에서 제시한 정보를 평가할 적합한 동인은 무엇인가? 시나리오 개발자는 이와 같은 질문에 대해 스스로 대답해보며 전체 시나리오 과정을 재점검해야 한다.

▼ 그림 5-12 환경 요인 분석 조합을 통한 시나리오 형태 분석

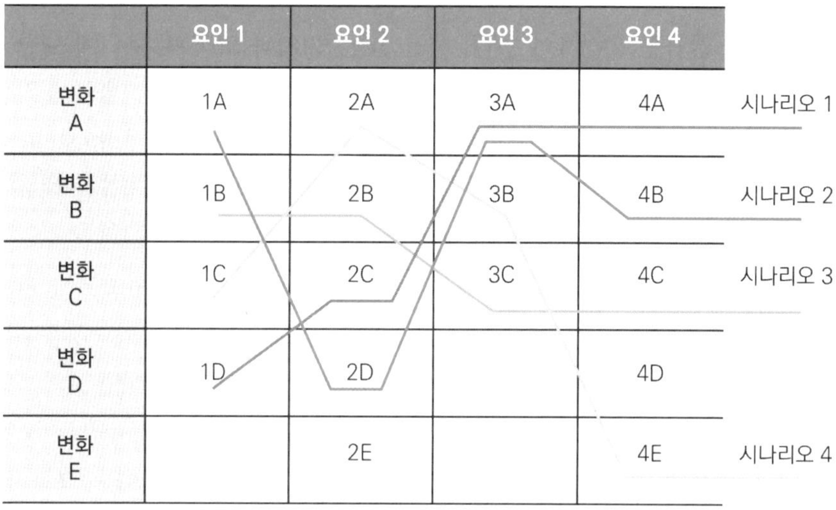

	요인 1	요인 2	요인 3	요인 4	
변화 A	1A	2A	3A	4A	시나리오 1
변화 B	1B	2B	3B	4B	시나리오 2
변화 C	1C	2C	3C	4C	시나리오 3
변화 D	1D	2D		4D	
변화 E		2E		4E	시나리오 4

3) 시나리오 기법 프로세스에서 플롯의 선택

시나리오 기법에서는 결론 도출 과정이 중요한데, 이를 '과정의 중요성'이라고 한다. 이 기법에서는 결론 도출에 이르는 과정을 정밀하고 논리적으로 설명해야 하기 때문에, 시나리오 작성 과정에서 오가는 대화나 논쟁이 중요할 수밖에 없다. 대립되는 논리나 주장을 담아내면서도 타당성이 높고 설득력 있는 시나리오를 만들어내려면 수준 높은 토론을 거쳐야 한다. 이 과정에서 예측 가능성이 높은 결론을 도출하려면 논쟁을 중재하고 합의를 유도해내는 유능한 책임자도 필요하다.

과정의 중요성은 시나리오에서 플롯이 중요한 이유와 마찬가지다. 시나리오 전문가들은 미래에 영향을 미치는 요소들에 대해 정교한 플롯을 설정함으로써 시나리오를

탄탄하게 구성한다. 주요 요인들이 과거에 어떻게 작용했는지 검토한 다음 각 요인들이 미래에 어떻게 조합될 것인지 미리 각본을 짜보는 것이다. 즉, 주요 요인들은 무엇인지, 불확실한 문제를 어떻게 예상할 것인지, 필연적으로 일어날 사안은 무엇인지, 또 다른 시나리오는 없는지, 여러 가지를 질문하고 자체적으로 응답하는 과정을 거쳐 시나리오의 결론을 도출하게 된다.

따라서 시나리오 기법에서는 플롯(plot)을 선택할 수밖에 없다. 플롯은 시나리오에서 다루는 동인들에 적합할 수도 있고, 그렇지 않을 수도 있다. 플롯을 선택할 때는 발생 가능성이 높은 의미심장한 5-6가지의 변화 요인을 적극 고려해야 한다. 그런 다음에 5-6가지의 변화 요인이 향후 어떻게 전개될 것인지 분석해 2-3개의 플롯으로 압축시켜야 한다. 미래예측 시나리오에 자주 등장하는 6가지의 플롯은 다음과 같다 (Lindgren & Bandhold, 2003; Ogilvy, 2002).

(1) 승자와 패자 플롯

어느 한 쪽이 이기면 다른 한 쪽은 진다는 제로섬 게임 법칙의 플롯이다. 경쟁에서 모두가 이길 수는 없으며 반드시 승자와 패자로 나뉜다는 것이다. 기업에서는 경쟁자끼리 서로 힘의 균형을 이루기 위해 종종 타협하기도 하지만 일시적인 타협은 결국 의심과 불안을 가중시켜 지속되기 어렵다.

(2) 도전과 반응 플롯

과거에 일어나지 않았던 상황들이 속출하고 경쟁 환경이 급변할 때는 순식간에 많은 승자와 패자가 생긴다. 오늘의 승자가 얼마 지나지 않아 패자가 될지 모르는 유동적인 상황에서는 모든 상황을 승자와 패자의 개념으로 이해하는 것은 바람직하지 않다. 그렇기 때문에 기존의 질서가 새로운 환경에 어떻게 반응하는지를 고려하는 플롯도 필요한 것이다.

(3) 진화 플롯

진화란 어떤 하나의 방향에 따라 조금씩 조금씩 천천히 변화하는 것을 의미한다. 사람들은 진화가 너무 느리게 진행되기 때문에 어떤 변화를 눈치 채기도 전에 익숙해져 버린다. 그렇지만 점진적 변화를 정확히 포착할 수 있다면 급변하는 사태에 비해 관리하기가 쉽다. 진화 플롯으로 이러한 상황을 적절히 설명할 수 있다.

(4) 대변혁 플롯

전혀 상상도 못하던 일이 어느 날 갑자기 일어날 수 있다. 세상 모든 일에는 이전의 모든 것과 단절시키는 극적인 변화 요인들이 잠재해있는데, 이를 불연속성(discontinuities)이라고 한다. 이와 같은 대변혁이 일어나는 경우는 매우 드물지만 한번 발생하면 그 파장이 매우 크다. 따라서 미래에 대변혁이 발생할 가능성이 예측된다면 반드시 대변혁 플롯을 고려해야 한다.

(5) 순환 플롯

세상의 모든 일은 돌고 돈다는 말이 있듯이 순환 플롯은 어떤 일의 반복 주기에 집중한다. 예를 들어, 모든 제품은 탄생기－성장기－성숙기－쇠퇴기의 과정을 거친다는 제품 수명 주기(Product Life Cycle)가 대표적이다. 모든 일의 주기는 통제를 벗어나 거의 저절로 이루어지기 때문에 논리로 설명하기 어려울 때가 많다. 논리가 약하다는 점에서 비판받기도 하는 순환 플롯은 독자적으로 쓰이기보다 승자와 패자 플롯을 보완하는 플롯으로 주로 사용된다.

(6) 무한 가능성 플롯

무한 가능성 플롯을 쓸 때는 현재의 상태가 끝없이 팽창할 것이라는 기본 가정에서 출발한다. 세상의 모든 일은 변하기 때문에 현재의 상태가 계속되는 일은 거의 없다. 근거 없이 무한 가능성 플롯을 활용하면 나중에 가서 결국 돌이킬 수 없는 시련에 봉착하게 된다. 비관적인 미래를 전혀 고려하지 않은 극단적 낙관주의는 의사 결정권자의 판단력을 흐리게 할 뿐이다. 따라서 이 플롯을 활용해 시나리오를 개발할 때는 신중에 신중을 기해야 한다.

4) 시나리오 기법의 장점과 단점

(1) 시나리오 기법의 장점

시나리오 기법은 미래의 가상적 상황에 대해 단편적으로 예측하지 않고 복수의 미래를 가정한 다음 각각의 시나리오에서 나타날 문제점을 예상해 의사결정을 한다. 발생 가능한 여러 가지 상황들을 제시하는 시나리오는 한 가지 상황만을 가정하고 마련한 전략에 비해 위험 요소들을 감소시킨다. 따라서 잘 짜인 시나리오는 미래에 대한 불확실성을 줄여주는 유용한 방안이며, 단기간에 벌어질 상황만을 가정하는 하나의 전략 제안서에 비해 미래예측의 대안들을 복수로 얻을 수 있다.

시나리오 기법은 미래에 갑작스런 상황이 발생할 경우 그 상황과 가장 유사한 시나리오를 채택하게 함으로써 그에 신속히 대응할 수 있다. 또한 어떤 사회가 단선적으로 변하지 않고 복합적으로 변화할 때 몇 가지 대안적 시나리오를 제시하며 의사 결정권자에게 선택의 폭을 넓게 제시하는 것도 장점에 해당된다(최항섭, 음수연, 전미경, 2006; Glenn & The Futures Group International, 2009; Lindgren & Bandhold, 2003; Ogilvy, 2002; Performance and Innovation Unit, 2001).

실용적인 차원에서 토론의 근거와 문제를 제기하고, 조기 경보와 평가 지표를 마련함으로써, 가상훈련과 전략 수립을 가능하게 한다는 것도 시나리오 기법의 장점이다(Performance and Innovation Unit, 2001, p. 19). 이런 장점 때문에 미국 방위산업의 미래예측, 영국 과학기술연구소(OST)의 미래예측 2020(Foresight Future 2020), 유럽 연합의 수평선 2020(Horizon 2020), 정유회사 쉘의 에너지 시나리오 2050(Energy Scenario to 2050), 경제협력개발기구(OECD)의 미래학교 프로젝트(Schooling for Tomorrow Project)에 있어서도 시나리오 기법이 주요 연구방법으로 활용되었다. 이 기법에서 제시하는 대안적 시나리오들은 의사 결정자들에게 선택의 가이드라인을 제시하는 동시에 미래에 대한 통찰력을 제시할 것이다.

(2) 시나리오 기법의 단점

시나리오 기법의 대표적인 단점은 시나리오를 3-4개로 줄이는 과정에서 임의성이 개입될 여지가 크다는 사실이다. 현재 시점에서는 발생 가능성이 높거나 중요한 시나리오는 아니지만 미래에 중요해질 수 있는 시나리오가 무시될 수 있는 것이다. 두 번째 단점은 시나리오 작업팀의 능력과 커뮤니케이션 기법에 지나치게 의존하기 때문에 양적 모델링 작업이나 일반화 가능성이 높은 과학적인 예측을 하기가 어렵다는 점

▼ 표 5-1 시나리오 기법의 목적과 장단점 비교

목적	장점	단점
• 장기적 미래예측과 대안적 미래 제시 • 불안정한 체제나 환경변화가 예상될 경우 • 미래의 불확실성이 클 경우 • 근본적인 변화를 추진할 경우	• 설득 가능성이 높음 • 변화에 따른 전략 수립에 용이 • 대안적 미래 제시 • 결정권자의 선택 다양성 • 다양한 조사 목적에 유용(토론 근거, 문제공유, 조기경보, 평가지표, 가상훈련, 전략수립)	• 불연속성 • 비결정성 • 구체성 결여 • 결정 및 실행에 어려움 • 계량화 필요 • 예산과의 연계성 미약 • 명확한 방향을 선호하는 정책 결정권자는 비선호

출처: 김현진 외, 2009: 5; 정재호, 2006: 122; Performance and Innovation Unit, 2001: 19. 재구성.

이다. 직관적 성찰과 논리적 유연성을 존중하는 것은 시나리오 기법의 기본 전제이지만 이는 분명 이 기법이 지닌 한계이다. 세 번째 단점은 구체성이 부족한 시나리오가 나오면 의사결정과 실행 과정에서 많은 어려움에 직면한다는 사실이다. 마지막으로 실행 예산과의 연계성이 높지 않기 때문에 자칫하면 실행할 수 없는 시나리오에 그칠 가능성이 높아 명확한 방향성을 기대하는 의사 결정자는 선호하지 않을 수 있다는 점도 이 기법의 단점이다. 경우에 따라 시나리오 무용론이 제기될 수도 있다(Performance and Innovation Unit, 2001, p. 19).

5) 시나리오 기법의 적용 사례

시나리오 기법을 적용한 미래예측 사례로 2000년대 독일2020 미래예측을 살펴보자. 2000년 초반 독일 정부는 외적, 내적 변화에 근본적인 대응을 위해 중요한 결정을 내려야 하는 시기에 직면했다. 독일사회가 노령화로 인한 경제적, 재정적 문제로 허우적거릴지 혹은 극복해낼지, 지식경제로의 전환에 선두로 나설지 혹은 뒤처질지를 결정하는 중요한 시기였다. 독일은행은 시나리오 분석을 통하여 독일이 겪게 될 구조적인 변화를 이해하고 나아갈 방향을 형성하기 위하여 2020년 독일 경제사회의 미래모습을 제시했다. 2005년 수행한 34개국의 2020년까지 GDP 예측 결과인 "Global Growth Centers 2020"을 바탕으로 시나리오 예측연구를 했다.

정치·법률 프레임워크 형성과 사회적 잠재력 개발, 기업문화와 가치창출 패턴의 변화라는 2개의 불확실성 축을 중심으로 독일의 2020년 미래예측을 다음과 같은 4가지 시나리오로 도출하였다(임현 외, 미래예측을 위한 시나리오 분석, 2009).[4]

(1) 시나리오1: 독일 탐험(Expedition Deutschland)

- 집중 시나리오로 가장 일어날 가능성이 높을 것으로 판단됨.
- 유연한 공동규제(co-regulation)는 새로운 시장으로의 길을 열고 있음.
- 전문화된 기업은 전통적인 가치 창출 프로세스에 토대를 두고 자주 다른 기업과 일시적인 프로젝트 협조 등을 통해 새로운 시장에 진출.

(2) 시나리오2: 와일드 웨스트(Wild west)

- 규제는 완고하고 경제적 활동력과 보조를 맞추지 못하며 일사불란한 로비에 의해 좌우됨.

---

4 임현, 한종민, 정민진, '미래예측을 위한 시나리오 분석 및 시스템 구축방안', KISTEP, 2009-09.

‒ 많은 것이 근거에 입각하며 대부분이 협력적인 동맹의 형태로 존재하는 기업
가 정신은 위험한 모험이 됨.

(3) 시나리오3: 도개교 업(Drawbridge Up)

‒ 완고하고 오래된 규제와 정치적 논쟁은 기업가정신과 사회적 책무를 질식시킴.
‒ 기업 사이의 협조는 극히 드물며 기득권을 보호하는 것이 가장 중요한 것이 됨.

(4) 시나리오4: 이웃과의 카드놀이(Skatrunde(playing cards) with neigh-bours)

‒ 유연한 규제 및 활동적인 사회는 새로운 시장으로 진출이 가능하도록 함.
‒ 그러나, 기업은 익숙한 구조와 시장에 집착하고 오래된 친구 이외에는 협력하
지 않음.

▼ 그림 5-13 200년대 초에 예측한 독일 2020의 4가지 시나리오

출처: 임현 외, 미래예측을 위한 시나리오 분석, 2009.

독일은 시나리오1을 다른 3가지 시나리오보다 2020년 독일 모습과 유사할 가능성이 높은 것으로 판단하여 '집중 시나리오(focus scenario)'로 선정하고 이에 대비한 정책을 통해 독일의 새로운 부흥을 맞이하고 있다.

기술 미래예측 방법론

과학기술의 미래 변화를 예측하는 방법론으로는 텍스터 마이닝법, 계층화분석법, 로드맵방법, 계량정보분석법, 기술발전단계예측단계법, STEEP 분석법 등이 있다. 이 중에서, 계량정보분석법과 STEEP 분석법에 대해 살펴보고자 한다.

1 계량정보분석기법(Informetrics Analysis Method)[5]

1) 계량정보분석기법 개요

계량정보분석기법은 미국의 프라이스(Price)란 학자가 처음으로 개념을 제안하였다. 그 이후에 가필드(Garfield) 교수가 구체적인 모형을 제시하였다. 계량정보분석기법에 의해서 미래기술을 예측하고 탐지하는 방법은 모든 기술은 수명이 있고, 의미있는 기술은 논문이나 특허로 발표되기 때문에 이러한 기술의 진행방향을 분석하면 미래기술이 어떻게 발전할 것인가 알 수 있다는 것이다. 과학기술 논문과 특허는 대부분 데이터베이스 형태로 저장되고 다른 연구자들이 정보를 검색하여 기존 연구동향을 분석함으로써 새로운 연구를 진행한다.

계량정보분석에 의해서 미래를 예측하는 방법은 계량적이고 증거기반(데이터 기반)에 의해서 미래를 예측하는 방법이다.

세계 시장의 경쟁이 갈수록 치열해지면서 독창적인 미래 유망기술 확보가 국가경쟁력의 원천으로 등장함에 따라 각국은 미래 첨단기술의 개발과 확보 및 선점에 혈안이 되어 있다. 산업의 고도화 속도가 빨라지고 기술 간 융합이 활발한 현 상황에서 신기술 선점은 곧 생존과 직결되는 문제이다. 국가 차원에서는 지속적인 미래기술 확보는 핵심 경쟁력이라 할 수 있다.

그러나 과학기술이 발전하면서 너무 많은 정보가 쏟아져 나오고 융합기술이 출현하면서 전문가에 의한 방법에 일부 한계가 있게 되었다. 1년에 생산되는 전 세계 논문 수만도 100만 건을 넘게 되고 다양한 기술이 발전하면서 논문을 통해서 기술발전을 살펴보는 방법을 생각하게 되었다. 즉 최근 발표된 논문을 정리해서 논문이 어떤 경로를 통해서 다른 연구자들에게 인용되면서 발전하는가를 모델로 만들었다.

---

5 국제미래학회 공동저술 '전략적 미래예측방법론 바이블' 제9장(문영호) 내용을 발췌하였다.

1990년대 중반 이후에 대부분의 논문정보가 디지털화되면서 손쉽게 논문과 논문 사이의 관계를 분석할 수 있게 되면서 많은 연구자와 연구기관에서 계량정보분석기법을 활용하기 시작하였다. 계량정보분석기법은 다음과 같은 몇 가지 특성을 가지고 있다.

(1) 망라성

계량정보분석의 핵심은 전 세계의 모든 논문을 대상으로 분석하기 때문에 과학기술 전 분야를 대상으로 분석할 수 있다는 점이다. 분석 시점에서 새롭게 이슈가 되거나 급부상하는 연구분야를 망라적으로 찾아낼 수 있다.

(2) 빅데이터분석

계량정보분석 기법은 빅데이터분석을 지향하고 있다. 즉 20년 또는 10년 단위로 전 분야의 모든 논문이나 모든 특허를 전체로 분석한다는 점이다. 설문조사나 회의에 의한 방법 등은 특정 전문가에 의존하는 데 비하여 계량정보분석 기법은 2천만건 이상의 논문을 한꺼번에 분석하여 기술의 발전동향을 분석한다.

(3) 시스템적인 분석

분석모델과 알고리즘이 갖춰지면 컴퓨터를 통해서 체계적인 분석이 가능하다. 즉 입력되는 정보가 논문이든 특허든 모델을 통과하면 항상 일관된 프로세스를 통해서 분석된다. 또한 전문가 분석과는 달리 분석모델에 따라서 항상 같은 결과가 나온다.

2) 계량정보분석 기법 프로세스

최근 들어 대규모 과학기술 데이터베이스를 활용하여 기술동향 속에 숨겨진 유망기술을 조기에 발굴하고자 하는 시도가 지속적으로 이루어지고 있다. 유망기술 아이템풀(pool)을 확보하는 주요 원천 가운데 하나는 논문과 특허를 계량분석한 후 도출된 유망기술 영역이다. 이것에 대해 전문가의 검증을 거쳐 최종 유망기술을 선정한다.

Alan Porter 등은 <Forecasting and Management of Technology>란 책에서 대량의 문헌(논문·특허)을 대상으로 유망기술을 효율적으로 모니터링한다는 점에서 매크로 모니터링(Macro Monitoring, MM)이라는 명칭을 붙인 방법론을 제시했다. 이 책에 의하면 대량의 정보에서 급부상하는 유망기술을 탐지하는 매크로 모니터링 분석방법은 다음 5단계로 진행된다.

(1) 고피인용 논문 추출

제1단계는 고피인용 논문(Highly cited Papers, HCP)을 추출하는 것으로 분석목적에 따라 고피인용 논문의 기간이나 분야를 조절한다. 한국과학기술정보진흥원(KISTI)의 미래 유망기술 탐색 프로세스에서는 고피인용 논문을 유망기술 분석의 기초데이터로 사용한다. 고피인용 논문은 탁월한 성과를 보이는 과학적 연구를 모니터링하고 찾아내기 위한 잠재적인 대표집단으로 여겨지고 있다.

SCI 논문으로 널리 알려진 Web of Science(WoS) 또는 SCOPUS와 같은 논문데이터베이스에 수록된 논문 중에서 피인용수가 높은 논문을 분야별로 추출한다. 특히 피인용수가 높은 논문을 고피인용 논문이라 하는데, 해당 분야에서 상위 1% 이내에 들어있는 논문을 말한다. 여기서 피인용 논문이란 다른 연구자의 참고문헌에 인용된 횟수를 말한다. 일반적으로 노벨상을 받은 과학자의 논문은 피인용 횟수가 대부분 200회 이상을 상회하기도 한다. 고피인용 논문은 분야마다 다르며, 오래된 논문이 최근 발표된 논문보다 더 많이 인용되는 기회를 가지므로, 이런 요소들을 고려하여 분야별, 연도별로 고피인용 논문을 선정한다. 분야별, 연도별로 피인용수 상위 1% 논문 중에서 마지막에 포함된 논문의 피인용수를 그 분야, 그 연도의 임계값이라 한다. 즉, 어떤 논문이 자기 분야의 고피인용 논문에 포함되기 위한 최소 피인용수이다.

(2) 논문의 군집관계 분석

제2단계는 고피인용 논문을 인용관계 유사도에 따라 클러스터링, 즉 군집분석함으로써 논문의 군집관계를 살펴본다. 인용패턴의 유사성으로 군집관계를 살펴보는 방법에는 동시인용기법(Co-citation, CC)과 서지결합기법(Bibliographic coupling, BC), 저자동시인용기법 등이 있다. 일례로 한국과학기술정보연구원(KISTI)은 최근 5년 이내에 발표된 고피인용논문을 묶어주는 인용관계의 유사성에 따라 클러스터링하기 위해 서지결합기법과 동시인용기법에서 산출된 유사도 계수를 비교해 이들 중 높은 값으로 묶어주는 키스티 커플링(KISTI Coupling) 기법을 사용한다. 동시인용기법과 키스티 커플링 기법 중에서 분야별 클러스터링이 더 잘되는 기법을 각 분야에 적용해 클러스터링한다.

논문 간 유사도를 측정하기 위해서 유사도 계수를 사용하는데, 용도에 따라서 다양한 유사도 계수 공식이 제시되어 있다. 모든 유사계수가 공통적인 특성을 나타내므로 군집화에 있어서 어떤 유사계수를 사용하는지는 문제되지 않는다고는 하지만, 실제로 둘 이상의 유사계수를 이용한 실험적 연구에서는 어떤 유사계수를 사용하느냐에 따라 결과가 달라지는 현상이 나타나기도 했다. 인용분석에서는 유사도를 측정하는데 코사인(Cosine) 계수가 주로 사용되고 있다.

군집화는 데이터 간의 유사성을 바탕으로 상대적인 거리를 계산하여 유사한 것끼리 묶어주거나 떼어내는 방법이다. 군집화에는 거리를 정의하는 방법, 즉 상대적인 거리를 측정하는 방법에 따라 여러 가지 알고리즘이 존재한다. 여러 다양한 클러스터링 기법이 존재하지만, 대량의 데이터에 적용할 수 있는 간편하고 실용적인 방법은 그리 많지 않다. 동시인용기법과 서지결합기법에서 주로 사용하는 군집화 알고리즘은 계층적 군집분석 방식인 단일결합기법(Single-linkage)과 와드기법(Ward's method)이다. 단일결합기법은 유사도 매트릭스(dissimilarity, distance)를 활용하여 항목간 최단거리를 기준으로 군집화하는 방식으로 계산 알고리즘이 단순하여 대규모 데이터 처리에 자주 이용된다.

많은 경우에 연구자들은 대량의 데이터를 다룰 때 실용성과 간편성을 갖춘 단일결합법(single linkage)을 적용한다. 일반적으로 단일결합기법을 적용한 클러스터링 기법은 클러스터 내의 문서수를 어느 정도 균일하게 함으로써 각 클러스터가 어떤 내용에 해당하는지에 대해 명쾌하게 해주는 메커니즘이 없다. 이와 같은 현실적 문제로 인해 KISTI는 일반적인 단일 결합기법에 변형을 가했다. 클러스터의 크기를 최대 50개, 최소 5개로 설정하여 유사도의 임계값을 0.1~0.3범위에서 분야별로 최적의 값을 선택해 클러스터링한다.

(3) 클러스터링

제3단계는 각 클러스터, 즉 군집이 가지고 있는 다양한 속성을 추출한다. 군집에 속한 문헌들의 평균 나이, 인용강도, 인용확산추이, 관련기술군의 기술수명주기 등을 살펴보고 분석한다.

군집화를 통해 도출된 영역들은 인용수가 많은 고피인용 논문들의 모임으로 리서치 프론트에 해당한다. 리서치 프론트가 나타내는 수치적 속성은 그 분야의 중요성과 그 분야의 개발단계가 어느 정도에 있는지를 보여준다. 리서치 프론트를 구성하는 핵심 논문수와 전체 피인용수는 그 분야에 대한 크기를 나타낸다. 핵심논문 한편당 피인용수는 연구의 초점 정도 혹은 집중도를 나타낸다. 핵심논문들의 평균 발표년도와 분포는 현재성 혹은 최신성, 연구가 얼마나 빠르게 변하고 있는가와 새로운 연구개발주제가 있는지를 나타낸다. 리서치 프론트에서 키워드 출현빈도 분석은 그 분야의 연구주제와 주제적 초점을 나타낸다. 이처럼 리서치 프론트는 태동기 및 도약기의 연구주제 및 기술을 발굴하는 데 유용하게 활용될 수 있다.

그리고 각 클러스터마다 전문분야별로 연구(혹은 기술) 영역 명칭을 부여하고, 각 분야별로 클러스터 평균 나이(클러스터에 포함된 논문의 평균 발표년도)와 인용강도(인용의 변화율)를 계산해 유망기술 후보군을 도출한다.

(4) 타당성 분석

제4단계는 군집을 해석한 후, 그 유의성 및 타당성을 분석한다. 즉 관련분야의 전문가에 의해서 올바르게 클러스터링이 되었는지를 판단한다.

(5) 기술성 및 시장성 분석

제5단계는 유망기술 후보군에 대해 기술성, 시장성 등을 전문가가 평가한다.

제1단계에서 제3단계까지 정량적 방식에 의존해 도출된 유망기술후보군은 각 분야별 전문가들의 검증과정을 거친다. 유망성을 검증하는데 각국의 상황이 고려되어야 한다. 글로벌 연구에서 유망한 것이 결코 한국에서도 유망한 연구일 수는 없다. 정량적 분석만으로는 이를 충분히 반영하여 유망기술을 선정할 수가 없기 때문이다. 전문가 검증의 정확성을 높이기 위해 각 분야별 동일 분야 전문가가 최소 3인 이상 참여하여 동일 유망기술 후보군에 대해 유망성을 검증하고 각 항목값들의 평균을 구한다.

유망기술을 선정하는 최종 단계에서는 관련 분야 전문가들이 유망기술 후보군에 부여한 명칭을 토대로 최종 기술 명칭을 부여하고, 분야별로 최종 유망기술을 선정한다.

3) 계량정보분석 기법의 장점과 단점

(1) 계량정보분석 기법의 장점

계량정보분석 기법의 장점은 무엇보다 데이터의 범위와 모델의 정의 내에서 신속하고 객관적으로 분석할 수 있다는 것이다. 한번 모델이 만들어지면 분석은 순식간에 이뤄지게 된다. 그러므로 계량정보분석 기법은 매우 경제적이고 신속하게 미래기술을 탐색할 수 있는 것이다.

그리고 기존의 전문가들의 직관에 의한 미래기술 선정은 자기 전공분야를 중심으로 미래기술을 선정하는 경향이 있는데 이러한 문제를 해소할 수 있다. 그리고 융복합 분야 등에서 미래기술을 탐색하는 데도 유효하다.

(2) 계량정보분석 기법의 단점

미래유망기술은 특정 국가의 정치, 경제, 사회, 문화 등의 변화를 파악함으로써 미래의 성장성과 파급효과가 높은 기술을 찾는 과정이다. 유망기술을 선정하기 위해서는 유망산업을 알아야 하고 유망산업을 알기 위해서는 사회의 트렌드를 알아야 한다.

트렌드란 사회변화의 큰 흐름이며, 트렌드의 추적을 통해 미래에 어떤 산업이 유망할지를 예측하는 데 도움을 얻을 수 있다. 미래 유망기술은 명확하지 않고 시간의 흐름에 따라 변할 수 있는데, 그 기술이 속한 산업의 성격을 잘 이해하고 있으면 유망기술을 놓치지 않고 따라 갈 수 있다.

계량정보분석 기법의 단점은 이러한 사회환경의 변화를 수용할 수 없다는 점이다. 따라서 계량정보분석 기법을 활용할 때는 마지막 단계에서 전문가가 검증하는 과정이 필요하다.

또 하나의 단점은 세부적인 작은 기술을 파악하기 힘들다는 점이다. 대용량의 빅데이터를 통해서 분석하여 클러스터링하기 때문에 특정 기술아이템을 분석하기는 어려운 점이 있다.

4) 계량정보분석 기법 적용 사례

2013년에 미래 유망기술을 도출하기 위해 한국과학기술정보연구원(KISTI)은 먼저 과학기술분야에서 가장 망라적인 데이터베이스인 SCOPUS 논문데이터베이스를 활용해서 2005년 이후의 논문 약 1,900만건을 수집하였다. 이러한 논문에서 각 학문분야별 상위 1%의 고피인용 논문 135,429건을 추출하였다.

다음으로 유사도 분석을 통해서 1,461개의 군집분석을 완료하였다. 이러한 과정은 자체 개발한 소프트웨어나 통계처리가 가능한 소프트웨어를 사용했다. 그리고 클러

▼ 그림 5-15 계량정보분석 기법에 의한 KISTI의 미래유망기술 탐색 사례

스터링된 분야의 최신성 등을 고려한 모델에 의해서 151개의 연구영역을 도출하였다. 사실 이렇게 도출된 분야는 이미 급부상하는 연구분야라 할 수 있다.

계량정보분석에 의한 단점을 보완하고 사회경제적 요구에 적합한 미래유망기술을 찾기 위해서 전문가에 의한 2단계 선정작업을 진행하였다. 당시의 한국적 이슈와 상황을 고려하여 전문가 집단에 의해 82→67→10개의 분야로 압축하는 작업을 진행하였다.

이러한 계량정보분석 기법과 전문가 검증을 통해서 10개 분야의 미래유망기술을 선정하였다. 보건의료 및 고령화 분야의 사회적 이슈에 선정된 미래기술은 퇴행성 뇌질환치료제, microRNA 기반 항암 기술로 분석되었다. 같은 방법으로 에너지 분야는 초소형 CHP(Combined Heat and Power)와 양자점 태양전지, 재난재해 및 사회안전 분야로는 무선센서네트워크를 이용한 재난재해 대응기술, 유연콘크리트(ECC), 정보화 분야로는 감성형 인터랙션(Affective Interaction)과 디지털 포렌식 기술(Digital Forensics)이 선정되었다. 마지막으로 환경 분야로는 고효율 폐수처리 기술(Anammox)과 차세대 녹·적조 대응 기술이 선정되었다.

5) 계량정보분석 기법 활용 방안

2004년 과학분야에서 가장 유명한 학술지 중의 하나인 네이처(Nature)지에 재미있는 논문 한 편이 실렸다. 국가별 부의 척도는 해당 국가에서 생산된 논문의 질적 수준과 밀접한 관계가 있다는 분석 내용이다. 즉 창조적이고 미래지향적인 기술 확보는 바로 국민소득과 직결된다는 것이다. [그림 5-16]에서 가로축은 국가별 국민소득을 표현하는 것이고 세로축은 논문의 질을 나타낸다.

여기서 논문의 질이라는 것은 과학기술분야의 논문에서 인용도가 얼마나 높은 가를 의미한다. 즉 창의적인 논문이나 원천기술에 관한 논문이면 다른 연구자가 연구논문에 인용을 많이 하게 된다.

과학기술 자체도 수명이 있어서 성장하고 성숙하다가 어느 시점이 되면 다른 미래기술에 그 자리를 물려주고 사라지게 된다. 이러한 이유로 계속해서 미래기술이 필요한 것이다. 국가든 기업이든 한순간만 미래기술에 대한 관심을 게을리 하면 걷잡을 수 없이 경쟁에서 낙오하게 되는 것이다.

기술혁신의 주기가 시간이 지날수록 짧아지고, 기술개발의 불확실성이 높아지며, 국가와 기업들이 한정된 자원으로 경쟁해야 하는 글로벌 시장 경제체제에서 미래 산업의 핵심 유망기술을 예측하는 것이 더욱 중요해지고 있다. 급속한 환경변화, 사회의 불확실성 증가, 융합과학의 활성화로 인해 보다 과학적이고 체계적인 대응을 위한 노력

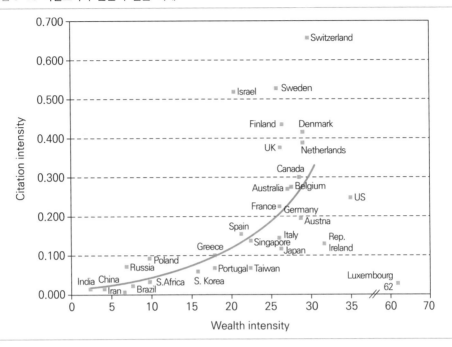

출처: Nature, 2004.

이 과거 어느 때보다 많이 요구되고 있다. 불확실한 미래에 대처하는 최선의 방법은 미래를 예견하여 대비하는 것이다. 최대한 정확한 미래예측을 통해 전략적으로 선택함으로써, 이를 통해 국가나 기업이 지속가능한 성장을 누릴 수 있기 때문이다. 이 때문에 국가나 기업 차원의 미래 유망기술 예측도 중요한 업무로 자리 잡아 가고 있다.

21세기에 들어 주변 선진국의 기술선점과 후발국의 거센 추격으로 격심해지는 글로벌 경쟁에서 차별적인 부가가치를 창출하기 위해서 우리나라는 과거의 도입·추격형인 선진 기술 모방이 아닌, 기초·원천기술을 중시하는 '창조형 미래 기술' 발굴이 절실하다. 국가적으로 미래 사회의 비전을 실현할 수 있도록 유망영역을 먼저 발굴하는 것이 중요하다.

계량정보분석 기법은 국가 차원의 유망미래기술을 예측하고 미래 기술개발 전략을 수립하는데 매우 유용하게 활용될 수 있을 것이다. 또한 이러한 기법을 특허정보에 적용하면 산업별 미래유망기술을 발굴하는 데도 유용한 수단이 된다.

2 STEEP 분석[6] 기법

1) STEEP 분석 개요

　　STEEP 분석은 사회(Social), 기술(Technological), 경제(Economical), 환경(Environmental / Ecological) 및 정책/법규(Political/legal)의 첫 글자를 따서 만든 것으로 미래예측에 필요한 거시적인 환경 요인을 분석하는 방법이다. STEEP 분석은 과거, 현재 및 미래와 관련하여 조직/산업을 둘러싼 거시적인 외부환경요인(external macro environment)이 무엇인지를 파악하고 이를 통해 각각의 환경적 특성을 이해하며 외부환경의 동향과 주요 이슈를 연결함으로써 객관적인 미래방향을 예측케 하는 미래예측방법론이다.

　　STEEP 분석은 전략과 미래예측 과정을 연계하는 수단으로서 가치를 지니는데, STEEP 분석은 가까운, 즉각적인, 통제가능한, 조직화된(near, immediate, controllable, and organizational) 정보를 연구하기 위한 초기 분석 시에 유용하다. STEEP 분석을 활용함으로써 환경탐색활동을 질적으로 제고시킬 수 있으며, 광범위한 이슈 영역을 다루어 포괄적인 정보 제공이 가능하다. 또한 STEEP 분석은 타 미래예측 기법을 보완하는 역할을 하기도 하며, 미래 위험과 기회에 대한 토론을 시작할 수 있도록 한다.

▼ 그림 5-17 STEEP 분석 구조

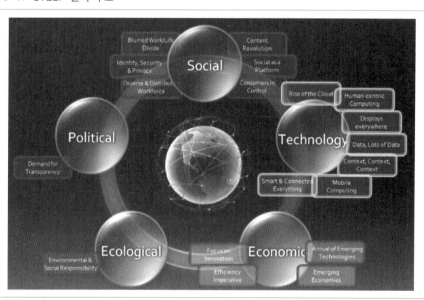

출처: http://foresightstrategiesgroup.com

6　국제미래학회 공동저술 '전략적 미래예측방법론 바이블' 제11장(박병원) 내용을 일부 발췌하였다.

▼ 그림 5-18 STEEP 분석 체계도

2) STEEP 분석 상세 내용

STEEP 분석은 아래와 같은 부문별 세부 내용을 담고 있다.

(1) 사회(Social)

기본적으로 인간 및 사회와 관련된 이슈를 다루는 활동으로, 조직 또는 이슈를 둘러싸고 있는 사회의 특징을 분석할 수 있다. 예를 들어, 인구통계(출생률, 사망률, 평균수명, 연령분포, 인구구조 등), 사회문화(가치/태도, 규범, 관습 등), 문맹률, 교육수준, 소비자 행동 방식, 라이프사이클 등을 포함한다. 이러한 요소들의 변화 속도는 상대적으로 느리지만 그 영향력은 매우 크고 장기간 동안 영향을 미친다.

(2) 기술(Technological)

기술의 발전은 사회 발전의 핵심 동인으로 우리의 삶의 방식과 일하고 학습하는 방식을 바꾸며, 새로운 형태의 생산 및 소비 양식으로 구현된다. 미래에는 더욱더 기술 발전 속도가 가속화될 것이며 거시 환경변화에 큰 영향을 미칠 것이다. 과학 분야와 나노/재료, 인공지능, 사물인터넷, 정보통신, 생명공학 등 새로운 기술 분야 발전에 대한 전망, 기술 변화속도 및 수용, 연구개발, 특허와 최신 기술 논문 등도 분석한다.

(3) 경제(Economic)

경제란 사회 내에서 자원의 배분과 사용을 나타내는 것으로 사회 전반적으로 영향을 미친다. 국민총생산(GNP), 무역수지, 예산규모, 이자율, 임금수준, 취업률과 실업률, 환율, 이자율, 인플레이션, 재정 및 통화 정책, 가계 부채 및 소비 성향, 가처분 소득 수준 등은 국가 및 기업의 전략 수립 시 우선적으로 고려해야 하는 분석 항목이다.

(4) 환경/생태(Environmental, Ecological)

인간과 상호작용하는 물리적, 생물학적 환경으로 물, 대기, 토양, 식량 및 에너지 등에 관련된 모든 것을 포함한다. 예를 들어, 천연자원 소진율, 기후변화, 탄소/질소 및 인의 순환 주기, 산림, 물, 재활용률, 소음, 먼지 공해 정도 등은 사회의 지속가능성과 직접적인 관계가 있는 항목이다.

(5) 정치적/법적(Political/Legal)

주로 정부의 역할과 기능에 관련된 정치적/법적 환경에 관한 것으로 사회구성원, 기업들이 일상 활동 중에 지켜야 할 규칙, 제도 및 법에 관련된 항목이다. 예를 들어, 정당정책, 규제기관 활동, 투표율, 지원정책, 규제정책, 조세 정책, 환경법, 반독점법, 금융관련 법/제도 등은 지속적으로 분석해야 한다.

▼ 표 5-2 STEEP 항목 및 주요 고려사항

5대 요소	세부 구성요소
Society (사회)	문화, 교육, 건강, 복지, 언론, 교통, SNS, 사회안전, 사회보장, 사생활 보호, 게임/오락/관광, 패션/스타일, 정의/평등/신뢰/부패, 사회갈등, 개방성, 폐쇄성, 인구 수, 인구 분포, 노동력, 고용, 실업, 출산, 고령화, 음식, 기아, 비만, 주택 등
Technology (기술)	과학, 수학, 공학(전자, 기계, 화학, 생명, 재료), 연구개발, 혁신, 지적 재산, 기술경영, 도시, 인공지능, 사물인터넷, 정보통신, 사이버, 의료, 바이오, 국방기술, 교통기술(자동차, 항공기, 선박, 기차, 도로), 사회기술, 문화기술 등
Environment (환경)	기후변화, CO_2 발생, 환경오염(토양, 수질, 지하수, 해양), 환경보전, 육지 및 해양 생태계, 토지/해양 이용, 지하자원, 광물, 석유, 가스, 석탄, 세일가스, 에너지, 원자력, 대체/재생 에너지, 전기, 스마트 그리드, 수자원, 해양자원, 대륙붕 등
Economy (경제)	산업구조, 농업, 제조업, 첨단산업, 서비스업, 제조/유통/물류, 무역, 수출입 금융(화폐, 환율, 증시), 재정, 예산, 기획, 보험, 세금, 성장률, 소비, 생산력, GDP/GNP, 빈부차, 생활비, 창업, 벤처 등
Politics/Legal (정치/법규)	정치체제, 정당, 지배구조, 정치 리더십, 법/행정/제도, 시민참여, 이해집단, 국가전략, 정책, 국제관계, 외교, 남북관계, 영토분쟁, 역사문제, 국방, 국가정보, 사이버 안보 등

STEEP 분석의 해당 미래예측 시, 각 요소가 동등한 수준으로 중요하지 않을 수 있다. 만약 국가 차원의 미래전략연구의 경우엔 거의 대부분의 요소가 중요하지만, 소비재를 파는 회사의 경우에는 사회적 요소를 좀더 중요시 할 수 있고, 비영리 조직의 경우는 정치적 환경변화가 중요할 수 있다.

3) STEEP 분석 프로세스

STEEP 분석의 프로세스는 첫째, 환경 경계를 정의하고 둘째, 환경 영역을 이해하며 셋째, 동향 간의 상호관계를 이해하여 넷째, 동향과 이슈를 연결하며 다섯째, 이슈의 미래 방향을 예측하고 마지막으로, 의미를 도출하는 단계를 거친다.(www.wisdom21.co.kr)

첫 번째, 환경 경계의 정의 단계에서 외부 환경 분석의 폭과 깊이를 정하여 환경의 경계를 명확히 분석한다. 예를 들어, 기업일 경우 기업의 전략적 입지를 점검하는 차원에서 외부 환경의 단기, 중기, 장기적 관점에서 외부 환경 중 주요한 요인을 정의하여 분석한다. 이때 기업의 지리적 특성,

▼ 그림 5-19 STEEP 분석 프로세스

환경 경계를 정의
Defining Environment boundaries

환경 영역을 이해
Segment of the Environment being analyzed

동향간의 상호관계 이해
Interrelationships between trends

동향과 이슈를 연결
Relate trends to issues

이슈의 미래방향을 예측
Forecast the future directions of issues

의미를 도출
Drive Implications

제품과 서비스 시장 범위, 고정자산에 대한 수익전망, 기술과 혁신 정도, 자원소스, 해당 규제, 유연성 분석의 폭 등이 반영되게 할 필요가 있다.

두 번째, 환경 영역의 이해 단계에서 '영역 내부의 주요 사건과 동향은 무엇인가?, 이러한 동향의 존재를 증명하는 증거는?, 동향이 어떻게 전개되어 왔나?, 동향 싸이클(Trend Cycle), 동향 내부의 변화나 난기류의 정도와 본질은?, 동향이 기업에게 긍정적, 부정적, 중립 중 어떤 종류의 영향을 끼치나?' 등을 분석 이해한다.

세 번째인 동향 간의 상호관계 이해 단계와 네 번째인 동향과 이슈를 연결 단계 및 다섯 번째인 이슈의 미래방향 예측 단계는 상호 연계되어 분석이 진행된다. 즉, 동향과 동향 사이의 상호관계 및 어떤 충돌이 발생할지를 분석하고 가장 중요한 동향은 이슈로 정의하며 저변에 존재하는 세력을 평가(Assessing the underlying forces)하고 이슈에 대한 대안적 예측(Assessing the underlying forces)을 실시한다.

마지막 여섯 번째 의미 도출 단계에서는 미래전략 수립에 핵심적인 자료를 제공하기 위해 기업이 속한 산업과 그 산업 내의 모든 전략 집단을 둘러싼 구조적인 힘, 구조적 힘이 기업전략에 끼치는 영향, 구조적 힘이 경쟁전략에 끼치는 영향을 분석하여 STEEP을 통한 외부환경 분석이 미래전략에 활용될 수 있게 하는 단계이다.

▼ 표 5-3 STEEP 분석 프레임워크 예시

STEEP 항목	주요 고려사항	현재	미래	기회	위협
Social (사회·문화)	• 인구통계	• 출산율 1.1명 • 평균수명 88세	•10년 후, 출산율 0.9명 • 평균수명 98세	• 디지털에 익숙한 인구증가로 인터넷 • 모바일 뱅킹 사용률 확대	
	• 스마트폰 사용율	•'16년말 기준 75%	•'20년말 기준 90% •10년 후, 사회 진출 디지털 세대 300만		
Technological (기술·정보)					
Economic (경제)					
Ecological (생태학적 환경)					
Political/Legal 정책·법규	• 관련 규제	• 은산분리법(산업자 본지분 4% 제한, 의 결권 미행사 및 금융 위 승인 시 10% 가능)	• 은산분리법 완화 또는 인터넷은행 예외(지분 최대 30% 보유 가능)		

출처: LG CNS(https://blog.lgcns.com/1549), 2017.

4) STEEP 분석의 장점과 단점

(1) STEEP 분석의 장점

STEEP 분석은 매우 간단한 틀을 이용하여 광범위하고 거시적인 외부 환경에 대해 이해가 가능하고 외부 환경 변화에 적극적으로 대응하기 위한 미래전략 도출을 가능하게 한다. 이를 통해 새로운 기회를 발굴하고 위험에 대처할 수 있다.

또한 STEEP은 조직 구성원들이 미래 변화와 대응에 대한 공통된 견해와 함께 대응 방안을 구상할 수 있게 해준다.

(2) STEEP 분석의 단점

STEEP은 외부 환경 분석의 범위를 정하는 데 어려움이 있으며, 특히 외부 환경 변화 요인을 지나치게 단순화할 위험이 있다. 의사결정자의 시계(時界)가 짧거나 조직이 단기성과 위주로 운영되거나 시스템사고에 익숙하지 않을 경우 또한 미래연구의 경험이 없는 경우에는 분석 범위가 좁아질 수 있다.

STEEP 분석은 다양한 분야의 전문가가 필요하며, 이들 사이의 교류를 통해 숨겨진 함의를 도출해야 한다. 이를 극복하기 위해서는 정기적인 모니터링이 필수적이며, 필요시 세부 분류가 필요하다.

그리고 STEEP 분석을 위한 세부 자료를 수집하는 데 많은 시간이 필요하며, 고급 정보를 획득하기 위해서는 추가 비용이 발생한다.

5) STEEP 분석 사례

STEEP 분석 기법은 미래전략을 입안하기 위한 방안으로 널리 사용되고 있다. STEEP 분석으로 에너지 신산업 정책의 함의를 도출한 논문도 발표되었다. 윤성필 등은 미래 전망 이슈를 사회적, 기술적, 경제적, 환경적, 정치적 거시환경(Social / Technological / Economical / Ecological / Political: STEEP)별로 분류한 후, '발생가능성'과 '산업파급력'에 대한 포트폴리오 분석을 통해 범산업 메가트렌드로서 22개 핵심이슈를 도출하였다. 이를 활용하여 에너지 신산업의 메가트렌드와 정책적 함의를 다음 [표 5−4]와 같이 도출하였다(윤성필 외, 에너지 신산업에 대한 적용, 2018).

▶ 표 5-4 STEEP분석을 통한 에너지 신산업 정책 함의 도출 사례

STEEP Framework	신산업 메가트렌드		에너지신산업 메가트렌드	세부 내용
Social	S1. 사회 정보 연결망 확대 S2. 온라인 교육 확대 S3. 저출산 및 생산가능인구감소 S4. 고령인구비율 증대 S5. 세대, 빈부 양극화 심화 S6. 1인 가구 비중 증가 S7. 헬스케어 수요 확대		E-프로슈머化	• 전력소비와 생산을 동시 진행하는 전력 프로슈머 시대의 도래와 더불어 소비자의 에너지 관리 욕구 증대
			메가시티 경쟁 가속	• 도시가 세계 경제의 주역으로 변화하며, 도시들의 영향력 증대 및 네트워크로 변화
			안정적 전력 공급 중요성 증대	• 전기 수요 증가와 전기에 대한 의존도가 심화되면서 국가 경영에서도 전력은 매우 중요한 부분을 차지
			중앙집중형에서 분산형네트워크로의 변화	• 전력망의 분산형 네트워크가 진행되면서 정보의 교류와 산업들의 의사소통을 위한 통신 기능들 맞춤 지능형 장치들이 확산
Technological	T1. 기술, 산업의 융복합화 T2. 인공지능 활용 산업 증가 T3. 디지털 제조 확산 T4. 기존 자원 대체 소재개발		전력기반 시설의 개선 필요성	• 현재의 전력망은 130년 이상의 기술사적 산물이자 산업문명을 성장하는 거대 인프라로 현재는 시설이 노후화
			발전소 건설비용의 상승	• 자원 가격의 상승 및 국민의 환경의식 향상, 발전소 건설 인근 지역사회의 님비현상과 보상 요구가 거셈
			연료 가격의 상승	• 국내는 원유, LNG, 석탄, 원자력을 주로 사용하며, 과거 10년 동안 원유 217%, 천연가스 108%, 유연탄 209% 가격 상승
Economic	E1. 디지털 경제 비중 증대 E2. 공유 경제 확산 E3. 1인 기업 증가 E4. 저성장의 고착 E5. 기업의 사회적 책임 증가 E6. 중국의 혁신 역량 증대 E7. 노동구조 유연성 증대		전력수요 증가	• 현대문명에서 전기는 필수 자원이자 핵심요소로 경제성장과 국민 생활 향상에 양적 증가와 의존도 심화
Ecological	Eg1. 기후 변화, 환경문제 심화 Eg2. 신재생 에너지 확산		기후변화대응 필요성 증대	• 기후 변화 대응에서 가장 취약한 부문이자 가장 기대되는 부문으로 전체 CO2 발생량의 1/4)으로 저탄소 전력 발생원인 신재생 에너지 발전기술의 확대가 지속
			에너지 패러다임 변화	• 신재생 에너지활용과 에너지공유 플랫폼 구축으로 에너지 소비 패러다임 변화
Political	P1. 범국교류협력 비용 증가 P2. 사회안전 요구 증대		전력시장 거래 규제 재정립	• 다양한 시장참여자의 요구를 효과적으로 수용할 수 있는 새로운 거래방식에 대한 사회적 요구 확대
			제조업 혁신 정책 확산	• 국내/외 제조업 혁신 정책에 따라 제조업 뿐만 아니라 농업/어업, 서비스업 등의 급속한 스마트혁신 확산

출처: 윤성필, 김성원, 박중구, 에너지 신산업 적용, 2018.

정보화진흥원에서는 스마트시대의 미래변화에 ICT가 대응하기 위한 미래 기술 개발과 정책 방안을 모색하기 위해 STEEP 분석을 통해 스마트시대의 메가트렌드와 이에 대비한 ICT 기술 대응 방안을 아래 [표 5-5]와 같이 도출하였다.

이를 기반으로 10대 미래 기술과 10대 ICT 대응 방안을 도출하여 제안하였다.

▼ 표 5-5 STEEP을 통해 스마트시대 ICT 기술 대응 방안 도출 사례

분야	메가트렌드	주요 이슈
S(사회)	인구구조의 변화(업무형태 등)	ICT기반 재택근무, u-work, u-home, ICT기반 커뮤니케이션, 유니버설 디자인 제품, 인공지능 로봇, ICT기반 보건의료, 세포치료, 장기복제 등
	세대간 정보 활용 양극화	디지털 기술의 활용 양극화, 세대간 다른 지식체계 등
	네트워크 사회 → 스마트 사회 진입	소셜 네트워킹, ICT기반의 초연결성, 휴대형 기기 및 보안기술 요구 증대, 스마트폰의 인터넷 플랫폼화 등
T(기술)	가상 지능 공간	가상현실, 감성콘텐츠, 실감형 콘텐츠, 상호 연결된 디지털 패치워크 등
	기술의 융복합화	나노/생명/IT/인지과학 간의 융합, IT컨버전스, 개인 맞춤형 서비스, 새로운 제품군, 고부가가치 제조업 등
	자율컴퓨팅	인간형 로봇, 만물지능통신, 군무인화, 인체통신, 나노로봇, 인간대체 수단, 인간능력한계 극복, 차세대 검색엔진, 획기적 사용자 인터페이스 등
E(경제)	웰빙/감성, 복지경제	질병 예측/예방/치료 기술, 지능적 환경 기술, 인간중심기술진화, 신개념 의료기기보급, 진단지원시스템 보급, 소비자 중심의 의료 서비스 등
	지식기반 경제	IT기반 고부가가치 신산업, IT기반의 인간신체 및 정신능력 진화, 홈시큐리티 서비스, 신체오감 활용 UI, 휴먼정보처리 기술 고도화, 오감정보처리 단말기, 멀티미디어 단말기, 전 세계 정보에 실시간 접속 등
	글로벌 인재의 부상	사이버 나우를 통한 학습/작업 능력 향상, 제4공간에서의 학습, 체험 학습, 실시간 교육, 지능화된 사물/생물 형태의 교육 콘텐츠 등
E(환경)	기후변화 및 환경오염	환경 모니터링, 온실가스 저감, 수자원 관리, 환경위해성 평가, 단기 기상 예측 등
	에너지 위기	신재생/대체 에너지, 에너지 이용효율성 증대, 에너지 인터넷, 바이오 연료, 농업폐기물 연료, 나노/수소 에너지, 수소 자동차 등
	기술발전에 따른 부작용	지식 양 증가, 빠른 지식 소멸, 인간대체기술로 인한 인간 정체성, 로봇의 자기 통제력 등
P(정치)	글로벌화	IT로 인한 글로벌화 가속, 심화된 기술패권주의 등
	안전 위험성 증대	효율적 방재, 사전 방재, 바이오테크를 활용한 안전관리, 나노기술 기반의 무기생산, 생물학적 기술로 인한 테러조직 역량 강화, 보이지 않는 무기 등
	남북통합	경제 및 과학기술 통합 등

출처: NIA, 스마트 시대의 미래변화 전망과 IT 대응 전략, 2012.

산업미래예측방법론

산업의 미래를 예측하는 방법론으론 빅데이터기법, 델파이 기법, 리얼타임 델파이 기법, 질적추세분석법, 교차영향력분석법, 미래지수기법, 통계학적모델링방법, 세차주 기미래예측법 등이 있다.

1 델파이 기법(Delphi Method)[7]

1) 델파이 기법 개요

델파이 기법은 전문가의 경험적 지식을 통한 문제해결 및 미래예측을 위한 기법 이다. 델파이 기법은 미국 랜드연구소가 개발한 미래예측방법론으로 초기에는 군사와 행정 영역 미래전략에 활용되었으나 이제 산업계, 마케팅, 사회복지와 스포츠, 의료 등 다양한 영역에서 활용되고 있다.

델파이라는 이름은 고대 미래 예언의 신이었던 아폴로(Apollo)의 신전이 있던 그

▼ 사진 5-1 그리스 델포이 신전

출처: https://images.app.goo.gl/VMdHeQfUZkJQjavv6

7   국제미래학회 공동저술 '전략적 미래예측방법론 바이블' 제13장(안종배) 내용을 발췌하였다.

리스 도시 델포이(Delphoi)에서 따왔다. 델포이에 있는 신전에서 예언가들이 함께 미래를 예측한다는 것에서 델파이란 이름이 유래한 것이다.

1948년 설립된 랜드연구소에서 초기부터 활용하기 시작한 델파이 기법은 랜드연구소 연구진들에 의해 체계화되었고 특히 미래학자 테드 고든(Theodore J.Gordon)에 의해 정교화되었다. 델파이 기법은 '전문가 합의법'으로도 불리는데 이는 관련 분야 전문가들의 경험과 지식을 기반으로 설문 반복을 통해 문제해결이나 미래예측 주제에 대한 전문가들의 합의를 도출해내는 방식으로 진행된다. 델파이 기법은 전문가의 미래예측에 대한 의견과 판단이 비전문가보다는 더욱 합리적이고 정확할 것이라는 것을 전제로 한다.

▼ 사진 5-2 1948년 미 캘리포니아 산타모니카에 설립된 랜드연구소 전경

출처: www.rand.org

2) 델파이 기법의 프로세스

델파이 기법의 핵심이자 출발은 연구 주제에 적합한 전문가 패널을 구성하는 것이다. 전문가 대상으로 설문을 설계하여 반응을 분석하고 피드백하여 2-3차례 설문을 반복하면서 합의된 내용이나 제시된 전문가 의견을 분석하여 결론을 도출하는 것이다. 델파이 기법의 프로세스는 다음 [그림 5-20]과 같다.

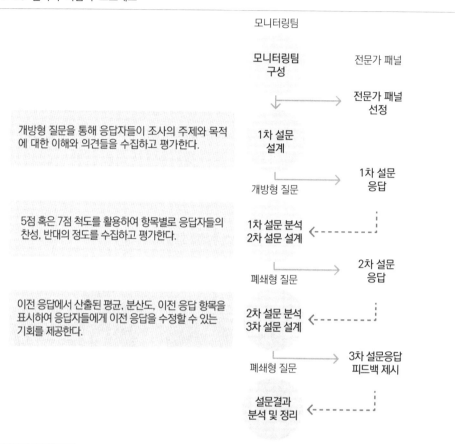

출처: 기술인문융합창작소, 미래예측 프레임워크와 방법론.

(1) 1단계: 모니터링 팀 구성

델파이 연구 설문 조사를 진행하는 전문가 그룹인 모니터링 팀 구성이 중요하다. 모니터링 팀은 10여 명 내외의 전문가들로 구성되며 델파이 설문 대상 전문가 패널 선정, 설문 질문 내용 작성, 패널의 설문 반응 결과에 대한 분석과 피드백, 조사 결과의 분석 정리 등 델파이 연구 조사 전 과정을 담당하게 된다.

(2) 2단계: 연구 주제와 계획 결정

연구를 총괄하는 책임자와 공동연구원이 주축이 되고 모니터링 팀과 협의하여 연구 주제를 명확히 하고 조사 목적과 범위, 조사 기간과 조사 영역 및 일정 등의 연구 계획을 결정한다.

(3) 3단계: 전문가 패널 선정

델파이 기법의 성공 여부는 연구 주제의 설문에 의미있는 반응을 제시해 줄 전문가 패널을 선정하는 것에 달려 있다 해도 과언이 아니다. 델파이 기법의 전문가 패널은 15명에서 50명 정도로 연구 주제와 범위에 따라 선정한다. 패널 전문가는 연구 주제에 관한 풍부한 전문성을 가진 분들과 미래학자들을 섭외한다. 연구 분야의 저술이나 논문에 뛰어난 업적이 있는 전문가, 연구 주제 관련 기관이나 미래학 기관 및 전문가의 추천을 받은 분, 또는 관련 사이트나 소셜미디어에 연구내용과 전문가 패널 모집을 공지하여 스스로 전문가로서 지원한 분 중에서 연구 총괄팀과 모니터팀이 협의하여 선정한다.

후보로 선정된 전문가 패널에게 먼저 개인별로 직접 전화를 걸어 연구계획과 익명성 보장 및 패널 전문가 역할에 대해 설명을 하고 참여할 것을 요청한다. 구두로 수락 또는 상세 내용을 요청한 패널 후보자에게 이메일이나 우편으로 패널 익명성 보장 확인 내용, 연구 계획, 예상 설문 횟수와 설문 답신 방법, 패널 승낙 확인서를 송부하고 전문가 패널을 확정한다.

(4) 4단계: 설문 설계

전문가 패널에게 제시될 설문을 몇차례 어떤 단계로 어떤 방식으로 할지 정한다. 그리고 설문 반응 분석과 피드백 할 절차와 계획을 입안한다. 그리고 단계별 설문을 작성한다. 설문은 연구 총괄팀과 모니터링팀이 함께 협의하여 작성하고 내부 조사 테스트를 통해 설문 내용을 수정 보완하며 반응에 대한 평가 기준을 설정한다.

(5) 5단계: 설문 질문지 작성 및 조사

설문지의 질문은 전체적으로 질문 내용이 명료하여 응답자가 명확하게 질문 내용을 이해할 수 있게 해야 한다. 그리고 한 개의 질문에는 한 개의 답만을 요청해야 한다. 예를 들어, '홀로그램은 몇년도부터 가정 미디어에서도 활용 될 것이고 어떤 미디어에서 활용 될 것으로 예측하는가?'처럼 2가지 반응을 요청하는 질문을 지양하고 질문을 각각 분리하여 다음과 같이 작성해야 한다. '홀로그램은 몇년도부터 가정 미디어에서 활용될 것으로 예측하는가?', '홀로그램이 적용될 것으로 예측되는 미디어를 3개 이상 적어 주세요'

1차 설문지는 통상적으로 상기의 예처럼 개방형 질문으로 작성된다. 1차 설문을 통해 패널 응답자들이 연구 조사의 주제와 목적에 대해 명확히 이해하게 되고 자신의 의견을 제시할 수 있게 해야 한다. 1차 설문의 응답 결과를 토대로 이후 설문의 진행 방향과 결과를 예측할 수 있기 때문에 매우 중요하다.

2차 설문지는 1차 설문지 응답 결과를 분석하여 폐쇄형으로 작성한다. 2차 질문지 작성은 1차 응답에서 제시된 의견을 정리하여 질문별 응답 내용을 폐쇄형으로 작성한다. 5점 또는 7점 척도로 중요도, 가능성, 영향력 등을 기재토록 한다. 설문 항목별로 1차에서 제시된 공통적인 의견도 제시하고 2차 설문에서 패널 자신의 반응을 수정할 것인지 표시할 수 있도록 하고 자신의 의견을 피력할 수 있도록 의견란을 함께 제시한다. 패널의 합의점을 도출하는 것 이상으로 패널들의 다양한 의견을 수렴하는 것이 설문에서는 중요하다.

3차 설문지는 2차 설문 결과를 분석하여 항목별로 중간값(Median)을 산출하고 이

▼ 그림 5-21 델파이 기법에서 중간값 산출

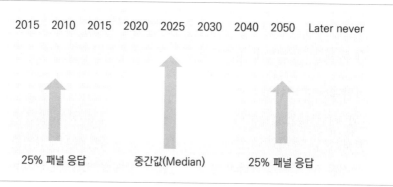

출처: 밀레니엄 프로젝트, Future Research Methodology, 2011.

결과를 함께 설문지를 작성하여 패널 응답자들이 다시 항목별 자신의 응답을 수정하거나 의견란에 의견을 제시할 수 있도록 한다.

위의 [그림 5–21]은 밀레니엄 프로젝트에서 제시한 설문의 중간값 표시 사례이다.

3차 설문 이후에도 중간값에 극단으로 멀어져 있는 패널 전문가는 개인별 인터뷰를 통해 협의하고 최종 의견을 얻는다.

(6) 6단계: 설문 결과 정리 및 분석

1, 2, 3차 설문 및 최종 인터뷰를 포함한 조사 결과를 정리하고 평가 및 분석한다. 패널 전문가 간의 합의가 이루어진 의견을 분석하여 포함할 뿐만 아니라 합의하지 않은 의견도 분석하여 포함되어야 한다.

델파이 설문 조사의 합의 결과를 통계적으로 평가할 때는 변이계수(coefficient of variation)를 활용한다. 변이계수는 상대적 산포도의 일종으로 상대적인 일탈도를 알아보기 위해 사용한다. 변이계수는 표준편차를 산술평균으로 나누어 백분율로 표시한 것으로 변이계수가 작을수록 평균치 가까이에 분포되어 있는 것이다. 설문 분석 결과 변이계수가 0.5 이하이면 패널 전문가 합의의 안정성이 높은 결과라 할 수 있고 0.5~0.8이면 비교적 안정적이라 표현할 수 있다. 그러나 0.8 이상이면 합의가 불안정하다는 것을 표시하므로 추가 설문을 진행할 필요가 있다.

이러한 최종 분석을 토대로 하고 총괄 연구자의 전문적 식견과 판단을 활용하여 결론을 포함한 최종 연구 보고서를 작성한다.

3) 델파이 기법의 장점과 단점

(1) 델파이 기법의 장점

델파이 기법의 장점은 무엇보다 연구주제 관련 전문가의 다양한 의견을 객관적이고 자유스럽게 유도하여 합리적인 결과를 도출할 수 있다는 점이다. 익명성 보장으로 자유스런 의견 개진이 가능하고 설문으로 진행되어 지역에 구애받지 않고 관련 분야의 전문가를 패널로 선정할 수 있어 풍부한 전문적 식견을 활용할 수 있다. 집단 토의시 있을 수 있는 자칫 집단의 의견에 압력을 느끼거나 특정인의 편향된 강한 주장에 영향을 받지 않고 전문가 스스로 판단하여 자유스럽게 반응하고 의견을 개진할 수 있게 되는 것이다.

또한 설문을 포함한 연구 조사 전체가 구조화되고 팀으로 모니터링 되어 체계적으로 진행된다는 장점이 있다. 연구총괄팀과 모니터링팀이 협력하여 연구계획과 설문 작성에서부터 조사 진행과 분석까지를 체계적으로 진행하여 연구계획과 결과 도출이 일관성있고 합리적으로 이루어지는 데 도움이 된다.

(2) 델파이 기법의 단점

델파이 기법의 가장 큰 단점은 시간과 노력이 많이 투입된다는 점이다. 연구 계획에서부터 모니터링팀이 구성되고 전문가 패널을 선정하는 과정도 개별 전화로 설명과 승낙을 받아야 하므로 시간을 요하게 된다. 특히 설문이 진행되는 과정은 응답과 피드백이 반복되어야 하므로 시간과 노력이 많이 투입되어야 한다. 밀레니엄 프로젝트에 의하면 통상적으로 델파이 기법에 의한 조사 준비부터 분석에 이르기까지 적어도 3-4개월이 소요된다고 한다.

또한 설문 반복의 과정에서 회수율이 점차 낮아질 확률이 높아지게 된다. 따라서 회수율을 높이기 위한 설문 작성에 고도의 전문성과 노력이 요구된다. 자칫 패널 전문가의 중도 이탈이 많아져 회수율이 너무 낮게 되면 조사 결과의 신뢰도가 낮아져 연구 성과가 낮아지게 된다.

그리고 패널 전문가들의 선정이 잘못 되면 합의된 반응이 오히려 편협된 연구 결과를 도출할 가능성도 있다. 이로 인해 합리적이고 유의미한 반응과 의견을 개진할 수 있는 패널 전문가의 선정에 많은 노력이 필요한 것이다.

4) 델파이 기법 적용 연구 사례

2007년에 국제미래학회와 한국전자통신연구원(ETRI)은 미래의 미디어 산업의 발전 모형과 기술을 예측하는 연구를 실시하였다. 이 연구 방법으로 델파이 기법이 활용되었고 이를 위해 국내외 미디어학자, 미디어업계 전문가, 미래학자를 패널 전문가로 선정하여 3차례에 걸친 설문 조사를 실시하고 이를 분석하였다. 이를 근거로 미래 미디어 발전 방향과 로드맵 및 서비스 모형을 도출하였다.

2007년에 실시한 델파이 기법을 활용한 미디어의 미래 발전 로드맵 연구 결과 방송미디어는 [그림 5-22]와 같이 발전할 것으로 결과가 도출되었다.

▼ 그림 5-22 델파이 기법으로 도출된 방송미디어산업 미래 로드맵

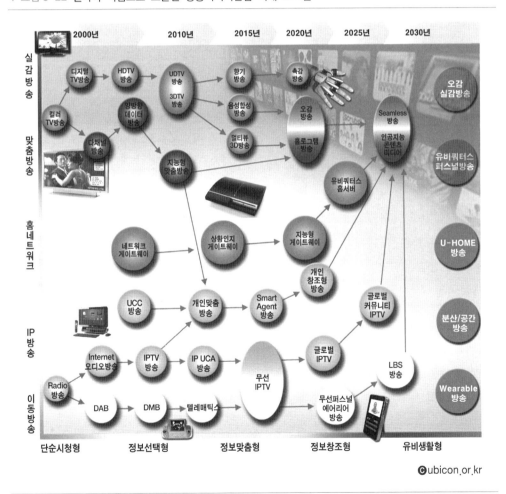

출처: 안종배, 미래 미디어 발전 로드맵과 기술, 2007.

또한 델파이 조사로 방송미디어의 발전을 위해 필요한 미래 기술 유형과 미디어 미래 기술별 파급효과와 전략적 중요도를 분석한 결과는 다음 [표 5-6]과 같이 도출 되었다.

▼ 표 5-6 미래의 방송미디어 기술의 파급효과 및 전략적 중요도 분석

기술명	기술의 파급효과			전략적 중요도				선행 기술개발 지수
	국제기술 선도 가능성	서비스 활용성	평점	소비자 니즈	비즈니스 모델의 창출도	시장 매력도	평점	
양안식 3DTV 디스플레이 기술	4.5	3.5	4	2.5	3	3	2.9	3.4
UDTV 디스플레이 기술	4.5	3.5	4	4.5	3.5	5	4.3	4.2
음성합성 기술	3	3	3	2	4	2	2.6	2.8
Flexible Display 기술	5	5	5	4.5	5	5	4.8	4.9
다시점 3DTV 디스플레이 기술	5	2.5	3.8	4.5	4	3.5	4	3.9
3D HDTV 디스플레이 기술	4.5	4	4.3	3.5	3	2.5	3	3.6
향기 발생장치 기술	4	3	3.5	2.5	1	2.5	2	2.8
촉각감지 발생장치 기술	2.5	2	2.3	3	2	1	2	2.1
Wearable Device 기술	4	4.5	4.3	2	4	3	3	3.6
홀로그램 기술	4.5	3.5	4	4	4	4	4	4
오감정보 및 인터렉션 기술	4.5	3.5	4	3	3.5	3.5	3.3	3.6
오감형 입체 디스플레이 기술	4	4	4	4	4	4	4	4

* 대상항목의 각 고려요소별 평가점수는 해당 중점기술의 전문가들 의견을 종합하여 산출.
* 각 고려요소별 평가점수는 1(매우 낮음), 2(낮음), 3(보통), 4(높음), 5(매우 높음)의 5점 척도.

이러한 연구 결과는 한국전자통신연구원(ETRI)의 방송미디어 산업 발전을 위한 미래 기술 개발로 이어져 한국이 방송미디어의 미래 기술 선도국이 되는 데 기여하였다.

2 교차영향분석법(Cross Impact Analysis)[8]

1) 교차영향분석법 개요

교차영향분석은 미래의 여러 가지 사건들이나 요인들이 발생할 가능성을 산정하고 특정 사건의 발생이 나머지 사건들에 미치는 영향과 발생 확률을 산정하여 요인들 간의 상호연관 관계를 분석하는 방법이다.

교차영향분석(Cross-Impact Analysis)은 분석 대상의 주요 요인들이 서로 영향을 주고받는, 즉 상호 연관성을 지녔다는 전제 아래 주요 요인 간의 연관관계 분석 및 일정 요인의 발생 가능성 파악에 활용되는 방법이다. 일명 교차충격분석이라고도 한다.

교차영향분석 방법은 1966년 테드고든(Theodore Gordon)과 엘머(Olaf Helmer)에 의해 미래예측(forecasting) 방법의 일환으로 처음 소개된 이래로, 여러 연구자들에 의해 조금씩 변형된 형태로 활용되어 왔다.

교차영향분석법은 복수의 미래예측 대상을 아이템마다 상호 비교하고 발생확률을 산출하는 결과에 따라 발생 가능성을 예측하는 것이다. 복수로서 아이템마다 비교하고 발생확률에 대한 산출 그리고 발생 가능성을 예측하는 다단계 예측 분석법이다. 따라서 교차영향분석법의 목적은 대상과 관련된 일들이 의도하였거나 또는 연계하여 발생할 수 있는지 여부와 그 가능성을 규명해 봄으로써 미래를 예측하고 의사결정을 하거나 사업방향을 설정하는 데 활용하고자 하는 것이다.

교차영향분석 방법의 핵심적인 특징은 요인 간 상호 연관성 분석을 통해 어떤 한 요인이 다른 요인의 발현을 촉진하거나 억제하는지 식별을 가능하게 한다. 또한 이를 기반으로 한 요인 간 영향성과 상호 의존 관계를 파악할 수 있도록 지원함으로써 궁극

---

8   국제미래학회 공동저술 '전략적 미래예측방법론 바이블' 제16장(김광옥) 내용을 발췌하였다.

적으로 변화의 핵심 요인을 파악할 수 있도록 돕는 것이다.

더불어 이러한 과정에서 요인 간 관계를 구조화 하거나 시스템적으로 구성할 수 있게 되어 구조분석(structure analysis) 혹은 시스템적 사고(system thinking)방식이라 할 수 있다.

2) 교차영향분석법 프로세스

교차영향분석법의 전체적인 진행을 정리해 보면 다음과 같다.

▼ 그림 5-23 **교차영향분석법 프로세스**

목록작성
미래에 영향을 주는 다양한 요인들을 정의하고 전문가 설문을 통해 가능성이 낮고 불필요한 요인들을 제외한 요인 목록을 작성한다.

초기가능성 산정
목록의 개별 요인들의 독립적인 발생 가능성을 전문가 집단의 설문을 통해 산정한다.

교차 영향에 영향을 적용한 조건적 가능성을 전문가 집단의 설문을 통해 산정하고 교차영향 매트릭스를 작성한다.

조건적 가능성 산정

초기 가능성	조건적 가능성	사건 1	사건 2	사건 3	사건 4
0.25	사건 1		0.50	0.85	0.40
0.40	사건 2	0.60		0.60	0.55
0.75	사건 3	0.15	0.50		0.60
0.50	사건 4	0.25	0.70	0.55	

확률평가
모든 요인들 간의 교차 영향 분석이 완료되면 매트릭스 비교를 통해 초기 가능성과 조건적 가능성의 변화를 확인하고 각 요인의 영향력을 평가한다.

출처: 기술인문융합창작소, 미래예측 프레임워크와 방법론, 2013.

① 예측할 사건들을 정의한다.

② 예측에 포함할 사건을 선정한다.

③ 각 사건별로 독립적으로 발생할 확률을 계산한다.

④ 사건 상호간을 연계하여 조건부확률을 산출한다.

⑤ 교차영향행렬표(Cross Impact Matrix)를 작성하여 각 사건 간의 조건부확률(conditional probability)을 측정한다.

⑥ 교차영향행렬표에 나타난 자료를 근거로 정책(policy), 행동(actions), 또는 민감도 시험(sensitive tests) 등의 범위를 결정한다.

⑦ 정책, 행동, 민감도 시험 등을 교차영향 계산을 통해 수행한다.

⑧ 결과에 대한 분석을 한다.

이러한 교차영향분석법의 전체적인 진행을 4단계 프로세스로 정리할 수 있다.

(1) 1단계: 요인 목록 작성

문헌조사, 인터뷰, 델파이 조사 등을 통해 미래이슈 초기 요인 목록을 작성한다. 요인들의 영향력 평가와 주제 내용을 고려하여 불필요한 요인은 제거하고 최종 요인 목록을 선정한다. 목록에 불필요한 요인들이 분석 과정에서 확실히 배제되어야 분석 과정이 복잡해지는 것을 막을 수 있다. 만약 미래이슈 요인의 개수가 N개면, 상호작용을 하는 총 관계의 수는 N(N−1)개가 되므로 불필요한 요인 때문에 요인의 개수가 증가하면 분석 과정이 복잡해진다. 최종 요인 목록에는 발생한 사건과 아직 발생하지 않은 사건 둘 다 포함될 수 있다.

(2) 2단계: 초기 가능성 산정

최종 요인 목록에 있는 각 요인들의 초기 가능성을 산정한다. 초기 가능성은 요인들이 독립적으로 발생한다고 가정하고 산정한다. 초기 가능성을 산정할 때 요인이 발생할 독립적인 가능성을 산정하기 쉽지 않기 때문에 여러 명의 전문가들의 의견을 수렴하여 정확도를 높여야 한다. 필요하다면 별도의 설문조사, 추가 인터뷰, 그룹 회의를 실시하여 최대한 정확하고 독립적인 초기 가능성을 산정한다.

(3) 3단계: 조건적 가능성 산정

조건적 가능성은 교차 영향에 의해 특정 요인의 발생이 다른 요인에 영향을 미쳐서 다른 요인의 변화된 가능성을 의미한다. 설문조사, 인터뷰, 그룹 회의 등 전문가 집단의 의견을 조사하여 조건적 가능성을 산정한다.

(4) 4단계: 확률평가

교차영향분석 과정을 통해 얻어진 초기 가능성과 조건적 가능성을 비교하여 변화와 요인의 영향력을 평가한다. 초기 가능성과 최종 가능성과의 차이가 범위를 벗어나거나 의외의 값이 나오면 전문가들의 견해 불일치나 상위 항목들 간의 조합상 누락에 원인이 있을 수 있기 때문에 가능성을 재산정해야 한다. 교차영향분석을 통해 영향력이 큰 요인, 의존도가 높은 요인을 찾아내고 요인 간의 상호관계에 대한 정보를 얻을 수 있다.

3) 교차영향행렬표 해석

교차영향분석법은 사건 간의 발생확률을 예측하기 위하여 조건부 확률(conditional probability)을 산출하여 발생 가능성을 예측한다. 즉 복수의 사건이 상호 서로 관련 없이 발생하는지 아니면 서로 연계되어 있는지를 확인하기 위해 조건부확률을 산출하게 된다.

▼ 표 5-7 사례로 작성된 교차영향행렬표(Cross Impact Matrix)

사건 발생가능성 (if this event occurs)	초기가능성 (initial probability)	조건부 발생 확률(conditional probability)			
		사건1	사건2	사건3	사건4
사건 1	0.25	–	0.50	0.85	0.40
사건 2	0.40	0.60	–	0.40	0.55
사건 3	0.75	0.15	0.50	–	0.60
사건 4	0.50	0.25	0.70	0.55	–

교차영향분석의 핵심으로 작성된 [표 5-7]의 교차영향행렬표를 해석하면 다음과 같다. 사건1의 초기가능성은 0.25이고 사건1이 사건2, 3, 4가 교차된 조건부 발생 확률은 0.50,0.85,0.40으로 더 높으므로 서로 긍정적인 영향을 미친다. 이와 반해 사건3은 초기가능성이 0.75이나 사건3이 사건1, 사건2, 사건4와 교차된 조건부 발생 확률은 0.15,0.50,0.60으로 더 낮으므로 서로 부정적인 영향임을 알 수 있다. 이처럼 사건1은 사건3에 긍정적인 영향이지만 사건3은 사건1에 부정적 영향임을 알 수 있다. 또한 사건2는 사건3과 영향력이 없는 독립적임을 알 수 있다.

4) 교차영향분석법의 장점과 단점

(1) 교차영향분석법의 장점

교차영향분석법은 복잡하게 얽힌 여러 요인들 간의 상호관계와 각 요인들의 특성을 파악하고 분석하는 데 유용하다. 또한 다양한 미래예측 방법들에 활용되기 쉽고 다른 조사 방법과 함께 사용할 경우 분석 결과의 정확성을 높일 수 있다.

(2) 교차영향분석법의 단점

교차영향분석법은 예측하는 사건의 요인 개수가 많아지면 수치의 산출과 분석 과정이 복잡해진다. 그리고 현실에서는 동인들이 1:1이 아닌 다중으로 복잡하게 영향을 주기 때문에 미래예측 결과가 현실을 완전하게 반영하지 못한다. 또한 전문가들의 지식을 끌어내는데 기반하고 있는 다른 기법들처럼 이 방법은 응답자들의 전문성과 전문가들 간 합의된 의견에 영향을 많이 받는다.

5) 교차영향분석법 사례

싱귤래리티 대학의 호세 코르데이로(Jose Cordeoro) 교수는 싱귤래리티학파의 대표적인 미래학자 중 한 명이다. 그는 특이점이라 번역된 싱귤래리티(Singularity) 시대가 되면 인간은 포스트휴먼이 된다고 한다. 즉 NBIC(Nano: 나노 + Bio: 바이오 + Info: 정보통신 + Cogno: 인지공학) 기술이 발전하여 인간의 뇌도 스캔하고 신체부위도 교체되어 인간의 수명이 영원히 지속될 가능성도 있다고 예측한다.

그는 이러한 포스트휴먼이 2030년에 실현될 가능성이 있는지를 구현하기 위해 필수적인 핵심 기술들 간의 교차영향분석법을 통해 미래를 예측하여 보았다. 2030년을 시점으로 핵심인 인공지능 개발, 인공 뇌 개발, 인체 단백질 개발, 생리학과 연관된 나노기술, 사이보그(인조인간) 기술이 구현되고 상호 융합 가능성을 [표 5-8]과 같이 교차분석하였다.

이 분석에서 2030년에 포스터휴먼이 실현되기에 필수적인 개별기술들의 구현 가능성도 다소 낮고 상호 융합되어 영향을 미칠 교차분석의 결과는 더욱 낮게 나와, 2030년에 포스터휴먼이 실현될 가능성은 낮은 것으로 미래를 예측하였다.

▼ 표 5-8 2030년에 포스트휴먼이 실현될 가능성에 대한 교차영향분석 사례

만약에 아래의 기술 개발이 성공한다면		2030년에 독립적인 기술 개발 성공 확률	조건부 개발성공 확률				
			기술 1	기술 2	기술 3	기술 4	기술 5
기술 1	생리학과 연관된 나노기술	0.15	–	0.10	0.05	0.10	0.05
기술 2	인공지능 개발	0.20	0.05	–	0.10	0.10	0.10
기술 3	사이보그의 결정	0.10	0.05	0.10	–	0.05	0.05
기술 4	인체 단백질 개발	0.25	0.10	0.15	0.05	–	0.10
기술 5	인공 뇌 개발	0.05	0.05	0.10	0.05	0.05	–

출처: 이주헌, 미래학 미래경영, 2018.

Ⅳ 환경 미래예측 방법론

개인, 기업, 기관, 국가의 미래에 영향을 미치는 외부 환경의 미래 변화를 예측하는 방법으로는 이머징 이슈기법, 환경스캐닝법, 트렌드생태계예측법, 비저닝워크숍법, 다층적 시스템 시나리오기법, 생태학적 사회구조분석기법 등이 있다.

1 이머징 이슈 분석법(Emerging Issue Analysis)[9]

1) 이머징 이슈 분석법의 개요

이머징 이슈 분석(emerging issue analysis)은 미래예측(foresight)의 방법 중 미래를 진단하는 초기 과정인 징후를 포착(signal sensing)하는 단계의 방법론이다.

이머징 이슈 분석은 1977년 미국의 그라함 몰리터(Graham Moliter)가 처음 소개하였다. 이머징 이슈 분석은 미래 트렌드가 될 수 있거나, 미래에 큰 영향력을 끼칠 수 있는 징후를 다양한 자료를 통해 분석하여 포착하는 방법이다. 특히 이머징 이슈 분석은 수치화된 자료가 부족할 때 사용할 수 있는 효과적인 방법으로 미래의 주요한 트렌드로 발전하기 위해 초기에 부각되는 이슈를 발견할 수 있도록 한다. 이를 위해서는 다양한 정보를 지속적으로 수집하는 것이 필수적이다.

세계적인 미래학자 존 나이스비트는 신문을 꼼꼼히 읽으면서 주요 정보를 수집하고 이를 장기간 지속하여 이머징 이슈로 성장하는 요인들을 파악하는 것으로 유명하다.

---

9 국제미래학회 공동저술 '전략적 미래예측방법론 바이블' 제20장(이희준) 내용을 발췌하였다.

2) 이머징 이슈 분석법 프로세스

이머징 이슈 분석법은 먼저 다양한 분야의 스캐닝을 통해서 미미한 변화를 앞서 읽고 잠재력을 가지고 있는 발생 단계의 이슈인 이머징 이슈를 찾아내고 이머징 이슈가 발생 단계에서 성숙 단계인 트렌드로 발전할 때까지 지속적인 모니터링을 통해 발전하는 과정들을 분석하는 방법으로 [그림 5-24]와 같은 단계를 거친다.

▼ 그림 5-24 이머징 이슈 분석법 프로세스

비상식적이거나 새로운 정보에 대하여 성급한 평가 없이 지속적인 스캐닝을 통해 정보를 수집한다. — **스캐닝**

↓

스캐닝을 통해 도출된 요인을 역발상으로 접근하거나 연쇄적인 파급효과를 분석하여 요인의 기회와 위협, 영향력을 평가한다. — **요인 분석**

↓

요인의 분석 결과를 가지고 전문가들과 의견을 교환하고 수렴하여 요인을 평가하고 이머징 이슈를 도출한다. — **전문가 의견 교환**

↓

도출한 이머징 이슈가 일시적인 유행 또는 지속적인 트렌드로 발전할지 꾸준한 모니터링을 실시하고 평가한다. — **모니터링**

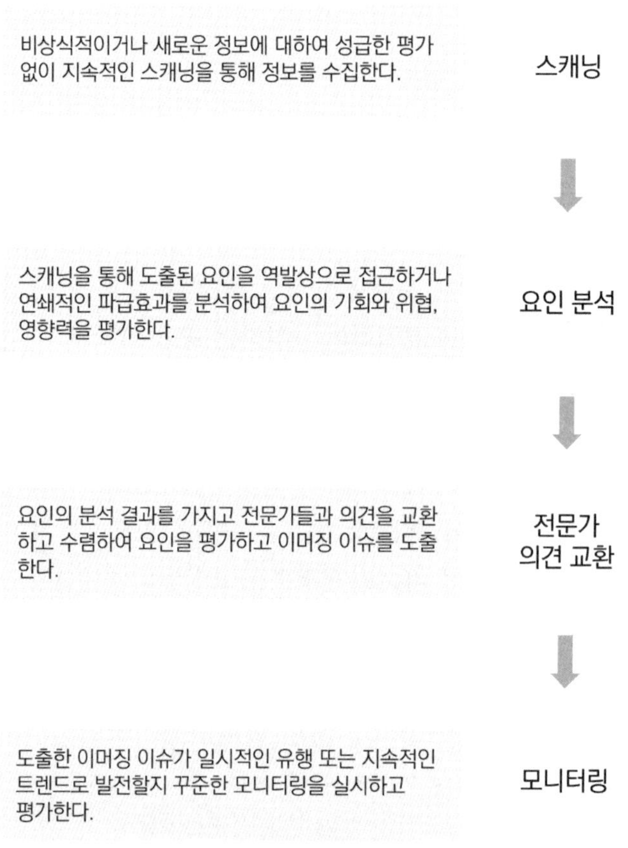

출처: 기술인문융합창작소, 미래예측 프레임워크와 방법론, 2013.

(1) 1단계: 스캐닝(자료수집)

향후 트렌드로 발전할 이슈를 찾아내기 위해서는 다양한 정보를 지속적으로 수집해야 한다. 이러한 정보의 범위는 신뢰할만한 정보뿐 아니라 비상식적인 정보 모두가 포함된다. 왜냐하면 어떤 이슈가 트렌드로 발전하게 될지는 초기이슈 상태에서는 정확히 진단할 수 없기 때문이다. 이러한 이슈가 얼마나 생명력을 가지고 살아남아 성장할 수 있는지는 다양한 변수가 좌우하므로 초기 상태부터 이머징 이슈로 결정하는 것은 적절치 않다. 또한, 정보를 얻는 출처는 다양하겠으나 대중을 타깃으로 삼아서 정보를 제공하는 대중매체보다는 예술가들의 시대를 앞선 작품이나 선구자들의 희소한 연구, 비주류 분야의 전문가들이 적합하다고 할 수 있다. 그리고 통신과 물류, 교통의 발달로 글로벌 환경이 구축된 만큼 미래 트렌드는 국내뿐만이 아닌 전 세계적으로 공통된 현상일 수 있으므로 설정된 국내외 범위의 정보를 모두 수집할 필요가 있다.

(2) 2단계: 요인 분석 (이머징 이슈 해석)

이머징 이슈는 상식적일 수도 비상식적일 수도 있기 때문에 고정관념을 가지고 정보를 대한다면 트렌드로 발전할 이머징 이슈를 골라내기 어렵다. 기술의 발전과 소비자의 인식의 변화는 지속적으로 새로운 트렌드를 만들어내고 트렌드는 이성적이고 합리적으로 만들어지는 것이 아니기 때문이다. 따라서 모든 가능성을 열어둔 채로 다양한 정보를 수집하고 수집된 정보에 담긴 의미와 그 원동력을 잘 해석해야 한다. 보이는 것과 들리는 것, 경험하는 모든 정보를 뭉치고 또 잘 골라내는 노하우가 필요하다. 그리고 이러한 이슈들이 가진 영향력과 기회요인, 위험요인을 모두 예상하여 이슈들이 발전함에 따라 갖게 되는 지속적 파급효과를 예상해야 한다.

(3) 3단계: 의견 교환 (정보 분석)

수집된 자료의 분석을 통해 도출된 이머징 이슈의 후보는 이머징 이슈로 선발된 동인에 대한 해석(decoding) 및 전문가와의 의견교환이 필요하며 그 해석 결과와 전문가 의견을 모두 존중하고 반영해야 한다. 그리고 이러한 의견의 재반영을 통해 다시 이머징 이슈의 후보와 방향성을 조정하고 지속적으로 관찰한다.

(4) 4단계: 모니터링

이머징 이슈의 후보는 시간이 지남에 따라 큰 영향력을 끼치는 트렌드로 발전하거나 또는 일시적인 유행인 패드(Fad)로 머물다가 사라질 수도 있다. 통상 이머징 이슈가 강력한 트렌드로 발전하는 과정을 그래프로 표현하면 시간의 흐름에 따라 S자 커브의 형태로 나타나게 된다. 이머징 이슈의 초기 발생 단계에서 트렌드로 빠르게 성장하기 위해서는 강력한 에너지를 가진 가속요인이 필요하다. 또한 어떠한 감속요인에 의해 미미하게 남거나 혹은 흔적도 없이 역사 속으로 사라질 수도 있다. 이러한 가속요인과 감속요인은 사회·문화권마다 다를 수 있고 시대와 기술발전에 의해 나타난 것일수도 있다. 또한 천재지변이나 전쟁과 같이 미처 예상치도 못한 요인일 수도 있다. 이러한 가속/감속 요인은 아주 오랜 시간에 걸쳐 지속적으로 영향을 줄 수도 있고 급격히 짧은 시간 동안 큰 영향력을 줄 수도 있다. 따라서 이러한 요인들을 지속적으로 모니터링하여 이머징 이슈의 후보와의 관계를 파악하고 그 관계를 통해 나타나는 결과를잘 해석하여야만 트렌드로 발전하여 미래에 큰 영향력을 끼치는 이머징 이슈를 발견할수 있다.

▼ 그림 5-25 이머징 이슈와 트렌드 S곡선

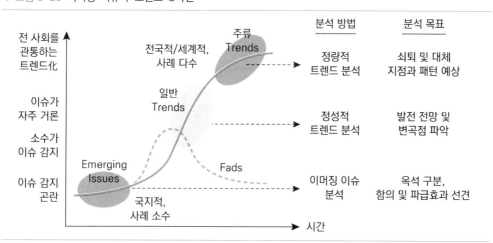

출처: 나준호, 이머징 이슈에서 미래 트렌드, 2008.

3) 이머징 이슈 분석법의 장점과 단점

　이머징 이슈는 미래에 확고한 트렌드로 고착화되기 전, 과거와 현재 시점에 보이는 작은 실마리이다. 자연계의 생태계에 비유한다면 이것은 미래의 씨앗에서 자라난작은 새싹과 같다. 이 새싹이 숲을 덮는 거대한 나무가 될 것인지 아니면 작은 싹에서끝날 것인지 새싹 자체만을 가지고 판단하기는 불가능하다. 수많은 변수들이 존재하기때문이다. 그 새싹이 나무로 잘 자라기 위해서는 태양의 에너지와 충분한 물, 그리고적당한 바람과 영양분이라는 지원이 필요하며 새싹을 먹어버리는 천적이나 나무를 뿌리째 뽑아버리는 태풍과 같은 방해가 없어야 한다. 우리의 환경에서도 동일하게 이러한 주변 요소를 고려해야 한다.

　이머징 이슈는 이슈가 될 현상을 도출하는 과정에서 그것을 지원하거나 방해하는

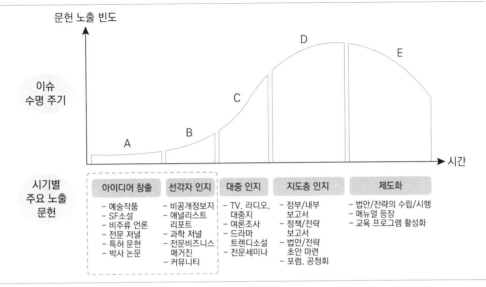

출처: 나준호, 이머징 이슈에서 미래 트렌드, 2008.

여러 요인들을 지속적으로 스캐닝하고 바르게 해석하여 과연 이 이슈가 트렌드로 성장할 수 있는지 검증해야 하는 특징이 있다. 위에서 언급한 것처럼 이머징 이슈는 결국 그 성장하는 바탕이 사람의 마음이기 때문에 인간 중심적 관점을 통해 검증하지 않으면 바르게 해석(decoding)할 수 없다.

이머징 이슈 분석의 장점은 미래의 주요 트렌드로 발전한 초기 이슈를 발굴할 수 있다는 측면에서 경쟁력 있는 미래예측을 원하는 주체들에게 더욱 매력이 있다는 것이다. 경쟁사에 비해 빠른 전략수립이나 국가적 문제에 대한 초기대응이 가능하다는 점에서 그 장점을 발견할 수 있다. 이는 많은 비용과 시간을 줄여주면서 전략과 정책의 효과를 배가할 수 있다.

반면 단점으로는 트렌드로 발전과정에서 변수가 많고 주요한 트렌드로 자리매김할 때까지 지속적인 추적이 필요하다는 것이다. 이러한 변수를 정확히 파악하고 해석하지 못하면 정확한 미래상을 그릴 수 없게 된다. 천재지변과 같은 변수는 전혀 예상치 못한 상황에서 일어나므로 이를 감안한 대응은 필수적이다. 또한 이러한 변수들이 복합적으로 영향을 끼치는 현실에서 성급한 결론은 금물이며 확실히 메이저 트렌드로 성장할 때까지 지속적으로 조사해야 한다.

4) 이머징 이슈 분석의 사례

한 회사가 냉장고를 무료로 나누어 준다고 생각해 보자. 상식적인 사람이라면 말도 안 된다며 손사래칠 것이다. 그러나 2008년 7월 실제로 유럽의 백색가전 기업인 Bosch-Siemens는 브라질의 전력회사와 제휴해 빈민들에게 고효율 냉장고를 공짜로 나눠준다는 계획을 발표했다. 어떻게 이런 일이 가능할까? 비밀은 기후변화에 따라 새롭게 부각된 청정개발체제(CDM) 이머징 이슈에 숨어있다. 청정개발체제란 선진국 기업이 개도국에서 온실가스 감축활동을 실시하고 그 활동 결과를 탄소배출권으로 인정받아 수익을 보전하는 사업 형태이다.

아래 [그림 5-27]과 같이 보쉬 지멘스(Bosch-Siemens)는 최신 냉장고를 공짜로 주고 대신 전기를 많이 잡아먹는 구형 냉장고를 수거한다. 이후 냉장고의 전력 사용량 감소분과 구형 냉장고의 HFC 냉매 처리분을 청정개발체에(CDM) 실적으로 인정받아 비용을 보전한다는 것이다(나준호, 이머징 이슈에서 미래 트렌드, 2008).

▼ 그림 5-27 보쉬 지멘스 공짜 냉장고 사업 모델

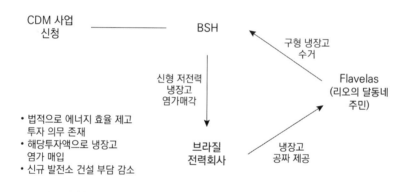

출처: 나준호, 이머징 이슈에서 미래 트렌드, 2008.

Bosch-Siemens 사례는 또 한편에선 '공짜경제(Freeconomics='Free'+'Economics')' 라는 이머징 이슈와 연결된다. 공짜 경제는 과거 유료였던 제품이나 서비스를 무료 또는 사실상 공짜로 제공하는 대신 대중의 관심과 명성, 그리고 사용자 기반을 확보해 관련 영역에서 새로운 수익을 창출하는 사업 방식이다. 이러한 사업 모델은 이미 인터넷, 콘텐츠 산업에서는 상당 부분 진척되어 있다. 구글이나 네이버는 검색 서비스 이용자로부터 사용료를 받지 않는다. 대신 공짜 경제를 통해 확보된 사용자 기반을 바탕으로 인터넷 광고주로부터 수익을 얻는다. 주목할 만한 점은 최근 공짜 경제 사업모델이 디지털 산업을 넘어 오프라인 산업까지 확산되려는 조짐이 나타나고 있다는 것이다. 이미 휴대폰은 통신 사업자 보조금을 통해 매우 저렴하게 제공되는 경우가 많다. 보쉬-지멘스 (Bosch-Siemens) 사례는 백색가전에서도 이머징 이슈인 공짜경제로 사업모델이 성립될 수 있음을 보여준다.

그리고 [표 5-9]와 같이 이머징 이슈 분석을 통해 새로운 징후 이슈를 포착하여 이에 대응한 제품과 서비스를 통해 미리 시장을 선점함으로써 성공적인 사업을 펼치는 기업 사례도 있고 이를 무시하거나 간과하여 결국 새로운 시장에서 어려움을 겪는 기업 사례도 있다.

▼ 표 5-9 이머징 이슈 선견으로 성공한 기업과 간과하여 실패한 기업 사례

영역	이머징 이슈	선견하여 성공	간과하여 실패
기술	• 디지털 음원의 등장 • 백색 LED 개발 • 오픈소스 소프트웨어 • GSM 이동통신의 빠른 확산	• 애플/아이포드 • 일본/대만 LED 회사 • 리눅스, IBM • 노키아	• 전통 음악 산업 • 전통 조명기기 회사 • 마이크로소프트, 썬 • 이리듐 위성통신
경제	• 당일 배송 니즈 증대 • 인터넷 검색 • 질 좋은 서비스보다 저렴한 요금을 원하는 항공기 이용객 증가	• 페덱스, UPS, DHL • 구글 • 사우스웨스트 항공, 라이언에어, 이지젯	• 우체국, 항공사 • 마이크로소프트 • 유나이티드 에어라인, 델타 항공, 루프트 한자
사회	• 스포츠 음료 시장의 성장 • 리얼리티 쇼의 인기 • 애늙은이 키즈 세대(age compression)	• 게토레이, 스내플 • 리얼리티 쇼 제작자 • MGA(Bratz 인형)	• 코카콜라, 펩시콜라 • 전통적 게임 방식 쇼 제작자 • 마텔(바비 인형)
정치	• 아프리카 AIDS 확산 • 베네주엘라의 사회적 혼란 • 미국 투표에서 신흥 준교외지역 (exurb) • 중산층의 비중 증대 • 무인항공기	• 인도 제네릭 제약 업체 • 차베즈(대통령 당선) • 부시 • 노드롭-그루먼	• 기존 글로벌 제약 기업 • 국영석유기업 Petroleos • 존 케리 • 록히드 마틴, 보잉

출처: 나준호, 이머징 이슈에서 미래 트렌드, 2008.

2 비저닝 워크숍(Visioning Workshop)[10]

1) 비저닝 워크숍의 개요

비저닝 워크숍은 참가자들이 자유로운 형식으로 미래에 대한 각자의 아이디어를 제시하고, 토론을 통해 종합된 의견을 기반으로 목적에 부합하는 미래상을 설계하여 공유하는 방법이다. 비저닝 워크숍은 단순한 아이디어 제시나 위시 리스트를 작성하는 방법이 아니라, 현실 가능성을 토대로 조직의 미래상을 공유하고 토론을 통해 미래를 준비하는데 필요한 대응책들을 제시하는 방법이다.

비저닝 워크숍은 다양한 구성원의 아이디어 공유를 통해 바람직한 미래상을 수립하고 이를 현실화하기 위한 전략을 수립하는 미래예측 방법론이다. 미래상을 도출하기 위해 상호 교류를 통한 아이디어의 융합, 그리고 설정된 미래상의 공유, 현실화를 위한 전략 수립 등 모든 단계에서 구성원들의 적극적인 참여가 요구된다.

그 과정에서 많은 시간과 자원이 투입되나 공유를 기반으로 운영되는 만큼 현실화 가능성도 높다고 할 수 있다. 미래 사회는 다양한 분야의 의견과 가치관의 충돌이 더욱 심화될 것이라고 예상할 수 있다. 이러한 환경 가운데에서 더불어 살아가는 공존의 미래상을 도출하는 것은 매우 중요한 관건이며, 이를 위한 최적의 방법론이 비저닝 워크숍이라고 할 수 있다. 비저닝 워크숍은 다양한 환경에 기반을 둔 문제들과 모두가 협력해야만 해결할 수 있는 여러 당면과제에 대한 현실성 높은 미래전략 도출에 활용할 수 있을 것이다.

---

10 국제미래학회 공동저술 '전략적 미래예측방법론 바이블' 제23장(이희준) 내용을 발췌하였다.

2) 비저닝 워크숍의 프로세스

비저닝 워크숍은 참가자들 사이의 토론을 통해 미래상과 목표, 대안이 도출되기 때문에 워크숍의 과정과 결과에 대한 참가자들의 만족도가 높고 미래상의 공유를 통해 참가자들 간의 강한 유대감을 형성한다. 그러므로 조직 내부에서 효과적인 의사결정도구로 사용된다. 비저닝 워크숍의 구체적인 프로세스를 살펴보면 [그림 5-28]과 같다.

▼ 그림 5-28 비저닝 워크숍 프로세스

(1) 1단계: 비전 설명과 교육

워크숍에 앞서 참가자들에게 비전에 대한 정의와 목적, 그리고 비전이 주는 장점에 대한 간단한 교육을 실시한다. 비저닝 워크숍에 대한 참가자들의 이해를 돕기 위해 예시나 사례를 제시할 수 있지만 결과에 대한 구체적인 예시는 참가자들과 워크숍 과정에 큰 영향을 줄 수 있기 때문에 유의해야 한다.

(2) 2단계: 질문 작성 및 실행

참가자에게서 원하는 미래의 가치, 미래상, 도전과 조직의 기능에 대한 답변을 유도하는 질문 목록을 작성한다. 참가자들을 소그룹으로 나누고 그룹별로 작성한 질문에 대한 답변을 구한다. 답변을 종합하여 참가자들이 선호는 미래의 가치와 모습을 작성하고 핵심 구성 요소들이 포함되어 있는지 확인한다. 핵심 구성 요소에는 조직의 상태, 기능, 철학, 목표, 전략, 문화 등이 있다.

(3) 3단계: 선호 요소 선정

개인별로 작성한 선호 요소의 목록이 작성되면 소그룹 내부의 다른 참가자들과 목록을 교환하며 다른 사람의 목록 중에 선호되거나 가능성이 높다고 생각되는 주요 단어와 구문에 표시를 한다. 모두가 서로 다른 사람의 목록에 대한 선호 항목을 표시하면 소그룹별로 목록을 종합하여 공통되거나 빈도가 높은 단어와 구문을 뽑아내어 분류 정리한다.

(4) 4단계: 미래상 공유

참가자에게서 원하는 미래의 가치, 미래상, 도전과 조직의 기능에 대한 답변을 유도하는 질문 목록을 작성한다. 참가자들을 소그룹으로 나누고 그룹별로 작성한 질문에 대한 답변을 구한다. 답변을 종합하여 참가자들이 선호하는 미래의 가치와 모습을 작성하고 핵심 구성 요소들이 포함되어 있는지 확인한다. 핵심 구성 요소에는 조직의 상태, 기능, 철학, 목표, 전략, 문화 등이 있다.

(5) 5단계: 미래상 시각화

종합된 미래상을 키 메시지(key Message)로 요약하거나 그림으로 시각화하여 표현한다. 표현된 키 메시지나 그림을 참가자들과 공유하고 토의를 통해 수정한다. 짧은 키 메시지나 시각화된 그림은 참가자들이 비전을 이해하고 공유하기 쉽게 도와준다.

(6) 6단계: 초안 작성 및 최종안 작성

공유된 비전들을 토대로 참가자 대표나 진행자가 미래상의 초안을 작성한다. 작성된 초안은 참가자 전원에 의해 검토되고 토의를 거쳐 수정된다. 최종 승인된 미래상을 토대로 비저닝 워크숍 최종 보고서를 작성한다.

▼ 그림 5-29 비저닝 워크숍을 통한 아프리카 웰빙 경제 미래상 시각화

출처: http://www.we-africa.org

조직에서 이러한 비저닝 워크숍 방법론의 구체적인 활용방안을 살펴본다면 앞 단

계의 이머징 이슈 분석을 통해 도출된 이머징 이슈들에 대하여 다양한 분야의 전문가들이 비저닝 워크숍을 통해 구체적이고 실현 가능성 높은 미래 시나리오를 그려볼 수 있다. 기업은 이렇게 도출된 미래 시나리오에서 기술인문융합형 신제품 개발 과정을 통해 미래 소비자의 라이프 스타일에 맞는 신개념의 제품·서비스의 컨셉을 발굴할 수 있게 된다.

3) 비저닝 워크숍의 장점과 단점

(1) 비저닝 워크숍의 장점

비저닝 워크숍은 여러 분야의 참여자들 간의 자유로운 의견 제시와 미래의 공유가 가능하다. 또한 여러 명이 참석하는 형태로 인하여 다양한 미래상을 그리면서 동시에 대안과 해결책에 대한 아이디어를 함께 도출할 수 있다. 그리고 토론을 통해 참가자들 간, 과거와 현재의 상황과 본인들의 미래에 대하여 생각하고 공유할 수 있는 좋은 기회가 된다. 또 미래예측에서 빼놓을 수 없는 사회, 경제적인 요소의 발전 계획을 위해 효과적이라고 할 수 있어서 환경적인 분야나 좀 더 나은 생활환경을 위한 솔루션 도출 등에 흔히 사용된다. 그리고 무엇보다도 사회의 여러 측면과 그에 속한 다양한 계층에 종합적인 영향을 끼치는 방대한 변화의 예측에 효과적이라는 장점이 있다.

▼ 그림 5-30 비저닝 워크숍의 효과

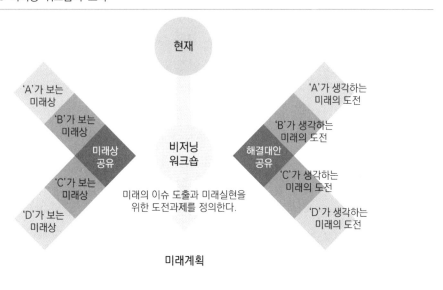

출처: 기술인문융합창작소, 미래예측 프레임워크와 방법론.

다양한 분야의 인력들이 함께 참여하여 미래의 가치를 찾아내는 비저닝 워크숍은 참가자들의 소비자로서의 관계(Relationship), 생산자로서의 기회(Opportunity), 전문가로서의 전문성(Profession), 사용자로서의 경험(Experience)적 관점에서 이슈를 분석하게 된다. 이러한 과정은(R.O.P.E) 불확실하고 희미한 정보와 다양한 관점들 가운데에서 현실 가능성 높은 미래의 가치를 끌어올리는 밧줄(ROPE)의 역할을 할 수 있다.

(2) 비저닝 워크숍의 단점

비저닝 워크숍 방법론을 진행하는데 필요한 참가자의 수가 많고 소요되는 시간과 자원의 규모가 다른 방법론에 비해 크다. 또 비저닝 워크숍을 진행하면서 참가자들이 원하는 미래상에 대한 의견만 제시되고, 필요대안과 전략의 의견이 빈약할 수 있다. 그리고 워크숍 참가자의 수가 많기 때문에 워크숍의 진행과 정리가 어렵고, 방대한 정보를 요약하고 미래 요인을 도출하는 과정이 쉽지 않다는 단점이 있다.

4) 비저닝 워크숍의 사례

비저닝 워크숍이 강조하는 아이디어의 수용성과 토론을 통해 미래 비전을 설정하고 그 비전 달성에 필요한 대응전략을 수립하는 형태를 잘 보여주고 있는 사례로 IBM의 '이노베이션 잼'(Innovation Jam)이 있다. 기술인문융합창작소의 글로벌 혁신기관 분석(2013)에 따르면 '이노베이션 잼'이란 온라인상에서 이루어지는 자유로운 토론의 한 형태로 전 세계 IBM에서 근무하는 모든 직급의 직원들과 고객, 업계 인사, 협력 업체, 학계 전문가 등이 웹을 활용해 제시된 주제에 대해 문제점과 개선방안 아이디어를 온라인에 게재하고 공유하는 방식으로 이루어진다. 이노베이션 잼 운영 시스템은 2001년 처음 개발되었으며, 회사 인트라넷의 웹 페이지와 연결된 내부 게시판들을 하나로 모아 구성원들이 활발하게 소통할 수 있도록 했다.

IBM 직원들은 매년 이노베이션 잼 행사를 통해 사흘간 각종 아이디어를 쏟아내고 새로운 사업을 제안한다. 2006년 이노베이션 잼의 경우, 잼 이벤트를 통해 발굴한 10여 개의 신사업 아이디어가 IBM의 신성장 동력이자 핵심 연구주제인 '스마터 플래닛'의 근간이 됐다는 점에서 특히 눈길을 모았다. 당시 전 세계 104개국에서 15만 명 이상이 참여해 4만 6,000개의 아이디어가 쏟아졌다. 선정된 10개의 아이디어에 대해서는 2007년 초 상품화 및 테스트 마케팅이 진행됐고, 총 1억 달러가 투입됐다. 그 중 5개의 아이디어에는 이후에도 지속적으로 투자해 10억 달러의 매출을 냈다. 이 해의 이노베이션 잼은 참여자들이 IBM 연구소의 기술에 대해 투표한 결과를 참조해 6개 분야에서 총 25가지 기술을 선정한 후 시작됐다. 그 해 7월에 열린 1차 잼 이벤트에서 각 기술에 대한 정보를 우선 제공한 후 직원들이 각 기술에 대한 아이디어를 온라인으로 브레인스토밍 했다. 이후 뉴욕주 왓슨연구소에서 만난 IBM 임원과 각계 전문가들이 분야별로 5~8명씩 소그룹으로 나뉘어 아이디어들을 검토했다. 그 결과를 토대로 기술을 사업화 할 수 있는 '빅 아이디어' 분야들을 결정했고, 같은 해 9월에 열린 2차 잼 이벤트에서 다시 브레인스토밍을 통해 아이디어를 구체화했다.

▼ 사진 5-4 이노베이션 잼 홈사이트

출처: https://www.ibm.com/us-en/marketplace/innovation-jam

▼ 표 5-10 2006년 IBM 이노베이션 잼의 진행 과정 및 내용

단계	주요 활동 내용
JAM(1단계)	IBM 연구소에서 개발한 주요기술과 관련한 정보 제공, 온라인 브레인스토밍
Post-JAM	IBM 임원들과 전문가들이 왓슨 연구소에 모여 주요 아이디어 검토 및 선별
JAM(2단계)	4개 범주의 '빅 아이디어'로 분류된 사업 아이디어에 대한 온라인 브레인스토밍
Review	주요 아이디어에 대한 검토를 통해 IBM의 특성과 요구에 알맞은 내용 선별
New Biz Proposal	10개 사업분야 선정 및 추진

글로벌 경제위기로 술렁이던 2008년에는 '미래의 기업(The Enterprise of the Future)'을 주제로 10월 5일부터 9일까지 약 90시간 이상 온라인상에서 이노베이션 잼 행사가 진행됐다. IBM이 보유한 기술과 관련한 문제를 논의하는 대신 소비자의 욕구와 니즈에서 출발하겠다는 의도에서, IBM이 진 세계 CEO 인터뷰를 통해 선정한 '2008

글로벌 CEO 스터디'의 결과를 바탕으로 논의 주제를 정했다. 4가지 탐구 영역을 제시하고 '미래 기업이 즉시 시행해야 하는 3가지 항목'과 '미래 기업의 비전 실현을 위한 14가지 핵심 방안' 등을 도출했다.

▼ 사진 5-5 IBM 직원들의 비저닝 워크숍 장면

출처: http://www.ibm.com

　　이노베이션 잼과 같은 일종의 비저닝 워크숍 방식은 프로젝트나 아이디어를 공유하여 명확한 비전을 설정하고, 이를 공유해 실행전략을 구성한다는 점에서 매우 강력한 미래예측 방법론이라고 할 수 있다. 특히 형식에 얽매이지 않고 편안한 분위기에서 자유로운 아이디어 제안이 가능한 온라인 브레인스토밍 방식을 통해 사소한 아이디어들을 모아 대규모 협업 비즈니스를 창출하고 그것이 미래 산업의 주요한 원동력으로 작용할 수 있다는 점을 확인시켜주었다. 이는 불확실한 미래에 대한 창조적이고 혁신적인 예측방법으로서, 구성원들 간의 협력과 공유를 통해 적극적으로 바람직한 미래상을 설정하고 또한 이를 다양한 전략으로 현실화하여 결국은 미래를 실현한다는 것이다.

Ⅴ 정책 미래예측 방법론

국가나 지자체 그리고 기업이나 기관의 미래 정책을 입안하기 위한 미래예측방법론으로는 패널기법, 형태학적분석방법, 표준예측기법, 팬시나리오기법, 시나리오 기획의 툴박스 기법, 게임이론방법 등이 있다.

1 형태분석법(Morphological Analysis)[11]

1) 형태분석법 개요

형태학(morphology)의 어원은 형태(Shape, Form)를 의미하는 고대 그리스어 Morphe에서 유래된 것으로 형태분석법(MA, Morphological Analysis)이란 어떤 사물이나 문제의 구조는 어떻고 어떤 세부 요소로 구성되어 있는가에 대해 연구한다. 형태분석법은 문제의 해결을 위해 모든 변수의 조합을 도출하고 평가하는 방법으로 문제의 구성요소를 세분화하여 독립적인 변수들을 도출하고 독립적인 변수들을 매트릭스의 축으로 하여, N차원 매트릭스를 작성하고 모든 변수들을 빠짐없이 일대일로 조합하여 해결 가능한 모든 해결방안들을 도출해 문제 해결에 활용하는 방법이다.

이 기법은 후에 캘리포니아 공과 대학의 우주공학교수가 된 프리츠 즈위키(Fritz Zwicky) 박사가 1970년 에어로제트사 재직 중에 제트엔진 개발용으로 고안한 것이다. 그리고 1995년엔 스웨덴 기술예측 및 영향평가 연구소에 근무하고 있던 리치(Tom Ritchey) 박사가 전면적인 컴퓨터 활용 없이는 형태분석법의 무한한 가능성을 실현시키

11 국제미래학회 공동저술 '전략적 미래예측방법론 바이블' 제27장(박병원) 내용을 발췌하였다.

기에는 매우 힘들다고 여겨 시스템 개발을 시작하여 분석-합성이 가능한 형태추론방법(morphological inference model) 프로그램을 만들었다. 이 모델로 다양한 초기조건의 가설을 세우게 하고, 동인을 정의하며 해결방안과 의사결정 경로를 만들 수 있다.

2) 형태분석법 프로세스

형태분석법은 주어진 대상 혹은 문제의 속성을 가로축과 세로축에 열거하여 도표를 만들어 새로운 아이디어를 각 빈칸에 기록해 보게 하는 방법으로 이른바 행렬기법(Matrix Method)이라고 불린다. 이 기법의 핵심 포인트는 문제해결의 틀이 다수의 축의 총합으로 이루어지며, 각각의 축을 변수로 하는 차트 구성을 통해 다각적, 종합적으로 추구하고자 한다는 것이다. 형태분석법의 프로세스는 다음과 같다.

▼ 그림 5-31 **형태분석법 프로세스**

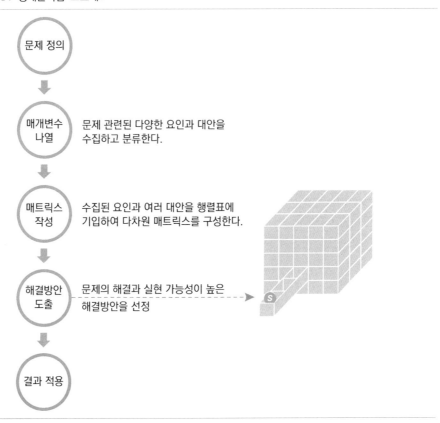

출처: 기술인문융합창작소, 미래예측 프레임워크와 방법론.

(1) 1단계: 문제 정의

해결해야 할 문제를 정의하고 문제에 영향을 주거나 문제와 연관된 모든 구성 요소들을 찾아 체계적으로 정리한다.

(2) 2단계: 매개변수 나열

정리된 구성요소를 토대로 문제해결에 영향을 미치는 매개변수들을 나열한다.

각 매개변수는 문제의 특성, 상태, 기능, 조건 등이 될 수 있으며 각 매개변수가 가질 수 있는 요인과 항목을 최대한 많이 도출한다.

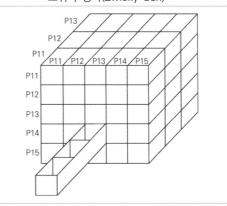

▼ 그림 5-32 3차원 형태영역(morphological filed) 즈위키 상자(Zwicky box)

출처: 기술인문융합창작소, 미래예측 프레임워크와 방법론.

(3) 3단계: 매트릭스 작성

매개변수를 축으로 가능한 모든 요인과 항목이 포함되는 다차원 매트릭스를 구성한다. 즉, 즈위키 상자(Zwicky box)로 불리는 아래 형태영역(morphological filed) 표에 매개변수를 적고, 각 매개변수별로 가능한 범위 및 상태들을 도출한다. 각 상자는 최종 대안의 한 상태를 표시한다.

▼ 표 5-11 2차원 형태영역(morphological filed) 즈위키 상자(Zwicky box)

매개변수 A (parameter A)	매개변수 B (parameter B)	매개변수 C (parameter C)	매개변수 D (parameter D)	매개변수 E (parameter E)
A1	B1	C1	D1	E1
A2	B2	C2	D2	E2
A3	B3	C3		E3
A4		C4		E4
		C5		E5

* 5개의 매개변수와 각 매개변수별 가능한 값(상태). 본 표에 따르면 형태영역(Morphologicalfiled)상에 총 600개(=4x3x5x2x5)의 조합이 가능하다.

(4) 4단계: 해결방안 도출

작성된 매트릭스의 항목들을 교차적으로 조합하고 평가하여 교차점에 해결방안이나 문제의 해결 조건을 도출한다. 도출된 해결방안들 중에서 정의된 문제를 효과적으로 해결할 수 있고, 실현 가능성이 높은 해결방안들을 선택한다. 결과가 심하게 모순되는 해결방안들은 해당 매트릭스의 칸은 비워두거나 X를 그려넣어 제거한다.

이때 소위 교차일관성평가(Cross－Consistency Assessment)라는 과정으로 각 매개변수별 가능한 상태들은 쌍으로 비교하면서 관련 조합이 공존할 수 있는지 조사한다. 주의해야 할 점은 인과관계를 묻는 것이 아니라 내적일관성만 조사한다.

▼ 표 5-12 교차일관성평가 매트릭스

		매개변수 A				매개변수 B			매개변수 C					매개변수 D	
		A1	A2	A3	A4	B1	B2	B3	C1	C2	C3	C4	C5	D1	D2
매개변수 B	B1														
	B2														
	B3														
매개변수 C	C1														
	C2														
	C3														
	C4														
	C5														
매개변수 D	D1														
	D2														
매개변수 E	E1														
	E2														
	E3														
	E4														

출처: STEPI(이세준, 이윤준, 홍정임), '통합적 미래연구 방법론의 탐색 및 적용', 정책연구 2008-16.

형태영역(Morphological Field)은 일단 해법공간(Solution Space)으로 축소가 되면 유연한 추론모델을 적용할 수 있다. 즉 '만약에(what if)'라는 질문을 던질 수 있는 정도가 된다. 컴퓨터의 도움으로 1~2개 정도의 매개 변수를 입력 또는 동인으로 설정하거나, 초기 경계조건(Boundary Condition)을 설정하여 다른 대안을 만들어 낼 수도 있다.

(5) 5단계: 결과 적용

매트릭스에서 도출된 해결방안에 대한 자원과 환경을 고려·평가하고 실제 문제를 해결하는 데 적용한다. 형태분석법은 본질적으로 정량화하기 힘든 사회기술적 문제를 엄밀하게 구조화하고 내부요소 간 상호관계를 정의하는 데 사용한다.

형태분석법은 특히 다음과 같은 문제에 결과를 적용할 수 있다.

① 시나리오 개발
② 전략 대안 개발
③ 리스크 분석
④ 복잡한 정책 결정에 있어 과정과 결과의 연계
⑤ 전략적 포지셔닝 및 이해당사자 분석
⑥ 조직 구조 평가
⑦ 복잡한 상호관계들의 시각적 모델 제시

3) 형태분석법 장점과 단점

(1) 형태분석법 장점

형태분석법은 다양한 과학적 모델링기법의 강점을 골고루 가지고 있다. 기본적으로 과학적 기법이 갖추어야 할 분석 – 합성(Analysis – Synthesis Cycle), 그리고 문제를 구조화하기 위한 변수로 구성되어 있다. 이런 구조화된 변수를 정의함으로써 현실적이고 동적인 모델 도출이 가능하다. 이 때문에 형태분석법은 다른 모델과도 상호연계가 가능할 뿐만 아니라, 다른 기법을 위한 사전 정리 작업에도 유용하다.

또한 형태분석법은 다른 덜 구조화된 방법론에 대해 상대적으로 장점이 있다. 즈위키는 형태분석법이 어떤 문제에 대해서도 사전 편견이 없이 사용할 수 있는 전천후 기법(Totality Research)이라고 주장하기도 했다. 형태분석법은 다른 덜 구조화된 기법에서는 다룰 수 없는 문제에 대해 명료한 문제 정의가 가능하여, 각 문제가 가지고 있는 경계조건의 확장이나 전혀 다른 맥락에서도 활용가능하다.

그리고 형태분석법은 추후 감사과정에서 필요한 증거를 남긴다. 보통 연성방법론(Soft Method)의 경우 결과가 어떻게 도출되었는지 평가하는 데 과정 평가에 있어 한계점을 노출하게 된다. 어떤 경우라도 추적 평가를 할 수 없는 경우는 결과의 신뢰성이 제한될 수밖에 없다. 소프트웨어를 활용한 문서 저장 및 추적 시스템은 모든 과정을 기록할 수 있다.

(2) 형태분석법의 단점

형태분석법은 강력하고 전문적인 촉진활동(facilitation)을 필요로 한다. 문제를 이루고 있는 구조들을 설명할 매개변수를 도출하는 것도 쉽지 않고 시간이 많이 소요된다. 문제의 복잡성에 따라 다르지만 적어도 2~10일 정도의 워크숍이 필요하다. 또한 참가인원이 7~8인이 넘는 경우에는 효과적인 토론이 어려울 수 있다. 보통 가장 최적의 참가 인원은 7±2인 정도라고 알려져 있다.

또한 효율적인 형태분석법을 위해서는 컴퓨터 프로그램의 도움이 필요하며 관련 이론이 꽤 오래 전에 제시되었음에도 불구하고 최근에서야 그 가능성이 확인되었다.

그리고 형태분석법의 최종 결과의 품질은 제공된 자료에 전적으로 의존한다. 물론 형태분석법은 교차일관성평가를 통해 이런 잘못된 입력을 제거할 수 있지만 이 또한 형태영역(Morphological Field)이 바르게 설정되었을 경우에 한정한다.

4) 형태분석법 사례

스웨덴 국방연구원은 냉전기간 중에 구축한 방공호 시설들에 대한 미래 정책을 연구함에 있어 형태분석법을 사용하였다. 2013년의 이 연구에서 방공호의 위치 우선순위, 기능적 우선순위, 규모, 신설 신축 여부, 유지보수, 혜택 수여그룹에 대한 철학 등 6개 매개변수들을 정하고 각 변수에 해당하는 안들을 정리하며 가능한 $2,304 = 4 \times 4 \times 4 \times 3 \times 3 \times 4$개 정책들을 도출하였다. 그리고 교차일관성 평가와 전문가 검토를 거쳐 수십 개의 정책대안으로 압축 시켰다. 그 중 [표 5-13]은 '모든 국민들에게 동일한 방공호 이용 혜택을 부여하기 위한 위치, 기능, 규모, 전설, 유지보수 목적의 정책대안들은 무엇인가?'에 대한 답들을 보여 준다(이주헌, 미래학 미래경영, 2018).

▼ 표 5-13 형태분석법을 이용한 스웨덴의 방공호 시설 정책 사례

Geographic priority	Functional priorites	Size and cramming	New construction	Maintenance	General philosophy
Metropoles	all socio-tech. functions	Large, not crammed	With new construction	More frequent maintenance	All get same shelter quality
Cities+50,000	Tech support systems	Large & crammed	Compensation	Current levels	All take same risk
Suburbs and countryside	Humanitarian aims	Small, not crammed	New only for defcence build up	No maintenance	Priority: Key personel
No geo-priority	Residential	Small & crammed			Priority: Needy

출처: Swedish Morphological Society, General Morphological Analysis, 2013.

2 게임이론방법(Game Theory Method)[12]

1) 게임이론방법의 개요

게임이론방법이란 집단이나 기업 그리고 국가가 정치, 경제, 환경 등 여러 부문에 대한 하나의 행동이나 결정이 일방적 게임(놀이)에서와 같이 자신의 반응에 의해서만 결정되는 것이 아니고, 동시에 다른 참여자의 행동에 따라 영향을 받아 결정이 이루어지는 상황 아래 놓일 때 자신에게 최대의 이익이 되도록 행동하는 것을 수리적 접근법(數理的接近法)으로 분석하는 이론이다.

게임이론이란 상충적이고 경쟁적인 조건 아래서 경쟁자 간의 경쟁 상태를 모형화하여 참여자의 행동을 분석함으로써 최적의 전략을 선택하는 과정을 이론화하는 것이다.

게임이론은 존 노이만(John von Neumann)과 오스카 모르겐슈테른(Oskar Morgenstern)이 1944년에 함께 쓴 <게임이론과 경제 행태>(Theory of Games and Economic Behavior)가 발간되면서 이론적 기초가 마련되었고, 제2차 세계대전 당시 잠수함 전투에 이 이론을 이용한 미국의 물리학자인 P.모스에 의해서 더욱 발전되었다. 1980년대에 프린스턴 대학과 랜드연구소 소속의 존 내쉬(John Nash), 쿤(Harold Kuhn), 샤플레이(Lloyd Shapley), 슈빅(Martin Shubik)이라는 연구자들이 게임이론의 정교화를 도모하여 오늘날의 게임이론의 토대를 구축하였다.

게임이론은 초기에 주로 군사 전략부문에서 적용되어 왔으나 현재는 정치·사회·경제·경영·문화·심리·과학·교육·생명공학 등 다양한 부문에서 미래 정책과 전략을 입안할 때 사용되고 있다.

게임이론은 경기자(player), 전략(strategy), 보상(payoff)이라는 요소로 구성되어져 있다. 경기자는 게임의 주체로 사람일 수도 있고, 기업이나 국가일 수도 있다. 경기자의 수는 둘일 수도 있고, 셋 이상일 수도 있다. 전략이란 경기자가 행할 수 있는 모든 가능한 행동이다. 보상은 각 경기자들이 선택한 전략 하에서 이들에게 돌아갈 결과를 수치로 나타낸 것이다. 보상은 실제 금전적 보상일 수도 있고 기수적(수치로 나타난) 효용일 수도 있다.

게임은 개인 간, 사회생활 속에서 집단 간 그리고 국가 간에도 이루어질 수 있다. 국제 간의 예로는 미국의 쿠바 미사일 설치와 미국의 쿠바 해안 봉쇄는 미국과 소련사이에 '겁쟁이 게임', '미치광이 게임'의 양상을 보였고 미국과 소련은 협상을 하게 되었다.

---

12 국제미래학회 공동저술 '전략적 미래예측방법론 바이블' 제31장(김광옥) 내용을 발췌하였다.

2) 게임이론의 방법론

게임이론은 그 종류가 다양하여 어느 부문에 응용하느냐에 따라 여러 방법론이 제기될 수 있는데 일반적으로 응용되는 방법론을 개관해 보자.

(1) 전제 분석

게임은 크게 세 요소로 구성된다. 첫째는 게임의 경기자이다. 즉 참여자로 게임 플레이어(game player)다. 둘째는 게임의 규칙이다. 경기자들이 정보를 가지고 있는지(정보) 그리고 언제 어떤 행동을 취할 수 있는지(행동 선택)를 나타낸다. 솔루션 개념(solution concept), 전략(strategy)이다. 셋째는 게임의 가능한 결과다. 게임의 결과로 나타나는 만족도나 보수는 어떻게 되는지를 나타낸다. 보상(payoff)이라고도 한다.

전반적으로 게임 이론의 주요 내용은 크게 두 가지 주제를 염두에 두고 있다.

① 첫 번째: 게임의 반복성

게임을 여러 번 반복할 때와 1회로 한정할 때를 비교했을 때 어떤 차이가 있는지 알아본다. 여기에서는 시장의 평판이나 미래의 보복이라는 요소가 부각된다.

② 두 번째: 비대칭 정보

게임에 참가하는 모든 플레이어가 같은 정보를 가지고 있을 때와 그렇지 않을 때를 비교하여 어떤 문제가 발생하는지를 알아본다. 정보를 많이 가지고 있는 플레이어와 정보가 적은 플레이어가 각각 자신에게 더 유리한 상황을 만들어내기 위해 어떠한 점에 유의해야 하는지를 알아보는 것이다.

(2) 게임의 형태 파악

게임 상황이 어떤 형태인지를 파악한다. 게임이론의 여러 표현 양태에 따라 게임은 아래와 같이 구분된다.

① 게임의 묘사: 정규형 게임과 전개형 게임

게임 상황이 주어지면 그 상황을 정규형(normal form)으로 그리고 확장형 혹은 전개형(extensive)으로도 표현할 수 있다.

정규형 게임이란 보수 행렬을 통해서 묘사된 게임을 지칭하고 확장형 게임이란 게임 나무라는 형태로 묘사된 게임을 말한다.

▼ 표 5-14 정규형 게임 형태

	A	B
a	1, 3	0,0
b	0,0	3, 1

대개의 경우 동시게임은 정규형으로 순차적 게임은 확장형으로 표현하지만 동시게임도 확장형으로 가능하고 마찬가지로 순차적 게임도 정규형으로 묘사할 수 있다.

게임에 참가하는 경기자, 각각 경기의 전략 집합이 결정되고, 경기자들이 선택한 전략들로 이루어진 전략 쌍들로부터 각 경기자들이 얼마의 보상을 받게 될지 결정하게 되면 정규형 게임이라 할 수 있다.

▼ 그림 5-33 전개형 게임 형태

```
              / \
          a /   \ b
          /       \
      A / B    A \ B
       / \     /   \
      /   \   /     \
     /     \ /       \
     1   0   0    1
     3   0   0    3
```

여기에는 ⓐ 경기자들 ⓑ 게임 나무 ⓒ 보상 집합이 정의되어야 한다. 게임나무는 노드(nodes, 분기점)와 노드들을 연결해 주는 나뭇가지(branches)들로 구성된다. 각 노드는 게임을 시작하거나 종료 시점을 나타낸다.

② 게임 진행 시간 순서: 동시게임과 순차적 게임

게임이 진행되는 시간 순서에 따른 게임형태에 적용한다. 동시 게임(Simultaneous Game)과 순차적 게임(Sequential Game)으로 구분된다.

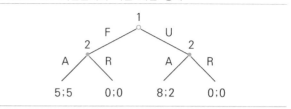
▼ 그림 5-34 시간순서에 따른 게임 형태

재생하는 나무 정점(혹은 노드)의 선수가 선택 지점이다. 보상은 나무 아래에 나타난다. 플레이어(P) 1선수가 F 또는 U 중 하나를 선택한다. 플레이어(P) 2는 1을 보고 움직이며 R을 선택한다.

그리고 P 1은 U를 선택하고 P 2, P 2는 8을 얻는다. P 2는 2를 얻는다.

이 광범위한 게임은 동시에 불완전 정보로 진행된다. 선은 동일정보이지만 결과는 다른 선으로 폐쇄적이 된다.

동시 게임은 두 선수가 동시에 게임을 수행하거나 수행하지 않는 경우다. 순차게임은 나중 선수가 앞의 사람에 대한 정보를 가지고 하는 게임이다. 즉, 순차 및 동시 게임의 차이점은 다음과 같다.

▼ 표 5-15 동시게임과 순차게임

		Sequential 순차	동시
일반적으로 표시	→	Decision Trees 의사 결정 트리	보수 행렬
상대의 움직임에 대한 사전 지식	→	Yes (예)	No (아니)
시간 축	→	Yes (예)	No (아니)
또 다른 이름	→	광범위한 게임	전략 게임

(3) 게임이론의 응용

게임이론의 중요한 분석 과제는 플레이어가 상대의 행동을 어떻게 추측하고, 그것에 기초하여 어떻게 행동하고, 어떠한 게임의 결과가 실현되는지를 추론하는 것이다. 여기에 다음의 게임이론을 응용할 수 있다.

① 협력 게임과 비협력 게임

게임이론은 크게 협력적 게임이론(Cooperative Game Theory)과 비협력적 게임이론(Non-Cooperative Game Theory)으로 나누어진다.

협조적 게임은 경기자의 일부 또는 전부가 자발적으로 구속력 있는 계약(binding agreement)에 합의하여 연대(coalition)가 허용되는 경우이다. 협력적 게임은 국제무역, 노사 단체협약, 그리고 선진국에서 시행되고 있는 검사와 변호사 사이에 이루어지는 유죄협상제도 등이 포함된다. 게임 경기자가 합의한 구속력 있는 계약을 위반하여 자신의 이익을 챙기는 경우에 협력적 게임은 파기된다. 이 때 합의한 계약을 위반한 경기자는 계약위반에 대해 법적으로 처벌받는다.

비협력적 게임은 원칙적으로 구속력 있는 계약이나 연대를 허용하지 않는 경우이다. 단지 게임의 규칙이 허용하는 한도 내에서 구속력 있는 계약의 체결은 가능하나 이를 위반하더라도 처벌될 수 없다. 대표적인 비협력 게임은 죄수의 딜레마, 적대적 합병, 순수 경쟁 등을 들 수 있다. 비협력적 게임은 결국 자신의 이익을 추구하게 되고, 이러한 행동을 자기 구속적 행동(Self-Enforcing Behavior)이라고 한다. 아무도 강제할 수 없는 상황에서 경기자 스스로 자신의 행동에 구속력을 부여하는 이유는 자기 구속적 행동이 자신의 이익과 부합되기 때문이다. 따라서 비협력적 게임의 초점은 경기자의 자기 구속적 행동이 무엇인지를 규명하는 것이다.

② 제로섬과 비제로섬

제로섬 게임은 플레이어들이 정해진 자원을 늘일 수도 줄일 수도 없는 일정의 합 게임이다. 전략의 모든 합에서 총 이익은 항상 0이다. 보드게임, 바둑, 장기, 카지노 게임 등이 그 예이다.

그러나 비제로섬 게임인 '죄수의 딜레마'의 합은 언제나 0은 아니고 0보다 크거나 작을 수 있다. 따라서 비제로섬 게임에서 한 플레이어의 이득이 다른 사람의 손실로 꼭 이어지는 것은 아니다.

게임이론으로 유명한 죄수의 딜레마를 설명하면 다음과 같다. 중죄를 짓고 붙잡혀 온 공범 죄수 2명이 있다고 가정하자. 수사하는 과정에서 심증은 있는데 물증이나 증거가 없어 오직 자백에 의해서 형을 부여할 수 있다고 가정하자.

이에 죄수 A와 죄수 B는 자백(배신) 여부에 따라 아래 조합의 형량이 가능해진다.

ⓐ 죄수 A가 자백하고 다른 B가 부인하면 A는 석방, B는 가중처벌로 징역 20년
ⓑ 죄수 B가 자백하고 다른 A가 부인하면 B는 석방, A는 가중처벌로 징역 20년
ⓒ 둘 다 자백하면 각각 징역 5년
ⓓ 둘 다 부인하면 확보된 증거만으로 각각 징역 1년

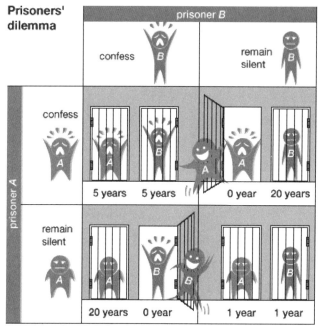

© 2006 Encyclopædia Britannica, Inc.

　　죄수 A와 죄수 B가 분리되어 서로가 어떤 선택을 하는지는 알 수가 없는 상황에서 두 죄수는 어떤 선택이 가장 합리적인 선택일까? 죄수 A나 B는 서로 자백을 하는 것이 가장 합리적인 행동일까? 즉, 상대보다 자기 자신의 이익을 위해서 둘다 자백을 선택한다면 결과는 어떻게 될까. 둘 다 5년형의 징역을 선고 받을 것이다. 비록 죄수들은 가장 합리적인 전략을 선택했음에도 불구하고 최악의 결과를 초래한 것이다. 둘 다 부인을 했으면 징역 1년이 됐을 것이다.

　　이런 경우 죄수의 딜레마 이론은 죄수 A, B가 모두 부인하여 징역 1년씩을 받는 것이 최선의 선택이지만 죄수들은 자신의 이익을 위해 각각 자백해 결과적으론 징역 5년씩을 선고받는다는 것이다. A는 B가 어떤 선택을 하더라도 자백이 유리하다고 생각하고 이는 B에게도 마찬가지이기 때문이다.

　　죄수의 딜레마 게임은 두 죄수가 서로 의사소통을 할 수 있다면 이야기가 약간 달라진다. 이 결과는 무엇을 뜻하는가. 결국 두 사람이 만나 협상을 할 수 없는 데서 발생하는 일이다. 게임 양자 또는 기업과 사회나 국제 간에 상대를 알면 협상이 가능하지만 모를 때는 이러한 손해를 감수해야 하는 일이 많을 것이다.

③ 완전 정보와 불완전 정보

게임은 플레이어가 상대 플레이어의 선호에 대해서 어느 정도의 정보를 가지고 있는가에 따라 완전 정보 게임과 불완전 정보 게임으로 분류할 수 있으며, 또한 플레이어가 플레이의 역사에 대해서 어느 정도의 정보를 가지고 있는가에 따라 완전 정보 게임과 불완전 정보 게임으로도 분류할 수 있다. 게임이론은 이러한 게임의 성질에 따른 해(解) 개념이 개발되어 플레이어의 전략 및 게임의 귀결에 관하여 합리적인 예측을 할 수 있게 한다.

④ 우월전략과 내쉬균형 이론

우월전략이나 내쉬균형 이론이란 무엇이며, 그리고 이 둘은 어떤 관계인가?

내쉬 균형(Nash Equilibrium)은 게임 이론에서 경쟁자 대응에 따라 최선의 선택을 하면 서로가 자신의 선택을 바꾸지 않는 균형상태를 말한다. 즉 내쉬균형은 게임 참가자들에게 더 이상 바꿀 유인(보상)이 없는 상태다. 예컨대 플레이어 A가 알파전략에서 베타전략으로 바꿀 경우 보상이 변하지 않거나 감소하고, 플레이어 B 또한 알파전략에서 베타전략으로 바꿀 경우 보상이 변하지 않거나 감소할 경우 두 플레이어들은 전략을 바꾸지 않는다. 이것이 내쉬균형이다. 내쉬균형이 아니라는 말은 전략을 변동하여 추가적인 보상을 얻을 수 있다는 말이다.

우월전략은 상대방의 전략과는 상관없이 항상 나에게 유리한 전략이 있는 경우를 뜻한다. 예컨대 학생들인 경우, 다른 학생들이 공부를 하든 안하든 나는 공부하는 것이 가장 유리하다. 다른 학생들이 공부를 안 하면 내 보상이 늘어나기는 하겠지만, 그것과는 상관없이 내가 공부할수록 내 보상(성적)이 늘어나는 항상 우월한 전략이 존재한다.

⑤ 겁쟁이 게임(치킨게임) 이론

죄수의 딜레마처럼 겁쟁이는 다양한 범위에 걸친 인간 갈등의 중요한 모델이다. 청소년의 무모한 겁쟁이 게임은 1955년의 영화 <이유 없는 반항>에서 주목을 받았다. 로스앤젤레스의 10대들이 훔친 자동차를 절벽으로 몰고 가 '겁쟁이 경주'를 벌인다. 최후의 순간에 탈출해야 한다. 먼저 뛰어내리는 측이 겁쟁이(치킨)가 되어 게임에서 지게 된다. 이런 겁쟁이는 할리우드를 제외하고는 현실적으로 받아들여지지 않았다.

이에 대한 응용은 도로에서 서로 마주보고 흰 줄 위로 오른쪽 바퀴와 왼쪽 바퀴를 걸치고 마주 달려오다 먼저 피하는 쪽이 겁쟁이가 되는 경기다.

최악의 결과는 두 운전자 모두 흰줄에서 벗어나지 않는 것이다. 자신은 벗어나지 않고 상대는 벗어나게 하면 상대를 '겁쟁이'로 만들 수 있다. 둘 다 벗어나면 다음으로 나쁜 결과이지만 여전히 죽음보다는 낫다.

겁쟁이 게임에는 '협동의 결과'가 있다. 두 운전자 모두 벗어나면 그것은 그리 나쁘지 않다. 둘 다 살아남고 그 누구도 상대를 겁쟁이라 부르지 않는다.

▼ 표 5-16 겁쟁이 게임

	벗어나기	직진하기
벗어나기	2, 2	1, 3
직진하기	3, 1	0, 0

0이 최악의 결과이고 1은 그 다음으로 나쁜 결과이다.

'겁쟁이'는 '죄수의 딜레마'와 어떻게 다른가? 상호변절(두 운전자 모두 직진 시의 충돌)은 '겁쟁이'에서 가장 두려운 결과이다. 한편, '죄수의 딜레마'에서는 자기는 협조하는 반면, 다른 경기자는 변절하는 것(풋내기가 되는 것)이 최악의 결과이다.

⑥ 미치광이 게임 이론

겁쟁이 딜레마에 관한 가장 불편한 점은 비합리적인 경기가 '유리한 점'을 갖거나 가지는 것으로 여겨진다는 데 있다. "어떤 10대들은 '겁쟁이 게임'을 하면서 흥미로운

▼ 사진 5-6 치킨런이라 불린 겁쟁이 게임이 등장한 영화 〈이유없는 반항〉

출처: https://images.app.goo.gl/xoe6UNdXfvXR4mAPA

전술을 이용한다"고 주장했다. "기량이 뛰어난 경기자는 만취한 채로 차에 올라 위스키 병을 창밖으로 던짐으로써 모든 사람에게 그가 취했다는 사실을 분명히 알릴 수도 있다. 그는 아주 짙은 선글라스를 쓰고 있어 시야가 좋지 않은 것도 명백하다. 자동차의 속도가 높아지자마자 그는 핸들을 뽑아 창밖으로 던진다. 만일 적수가 보고 있다면, 그는 이미 이겼다. 하지만 만일 적수가 보고 있지 않다면, 그는 문제에 직면했다"라고 할 것이다. 이는 허만 칸의 설명이지만 이런 예는 베트남 전쟁에서 활용되었다고 주장했다. 북한의 핵 미사일 시험 발사 등도 이런 관점에서 볼 수 있을 것이다.

3) 게임이론방법의 장점과 단점

게임이론은 많은 참여자들이 경쟁 혹은 협력관계가 형성되어 있는 장(場)에서 각 관계들을 모형화하여 자기집단의 이익을 최대한 많이 추구할 수 있는 미래전략과 정책을 수립하는 데 유용하다. 현실의 당면 문제를 설명하고 미래를 예측하며 또한 문제해결방법을 제시하는 기법으로 의미있게 활용될 수 있다.

그러나 게임은 항상 승패를 염두에 두고 계량적으로 상대방의 대응 전략을 산출하려는 측면을 지나치게 강조하여 비계량의 상황에 대한 게임의 운영은 사실상 불가능하다. 예컨대 월남전에서 미국이 월맹보다 월등한 군사력을 가지고서도 결국 패전하고 후퇴하게 된 것은 전쟁을 계량화 할 수만은 없는 많은 요소가 있기 때문이다. 베트콩의 게릴라 전법과 전투의지, 민족성 등을 계량화하기 어렵기 때문이다.

즉 게임에는 물질적인 요소가 중요하지만 실제 상황에서 게임 또는 경쟁에 임하는 인간의 의지나, 이기심, 승부욕, 질투심, 사기, 기상 등의 요소를 정확하게 계량화하거나 대입할 수 없다는 문제점이 있다.

4) 게임이론방법론의 사례

게임이론에 근거한 미국의 쿠바 미사일 사태에 대하여 살펴보면 다음과 같다. 1960년대 초까지는 미국과 소련의 지도자들은 전쟁은 어떤 상황에서도 가능한 최악의 결과라는 데 동의했다. 불운하게도 제3차 세계대전의 공포는 전쟁을 회피하기 위해 협조하는 것을 보장해 주지 못했다. 1962년 10월 미국과 소련은 핵전쟁의 고비에 있었는데 쿠바에 소련 미사일 기지 건설이 포착되어 미국 케네디 대통령이 쿠바 바다를 봉쇄하게 된 사건이 있었다.

미국과 소련은 이익이 충돌할 때마다 한쪽 또는 양쪽 모두 전쟁을 가지고 유혹을 받았다. 그들이 전쟁을 원했기 때문이 아니다.

출처: https://images.app.goo.gl/M7f6buQoonUWo1yH9

그러나 만일 한쪽이 상황의 심각성을 다른 쪽에 확신시킬 수 있다면 다른 쪽은 전체의 대학살을 막기 위해 물러설지 모른다. 평화를 보장하는 유일한 방법은(그것은 공정하지도 합리적이지도 않지만) 더 호전적인 국가가 언제나 주도권을 갖게끔 하는 것이다.

쿠바 미사일 위기는 게임이론인 정치적 겁쟁이 딜레마의 고전적 예가 되었다. 쿠바 미사일 위기는 소련이 쿠바에 미사일을 배치함에 따라 일어난 일이다. 미국의 피그스만 (Bay of Pigs) 침공 이후 쿠바 보호를 위해 소련은 미국이 영국이나 이스라엘, 터키에 미사일을 배치한 것과 다를 바 없다고 미사일을 설치하게 된 것이다. 존 케네디 대통령이 쿠바 상공 U−2기 정찰 비행을 통해 미사일 설치를 알게 되고 난 후, 1962년 10월 6일부터 12일간 사건이 긴박하게 돌아갔다. 1959년 쿠바 혁명 이후 쿠바는 미국의 산업을 국유화 시켰고 이에 미국은 쿠바산 설탕의 수입중지, 석유 수출 중단 등으로 대응했다. 1961년 4월 CIA명령으로 쿠바 망명자들이 피그스만 공격을 감행했으나 실패했다. 이후 1962년 미국은 경제 제재에 들어갔다. 그리고 미국의 카스트로 정권 전복 작전인 Mongoose 작전도 실패했다. 미국은 미사일 철수 촉구, 전면 공습 등 6가지 안을 가지고 있었다. 마침내 쿠바 해안을 봉쇄하자 후루시초프는 '그건 해적행위'라고 비난했다.

후루시초프는 즉시 서신을 보내 미국이 쿠바를 공격하지 않는다면 우리도 미사일을 보내지 않을 것이라고 했다. 카스트로는 소련이 준 정보만을 알고 U−2기, 해안봉쇄 등은 모르고 있었다. 이에 쿠바와 소련 사이의 관계도 어색해지고 그 사이 소련은 ① 쿠바에서 미사일을 철수하고 ② 무기반입을 금지하는 대신, 미국은 ① 쿠바 해안

봉쇄 조치를 해지하고 ② 쿠바 침공을 하지 않는다는 조건으로 쿠바 미사일 설치 사태는 위기를 넘겼다.

    미치광이 이론이 아닌 겁쟁이 게임으로 서로 조금씩 주고받고 물러서는 선에서 해결되었다. 결국 소련의 쿠바 미사일 설치에 미국은 해상을 봉쇄했고 소련은 미사일을 들여 놓지 못했다. 이는 겁쟁이 게임의 양상인데 여기에는 소련은 본국에서 멀고 미국은 바로 인접해 있다는 조건이 큰 작용을 했음을 고려할 수 있다. 만약 이것이 소련 위성국지역, 중앙아시아 등 소련 인접지역에서라면 다른 결과가 나왔을 것이다.

유용한 시나리오 미래예측방법론 추가 소개

　　미래예측에 대한 필요성이 증대되고 미래예측을 통한 미래전략 수립이 중요한 경쟁력이 되어 가고 있다. 이에 다양한 미래예측방법론이 개발되고 사용되어지고 있다. 그중에서 미래예측 연구에 널리 사용되고 있고 미래학에서 유용하게 활용될 수 있는 시나리오 미래예측방법론을 추가로 설명한다. 미래학 교육의 원조격인 하와이 대학교 마노아학파의 대안적 미래예측방법론과 스웨덴의 미래연구기업인 카이로스 퓨처(Kairos Future)의 TAIDA 미래예측방법론에 대해 소개하고자 한다.

1　마노아학파의 대안적 미래예측방법론(Alternative Futures Method)[13]

　　짐 데이토 교수는 마노아학파가 대안적 미래예측방법론(Alternative Futures at the Manoa School)을 지향한다는 것을 여러 차례 밝히고 이에 근거한 미래학 교육을 실시하여 왔다. 짐 데이토 교수는 "미래학은 미래를 예언하는(predict) 것이 아니고, 예측하는(forecast) 것이다. 미래학은 정해진 미래를 연구하지 않는다. 미래의 이미지를 연구

▼ 그림 5-37 대안적 미래예측방법론의 시나리오 종류

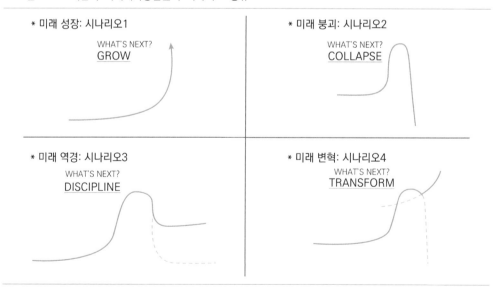

* 미래 성장: 시나리오1
WHAT'S NEXT?
GROW

* 미래 붕괴: 시나리오2
WHAT'S NEXT?
COLLAPSE

* 미래 역경: 시나리오3
WHAT'S NEXT?
DISCIPLINE

* 미래 변혁: 시나리오4
WHAT'S NEXT?
TRANSFORM

13　Jim Dator, 'Alternative Futures at the Manoa School', Journal of Futures Studies, 2009.

할 뿐이다."라고 자주 말하였다.

짐 데이토 교수를 중심으로 하는 미래학의 마노아학파는 "미래는 단 한가지 방향으로만 전개될 것이라고 하는 절대미래(THE FUTURE)는 존재하지 않는다고 단언하고, 미래는 성장하거나, 붕괴하거나, 역경을 겪거나 변혁하는 4가지 대안적 형태로 전개 가능하게 된다"고 보고 이에 근거한 미래예측방법을 개발하여 교육하고 있다. 이처럼 미래가 여러 가지 다양하게 전개될 수 있다는 의미에서 마노아학파는 미래학의 영어 표기도 복수를 의미하는 s를 붙여 Futures Studies로 표기한다.

마노아학파가 보는 미래예측의 4가지 시나리오의 첫 번째는 성장(Grow)이다. 즉 미래는 현재와 같은 형태로 계속 성장 발전한다고 보는 미래예측 시나리오이다. 두 번째는 붕괴(Collapse)이다. 즉 미래는 현재와 같은 형태가 무너지는 붕괴과정을 겪는다고 보는 미래예측 시나리오이다. 세 번째는 역경(Discipline)이다. 미래는 현재와 같은 형태가 무너지는 것을 방지하기 위한 고난과 역경의 과정을 겪는다고 보는 미래예측 시나리오이다. 네 번째는 변혁(Transform)이다. 붕괴를 넘기 위해 새로운 변신을 거쳐 전혀 다른 단계로 변혁하고 도약한다고 보는 미래예측 시나리오이다.

미래학자들은 이상의 4가지 대안적 미래예측 시나리오들을 적절한 증거를 이용하여 그럴듯하고(plausible) 실천 가능하게(actionable) 만들어야 한다.

마노아학파는 미래예측의 본질은 '정확히 정해진 미래를 예측하는 것'이 아니라

▼ 그림 5-38 마노아학파 대안적 미래예측방법 프로세스

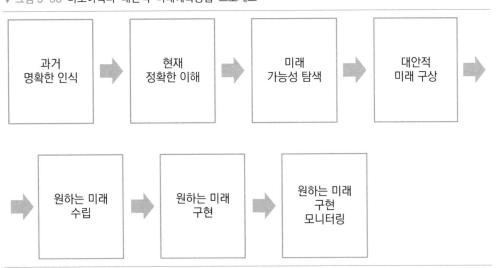

출처: Jim Dator, Alternative Futures at the Manoa School, 2009.

다양한 가능성을 고려한 복수의 미래를 구상하고, 그 속에서 가장 바람직한 미래(desirable future)를 찾아내고, 또 원하는 미래(preferred future)가 구현되도록 미래 전략을 올바르게 설계하고 수립하는 것으로 보고 이를 위한 미래예측 방법론을 '대안적 미래예측방법론'(Alternative Futures Method)으로 제시하고 있다.

마노아학파 대안적 미래예측방법론은 다음과 같이 7단계의 미래예측 프로세스를 거친다.

마노아학파의 대안적 미래예측방법의 첫 번째 단계는 미래예측 주제와 관련한 상황들의 과거에 대해 명확히 인식하는 것이다. 이를 위해 지난 50년간 어떤 중요한 사건이 있었으며 무슨 변화가 있었는지와 그런 변화의 역사적 동인이 무엇인지를 밝히고 명확히 인식하는 것이 중요하다.

두 번째 단계는 현재에 대한 정확한 이해를 통해 변화에 대한 새로운 시그널을 포착하는 단계이다. 이를 위해 과거의 변화 동인 중 지금도 영향을 주는 것이 있는지, 변화를 발생시키는 새로운 원천이 무엇인지, 그리고 변화의 속도를 줄이거나 가속화하는 것이 무엇인지를 파악한다.

세 번째 단계는 미래의 가능성을 탐색하는 단계이다. 미래 변화의 종류와 변화 정도 그리고 다양한 미래 시나리오를 포함하여 가능성을 탐색한다.

▼ 사진 5-7 미래학자 짐 데이토와 엘빈 토플러가 주축이 되어 만든 대안적 미래연구소

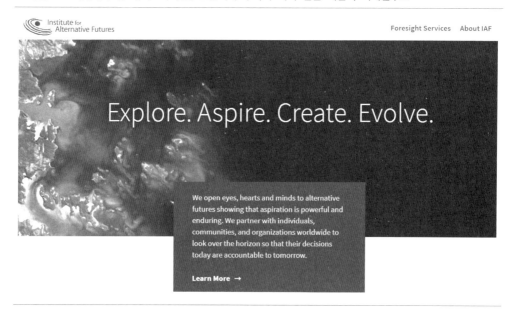

출처: www.altfutures.org

네 번째 단계는 이 방법론의 핵심으로 대안적 미래 시나리오를 구상하는 단계이다. 미래를 성장시키거나, 붕괴하거나, 역경을 겪거나 변혁하는 4가지 이상의 대안적 미래(Alternative Futures) 변화 시나리오를 구상한다.

다섯 번째 단계는 원하는 미래를 수립하는 단계이다. 대안적 미래 시나리오 중 어떤 미래가 구현되기를 원하는가라는 질문에 대한 답을 하는 것이다. 즉 원하는 미래(Preferred Future) 시나리오를 수립하는 것이다.

여섯 번째 단계는 원하는 미래를 구현하는 단계이다. 즉 설정된 원하는 미래를 구현하기 위한 방안과 전략을 수립하고 제안하는 것이다.

일곱 번째 단계는 원하는 미래가 제대로 구현되도록 지속적으로 모니터링하는 단계이다. 시간이 흐름에 따라 환경과 상황이 변하여 원하는 미래 시나리오의 수정이 필요할 수도 있고 또한 원하는 미래의 구현을 위한 방안과 전략이 수정될 수도 있다. 이를 위해 지속적인 모니터링이 될 수 있도록 체계화할 필요가 있다.

▨2 스웨덴 미래연구소 Kairos Future의 TAIDA 미래예측방법론[14]

미국과 함께 유럽의 미래예측연구도 활발히 진행되어 왔다. 대표적인 국가 중 하나가 스웨덴이다. 스웨덴은 1971년 정부 차원에서 미래예측연구 프로젝트인 'Choosing One's Future'를 시작하였고 미래전략청(Secretariat for Future Studies)을 설립하였다. 이후 미래전략청은 1987년 총리 직속으로 격을 높여 미래연구원(Institute for Future Studies)으로 확대 개편되었다.

이런 상황에서 스웨덴의 미래연구기업인 카이로스 퓨처(Kairos Future)사가 개발한 TAIDA 기법은 스웨덴과 유럽의 미래예측연구에 적용되면서 그 명성을 쌓았고 이후 다른 나라의 미래학 연구자들도 이를 활용하면서 널리 알려진 시나리오 플래닝 미래예측방법론이다.

TAIDA 기법은 시나리오 수립을 위한 사전준비 차원에서 목표·시계·문제의 정의를 명확히 할 필요성을 특히 강조하고 있는데 이 기법은 [그림 5-39]와 같은 5단계의 절차를 통해서 이루어진다.

TAIDA는 이 기법의 5단계 프로세스인 Tracking(추적), Analyzing(분석), Imaging(전망), Deciding(결정), Acting(행동)의 이니셜을 따서 명명한 이름이다.

---

14 http://www.kairosfuture.com TAIDA: A Framework for Thinking of the Future.

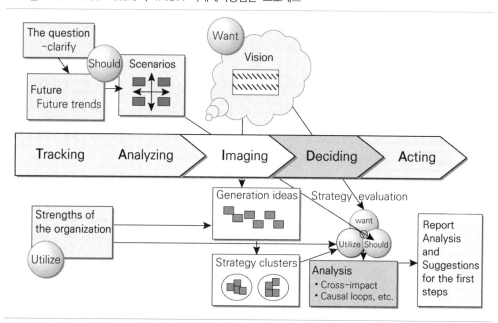

출처: Mats Lindgren and Hans Bandhold, 2003, 『Scenario Planning: The Link Between Future and Strategy』, p.93.

첫 번째 단계는 추적(Tracking)으로 우리가 알고자 하는 미래에 영향을 줄 '현재의 변화들'을 묘사하고 추적(Tracking)하는 작업이 이루어진다. 트렌드와 동인을 파악하면서 변화와 위험과 기회의 징후를 추적하는 단계이다.

두 번째 단계는 분석(Analyzing)으로 추적(Tracking)의 결과를 모두 면밀히 분석한 후 이에 기초하여 시나리오를 만들어내는 작업 단계이다. 분석(Analyzing) 작업은 이 기법의 핵심이며, 가장 긴 시간이 걸리는 작업이다.

세 번째 단계는 전망(Imaging) 작업인데 분석(Analyzing) 작업을 통해 시나리오들이 도출되고 나면, 그 시나리오들을 토대로 고객이 원하는 미래의 모습, 이미지들을 만들어내는 작업을 말한다. 이 작업부터가 기업 미래 정책, 국가 미래 정책을 도출하는 단계이다.

네 번째 단계는 결정(Deciding)으로 전망(Imaging) 작업을 통해 기업 혹은 국가가 원하는 미래의 모습, 즉 비전(Vision)이 정해지면, 이 비전을 실제로 실현시키기 위한 전략들을 내놓는 작업이 필요하다. 이것이 결정(Deciding) 작업이다. 이 작업에서는 비전을 실현시키기 위한 전략과 더불어, 비전이 실현되는데 장애가 될 사안들에 대해 미리 대비하는 전략을 제시한다.

　　마지막 다섯 번째 단계는 행동(Acting)으로 도출된 전략들을 현실에 적용하기 위한 방안들을 제시하고 실행하며 동시에 결과를 관찰하여 원하는 시나리오를 지속적으로 가능하도록 모니터링한다.

▼ 사진 5-8 스웨덴의 대표적 미래연구기업 Kairos Future 본사

출처: http://www.kairosfuture.com

연구 문제
토의 사항

1. 미래예측방법 퓨처스 휠은 어떤 방법이고 어느 때 활용하는 것이 유용한가?

2. 미래예측방법 시나리오기법은 어떤 방법이고 어느 때 활용하는 것이 유용한가?

3. 미래예측방법 계량정보분석법은 어떤 방법이고 어느 때 활용하는 것이 유용한가?

4. 미래예측방법 STEEP 기법은 어떤 방법이고 어느 때 활용하는 것이 유용한가?

5. 미래예측방법 델파이 기법은 어떤 방법이고 어느 때 활용하는 것이 유용한가?

6. 미래예측방법 교차영향분석법은 어떤 방법이고 어느 때 활용하는 것이 유용한가?

7. 미래예측방법 이머징이슈분석은 어떤 방법이고 어느 때 활용하는 것이 유용한가?

8. 미래예측방법 비저닝 워크숍은 어떤 방법이고 어느 때 활용하는 것이 유용한가?

9. 미래예측방법 형태분석법은 어떤 방법이고 어느 때 활용하는 것이 유용한가?

10. 미래예측방법 게임이론방법은 어떤 방법이고 어느 때 활용하는 것이 유용한가?

11. 대안적 미래예측방법은 어떤 방법이고 어느 때 활용하는 것이 유용한가?

12. 미래예측방법 TAIDA 기법은 어떤 방법이고 어느 때 활용하는 것이 유용한가?

PART
6

미래예측 방법론으로
미래전략 수립 실습

미래학원론: 미래연구 · 미래전략 입문서

PART 6

미래예측 방법론으로 미래전략 수립 실습

미래학은 미래예측 방법론으로 미래를 예측하고 원하는 미래를 구현하기 위한 미래전략을 입안하는 실용적인 학문이다. 이러한 미래예측 전략을 입안하기 위해서는 5부에서 소개한 미래예측방법론을 충분히 익히고 미래전략을 입안할 부문과 용도 및 단계에 따라 다양한 미래예측방법론을 혼합하여 사용하여야 한다. 보다 상세한 미래예측 방법론은 국제미래학회에서 저술한 <전략적 미래예측방법론 바이블>을 참조하기 바란다.

이번 파트에서는 교육과 실무에서 간편하게 미래예측전략 수립을 실전해 볼 수 있는 방법을 프로세스에 따라 서술하니 이를 활용하여 팀별로 실습해 보기 바란다.

I 비져닝 워크숍으로 미래전략 수립 주제 도출하기

팀별로 미래전략을 입안할 주제를 선정하는 단계이다. 이 단계는 이미 주제가 선정되어 있는 경우에는 생략된다. 그러나 여러 개의 주제 중 선별해야 하거나 아직 주제가 명확하지 않을 경우는 비져닝 워크숍 기법을 활용하여 주제를 선정할 수 있게 된다. 이 작업을 위해 팀별로 A1사이즈 흰색 종이와 포스트잇, 매직펜을 준비한다.

1 개인별 관심 주제 아이디어 산출

개인별로 해당 팀에서 다루고 싶은 미래예측 전략 주제의 제목을 3~5개 가량 포스트잇 하나당 한 개의 주제 제목을 각각 작성한다. 이때는 서로 협의나 논의를 하지 말고 각자의 독자적인 아이디어로 주제를 발상하고 이를 개인별로 포스트잇에 기재한다.

▼ 사진 6-1 개인별 주제 아이디어 발상

2 개인별 관심 주제 설명 및 중요도와 긴급도 도표 부착

다음 단계로 개인별 주제 제목을 설명하고 중요도와 긴급도 도표에 위치를 선정하여 부착하는 단계이다. 먼저 팀별로 준비된 A1 백지에 세로축을 중요도의 낮음에서 높음으로, 가로축을 긴급도의 낮음에서 높음으로 표시하여 도표를 작성한다.

▼ 그림 6-1 중요도와 긴급도 도표

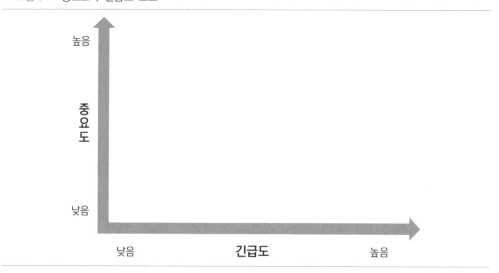

그리고 개인별로 각자가 작성한 주제 제목을 1개당 30초 이내에 핵심내용을 설명하고 주제 제목별로 작성한 개별 포스트잇을 중요도 긴급도 도표의 적정 위치에 붙인다.

이때 다른 팀원들은 어떠한 개입도 하지 않도록 하고 개인별로 원하는 설명을 하고 선정한 도표 위치에 주제 제목 포스트잇을 부착토록 한다.

3 중요도 긴급도 영역 구분 및 미래예측 전략 주제 선정

중요도 긴급도 도표의 가운데에 줄을 그어 4개의 영역을 표시한다. 이를 통해 이미 붙여놓은 포스트잇의 주제가 4가지 영역 중 하나에 속하게 된다. A영역은 중요도와 긴급도가 공히 높아 즉시 처리가 요구되는 주제들이고 B영역은 중요도는 높으나 긴급도는 그리 높지 않아 다소 시간을 가지고 미래 계획을 입안할 수 있는 주제들이다. C 영역은 긴급도는 높으나 중요도가 그리 높지 않아 다소 일을 축소하여 신속히 처리할 필요가 있는 주제들이고 D영역은 긴급도와 중요도가 공히 낮아 상황에 따라 취소할 수도 있는 주제들이다.

이를 통해 중요도는 높으나 긴급도가 낮아 계획을 세울 시간적 여유가 있는 B영역에 속한 주제들 중 팀원들이 토론과 협의를 거쳐 최종적으로 하나의 주제를 팀별 미래예측 전략 주제로 선정한다.

▼ 그림 6-2 중요도와 긴급도 도표 영역 특성

주제별 **STEEP** 분석

팀별로 선정한 주제별로 STEEP, 즉 사회문화적 변수(Social Culture), 기술적 변수(Technology), 경제적 변수(Economy), 환경 생태계적 변수(Environment & Ecology), 정치 법률적 변수(Policy & Legal) 요인들을 분석하여 작성한다.

STEEP 분석은 선정된 주제를 둘러싼 거시적인 외부환경변화(external macro-environment)를 과거, 현재 및 미래 시점에 정확히 인지할 수 있게 한다.

STEEP의 각 요소 간 서로 연관성을 가지는 것을 이해하고, 이것이 가지는 역사성, 트렌드, 전망을 이해하게 한다.

1 사회문화적 변수(Social Culture) 분석

사회문화적 주요 변수로는 인구통계적인 관점에서 출생률, 사망률, 평균 수명, 교육수준, 사회계층간 임금, 경제인구비율, 여성의 사회진출, 인구 연령분포와 지역분포 등의 변수이다. 문화적 태도 관점에서 문맹률, 교육수준, 관심과 가치관, 라이프스타일, 소비자생활양식 등을 분석한다. 생활환경 관점에서 여가문화, 유비쿼터스 네트워크, 문화 소비 및 향유 패턴, 다문화 트렌드, 인터넷 사용 등을 분석한다. 그리고 최근의 사회문제 관점에서 저출산 노령화, 건강 위해요인, 기술발전에 따른 부작용, 공공안전 위해요인, 양극화 및 개인주의화 등을 분석한다.

2 기술적 변수(Technology) 분석

기술적 주요 변수는 보유특허, R&D예산, 신기술정보, 기술변화 속도, 기술혁신 및 확산, 산업 경제의 디지털화, 인터넷기반 기술, 인터넷 대역폭의 용량, IT컨버전스, 바이오 기술 확대, 나노기술 발전, 가상공간 기술, 인공지능 기술, 소비자 감성기술 등을 분석한다.

3 경제적 변수(Economy) 분석

경제적 주요 변수 사례는 GDP 성장률, 외환보유고, 인플레이션율, 이자율, 환율, 국제수지, 금융 재정 정책, 구조조정, 실업률, 임금수준, 소비성향, 가처분 소득수준, 산업구조 변화, 원유가 변동, 금융시장, 경영 여건 변화, 인재 변화 등을 분석한다.

④ 환경 생태계적 변수(Environment & Ecology) 분석

환경 생태계적 주요 변수 사례는 물리 생물학적 환경, 공기, 수질, 재활용 시설규모, 에너지원, 공해수준, 원자재 대체성, 환경규제, 에너지 부존자원 고갈, 청정에너지 시스템, 수소 에너지, 녹색 인프라, 환경오염, 탄소배출권 등을 분석한다.

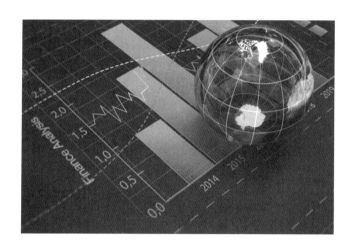

⑤ 정치 법률적 변수(Policy & Legal) 분석

정치적 법적 주요 변수는 남북 교류, 통일 정책, 정치노선, 개혁 정책, 정책결정 구조, 지원정책, 규제기관 활동, 규제 개혁, 민영화, 무역자유화, 조세 정책, 선거 동향, 여론, 정치이슈, 시위이슈, 재산권 보호법 등을 분석한다.

6 주제별 STEEP 주요 변수 분석 사례

인공지능 주제에 대한 STEEP 주요 변수를 분석한 사례를 살펴보면 다음 [표 6-1]과 같다.

▼ 표 6-1 인공지능 STEEP 분석 사례

사회적 관점 (Social)	기술적 관점 (Technological)	경제적 관점 (Economic)	생태학적 관점 (Ecological)	정치적 관점 (Political)
• 완벽한 기술적 자율성으로 교육자 없는 교육 환경 구축	• 인공지능 기술의 폭발적 발전	• 인공지능 로봇시장의 급 성장	• 온/습도, 색상 등을 날씨에 따라 자동으로 조절하는 스마트 신소재 등장	• 국가적으로 자동화, 지능화 된 서비스의 강화로 감시사회 우려
• 인간과 기계의 인지경계가 없어짐	• 인공지능은 이미 스스로 학습하는 딥러닝 단계에 있음	• 2020년 가정 및 개인용 로봇 시장규모 약 4000억 달러	• 청정 나노기술: 풍부한 에너지, 환경오염과 생태계 파괴에 대한 위협 감소, 지구의 오염물질 제거	
• 교육기기 및 교육 포털을 통해 학생끼리 공부	• 조만간 인공지능이 인류의 지능을 넘어서는 기술적 싱귤래리티가 구현될 전망임		• 나노 의료 기술: 감기, 암 등 질병을 치료하고, 면역기능을 강화, 피부 재생, 유전자 조작, 환자의 치유 등 마이크로 로봇이 인체로 들어가 수술하는 의학의 시대	
• 사회간접자본의 지능화 (지능형 교통체계, 스마트그리드)				

출처: 김들풀, 4차산업 미래전략 STEEP 분석 실전, 2017.

7 주제별 시계열 STEEP 주요 변수 분석표 작성

STEEP의 주요 변수들을 3년, 5년, 10년을 기준으로 시계열별로 변화를 분석해 볼 수 있다. 다음은 이를 위한 분석표 양식 샘플이다. 팀별로 이 도표를 A1 백지에 만들고 함께 협의하여 STEEP 주요 변수들과 시계열별 변화를 포스트잇에 작성하여 붙여 준다. 이를 통해 한눈에 STEEP 주요 변수의 변화를 쉽게 보고 이해할 수 있게 된다.

▼ 표 6-2 시계열 STEEP 분석표 포맷 사례

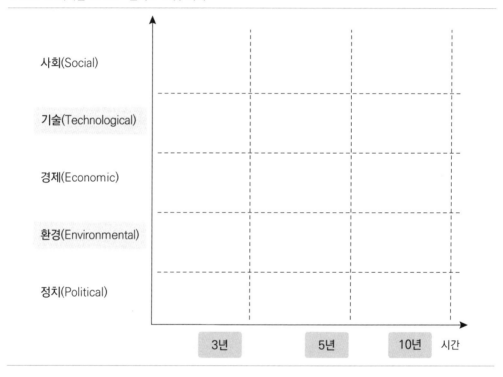

Ⅲ SWOT 전략 입안

　STEEP 분석을 통해 팀별로 선정한 주제의 외부환경을 분석하였고, 또한 주제의 내부환경 분석을 추가하여 SWOT을 작성하고 이를 통해 SWOT 전략을 함께 입안한다.

1 SWOT 분석

　SWOT은 Strength(강점), Weakness(약점), Opportunity(기회), Threat(위협) 요인을 의미하며, STEEP 분석을 통한 외부환경의 변화 분석을 바탕으로 기회(O)와 위협(T) 요인을 분석하며 내부환경 분석을 통해 S(강점)과 W(약점) 요인을 분석한다. 팀별로 협의하여 SWOT 요인을 분석하고 SWOT 분석표에 작성한다.

▼ 표 6-3 SWOT 분석표

S(Strength: 강점)	O(Opportunity: 기회)

W(Weakness: 약점)	T(Threat: 위협)

2 SWOT 전략 입안

SWOT 분석을 통해 강점과 약점 그리고 기회와 위협 요인을 파악한 후 팀별로 다음과 같은 4가지 SWOT 전략 중 하나를 협의하여 선정하고 이를 근거로 주제에 따른 SWOT 전략을 입안한다.

① SO전략: 강점을 활용하여 기회를 극대화하는 전략
② ST전략: 강점을 활용하여 위협을 극복하는 전략
③ WO전략: 약점을 보완하고 기회를 활용하는 전략
④ WT전략: 약점을 보완하고 위협을 극복하는 전략

▼ 표 6-4 SWOT 전략표

내부 환경 ＼ 외부 환경	기회(Opportunities)	위협(Threats)
강점(Strengths)	SO 전략	ST 전략
	강점활용 기회도전	강점활용 위협대응
약점(Weaknesses)	WO 전략	WT 전략
	약점보완 기회도전	약점보완 비상안 준비

	Strength	Weakness
내부환경 외부환경	• 세계최고 IT기술력 및 유무선 통신 인프라 보유 • 우수한 의료인력 풍부 • 가격대비 양질의 의료서비스 • 우수한 제조산업 기반 확보 • 신기술/제품에 대한 높은 수용도	• 국내 의료기기 시장규모가 협소 • 의공학 전문 기술인력 유출 심화 • R&D분야의 저조한 투자 • 기술경쟁력 및 원천기술 축척 미흡 • 재택/원격 의료서비스 인프라 및 관련법규 제도 미비 • 외국장비의 국내시장 독점
Opportunity • 전/후방산업 발달로 성장 잠재력 확보 • 고령친화 산업의 세계적 투자 증가 • 웰빙 트렌드에 따른 건강 관심 증대 • IT/BT/NT기술과의 연계발전 가능 • 한방 의료기기 국제적 수요 증가 • 글로벌 의료시장의 급속한 확대	SO전략 • 기술간의 융합을 통한 신기술 의료기기 시장 창출 • IT인프라를 바탕으로 헬스케어 산업 활성화 • 의료수요 변화에 착안한 양/한방 맞춤형 의료기기 개발	WO전략 • 의료 및 관련 산업의 R&D투자 확대 • 고령친화산업 확대에 따른 자본투자 • 사회 트렌드 변화에 대비하여 사회보장 의료서비스 관련 법규 마련 • 해외 유수기업 유치 및 첨단의료복합 단지 조성
Threat • 의료시장 개방으로 인한 위협 증대 • Brics 등 신흥국가의 도전 가속화 • 낮은 국제적 장비 인지도 • 선진국의 지적재산권 선점	ST전략 • IT기술과 의료서비스의 연계를 통한 국제경쟁력 강화 • 효율적 경영과 풍부한 의료인력 활용으로 시장 개방 대처 • 컨슈머, 문화 브랜드 적극 활용	WT전략 • 선진국의 시장 잠식에 대비한 관련 기술인력 및 원천기술 확보 • R&D투자 활성화로 장비 기술경쟁력 및 관련 지적재산권 확대 • 의료시장 개방에 대비한 재택/원격 의료 서비스 인프라 및 관련 법규마련 • 국내 기업의 M&A 유도

Ⅳ 미래전략 수립 캔버스 작성

STEEP과 SWOT 분석 및 SWOT 전략을 바탕으로 미래전략 수립 캔버스를 작성한다. 미래사회변화, 역량분석, 지향하는 가치와 비전, 창의적 혁신 아이디어 및 실행계획을 협의하여 작성한다. 미래사회변화는 주제에 따른 핵심적인 STEEP의 미래 변화를 요약하고, SWOT을 통해 핵심역량 분석을 작성하며, SWOT 전략으로 구현하고자 하는 지향가치와 비전을 작성한다. 이런 가치와 비전을 달성하기 위해 필요한 창의적 혁신 아이디어와 구체적인 미래 실행계획을 구상하여 작성한다.

▼ 표 6-6 미래전략 수립 캔버스

Future Society (미래사회변화)	Competency Analysis (역량분석)	Vision(Value/Philosophy) (지향하는 가치와 비전)
		Recreation (창의적 혁신 아이디어)
Action Plan(실행 계획)		

이런 과정을 통해 주제를 선정하고 선정된 주제의 미래 환경 변화를 예측하며 이를 기반으로 미래전략을 수립하는 간단한 실전을 경험할 수 있다.

팀별로 작성한 미래전략 수립 캔버스는 팀별로 나와서 발표를 하고 참석자들의 리뷰를 받는다. 리뷰를 포함하여 수정사항을 반영하여 최종 미래전략 수립 캔버스를 작성한다.

출처: 국제미래학회 미래전략 워크숍.

연구 문제
토의 사항

1. 미래예측 전략 실습에서 팀별로 통일된 주제를 선정하는 방법을 논의하고 실습한다.

2. 주제별 환경의 미래 변화를 파악하는 방법을 논의하고 실습한다.

3. 주제별 SWOT 전략을 입안하는 방법을 논의하고 실습한다.

4. 주제별 미래전략 캔버스를 작성하는 방법을 논의하고 실습한다.

5. 팀별로 미래전략 캔버스를 발표하고 리뷰한다.

PART 7

주요 국가의 미래전략
기구는 어떻게 운영되나?

Ⅰ. 행정부 주도형 국가미래전략기구
Ⅱ. 입법부 주도형 국가미래전략기구
Ⅲ. 사회적 대화형 국가미래전략기구

미래학원론 : 미래연구 · 미래전략 입문서

PART 7
주요 국가의 미래전략기구는
어떻게 운영되나?

세계 각국은 급변하는 미래 환경에 국가적인 차원에서 대응하기 위해 미래예측과 미래전략 구상을 총괄하는 국가 차원의 미래전략기구들을 운영하고 있다.

국가미래전략기구는 다음의 측면에서 중요하다. 첫째, 체계적이고 분석적인 국가 미래전략수립의 중요성 때문이다. 오늘날과 같이 기술이 빠른 속도로 변화하고 전 지구적인 연결성이 극대화된 시점에서는 파악하기 어려운 변동요인이 가까운 미래에 치명적인 영향을 줄 수 있다. 따라서 체계적이고 분석적으로 미래를 예측하지 못하는 경우 국가의 존재까지도 위협받을 수 있게 되었다. 4차 산업혁명을 비롯한 미래 과학기술의 발전이 가속화되면서 산업계뿐만 아니라 정치·경제·사회·문화·교육 전반의 혁신과 대응이 필요하고 이를 전 국가적인 차원에서 예측하고 준비하지 않으면 글로벌 경쟁에서 뒤처지게 되어 국가와 국민 전체가 심각한 어려움에 처할 수 있다. 더구나 대한민국은 북한의 안보위협, 중국이나 일본 등과의 역사와 영토에 관한 분쟁이 지속되는 상황이기에 이들 국가와의 관계에 대한 세밀하고 정확한 미래예측과 그를 통한 철저한 대비는 국가안보를 위해서도 필수적이다.

둘째, 체계적이고 분석적인 국가 미래전략수립은 민간의 영역을 뛰어넘기 때문이다. 국가의 존립까지 논하지 않더라도 제한된 국가적 자원을 전략적으로 활용하지 못한다면 글로벌 경쟁 환경의 국가 간 무한경쟁에서 도태될 가능성이 높다. 즉, 미래에 대한 적절한 대비는 국가발전과 직결되므로 정부 차원의 적극적 대비가 필요하다는 것이다.

셋째, 국가미래전략 범위의 포괄성과 그 전략수립을 위한 인적·물적 투입자원의 대규모성으로 인해 민간이 주도적으로 담당하기에는 한계가 있기 때문이다. 국가적 차원의 미래전략은 한 국가의 정치, 경제, 사회, 문화, 교육 등 모든 영역을 포괄하며, 특히 각 영역의 문제들은 서로 유기적으로 연관되어 진행된다. 또한 지극히 엄밀한 미래 예측을 위해서는 고도의 전문적 지식을 가진 인력뿐만 아니라 각종의 첨단 하드웨어와 소프트웨어 등이 대규모로 필요하다. 따라서 국가미래전략수립은 충분한 정보력과 인적·물적 능력을 지닌 국가기관이 추진하는 것이 더 효율적이라고 할 수 있다.

국가미래전략기구의 운영 주체 관점에서 행정부 주도형, 입법부 주도형, 사회적 대화형으로 나누어 살펴 볼 수 있다.

Ⅰ 행정부 주도형 국가미래전략기구

주요 선진국들은 1960년대부터 행정부 차원의 미래전략기구를 설립하여 국가 미래전략 수립 및 정책 개발에 활용하고 있다. 행정부가 국가미래전략기구 운영을 주도하는 대표적인 국가는 미국, 프랑스, 영국 그리고 싱가포르이다.

1 미국의 국가미래전략기구: 국가정보위원회(NIC: National Intelligence Council)

미국의 국가정보위원회는 미국 정보 공동체의 전용 싱크탱크로 1979년에 설립되었고 현재는 미국 정부 차원에서 미국 내 모든 정보기관을 통솔하는 최고 정보기관인 국가정보국(DNI, Director of National Intelligent) 산하기관으로 운영되고 있다. 정보 공동체 조직 중에서 가장 객관적인 시선을 지향하는 부처로 정보 공동체의 효율성을 평가하는 데 참여한다.

국가정보위원회(NIC)는 설립 이후 미국의 장기적 정책수립을 위한 전략분석을 수행하는 역할을 담당하며 최신 사회 트렌드 분석기술과 기법을 활용하여 정책 결정자의 의사결정을 지원하기 위한 미래전략 보고서를 작성하여 제공하고 있다. 그 대표적인 미래전략 보고서가 '글로벌 트렌드(Global Trend)'이다.

국가정보위원회(NIC)는 1997년부터 4년 주기로 향후 약 20년의 정치, 경제, 사회, 문화 등 다양한 분야의 핵심 이슈를 분석하고 미국의 대응전략을 제시하는 '글로벌 트렌드(Global Trends)' 보고서를 작성하여 신임 대통령에게 보고한다.

글로벌 트렌드 보고서 작성에는 미중앙정보국(CIA), 미연방수사국(FBI), 미국가안보국(NSA) 등 미 최고의 정보기관으로 이루어진 정보공동체(IC)가 참여하며, 미래학을 포함한 주요 학계, 기업, 시민사회 등 다양한 분야의 전문가들도 워크숍 등의 여러 형태로 의견을 교류하며 작성된다.

글로벌 트렌드 보고서는 국가정보위원회의 대표 보고서로 1997년 이후부터 매번 신임 대통령 취임에 맞춘 정책 수립방향을 제언하는 역할을 수행하고 있다.

국가정보위원회(NIC)는 의장(위원장), 부의장, 평가부의장, 전략기획홍보이사, 미래분석총무이사, 고문 등으로 이사회가 구성되며 지역별, 이슈별로 NIO(National Intelligence Officer)가 주도하는 프로젝트팀을 운영한다.

또한 국가정보위원회(NIC)는 '정보공동체 회원 프로그램(Intelligence Community Associates Program)'이라는 외부전문가 활용제도를 통해 미래학을 포함한 학계, 민간기업, 싱크탱크로부터 수백 명의 민간위원 중에서 최상의 전문가들을 뽑아 함께 국제적 이슈에 대한 정보를 수집·분석하고 전략적 대응방안을 제시한다.

국가정보위원회(NIC)는 2017년 1월에는 '글로벌 트렌드 2035: 발전의 역설'이란 제목의 글로벌 트렌드 일곱 번째 시리즈를 발간하여 제45대 美 대통령 도널드 트럼프에게 보고하였다. 이 보고서에는 2035년까지 세계를 변화시킬 트렌드, 가까운 미래에 나타날 변화 및 이를 바탕으로 한 세 가지 시나리오로 구성되어 있다.[1]

▼ 사진 7-1 NIC Global Trends 2035 표지

출처: https://www.dni.gov

---

1   NIA Special Report, 美 NIC 글로벌 트렌드 2035, 2017.

한국정보화진흥원 스페셜리포트(2017)에서 요약한 내용에 따르면 NIC의 글로벌 트렌드 2035 보고서에서 미국 국가정보위원회 NIC는 글로벌 트렌드의 주요 변화로 ① 고령화·도시화는 가속화되고, 인구 증가는 점차 둔화 ② ICT, 인공지능 등은 노동시장 혼란과 경제발전의 변화 초래 ③ 정부는 다양한 국민의 요구를 충족시키기가 더욱 어려워짐 ④ 기후변화에 따른 극단적 기상 이변은 인간과 사회에 스트레스 야기 등을 제시하고 있다.

그리고 이 보고서에서 NIC는 가까운 미래에는 긴장의 고조가 키워드가 되어 국가 안팎으로 모든 지역 및 유형의 정부 긴장감이 고조되고 이러한 긴장감은 테러 위협의 확대와 국제 질서의 불균형을 가져올 것이라고 예측하고 있다. 가까운 미래예측은 다음과 같다.

① 유럽은 브렉시트(Brexit)로 다른 유럽 국가들의 지역과 분리주의 운동을 자극하고 유럽 내외로의 이주가 계속될 것이고 인구고령화로 인해 생산이 위축되고 의료와 같은 서비스로 소비가 이동할 것으로 전망했다.

② 미국은 정부와 리더에 대한 대중의 신뢰가 붕괴될 것이고 정치의 양극화가 극심해질 것이고 로봇과 인공지능의 발전은 노동시장을 더욱 혼란에 빠뜨릴 것이며 세계 속에서 미국 역할의 불확실성이 높아지고 있다고 전망했다.

③ 중국은 지난 30년의 경제 성장과 사회 변화 이후, 성장 둔화와 부채 폭 등의 여파로 수출 기반 경제에서 국내 소비 경제로 전환하고, 빠르게 줄어들고 있는 생산가능 인구는 경제성장에 강력한 역풍으로 작용할 것으로 전망했다.

④ 러시아는 민족주의, 군 현대화, 핵무기 동요, 해외 주둔군 지위 회복을 통해 강대국으로서의 위상을 회복하고자 할 것이며 정부는 경제 다변화를 지연하고 통제하기 위해 민족주의, 개인자유 희생, 다원화를 부추길 것으로 전망했다.

⑤ 아프리카는 향후 5년간 생산가능 인구가 증가함에 따라 중산층 확대, 활발한 민주주의의 확산 및 대중의 목소리가 커질 전망이나 심각한 수질 오염으로 인해 대량 이주로 이어질 가능성이 높다고 전망했다.

NIC는 이 보고서에서 먼 미래에 대해 ① 섬(Islands) ② 궤도(Orbits) ③ 커뮤니티(Communities)의 세 가지 시나리오를 제시하고 있다. 세 가지 시나리오는 보다 나은 미래를 만들기 위해 고려되어야 할 중요한 트렌드와 선택들에 대해 탐색하고 향후 20년을 예측하는데 국가 내의 역학(Dynamics within countries), 국가 간 역학(Dynamics between countries),

장기, 단기간의 절충(Long－term, short－term trade offs)이라는 세 가지 불확실성이 있다는 것을 전제로 단기간의 변화 환경 속에서의 단위별 대안을 가정하고 있다.[2]

▼ 그림 7-1 NIC Global Trends 2035의 3가지 시나리오 특성

시나리오①(섬)	시나리오②(궤도)	시나리오③(공동체)
ISLANDS	ORBITS 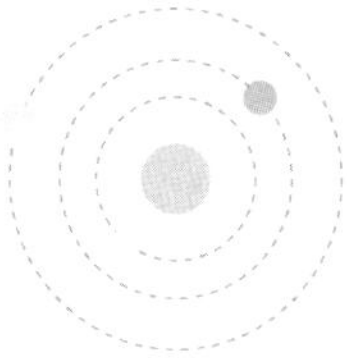	COMMUNITIES 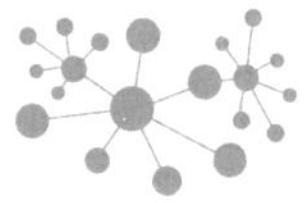
"침체의 지속"	"긴장의 미래"	"거버넌스의 제고"
▶ 세계화에 대한 대중의 반발이 증가하고, 인공지능과 자동화 기술로 인해 산업이 예상보다 더 크게 파괴되며 사회분열 초래 ▶ 세계 무역이 둔화되고 전반적인 생산성이 하락	▶ 국가주의가 고조되고 파괴적 기술이 늘어나며 국가 간 분쟁 위험성 증대 ▶ 지정학적 경쟁으로 인해 '일촉즉발의 상황'이 벌어질 가능성이 있음	▶ 국가는 지방 정부와 민간 부문의 도전에 직면 ▶ 민관 파트너십이 잘 형성된다면 대중과 정부 사이의 상호작용이 가능해지나, 그렇지 않은 경우 독재정권의 출현 가능성이 있음

출처: 윤정현, 과학기술정책연구원 미래연구 해외동향, 2017.

① 섬(Islands) 시나리오

신기술이 노동과 무역을 변화시키고 정치적 불안정성은 커지며 경제적·사회적·물리적 거버넌스 수립이 어려워진다. 향후 국가는 다자간 협력에 대한 지원은 축소하고 국내 문제에 집중하게 되며, 보호 무역주의 정책 등의 문제에 직면한다. 이에 따른 새로운 경제 성장 및 생산성 원천의 활용방안 모색 등을 위한 정부의 선택의 중요성을 강조하고 있다.

② 궤도(Orbits) 시나리오

자국의 안정 유지와 동시에 주요 강대국과의 경쟁을 통해 촉발되는 긴장 상황을 설명하며 민족주의의 부상, 갈등 패턴의 변화, 파괴적 기술의 등장 및 국제 협력 감소로 인한 국가 간 갈등 증대를 제시하고 있다. 미래 안정성과 평화를 강화시키거나 반대로 긴장 상태를 높이는 정책에 대한 신중한 선택의 필요성을 강조하고 있다.

---

2   윤정현, 과학기술정책연구원 미래연구 해외동향, 2017.

③ 커뮤니티(Communities) 시나리오

미래 경제 및 거버넌스가 직면할 변화에 어떻게 대처하느냐에 따라 정부의 역할이 달라지며 권력의 근본적 변화와 ICT 발전에 따라 미래 사회에 영향을 미치는 새로운 주체의 등장을 가정하고 있다. 정부에 대한 대중의 신뢰 하락으로 공공 서비스 민영화, 개인 간 거래 보편화 등 정부의 세금 확보 구조가 약화될 것으로 전망하며 정부는 외교, 군사 및 국토 방위 등의 기능은 유지되지만 교육, 금융, 상업, 법률, 보안 등은 민간 영역에 의해 주도될 것으로 전망하고 있다.

NIC 글로벌 트렌드 2035 보고서의 시나리오에서 제시한 미래 변화 모습을 요약하면 [표 7-1]과 같다.

▼ 표 7-1 NIC 글로벌 트렌드의 미래 변화 모습

주요 변화	내용
1. 부의 불평등 증가	• 부의 불평등이 증가하며 사회 안에서 긴장된 상태 조장
2. 인공지능의 확산	• 자동화 기술이 예상보다 더 많은 산업을 파괴하며 수많은 실직자들의 반발 초래 • 그 결과 일부 국가는 세계 무역기구 및 협약 지원을 중단
3. 무역 패턴 변화	• 정부는 글로벌 협정보다 지역 간 무역 장벽과 상호적 교류 협력을 선호 • 신기술 발달로 국가 간 거래는 감소하고 지역 생산자에게 유리한 상황 발생
4. 글로벌 경제 성장 둔화	• 에너지 생산 업체 간 경쟁이 증가하며 에너지 의존경제 국가(러시아, 중동, 남미 등)에 경제적 압력 증가
5. 중국과 인도의 '중간 소득의 함정'	• 국내 수요 부족으로 고도의 경제성장이 어려워지며 경제 성장, 임금 상승, 생활 수준 향상 저하
6. 미국과 유럽의 내적 집중 현상	• 미국과 EU는 자국 산업 보호를 위한 보호주의 정책 채택
7. 지적재산권 및 사이버 공격 증가	• 일부 정부는 인터넷을 통해 정보 공유 및 협력을 방해하는 엄격한 통제 도입
8. 기후 변화	• 가뭄으로 인한 음식과 물 공급이 감소되고 외부에서 일하는 사람들의 생산성 문제 하락 등으로 인한 정부 해결과제 심화 • 극단적 테러리스트 공격의 우려와 그에 따른 출입국 제한 및 엄격한 안보 정책 채택
9. 글로벌 전염병	• 질병 확산을 막기 위해 세계 여행의 감소 • 전염병은 전 세계적인 무역 둔화와 생산성 감소 유발

출처: NIA Special Report, 2017.

미국 국가정보위원회(NIC)는 글로벌 트렌드 보고서 외에도 주기적으로 국가정보예견서(National Intelligence Estimates)라는 보고서를 작성한다. 이는 현재 미국 정보 공동체(IC)의 모든 정보 현황을 분석한 것으로, 정보 공동체의 정책을 수립하는데 지대한 영향을 미친다.

이처럼 미국의 국가정보위원회(NIC)는 미국 정부의 미래전략적 사고의 중심에 있는 기관으로, 미 16개 정보기관들의 최고 수장인 국가정보국(Director of National Intelligence)의 보좌 기구이면서 대통령과 국가정책 입안자들에게 국가 중장기 국가전략과 정책에 관련된 미래예측 정보를 제공하고 미래전략을 제안한다.

▼ 그림 7-2 미국의 정보공동체(IC)   ▼ 그림 7-3 미 국가정보위원회(NIC) 로고

2 프랑스의 국가미래전략기구: 미래전략총괄위원회[3]
(CGSP: Commissariat General a la Strategie et a la Prospective)

프랑스는 1960년대부터 기획위원회를 설치하고 1980년대 초반부터 국가 주도로 미래연구 이니셔티브를 실시하는 등 국가 차원의 미래전략연구를 실시하고 있다. 프랑스의 미래연구들은 기획위원회, 프랑스 전략연구소, 국무총리실 전략분석센터, 고등교육 및 연구부, 국가 콜로퀴엄과 같이 정부 주도로 미래연구 또는 장기 국가 계획을 수

---

3 박병원, 윤정현, 최용인, '주요국의 미래전략 수립 체계 및 전망보고서 분석', 과학기술정책연구원, 2018.

립하고 추진하고 있다.

‘프랑스 2025’ 사례와 같이 미래연구의 성격은 단지 미래 유명 기술의 발굴이 아니라, 정치, 경제, 사회 문화, 교육을 포괄하여 전체적인 프랑스의 발전을 도모하는 포괄적인 성격의 연구를 진행하고 있다.

프랑스는 1960년대에 기획위원회(Commissariat general du Plan)를 설치하여 중장기 산업계획으로 과학경제적 근대화를 이루었다. 기획위원회는 경제사회개발 5개년 계획을 수립하는 기관으로서 5개년 계획이 끝난 1990년대부터는 중장기 국가발전전략 수립이라는 새로운 역할이 요구되었고, 이에 따라 2006년 3월, 국무총리실 전문기관인 전략분석센터(Centre d'analyse strategique)로 개편되었다.

또한 2013년 4월 총리령(decree of the Prime Minister)에 의해 기존 전략 분석센터(Centre d'Analyse Strategique)가 France Strategie로 대체되고 프랑스 미래전략총괄위원회가 설치되었다.

1) 프랑스 미래전략총괄위원회(CGSP) 개요

2013년부터 설립된 프랑스 총리실 소속 미래연구기관으로 8개 분야의 자문기관과 협력 네트워크를 구성하여 정책자문 및 연구기관의 조정 역할을 수행하고 있다.

프랑스 미래전략총괄위원회는 산하에 기존의 프랑스 국가 미래연구기관이었던 전략분석센터(Centre d'Analyse Strategique)가 변경된 전략연구소(France Strategie)를 두고 미래연구를 총괄하고 있다.

미래전략총괄위원회는 국가 미래전략의 큰 방향을 결정하고 경제, 사회, 문화, 환경, 교육 분야의 중·장기 목표를 설정하는 과정에서 새로운 접근법과 시각을 제공하고 있다.

미래전략총괄위원회 조직은 위원장 산하에 행정 부서로 사무국, 인사·자료담당과, 총무과, 재무담당과, 자원센터, 위원장 담당관, 출판·홍보담당실, 국제협력담당실을 두고 연구·분석 담당 부서로 지속가능발전 담당부서, 경제 및 재정문제 담당부서, 노동 및 고용문제 담당부서, 사회문제 담당부서와 산하 미래연구기관으로 전략연구소(France Strategie)를 두고 있다.

2) 프랑스 미래전략총괄위원회(CGSP) 연구 영역과 내용

프랑스 미래전략총괄위원회는 총리실의 다양한 전문가와 자문위원회 네트워크와 연계하여 정보를 제공하고 미래연구 및 정책수립을 협력한다. 8개 분야에 특화된 8개

기관과 네트워크를 형성하여 미래연구에 협력하고 있다. 경제분석위원회, 연금자문위원회, 고용자문위원회, 가족문제위원회, 의료보험문제위원회, 사회보장자금조달문제위원회, 국립산업위원회, 미래전망 및 국제정보센터 등이다.

프랑스 미래전략위원회에서 2014년에 '프랑스 2025' 미래연구 보고서를 작성하였는데 이 보고서에는 세계무대에서 프랑스의 지위 하락의 원인이 국제사회의 전반적 발전이 아닌 프랑스 내부의 문제에서 기인하는 것으로 분석, 국가적 선입견에서 벗어나 정치, 경제, 사회적 제도를 개선할 정책 방안 연구의 필요성을 역설하였다.

이 보고서는 정치인, 경제인, 사업가, 노동자 등을 대상으로 대규모 토론을 진행하고 결과를 분석, 향후 10년간 프랑스의 8개 전략적 우선순위를 제안하고 있는데 ① 민주주의에 대한 신뢰 회복 ② 평등권 회복 ③ 선구적이고 효과적인 공공 서비스 ④ 지속가능한, 책임지는 발전 ⑤ 열린 사회 ⑥ 활기찬 경제 ⑦ 이해하기 쉬운, 모든 계층을 포용하는 공공 정책 ⑧ 발전 동력으로서의 유럽연합을 정책 우선 과제로 제안하였다.

또한 프랑스 미래전략총괄위원회는 산하 미래연구기관인 프랑스 전략연구소(France Strategie)를 중심으로 국가 차원의 미래연구를 활발히 진행하고 있다.

프랑스 전략연구소는 지속가능한 발전 및 디지털, 경제, 사회 환경, 노동과 고용 분야를 중점 연구 주제로 정하고 각 분야별로 세부 연구를 추진하고 있다. '지속가능한 발전 및 디지털 분야'에서는 탄소배출권, 환경, 디지털, 운송, 에너지와 생태 전환, 스마트 도시 등의 세부 주제를 연구하고 있으며, '경제 분야'에서는 성장과 경쟁력, 공공 금융, 경제 금융, 성장의 새로운 지표 연구 등의 주제를 연구하고 있다. '사회 분야'는 사회, 과학 기술의 변화, 사회 통합, 교육, 주택, 세대별 정책, 건강 등의 주제를 중심으로 연구 중이다. 마지막으로 '노동과 고용 분야'는 노동시장, 고용 보호와 경로, 고등 교육과 연구, 교육 제공의 품질 등에 대해서 연구하고 있다.

이 중, '지속가능한 발전 및 디지털 분야'에서 인공지능(AI)의 국가 전략을 수립하기 위한 다양한 연구가 추진되고 있다. 관련하여 2017년 3월, 프랑스 전략연구소는 국가디지털위원회(Conseil National du Numerique)와 함께 '인공지능의 경제적, 사회적 영향 전망(Anticiper les impacts economiques et sociaux de l'intelligence artificielle)' 보고서를 발표하였다. 이 보고서를 보면, 인공지능은 디지털뿐만 아니라 인공지능이 경제와 사회에 미칠 영향과 범위가 막강하기 때문에 주요 관심의 대상이 되고 있으며 하루 빨리 중장기적인 국가 전략 토대를 마련해야 한다고 서문에서 밝히고 있다.

해당 보고서 작성을 위해서 혁신 및 디지털 담당 국무장관, 고등 교육 및 연구 담당 국무장관, 제도 담당자, 연구자, 기업과 스타트업 회사들이 한자리에 모여 두 달간 인공지능에 대한 프랑스의 대방침을 정했다. 이들은 연구, 교육, 경제 분야로의 기술 이전 또는 인공지능의 영향에 대해 논의한 결과를 이 보고서에 담았다.

▼ 표 7-2 프랑스 전략연구소의 '인공지능의 경제적, 사회적 영향 전망의 권고사항'

	항목	설명
1	AI의 사회경제적 영향을 예상하기 위한 협의 체제를 구성한다	AI의 사회경제적 영향은 AI가 관여하게 될 변화의 정도를 보면 상의 하향식(TOP-down)으로 생각할 수 없다. 우리의 사회경제를 변화시키는 의사 결정들과 협의를 구성할 수 있는 모든 지배구조를 고려하여 AI를 예상한다. 이를 위해, 모든 고용 이해관계자와 고용 센터, 국립성인직업교육협회(AFPA), 지역, 국가 및 유럽의 이해관계자, 노동조합 등과 함께 대규모의 디지털 플랫폼을 구성할 수 있다. 이 플랫폼을 구성하여 권고사항의 3항(인간-기계의 상호보완을 생각한다). 4항(AI교육을 위한 데이터의 가치를 강조한다). 5항(AI를 기업에 통합시킨다) 목표를 달성하는 데 사용할 수 있을 것이다.
2	평생 교육을 개선시킨다	근무시간 대비 교육시간의 비율, 교육의 내용과 방법, 전달 조직의 측면에서 평생 교육의 대규모 변화를 목표로 한다.
3	인간-기계의 상호보완을 생각한다.	업무 부문이나 단일 기업체를 넘어 경제적 상황을 고려하고, 사회기술적 기준 측면에서 업무의 대체 가능성을 검토한다. • 이 업무를 자동화 할 정도로 기술이 충분히 발전되어 있는가? • 이 업무는 수직적인(매우 구체적인 작업에 해당) 인지능력이 필요한가, 아니면 수평적인 인지 능력이 필요한가? • 이 업무의 자동화는 사회적으로 허용할 수 있는가? • 이 업무는 감성지능이 필요한 일인가? • 이 업무는 복잡한 수동적인 개입이 필요한가?
4	AI 교육을 위한 데이터의 가치를 강조한다	인공지능 알고리즘 교육에 필요한 자원으로서 데이터의 가치를 조직에게 강조한다.
5	AI를 기업에 통합시킨다	대기업뿐만 아니라 중소기업들에게 특히 주제별 네트워크를 중심으로 다양한 생태계의 이해관계자들과 함께 인공지능의 구성요소들을 개발하고 통합시킬 것을 당부한다. 이렇게 하면 통제하에 필요한 데이터를 사용할 수 있으며 실험도 용이하게 할 수 있을 것이다(예: 자율 차량)
6	공공 데이터를 개방한다	공공 및 준공공 데이터 액세스를 위해 계속해서 노력을 강화한다.
7	데이터를 공유한다	지리적 공간뿐만 아니라 경제 주체 간에 자유로운 데이터 공유를 신중히 검토하고 이에 대한 조건을 정한다.

출처: NIA 글로벌미래전략, 2017.

그 외에도 '2017–2027: 10년을 위한 중대한 활동(2017–2027: Actions Critiques Pour une Decennie)'이라는 보고서를 작성하였으며, 이를 출판하였다.

▼ 사진 7-2 프랑스 전략연구소의 2017-2027 보고서

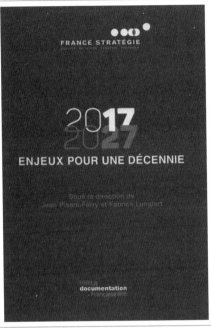

출처: STEPI, 이세준, 이윤준, 홍정임, '통합적 미래연구 방법론의 탐색 및 적용' 정책연구 2008-16.

3 영국의 국가미래전략기구: 과학청(Government Office for Science)[4]

영국의 국가미래전략기구 수립에 대한 고민은 1959년 맥밀란 내각에서 미래정책의 지속성과 차기정부의 정책적 일관성 유지를 위한 문제인식으로부터 시작되었다.
영국은 이후 다양한 방면으로 국가 차원의 미래연구를 진행해오다 2002년 총리실 직속기관으로 미래전략처(strategy Unit)를 설치하여 미래연구를 총괄하며 영국 행정 및 정책 수립의 합리적 개선을 위한 중심기관의 하나로 운영하였다. 미래전략처의 주요 업무와 보고서는 최종결정권자인 총리에게 직접 보고하고 특히 총리의 지시를 받아서

---

4 한국정보화진흥원, 'NIA 글로벌미래전략 보고서', 2017.

국가 정책 및 전략수립에 관한 업무영역에서의 정책 및 조정 권한을 행사했었다.

영국의 미래전략처는 2010년 총리실 구조개혁으로 해체되고 총리실 산하 과학청(Government Office for Science)에서 국가미래전략기구 역할을 수행하고 있다. 과학청은 영국의 과학기술 및 혁신 업무를 담당하는 기구로서 미래 대응을 위한 정책수립 전략을 지원하기 위해 1994년부터 '미래예측 프로그램(UK Foresight Project)'을 수행하여 왔다(과학기술정책연구원, 박병원 외, 2018).

영국 과학청이 주도하는 '미래예측 프로그램(UK Foresight Project)'은 영국의 미래에 영향을 미칠 것으로 예측되는 주요 이슈를 선정하여 다년간에 걸쳐 심도있는 트렌드 분석 및 대응전략을 제시하는 보고서를 발간한다.

▼ 사진 7-3 영국과학청의 미래예측 프로그램(UK Foresight Project) 사이트

출처: https://www.gov.uk/government/collections/foresight-projects

'미래예측 프로그램(UK Foresight Project)'의 주요 어젠다는 '고령화 인구의 미래 (Future of an ageing population)', '기술 및 평생교육의 미래(Future of skills and lifelong learning)', '바다의 미래(Future of the sea)' 등 세 가지이다.

영국과학청에서는 추진 중인 상기 3개 프로젝트에 대해 각각 약 6~12개월의 단기 연구를 통해 현 정책과 현실 사이의 간극을 제시하는 '정책미래보고서(Policy Futures Reports)'와 향후 20~80년을 내다보기 위해 약 2년에 걸쳐 주요 이슈에 대한 종합적인 증거 기반을 토대로 작성하는 '미래전망보고서(Foresight Reports)', 각 이슈에 대해 10~15년 이후의 상황을 전망하는 '호라이즌 스캐닝 보고서(Horizon Scanning reports)' 등 3가지 종류의 보고서를 발간하고 있다.

영국과학청의 미래예측 프로그램(UK Foresight Project) 결과는 영국 정부 사이트 (https://www.gov.uk/government/collections/foresight-projects)와 블로그를 통해 지속적으로 업데이트하여 정책입안자와 일반인에게 공개하고 있다.

영국 과학청의 미래예측 프로그램(UK Foresight Project) 과제 중의 하나인 고령화 인구의 미래(Future of an Ageing Population)에 대한 미래예측연구는 2014년에 시작하여 2016년 7월에 결과가 발표되었다. 고령화가 심각해지고 있는 우리나라에도 시사점을 주는 그 주요 내용을 요약하면 다음과 같다.

고령화 인구의 미래(Future of an Ageing Population) 연구 보고서에 따르면, 2014년

▼ 사진 7-4 영국과학청의 미래예측 프로그램(UK Foresight Project) 블로그

출처: https://foresightprojects.blog.gov.uk

중반, 영국 국민의 평균 나이는 처음으로 40세를 돌파하였으며, 2040년까지 국민 7명 중 1명이 75세일 것으로 전망된다. 이는 1974년의 평균 나이가 33.9세였던 것과 비교하여 40년 만에 6세 이상 높아진 것이다. 그동안 영국 국민의 기대 수명은 계속해서 높아져 왔으며, 2014년부터 2039년 사이에 증가하는 영국 국민의 숫자 중 70%는 60세 이상 그룹에서 나올 것으로 전망되고 있다. 이를 숫자로 나타내면 약 700만 명 규모에 이른다(2014년 1,490만 명 → 2,190명). 이와 관련하여 예산담당처(Office for Budget Responsibility)에서는 인구 고령화에 따라 투입되는 예산이 2019~2020년에는 GDP 33.5%에서 2064~2065년 GDP 37.8%로 증가할 것으로 전망하였으며, 이는 오늘날 약 790억 파운드(116조 8천억 원)에 해당하는 금액이 될 것으로 예측하고 있다.

보고서에서는 영국 국민의 고령화 진행에 따라 직장(work), 교육(learning), 주택(housing), 가족(families), 건강(health & care), 사회와의 연결(connectivity)과 관련하여 나타나게 될 변화를 예측하고, 이에 대응하기 위한 다음과 같은 영국 정부의 정책방향을 소개하고 있다.

① 일하는 삶(Working Lives)

첫째, 늦은 나이까지 더 오래 일하는 삶은 개인, 고용주 및 더 넓은 사회에 큰 이익을 가져다 줄 것이다. 이는 금전적인 이익이라기보다 인지능력의 유지 및 건강상의 도움 등 비금전적인 부분이다. 둘째, 노년층의 고용률은 인구에 따라 달라진다. 그리고 이 차이의 원인은 국가가 장기 근로로 인해 발생하는 잠재적 이득을 취하기 위해서 필히 규명될 필요가 있다. 셋째, 고령화된 노동력의 생산성을 높이고 장기간 근무하는 것의 장벽을 극복하기 위해서는 노인들에 대한 부정적 태도의 변화, 건강관리, 작업장 디자인, HR 정책 및 작업에서의 기술 및 적용을 포함하여 다양한 고려 사항과 접근 방법이 필요하다. 여기서 중요한 것은, 관련 정책을 수립할 때 국가, 고용주, 근로자 간의 비용의 균형을 맞추는 데 중점을 두어야 한다는 것이다. 넷째, 장기간 일한다는 것은 역동적인 노동 시장 및 업무의 자동화 환경에서 평생 학습과 훈련이 매우 필수적이라는 것을 의미한다. 만약 이 부분에서 성공하면 영국의 인력 상황에 도움이 될 수 있고, 생산성이 높아지며, 사람들이 생의 후반기에 재정적, 사회적 및 정신적 자본의 수준을 높일 수 있게 된다. 만약 실패한다면 고령자가 노동 시장을 떠나는 것과 동시에 기술 격차를 유발할 가능성이 높다.

② 평생 교육(Lifelong Learning)

첫째, 인생 전반에 걸친 지속적인 학습은 사람들에게 다양한 이점을 가져올 수 있으며, 노년기 삶의 탄력성(resilience on later life)을 증가시키는 역할을 한다. 또한 학습은 신체 및 정신 건강을 개선하고 가족 및 지역 사회 자원에 대한 부담을 줄이는 데 도움이 될 수 있다. 둘째, 인구가 많아질수록 금전적·기술적 능력이 점점 중요해질 것이다. 정책 입안자들은 이 부분에 초점을 맞춰 정책을 수립해야 한다. 셋째, 조직화 된 성인 학습에 대한 참여가 감소하고 있는 추세로, 고령자는 현재 직장 교육을 받거나 성인 교육에 참여하기가 어려우며 사회 경제적 단체, 성별 및 민족에 따라 참여 수준이 다르다. 따라서 평생 학습의 이점을 완전히 실현하려면 이들에 대한 참여율을 높일 필요가 있다.

③ 주택과 이웃관계(Housing and Neighborhoods)

첫째, 고령 인구는 주택에 변화를 가져온다. 그들이 더 편안하게 느낄 수 있고 고령 인구에 특화된 주택이 필요하다. 둘째, 주택의 건축과 주택 가격의 변동에 대한 정책 지원은 인구에 따라 치밀하게 달라져야 한다. 향후 정책 수립에 있어서 고령 인구는 나이들어서 지내기에 편안한 집으로 대거 움직이게 될 것이라는 점을 염두에 두어야 한다. 셋째, 주택은 곧 이웃관계와도 밀접한 관련이 있다. 고령 인구가 그들의 이웃과 교류하며 지내도록 하기 위해서는 편리한 접근성과 사회적 유대관계가 매우 중요한 요인이 될 것이다. 넷째, 집은 헬스케어에 있어 중요한 부분을 차지한다. 고령 인구의 주택은 신기술이 적용되어야 하며, 안전하게 접근성이 편리하도록 설계되어야 할 것이다. 다섯째, 고령 인구에게 집과 직장은 유사한 환경이어야 한다. 만약 집에서 받던 치료가 있다면, 이는 기술 적용을 통해 직장에서도 계속 지원받을 수 있도록 하는 환경이 마련되어야 한다. 여섯째, 오늘날 많은 고령 인구는 주택을 소유하고 있으며, 고령 인구에게 재정적인 지원과 유산으로서의 역할을 하고 있다. 그러나 주택 가격의 상승은 고령 인구에게 재정적 부담으로 변화할 수 있다. 일곱째, 주택은 한 세대에서 다음 세대로의 부를 이동시키는 중요한 역할을 한다. 기대 수명의 연장과 주택 소유 비율의 하락은 재산으로서의 주택의 가치에 부정적인 영향을 가져올 수 있다.

④ 가족의 주요 역할(A Central Role for Families)

첫째, 가족은 인구 고령화의 가장 중요한 요소이자 동인이다. 어린이와 노인이 모두 전형적으로 가족의 도움을 필요로 하는 구성원이므로, 가족 안에서의 이들 세대를 상호 고려한 재정 및 지원 정책으로 변화해야 한다. 둘째, 인구의 고령화와 더불어 가족의 구성 역시 다양한 형태로 증가하고 있으며, 이러한 요소를 이해하는 것이 향후 의료 정책의 탄력성을 이해하기 위해서 무척 중요하다. 셋째, 가족 안에서 고령 인구를 돌보는 책임은 주로 여성들에게 많이 주어져 있으며, 이것은 여성의 건강과 웰빙에 부정적인 영향을 끼칠 수 있다. 인구 고령화로 인해 국가가 아닌 가족이 이들을 돌보는 비공식적인 돌봄이 증가할 수 있으며, 이는 양성 평등에 있어 여성에게 불균형을 가져올 수도 있다. 넷째, 고령화와 관련된 가족 구조의 수직화(verticalisation)는 주택 공급, 조부모에 대한 돌봄, 핵가족이 이를 감당할 수 있는 능력 등에 많은 기회와 변화를 가져오게 된다. 다섯째, 고령 인구에 대한 성공적인 정책 대응을 위해서는 '평생(a whole life course)'의 개념에서 접근하고, 세대간의 의존성(dependencies)을 이해하는 정책으로 추진되어야 한다. 젊은 세대가 아이 세대를 돌보는 것을 고려한 정책이 수립되어야 하는 것과 마찬가지로, 젊은 세대가 고령 인구를 돌봄에 있어 필요한 여러 가지 지원사항이 파악되는 것이 매우 중요하다.

⑤ 건강과 케어 시스템(Health and Care Systems)

첫째, 장기간의 만성 장애를 가진 사람의 증가로, 보육의 필요성이 증가하고 지원에 대한 요구의 특성이 바뀌게 된다. 그 결과 건강 및 의료 시스템에 대한 변화가 필요할 것이다. 둘째, 건강 수명이 향상되거나 보건 서비스의 생산성이 향상되지 않는다면 국가의 건강관리 및 치료 비용이 증가하게 될 것이다. 건강한 생활을 증진시키고 사회적 고립을 감소시키는 것과 같은 정책적 관리는 노년기 건강에 상당한 영향을 미칠 수 있다. 셋째, 고령인구의 증가에 따라 가족이나 친구를 돌보는 사람들에 대한 수요가 증가할 것이다. 정책적으로 이러한 보호자를 지원하는 것이 매우 중요하다. 넷째, 신기술은 가정과 사회에서의 돌봄 시스템에 변화를 가져올 수 있다. 이러한 기회를 이용하면 고령 인구문제에 크게 도움이 될 수 있으나, 개인정보 보호에 대한 민감성을 가중시킬 수도 있음을 고려해야 한다.

⑥ 물리적, 사회적, 기술적 연결(Physical, Social and Technological Connectivity)

첫째, 고령 인구의 건강과 복지에 있어 연결(connectivity)이 점점 더 중요해질 것이다. 또한 연결은 물리적 이동, 교통, 주변 환경, 가상 세계, 물리적 가상 교차를 포함하는 전방위적인 방식으로 이루어져야 한다. 둘째, 서로 다른 연령대가 연결되는 데 어려움이 있을 수 있다. 운송 및 기타 이동 정책을 수립할 때 이러한 다양성과 농촌 및 준농촌 지역에 거주하는 고령자 수의 증가를 민감하게 반영해야 한다. 셋째, 환경의 설계를 통해 고령자들이 이웃과 주변 환경에 더욱 잘 접근할 수 있도록 할 수 있다. 고령자들이 주변 환경과 함께 하는 활동들이 많아질수록, 이들의 건강이 개선되며 삶의 질이 향상될 수 있다. 넷째, 기술은 고령 인구가 직면한 여러 가지 문제에 대한 해결책을 제시할 수 있다. 다만 이러한 기술을 다루는 능력이나 기술을 접할 기회의 부족, 높은 비용, 고령 인구가 기술의 이점과 효용성을 받아들이기 위해 기울여야 하는 노력 등이 해결해야 하는 과제이다. 다섯째, 가상의 연결(Virtual Connectivity)은 사회적 연결, 건강, 웰빙, 안전 등의 영역에서 많은 이점을 가져올 수 있다. 그러나 이러한 이점들을 모두 현실화하는 데에는 많은 어려움이 있을 것으로 보인다.

영국 정부는 위와 같이 여섯 개의 영역에 대해 고령인구의 증가가 가져올 변화를 예측하고, 이를 극복하기 위한 해결 방안을 제시하고 있다. 또한 영국 정부는 해당 보고서를 통해 인구 고령화 문제를 해결할 수 있는 것은 단일 부처의 노력에 의해서는 불가능하며, 다수의 부처가 참여하여 서로 유기적인 정책을 추진할 때에만 이 문제를 효율적으로 해결해 나갈 수 있음을 강조한다.

더불어 정부만이 아니라 기업과 시민사회의 참여도 중요하기에 이들이 고령 인구를 지원할 수 있는 신기술의 개발과 지역사회 서비스 지원에 중요한 역할을 해줄 것을 당부하고 있다. 영국 정부는 고령 인구의 증가를 의료 및 사회 과학의 발전으로 얻은 새로운 도전 기회로 이해하고, 이를 지원하기 위한 전 부처의 유기적 정책을 다음의 [그림 7-4]와 같이 표현하여 제시하였다.

▼ 그림 7-4 영국 정부의 고령화 관련 정책 맵(Policy Map)

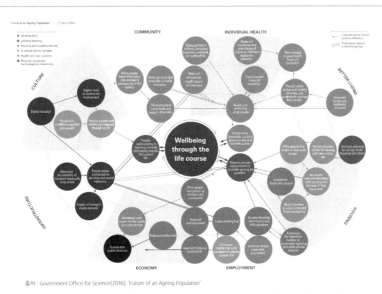

출처 : Government Office for Science(2016), 'Future of an Ageing Population'

출처: Government office for sicence 2016, Future of an ageing population.

4 싱가포르의 국가미래전략기구[5]: 총리실 전략그룹(Strategy Group of PMO) 과 국가안보조정본부(NSCS)

싱가포르는 공무원의 전문성과 범정부적 미래준비역량이 탁월하여 정부 및 기관 의 경쟁력이 매우 높은 것으로 평가되고 있다. 싱가포르 정부는 1980년대 국방부 (Ministry of Defense)에서 쉘(Shell)사의 도움을 받아 미래 시나리오 기법을 활용한 전략 수립을 시도한 바 있다. 이를 위해 쉘사는 두 명의 싱가포르 공무원을 영국 본사 시나 리오 팀에 보내 훈련을 제공하였고 이들은 귀국 후 싱가포르 정부 내 시나리오 팀을 운영하였다.

1995년에 싱가포르 정부는 수상실 산하에 시나리오 사무국(Scenario Planning Office)을 운영하였고 2003년 전략정책처(Strategic Policy Office)로 변경하였다. 2004년 위험평가 및 미래이슈탐색 사무국(Risk Assessment and Horizon Scanning Office, RAHS Office)을 설립하고 2009년 미래전략센터(Centre for Strategic Future)를 설립하였으며 2015년에 총리실 전략그룹(Strategy Group of PMO)이 설립되고 이때 미래전략센터는 총리실 전략그룹으로 이동하였다.

1) 총리실 전략그룹(Strategy Group of PMO) 개요

총리실 전략그룹은 2015년 7월 정부부처 간 전략적 제휴를 강화하기 위해 설립되 어 2016년 국가 인구 및 인재부(National Population and Talent Division, NPTD) 및 국가 기후변화국(National Climate Change Secretariat, NCCS)까지 확대되며 2009년에 설립된 미래전략센터는 2015년 총리실 전략그룹으로 옮겨져 정부의 전략 우선순위를 개발하 고 이행하기 위해 공공서비스를 조직 및 운영에 기여하는 활동을 수행하게 되었다.

이 조직은 국가 차원의 미래예측과 전략을 만들고 이를 정부의 전략기획, 정책수 립 및 예산 과정에 반영하고 있다. 싱가포르 정부는 시나리오 기획을 넘어서 전략기획 및 미래지향적 사고를 적용하기 위한 툴킷(tool-kit)의 필요성을 인지하고 개발에 착수 하게 된다. 여전히 시나리오 방법이 미래전략기획의 기저에 깔려있지만, 미래이슈탐색 (horizon scanning), 백캐스팅(backcasting), CLA(causal layer anaylsis) 등을 적용한 시나리 오 계획 플러스(SP+(Scenario Planning Plus))를 미래예측과 전략 방법으로 개발하여 활

---

5 박병원, 윤정현, 최용인, '주요국의 미래전략 수립 체계 및 전망보고서 분석', 과학기술정책연구 원, 2018.

Defining Focus

Global Ranking Diagram
Cynefin problem Definition

Monitoring

Environment Scanning

Signposting
Early warning System

Delphi Method
Horizion Scanning

SP+
Toolkit

Emerging Issues Analysis
Driving force Analysis
Systems Thinking SWOT

Wind Tunneling
War-Gaming back
casting

Casual Layered Analysis

Morphological Analysis
Scenario Narrarives

Designing Strategies

Sense-Making

Developing Possible Futures

출처: https://www.csf.gov.sg/our-work/our-approach

용하고 있다. SP＋는 핵심 정의(defining focus), 환경 스캐닝(environmental scanning), 센스 메이킹(sense making), 가능한 미래 개발(developing possible futures), 전략 설계(designing strategies), 모니터링(monitoring)의 단계로 수행된다.

총리실 전략그룹은 장관 1명과 차관 2명을 중심으로 15개 부서로 구성되어 있다. 부서는 전략계획(strategic planning & futures) / 경제(economic) / 사회(social) / 국토 및 생활 수준(land & liveability) / 안보 및 리질리언스(security & resilience) / 기술(technology) / 기후 변화 전략 이슈(strategic issues of climate change) / 기후변화 정책 및 계획(policy and planning of climate change) / 인구 정책 및 계획(policy and planning of population) / 혼인 및 육아 정책(marriage & parenthood policy) / 기업 홍보(corporate communications) / 인적 자본(human capital) / 기업 서비스(corporate services) / 조직 개발(organisational development)

/ 정보기술(information technology)로 구성되어 있다.

미래전략센터는 수석 고문 1명, 전략 본부장 1명, 전략 부국장 1명, 전략가 1명을 중심으로 RAHS, 공무원 대학(Civil Service College), 산업통상부 미래그룹(Ministry of Trade and Industry's Futures Group), 인력자원부 위험관리그룹(Ministry of Manpower's Risk Management and Futures Group) 등의 유관기관과의 협력체계를 구축하여 운영하고 있다.

2) 싱가포르 국가안보조정본부(NSCS) 개요

국가안보조정본부(NSCS)는 국가안보조정센터(NSCC, National Security Coordination Centre)와 국가안보연구센터(NSRC, National Security Research Centre)라는 두 기관으로 이루어져 있다. 이 중 국가안보조정센터(NSCC)는 국가안보 위협에 대한 전략적 대응과 예방을 위한 범정부 차원의 조정 및 협업을 강화하는 정책개발, 전략적 기획, 자원관리 등을 책임지고 있다. 이와 관련하여 국가안보조정센터(NSCC)는 주로 위험평가와 환경탐색 기능에 초점을 맞춘다. 2004년에는 전략적 예방능력을 강화하기 위해서 RAHS(Risk Assessment and Horizon Scanning) 프로그램이 수립되었다.

RAHS 프로그램은 싱가포르에 중대한 영향을 끼칠 수 있는 전략적 쟁점들을 미리 탐지하여 시나리오 기획을 보완하는 방법과 도구를 개발하는 것이다. 이 프로그램은 2012년 1월부터 NSCC 내 산하부서 형태로 있던 RAHS실험센터(REC)를 확대 개편하여 RAHS사업청(RAHS Programme Office)이라는 독립기구로 재조직화되었고, 그 산하에 RAHS Think Centre, RAHS Solutions Centre, 그리고 RAHS Experimentation Centre 라는 세 부서를 두고 있다.

국가안보조정본부(NSCS)의 또 다른 산하기관인 국가안보연구센터(NSRC)는 테러리즘을 비롯하여 국가안보관련 이슈들에 대한 전략적 미래분석을 통해 범정부 차원의 전략적 기획, 정책개발 역량의 증진에 기여하는 임무를 지닌다. NSRC는 위험평가와 미래분석이라는 두 가지의 연구 과업을 수행하기 위해서 4개 연구부서를 두고 있다. 반테러연합센터(JCTC, Joint Counter-Terrorism Centre)는 항해, 항공, 육상운송 등에서의 테러위험에 대한 전면적인 평가를 제공하는 위험평가 프로그램을 담당한다. 국가안보위험평가그룹(NSRAG, National Security Risk Assessment Group)은 국가안보 위험기록장치를 개발하기 위한 방법론을 정립하고 있다. 테러 및 극단주의 미래그룹(TEFG, Terrorism and Extremism Futures Group)은 테러와 극단주의의 미래 전개에 대한 이해를 제공한다. 마지막으로 국내안보감시그룹(DSMMG, Domestic Security Mapping and Monitoring Group)은 국내안보와 관련한 위험요소들을 모니터링하기 위한 지침 시나리

출처: https://www.parliament.gov.sg

오를 작성한다.[6]

'RAHS'는 '위험 분석과 호라이즌 스캐닝(Risk Assessment and Horizon Scanning)'의 줄임말로 RAHS 소프트웨어는 컴퓨터 기반의 툴킷 개발을 통해 미래이슈 분석, 시나리오를 통한 전략개발, 그리고 사회분위기 측정(sentiment analysis)을 시도하게 되었으며, 대규모의 시민 참여 미래연구도 실시하였다.

3) 싱가포르 미래전략 수립 운영 방식

싱가포르 정부는 사회의 복잡성을 다루기 위해 크게 5가지 미래전략 원칙을 적용하고 있다. 첫번째는 '범정부적 접근(whole of government approach)'이다. 이러한 접근을 통해 2001년 12월 싱가포르 정부는 대규모 테러를 계획하고 있는 이슬람극단주의 단체 제마 이슬라미아(Jemaah Islamiah)의 주요 요원들을 체포한 바 있다. 거의 블랙스완에 가까울 만큼 확률이 낮았던 이 사건에서, 싱가포르 정부는 네트워크는 네트워크로 대응한다는 원칙을 세우고 범정부 차원의 협력망 구축을 통해 효과적인 대테러 방안을 수립하였던 것이다. 싱가포르뿐만 아니라 미국도 9/11 이후 테러에 대응하기 위해 국토안보부를 신설하였고 우리나라는 세월호 이후 재난에 대비하기 위해 국민안전

---

6   김동환, '주요국의 미래 연구동향 및 주요 전략', 국회입법조사처, 2012.

처를 신설한 바 있지만, 싱가포르 정부가 접근한 방식은 복잡계 원리를 적용하여 네트워크 구축을 통해 대응했다는 점에서 차이를 갖는다.

두 번째 원칙은 '미션기반의 전술(Mission-type tactics)'을 적용하고 있다는 점이다. 이는 현장 우선의 원칙으로 일선에 있는 지휘자가 모든 의사결정권한을 가지고 창의적으로 대응하는 원칙을 말한다. 현장 정보를 가지고 있지 않은 중앙 컨트롤타워가 돌발 상황에 대응하는 것은 현실적으로 불가능한 상황에서, 주무 기관, 혹은 현장지휘자가 주어진 미션을 수행할 수 있도록 권한을 이양하고 동시에 역량을 확보하는 것을 전제로 한다.

세 번째로 불확실성과 복잡성에 대응하고 학습과 적응을 통한 문제해결을 위해 전투상황에 적용되는 '관찰·숙고·결정·실행(OODA: Observe·Orient·Decide·Act)' 원칙을 준수하고 있다는 점이다. 이는 불완전한 정보, 원인과 결과가 모호한 복잡한 상황에서 의사결정을 해야 되는 정부 입장에서 모두 경우의 수에 대응하는 전략을 수립할 수가 없다. 결국 시나리오 작업 등을 통해 미래 상황을 그려보면서 적절하게 대응하는 것이 최선이다.

네 번째는 '새로운 방법론의 개발'이다. 싱가포르 정부가 RAHS 프로그램을 통해 사회분위기분석(sentiment analysis), 빅데이터 분석기법을 개발하는 이유이다. 물론 어떤 경우라도 최종 판단은 사람에 의한 분석을 대체할 수 없다.

마지막 원칙은 '실험을 통한 위험의 관리'이다. 복잡계 시스템에서는 기본적으로 결과에 대한 예측은 매우 어렵고 모든 경우의 수에 대한 비상계획을 준비하는 것도 불가능하다. 따라서 실패를 전면적으로 피하는 것(fail-safe)이 아니라 관리할 수 있는 실패(safe-fail)를 통해 학습을 하고 이를 통해 대응방안을 개선시키는 것이 더 경제적이다. 일종의 베타테스트와 마찬가지다. 같은 맥락에서 전면적인 정책 도입보다는 시범사례를 통해 성공과 실패요인을 분석하고 성공사례의 점진적 확산이 복잡계 문제를 해결하는 방식을 적용한다.

또한 싱가포르 정부는 다양한 방식으로 정부 부처 간, 정부-시민과의 소통을 강화하고 미래역량을 높이는 작업을 한다. 그 일환으로 싱가포르 정부는 매년 국가 차원 미래 위험에 대한 평가 및 이슈탐색을 논의하는 국제미래심포지엄(IRAHSS: international Risk Assessment and Horizon Scanning Symposium)을 개최한다. 2018년 개최된 제6차 IRAHSS에서는 '미래연구와 정책 그리고 실행의 연계(Connecting Foresight, Policy, and Practice)' 주제로 초청강의 및 패널토의가 이틀간 진행되었다. 주요 내용으로는 ① 조직 내에서의 미래연구의 적용(Applying Foresight in Organizations), ② 미래연구 역량의 개발(Developing Capabilities in Sense-Making), ③ 미래의 일(The Future of Work), ④ 미래의 운송(The Future of Transport), ⑤ 글로벌 이슈의 변화 분석(Analysing Big Shifts in Global Issues)으로 구성 진행되었다.[7]

▼ 사진 7-6 2019년 개최 싱가포르 국제미래심포지엄(IRAHSS) 주제

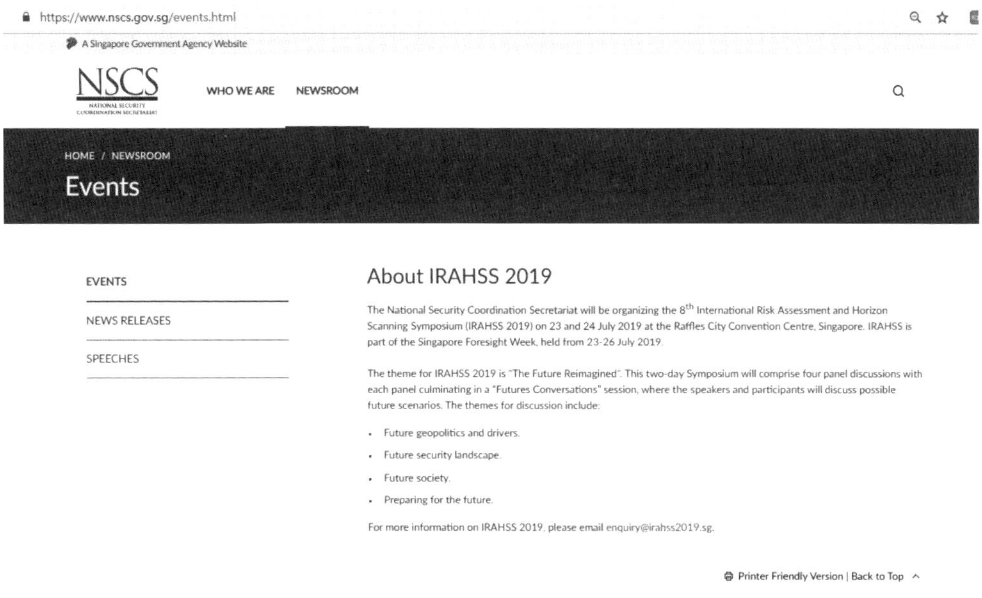

출처: https://www.nscs.gov.sg/events.html

7   박병원, 싱가포르 정부의 미래전략 벤치마킹 사례, 과학기술정책연구원 미래연구해외동향, 2018. 25.

Ⅱ 입법부 주도형 국가미래전략기구

1 핀란드 국회 상임미래위원회(Committee for the Future)[8]

입법기관이 국가의 미래예측과 미래전략을 총괄하고 있는 대표적인 나라가 핀란드이다. 핀란드의 국회 미래상임위원회가 그러한 역할을 담당하고 있다.

1) 핀란드 국회 미래위원회 개요

1990년대에 들어서면서 핀란드는 전후 최악의 경제위기를 맞이하였고, 이를 극복하기 위해 1993년 핀란드 의회와 정부간 미래대화(future dialogue)를 위한 국회내 임시기구로 미래위원회가 설치되었다. 이후 2000년에 미래위원회는 핀란드 의회의 16개의 상설 상임위원회 중 하나로 입법화되었고 또한 핀란드의 국가 미래예측시스템은 의회가 중심이 되고 정부가 이에 대응하는 구조로 입법화 되었다.

즉, 핀란드 의회에 '미래위원회'가 있고 그 산하에는 미래연구소가 있어 전반적인 국가 미래전략을 주도하여 핀란드 의회는 총리로 하여금 4년마다 향후 15년까지의 미

▼ 사진 7-7 핀란드 국회 미래위원회 회의

출처: http://www.eduskunta.fi

8 박병원, 싱가포르 정부의 미래전략 벤치마킹 사례, 과학기술정책연구원 미래연구해외동향, 2018. 25.

래 중장기계획을 세우고 이것을 의회에 보고하도록 법으로 정하였다.

이에 따라 총리는 의회에 미래전망 및 국가 미래전략을 담은 '정부미래보고서(Government Report on the Future)'를 작성하여 제출해야 하며 국회의 미래상임위원회는 엄밀한 검토를 통해 문제점의 대안을 반영한 핀란드 국가미래보고서를 최종 발간한다. 이러한 과정에서 과학기술과 자연환경의 지속 가능성, 사회경제의 상호작용을 아우르는 종합적인 국가의 중장기 비전과 전략을 수립할 수 있게 된다.

4년마다 있는 국회의원 선거 후 국회 미래위원회는 17명의 현직 국회의원으로 구성되며 이중 위원장과 부위원장 1명씩 선임한다. 그동안 핀란드 국회 미래위원회는 역대 수상, 각 정당의 당수, 장관들을 다수 배출하여 실제 중장기 전망에 기반한 국정 운영이 이루어지는 데 크게 기여하고 있다.

2) 핀란드 국가 미래전략 수립 프로세스

핀란드의 국가 미래전략 수립을 위한 구체적인 프로세스를 도식화하면 다음의 [그림 7-6]과 같다.

▼ 그림 7-6 핀란드 국가 미래전략 수립 프로세스

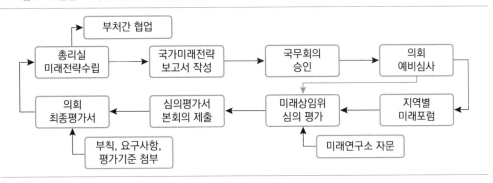

출처: 김동환, '주요국의 미래 연구동향 및 주요 전략', 국회입법조사처, 2012.

4년마다 진행되는 핀란드 총선이 끝나 국회의원 및 총리가 선출된 다음 해에 새로운 정부는 향후 15년까지의 미래상과 문제해결방안, 이에 필요한 정책방안 등을 도출하여 '미래비전 및 전략'에 관한 국가미래정책 보고서를 발의하여야 한다. 새 정부는 바라보는 미래에 대한 비전과 그 실행을 위한 장기적인 프레임워크를 스스로 제시함으로써, 새 정부는 4년의 임기 동안 진행시킬 정책 프로그램을 장기적 차원에서 평가하

고, 그 기준을 스스로 수립할 수
있게 된다.

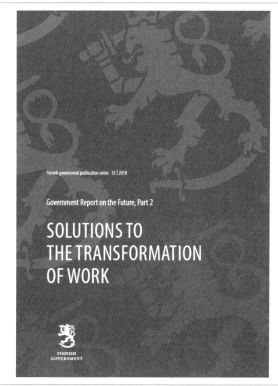

정부의 미래보고서는 총리
실을 중심으로 관련 모든 부처가
수평적으로 협력하여 각 부처의
미래전략을 종합하고 SITRA(핀
란드 혁신기금), TEKES(핀란드 기
술청), 핀란드 아카데미(Academy
of Finland) 등이 참여하여 작성
된다.

정부의 미래보고서가 국무
회의 승인을 거쳐 의회에 제출되
면 핀란드 의회의 미래위원회에
서 지역미래포럼 등을 개최하여
여론수렴 과정을 거치고, 국회
내 다른 몇몇 위원회에서도 면밀
하게 검토하게 된다. 국회 미래
위원회는 각 부처의 미래전략 시
각 도입 및 국가전략의 조감도

출처: https://vnk.fi/en/government-report-on-the-future

파악, 부처간 협력 여부 등을 파악하여 정부계획에 대한 예산배정 여부를 심의한다.

이러한 프로세스는 핀란드 의회 내 다른 특별위원회에서도 동일하게 적용되는데,
먼저 의회 내에서 총괄적(general) 논의가 이루어지고, 이후 각 주제는 관련된 특별 위
원회로 넘겨진다. 각 위원회는 전문가들의 견해를 경청하여 보고서 초안을 작성하고,
의회의 개회 기간 중 제출하게 된다.

제출한 보고서는 승인이 될 수도, 안 될 수도 있다. 이 의회 보고서는 정부가 수행해야
하는 부칙 또는 구체적인 요구사항, 그리고 평가기준(measures)이 첨부되어 송부된다.[9]

또한 핀란드 의회는 정부의 미래보고서와 의회의 최종평가서가 개별 정책입안 및
집행과정에서 적절하게 이해되는지의 여부를 정부가 매년 의회에 제출하는 연례보고
서를 통해 모니터링하고 있다. 국회 미래위원회 산하에는 60여 명의 전문가로 이루어
진 '미래연구소'를 두고 있어서, 정부보고서에 대한 심의평가 시에 미래이슈에 관한 전

9   김동환, '주요국의 미래 연구동향 및 주요 전략', 국회입법조사처, 2012.

문적인 자문을 수행할 뿐만 아니라 국가 성장동력 발굴을 위한 미래 기술. 사회예측 연구와 관련 연구방법론의 개발을 병행한다. 이러한 과정을 거쳐서 미래위원회는 정부가 제출한 미래보고서에 응답하는 형식으로 미래위원회 보고서를 발간한다.

여기에서 우선적으로 고려되는 것은 정부가 올바른 문제에 집중하고 있는지, 즉 정부가 지적하고 있는 '(미래)문제'가 문제라고 인식해야할 만한 가치가 있는 것인지 평가하는 것이다. 의회 스스로가 새로운 보고서를 제안함으로써 미래전망을 제시하는 데에 보다 적극적인 역할을 수행하고 있는 것이다.

이와 같이 핀란드 의회는 국가미래전략에 관한 정부의 보고서를 심의·평가하는 동시에 그에 대한 의회의 견해를 제출하는 절차를 의무적으로 수행하게 된다. 이런 과정을 통해 앞으로 진행될 여러 입법과정에서 정부와 미래를 향상하는 관점을 공유할 수 있게 됨으로써 입법과 정책집행에 있어서 전체적인 일관성을 유지할 수 있게 된다.

3) 핀란드 국회 미래위원회 역할

핀란드 미래위원회의 주요 업무들은 다음과 같이 요약될 수 있다.[10]

① 제출된 정부 미래보고서에 대한 검토 및 답변과 최종 미래보고서에서 제안하는 미래전략 관련 법안 발의
② 다른 위원회들로부터 요청된 미래 관련 주요 문제들에 대한 보고서 발행과 성명 발표(기후정책, 저 출산 고령화 등 인구정책, 에너지정책, 정보화사회 정책 등의 법안 발의 시, 미래관련 정책은 다른 상임위에다 미래상임위 이름으로 성명서를 통해 의견 제시)
③ 미래 발전 요소들, 발전 모델들과 관련한 쟁점 토론(미래관련 발전계획이나 개발 모델 관련 모든 이슈를 미래상임위가 처리)
④ 미래예측방법론을 포함한 미래 관련 연구 분석(미래관련 모든 연구 및 미래예측연구 방법에서 개입하고 어떠한 분석법으로 미래를 예측하는지 평가하고 승인)
⑤ 기술개발과 기술개발의 사회영향력에 대해 책임 있는 의회 기구로서 활동(미래상임위 내에 첨단기술개발, 사회변화를 지속적으로 예측하는 연구소 설치, 세계미래예측 전문가패널을 두고 미래연구)

---

10 김동환, '주요국의 미래 연구동향 및 주요 전략', 국회입법조사처, 2012.

▼ 사진 7-9 핀란드 국회 미래위원회 사이트

자료: https://www.eduskunta.fi/EN/Pages/default.aspx

　　이와 같이 핀란드의 미래위원회(Committee for the Future)는 입법부 중심의 미래전략 체계를 대표하는 상징적인 존재이다. 핀란드가 국회 미래위원회를 헌법에서 인정하는 국회의 상임위원회로 설립하면서, 미래이슈에 관한 의회와 정부, 정부와 일반 시민, 그리고 정부부처들 사이의 대화와 협업을 장려하는 각종 포럼을 운영하고 핀란드의 미래전략을 추진하는 데에 주도적인 역할을 수행하고 있다.

　　또한 국회 미래위원회는 세계 여러 지역을 방문하여 사회·기술적 혁신 사항들을 발굴한다. 국제 컨퍼런스와 수많은 여러 국가들의 의회에 참여하여, 지식기반사회 발전, 정보화 사회 발전에 관해 최고권위의 세계 미래학자들과 상의하고 이들과의 네트워크를 통해 미래예측방법론 개발과 의회의 주요 미래전략을 창출한다.

　　이에 따라 핀란드 국회 미래위원회는 차기 총리를 배출하는 위원회로 인식되며, 의원들 역시 미래위원회 소속위원으로서의 활동을 명예롭게 여기게 되었다.

Ⅲ 사회적 대화형 국가미래전략기구

1 독일 연방교육연구부(BMBF: Federal Ministry of Education and Research)

독일은 2000년대 이후 새로운 패러다임 전환의 과학기술 정책 형성을 위해 시대 변화와 수요자 중심의 공개성 및 투명성 확보와 전문가와 민간의 다양한 의견이 국가 미래 정책에 투영될 수 있는 미래전략 연구에 최우선을 두고 있다.

독일 연방교육연구부는 독일의 과학기술정책과 교육 분야를 담당하는 부처로, 과학기술을 바탕으로 한 이노베이션의 촉진으로 국가 미래 발전전략을 수립하는 주무부처이다.

1) 독일 연방교육연구부(BMBF) 개요

독일은 1955년 원자력 문제에 관한 연방정부부처인 원자력부(Federal Ministry for Atomic Issues)를 설립하여 원자력의 평화적 이용에 관한 연구에 집중했다. 이후 1962년 연방과학연구부(Federal Ministry of Scientific Research)로 개명되어 보다 광범위한 범위를 갖게 되었다. 그것은 1969년 연방교육과학부(Federal Ministry of Science and Science)로 다시 이름을 바꾸었다. 한편 1972년에 별도로 연방연구기술부(Ministry of Research and Technology)가 설립되었다.

두 부처는 1994년에 교육과학기술부(Ministry for Education, Science, Research and Technology)로 합병되었다. 이 부처 이름은 1998년 독일 연방교육연구부(BMBF: Federal Ministry of Education and Research)로 바뀌었다.

독일은 2006년 BMBF를 연구개발의 주관 부처로 결정하고, 범부처 '첨단기술전략'의 수립과 이행의 권한을 부여하였다. BMBF는 독일의 교육, 연구, 혁신 시스템 전체의 지형을 모니터링하고 관련 정책과 프로그램을 개발 및 실행하고 있으며 크게 8개의 조직으로 이루어졌다. 이중 연구개발 전략과 사업을 기획하고 실행하는 조직은 제4국부터 제7국까지 해당된다.

BMBF 부서는 하나 또는 두 개의 하위 부서와 10－15개의 국단위로 구성된다. 약 900명이 BMBF에서 근무하고 있다.

부서 명칭	핵심 기능	주요 업무
Directorate-General Z	중앙 행정서비스	BMBF의 인력, 기능, 조직 관리와 지원
Directorate-General 1	전략과 정책 이슈	첨단기술전략의 개발, 혁신정책의 개념 개발, 인재 육성의 효과적 수단 발굴, BMBF 내부 자문 기능
Directorate-General 2	교육과 연구에서 유럽 및 국제 협력	양자 협력 및 다자 기구와의 협력
Directorate-General 3	직업 훈련과 평생교육	직업 훈련 규제와 제도, 인증, 청년을 위한 동등한 기회 정책, 교육 연구, 초중등교육, 고등교육과 학술분야 경력, 문화교육, 디지털학습 등
Directorate-General 4	과학 시스템	고등교육, 비대학 연구(4대 연구협회 등) 등 독일 과학시스템의 진흥, 탁월성 이니셔티브, 고등교육 협약, 볼로냐 개혁 등을 담당
Directorate-General 5	핵심 기술-혁신을 위한 연구	신시장과 고용의 창출, 삶의 변화를 이끌 기술 프로젝트 담당
Directorate-General 6	생명 과학-건강을 위한 연구	건강 관련 생명과학, 식량 및 바이오 에너지와 관련된 바이오 경제 정책, 연구결과의 윤리적, 법적 측면에 대한 대화 프로그램 운영
Directorate-General 7	미래를 위한 대비-기초 및 지속가능성 연구	정부의 미래 대비 이슈를 담당, 기초 과학연구에서부터 지속가능성 연구까지 폭넓은 미래 프로젝트 펀딩을 담당

출처: 홍성주·홍창의, Stepi Issue 166호, 2015.

2) 독일 국가 미래전략 연구개발 방식

독일의 국가 미래전략 연구개발은 ① 정부, ② 공공 및 민간 연구 부문, ③ 자문 기구, ④ 중개기관의 혁신 거버넌스에 의해 진행된다. 독일 연방교육연구부(BMBF)는 2006년부터 범 부처 정부 차원에서의 미래 연구개발 거버넌스의 총괄 주관 부서로 기능하면서 연방정부와 16개 주정부 사이의 역할 구분 및 합의·조정과 전체 미래전략 연구개발 진행 및 실행을 총괄한다.

독일 미래 연구개발의 핵심체는 공공 연구(대학, 정부 연구소, 막스플랑크 등 4대 연구협회) 부문과 민간 연구(기업, 기타) 부문이다. 자문 기구는 정부, 공공 연구 주체, 민간 연구 주체 등 이해당사자로부터 발생하는 각종 연구 의제의 설정과 조정, 연구 전략 조언 등의 역할을 하며 자문 기구로는 연구혁신 전문가 위원회, 산업-과학 연구

연합, 혁신 다이얼로그 등이 있다. 중개 기관은 연구개발 자금이 공공과 민간 영역으로 흐르는 창구 역할을 수행하며, 자금 흐름의 모니터링 및 새로운 연구개발 프로그램의 도입 등에서 정부에 협조했고 독일 연구 재단, 각종 재단, 유럽연합 연구회의, 각종 협회 등이 해당된다.[11]

이처럼 독일의 미래전략 연구개발은 연방정부와 주정부, 민간 연구기관 및 다양한 계층의 자문단이 함께 국가의 미래전략을 입안하고 이를 원활하고 투명하게 진행될 수 있도록 총괄 및 모니터링하는 미래연구 혁신 거버넌스 시스템으로 진행되고 있다.

▼ 그림 7-7 독일의 미래연구 혁신 거버넌스 시스템

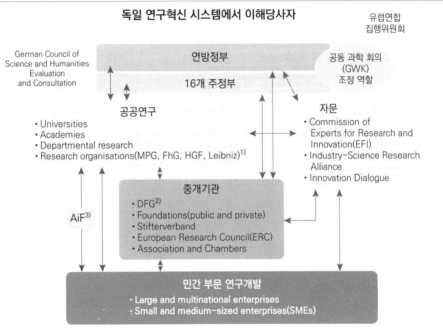

줄처: 홍성주 · 홍창의, Stepi Issue 166호, 2015.

11 홍성주 · 홍창의, 'Stepi Issue 166호', 2015.

3) 독일 국가 미래전략 연구개발 내용

독일연방정부는 2006년 대·내외 위기극복과 글로벌 선도국 위상을 회복하기 위해 국가 전체의 미래 연구개발 프레임워크를 설정할 필요성을 느끼고 연방교육연구부(BMBF)가 범부처의 미래 연구개발 총괄 역할을 하며 미래 연구 혁신 거버넌스 시스템을 구축하였다.

이 미래 연구 혁신 거버넌스 시스템을 토대로 미래전략 연구 결과 2006년부터 4년마다 국가 차원의 미래전략인 '하이테크 전략'이 수립되어 이전의 개별적 기술개발 중심의 연구개발 정책이 범부처와 민간의 일관되고 협력 지향적 연구개발과 실행 시스템으로 전환되었다.

2006년 '하이테크 전략'은 지식, 기술이전, 학술, 연구, 혁신의 중심에 있었고 2010년 '하이테크 전략 2020'에서는 기후·에너지, 건강·식품, 이동성, 안전성, 통신 등 5대 분야 및 10개 미래 프로젝트와 같이 구체화된 타겟을 제시하였다. 2014년 '신하이테크 전략'은 5대 핵심요소 평가를 통해 독일의 강점이 지속될 수 있도록 혁신시스템에 대한 지속적 관심과 참여를 유도 추진하였다. 그간 추진해온 성공을 기반으로 경제적 번영 및 연구개발의 혁신 성공을 목표로 한 2018년 '하이테크 전략 2025'는 디지털 기술이 제공하는 기회를 활용하고, 전문인력에 대한 수요 대응이 더욱 중요해짐에 따라, 개방적 혁신 및 창업 문화를 강화하는 미래 연구개발 전략을 제시하고 있다(한국과학기술기획평가원, 이슈분석 130호, 2018).

▼ 그림 7-8 독일의 국가 미래 연구개발 전략

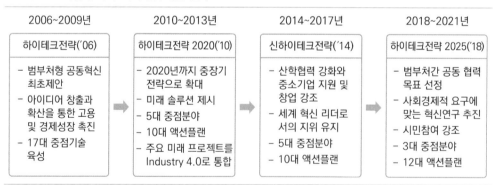

출처: 한국과학기술기획평가원, 이슈분석 130호, 2018.

2018년 독일의 국가 미래 연구개발 전략으로 제시된 '하이테크 2025' 내용을 살펴보면 다음과 같다(한국과학기술기획평가원, 이슈분석 130호, 2018).

▼ 그림 7-9 독일 하이테크 전략 2025 계획도

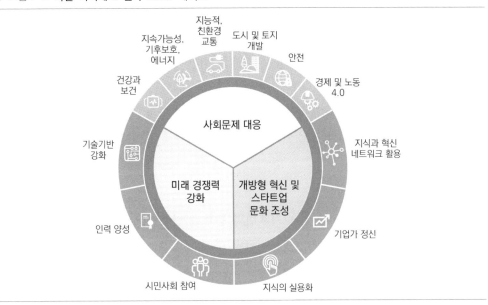

출처: 과학기술 & ICT 정책기술 동향, Kistep & IITP, 2018.11.

'하이테크 2025'는 기존의 하이테크 성공전략을 기반으로, 부처간 협력 혁신체계 구축을 강화하여 사회문제 대응, 미래 경쟁력 강화, 개방형 혁신과 스타트업 문화 등 3대 중점 분야와 12대 액션플랜을 제시하고 있다.

(1) 사회문제 대응

사회문제 대응 전략은 사람을 정책의 중심에 두고, 건강과 보건, 지속가능성·기후변화대응·에너지, 이동수단, 도시와 토지 개발, 안보, 경제 4.0 등 주요한 사회 문제 대응에 초점을 두고 있다. 사람들이 일상 생활에서 체감할 수 있는 비약적 성과 달성을 하기 위해 데이터, 지식, 기술로의 접근성 활용, 효과적 분업체제를 통해 연구와 혁신의 최고 수준을 실현하고 디지털화를 통해 사회 문제를 해결하는 지속가능한 솔루션을 제시한다.

① 건강과 보건

국민 수명이 과거에 비해 10년이 연장되어 이로 인한 질병 예방 및 진단, 치료에 대한 향상된 기술이 요구되며, 높은 수준의 의료 연구와 국제적 연구 파트너십, 디지털 혁신 의료가 필요하다.

주요 전략으로 질병의 예방과 치료, 의료발전, 신약개발·감염퇴치·글로벌 보건 연구 강화, 맞춤의료를 위한 디지털화, 미래 간호기술, 건강한 삶의 연구 등을 제시하고 있다.

② 지속가능성, 기후보호, 에너지

지속가능성 목표를 제시하고, 파리 협약과 기후행동계획 2050에서 탄소 배출 감소 노력을 구체화 해야 한다.

이에 따라 자원을 효율적 순환경제로 전환을 가속화하고, 에너지·난방·교통 부문 연계 및 재생에너지 활용 최적화, 합성 연료의 개발을 통한 탄소 중립적 이동수단을 마련한다.

③ 지능적·친환경 교통

이동 수단은 디지털화, 신기술, 기후변화 등으로 변화되고 있어, 시민과 함께 변화 트렌드의 방향을 설정하고 이동 시스템 관련 부처간 협력, 대안적 탄소제로배출 자동차 연구, 교통수단 간 연계를 촉진한다.

이를 위해 자율운전연구, 배터리 연구 및 셀 생산, 항공연구, 스마트 해양, 우주여행 네트워킹 이니셔티브 등을 적극 추진한다.

④ 도시 및 토지 개발

독일 내 모든 지역을 지속가능한 생활과 경제의 공간으로 발전시키는 것을 목표로, 구조적으로 취약한 지역을 지원하기 위한 혁신 역량을 강화한다. 고속인터넷 연결망 공급, 지속가능한 도시개발 추진과정에서 주거 커뮤니티, 산업계, 시민사회와 함께 어젠다 제시, 디지털 기술 활용 주택, 농어촌 개발을 촉진한다.

⑤ 안전

시민의 자유로운 일상 보호 및 재난상황 보호, 범죄·극단주의, 테러리즘 관련 국가 보안의 신뢰를 제고한다. 안보 대응을 위한 역량 센터 및 첨단 연구 클러스터 개설, 위성통신 및 위성 원격탐사 연구 강화, 디지털 주권과 프라이버시 보호 등의 연구를 촉진한다.

⑥ 경제 및 노동 4.0

경제 4.0은 중소기업의 제품 개발과 공정이나 플랫폼 경제 등 새로운 형태의 사업을 개발하는 데 있어 경제 4.0 솔루션과 스마트 서비스를 적용하도록 지원한다.

노동 4.0은 디지털화된 업무 환경 내 안전과 건강을 목표로 새로운 형태의 업무 환경 설계를 촉진하고 복잡한 업무를 수행하는 근로자를 지원한다.

(2) 미래 경쟁력 강화

이 전략은 독일이 향후 혁신적 국가로의 입지를 유지하기 위해 주요 기술의 통합, 고숙련 전문가의 훈련 및 교육, 시민과학의 3가지 미래 역량이 요구되어 독일 국민이 보다 적극적으로 기술 변화에 참여하도록 새로운 기술에 대한 호기심을 자극하고, 원하는 변화상을 논의할 수 있는 장을 마련한다.

① 주요 기술기반 강화

미래에도 기술적 선두를 유지하기 위해 인공지능 기술을 적용하고, 유인 우주 여행의 가능성을 활용하며, 다양한 부문에서 지식 집약적 기술의 확보가 필요하다.

IT 보안연구, 마이크로일렉트로닉스 연구 등 기술기반 강화, 우주항공 R&D, 양자기술 분야의 잠재력을 극대화, 기초연구 예산 지원 확대를 추진한다. 또한 인공지능 관련 범부처 전략 수립, 디지털 프로세스 적용 및 신재료 개발, 통신보안 및 센서기술 개발을 위한 양자기술, 우주 및 물질탐사, 기초과학 연구 디지털화 및 연구데이터 관리, AI·빅데이터 연구 센터 지원, 마이크로 전자공학연구 지원을 적극 추진한다.

② 인력 양성

유망 분야의 우수 인재의 역량 강화를 위해 연방정부와 주 정부 훈련 프로그램을 통합하고, 교육 과정을 R&D 환경에 맞추어 혁신한다.

대학 디지털화 지원, 직업교육·훈련 강화, 국제교류 촉진 등을 중점 추진하고 국가훈련전략 수립, 직업훈련 개선, 민간기업 해외 직원교육지원, MINT직업분야교육, 디지털 사용 능력 향상 교육시스템 구축 및 디지털 미디어 학습 지원을 강화한다.

③ 시민사회 참여

과학과 연구 활동에 시민을 참여시키는 새로운 방식을 모색하고 정책 의견 수렴 시 다양한 참가자와의 교류를 지원한다.

사회과학의 잠재력을 활용할 수 있는 정부의 적극적 지원과 사회과학연구 및 법제연구를 강화하여 신규 프레임워크 프로그램 사회과학 연구, 시민과학 데이터 수집분석, 교육혁신정책 신규 주제 발굴, ITA를 통한 미래발전분석, 디지털 시민권 등 요건 검토, 학제간 사회정책 연구를 강화한다.

(3) 개방형 혁신 및 스타트업 문화 조성

이 전략은 창조적 아이디어와 활동의 범위를 넓혀주는 개방형 혁신과 창업 문화를 확산하고 창업기업과 중소기업, 사용자가 새로운 혁신과정을 통해 창업자로서의 책임을 다하고 사회적 혁신에 기여할 수 있도록 조성한다.

또한 과학계, 산업계, 사회간 긴밀한 협력을 바탕으로 아이디어의 지식 · 기술의 이전 확산을 촉진한다.

① 지식의 실용화

중소기업 간 기존 지식과 연구성과를 폭넓게 활용하고, 대학 · 연구소의 효율적 연구성과 이전으로 지역의 경제발전에 기여할 수 있는 환경을 조성한다.

다양한 아이디어 경연과 디지털 플랫폼 등 개방적 혁신 문화 지원, 혁신 촉진 플랫폼을 구축한다.

② 기업가 정신

그간 독일 내 기업이 혁신과정에서 중요한 역할을 담당하여 왔으나, 지난 3년 동안의 혁신이 감소되고 있어 이에 대한 대응이 필요하다. 중소기업의 창업활동 촉진 및 발전단계별 신생 혁신기업의 수요에 대응할 수 있는 정책을 마련한다.

③ 지식과 혁신 네크워크 활용

우수한 대학과 연구소가 보유한 좋은 아이디어가 성과로 창출될 수 있는 체계적이고 혁신적인 경제 체제가 필요하다.

혁신가의 저변을 넓히기 위한 다양한 기술과 주제를 지원하고, 유럽 및 국제 혁신 파트너십을 통해 적극적인 연구협력을 강화한다.

(4) 범부처 및 민간 협력체계 구축

독일 연방정부는 하이테크 2025의 성공은 다양한 참가자들의 협력이 관건이라고 보고 있다. 특히 실행을 위한 범부처별 정책과 의견 조정은 '하이테크 전략 2025'의 핵심 요소로서 부처간 긴밀한 협력을 통해서 달성 가능하다고 보고 이를 위해 장관협의체를 구성하였다.

또한 정부, 정책입안자, 과학계, 민간 기업, 사회 구성원 간 대화를 지속적으로 확대하고 실행 및 전개 과정은 과학계, 민간기업, 시민단체의 대표자들이 참여하는 위원회를 통해 논의하고, 종합적인 정보를 제공하며 새로운 목표 그룹과 소통하기 위해 웹사이트(www.hightech-strategie.de)에서 현재 프로그램과 활동을 소개한다.

또한 하이테크 20205 전략의 실행과 전개 과정에 시민들의 참여 방안을 확대하고 전시회, 경연, 토론, 애플리케이션 등을 통해 시민들의 의견을 수렴한다.

그리고 미래 포럼을 통해 주요 핵심 이슈에 대한 시민들과의 전략적인 소통 추진 및 예산 지원 프로그램을 검토한다.

▼ 사진 7-10 독일 연방교육연구부 BMBF의 하이테크 전략 사이트

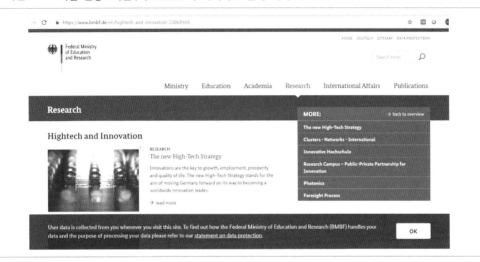

출처: www.bmbf.de

▼ 사진 7-11 독일 하이테크 2025 소통 사이트

출처: https://www.hightech-strategie.de

연구 문제
토의 사항

1. 국가 미래전략기구는 어떤 역할을 하며, 왜 중요한가?

2. 미국의 국가정보위원회 NIC는 미국의 미래전략에 어떤 역할을 하는가?

3. 프랑스의 미래전략총괄위원회는 프랑스의 미래전략에 어떤 역할을 하는가?

4. 영국의 과학청은 영국의 미래전략에 어떤 역할을 하는가?

5. 싱가포르의 총리실 전략그룹은 싱가포르의 미래전략에 어떤 역할을 하는가?

6. 핀란드의 국회미래상임위원회는 핀란드의 미래전략에 어떤 역할을 하는가?

7. 독일의 연방교육연구부는 독일의 미래전략에 어떤 역할을 하는가?

미래학은 무엇을
어디서 공부하나?

미래학원론 : 미래연구 · 미래전략 입문서

PART 8

미래학은 무엇을 어디서 공부하나?[1]

　　미래학은 미래를 연구하는 다학제적 성격의 학문이며 실용적 학문이다. 미래학 미래예측 방법론을 기반으로 다양한 시각의 통찰이 필요하다. 미래학을 전공하는 자는 사회과학적 방법론, 인지공학적 사고력, 과학기술의 미래에 대한 식견, 인문학적 상상력과 통찰, 예술적 감성 등을 아우르는 복합적 역량을 익혀야 한다.

▼ 그림 8-1 미래학과의 연계 학문 범주

출처: 이주헌, 미래학 미래경영, 2018.

---

1 미래학은 미국을 비롯한 선진국의 대학과 고등학교에서 이미 널리 교육되고 있다.

Ⅰ 미래학 교육 과목

미래학에 대한 교육은 1932년 웰스(H.G. Wells)가 BBC 방송을 통해서 미래예측(foresight) 교수와 학과의 신설 필요성을 처음으로 주장하였고, 1944년 독일의 플레치텀(Ossip K. Flechtheim) 교수가 확률(probability)을 포함하는 새로운 학문 분야로서 미래학(futurology)을 제안하였다. 이후 미래학자들의 다양한 미래연구를 거쳐 1971년 하와이대학에 미래학연구센터가 설립되어 본격적인 현대 미래학 전공 과정이 개설되었다.

'미래학 교육 과정에서 어떤 내용을 다룰 것인가?'는 미래학 교육의 목적과 미래학 교육을 통해 함양하고자 하는 역량이 무엇인가에 달려 있다.

1 미래학 교육의 목적

포츠담 대학의 티베리우스(Victor Tiberius) 박사가 각국에서 미래연구를 가르치거나 활용하는 전문가에게 미래연구의 목적에 대해 설문조사를 한 결과, 미래학 교육의 목적을 ① 미래연구의 개념구조 이해 ② 미래 연구의 역사 및 대표적 연구결과 학습 ③ 환경, 수요, 기대, 위험 등 미래 이슈에 대한 체계적인 분석 및 평가 ④ 미래 연구 방법을 적용하여 대안적 미래(alternative futures) 구상 ⑤ 기획 과정에 활용, 대안적 미래에 대한 평가 ⑥ 바람직한 미래(Preferable future) 모습 도출 ⑦ 바람직한 미래 구현

▼ 그림 8-2 미래학 교육의 목적

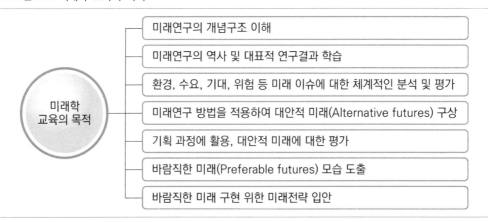

출처: 박병원, '미래예측, 무엇을 공부할 것인가?', Future Horizon, 2011년 가을호.

위한 미래전략 입안으로 제시하고 있다.[2]

　　미래학 교육의 목적을 요약하면 미래연구의 구조와 방법론을 익혀 미래의 과학기술, 정치, 경제, 사회, 문화, 교육, 환경 및 미래 이슈의 변화를 분석하여 대안적 미래를 예측하고 이중 바람직한 미래 모습을 도출할 수 있게 한다. 나아가 바람직한 미래 모습을 구현할 수 있는 미래전략을 입안할 수 있게 하는 것이 미래학 교육의 목적이다.

2 　미래학 교육으로 함양하는 역량

　　미래학 교육을 통해서 함양하는 역량은 미래연구와 미래예측을 위해 필요한 역량이기도 하다. 미래연구 전문가가 갖추어야 하는 소양과 역량을 하와이대의 미래학자 짐 데이토 교수는 다음과 같이 제시하고 있다(이주헌, 미래학·미래경영, 2018).

① 역사와 다양한 문화와 문명에 대한 가능한 한 많은(widest possible) 지식

② 사회과학 전반에 대한 가능한 한 많은 지식

③ 자연과학의 현재와 새롭게 등장하는 정신과학, 그리고 복합계 과학 시스템이론, 카오스이론, 두뇌과학 등에 대한 가능한 한 많은 지식

④ 공학 특히 전자공학과 유전공학, 건축, 우주과학 학문과의 가능한 한 친숙함(familiarity)

⑤ 가능한 한 다양한 전통(tradition)의 철학, 윤리, 종교 등에 대한 이해

⑥ 법과 정책에 관한 가능한 한 깊은 이해

⑦ 아름다움과 삶의 미적 요소들에 대한 이해와 지속적으로 쌓는 경험

⑧ 새로운 생각을 하고 심지어는 자신을 웃게 만드는 창의력과 상상력

⑨ 분석하고 종합하고 발명하고 창조하는 능력

⑩ 정치적인 활동에 적극적으로 임하고, 새로운 아이디어를 자신에게 먼저 실험하고, 다른 사람들이 보다 나은 세상에서 살도록 노력하는 윤리와 진취성

⑪ 자신이 취한 행동이 초래할 결과를 예측하고, 실패를 감당하며, 실수와 비판으로부터 배우는 긍정적 마인드

⑫ 호기심과 열정과 낙관적 사고와 유머감각과 터무니없는 상황도 즐길 수 있는 마음가짐

2　박병원, '미래예측, 무엇을 공부할 것인가?', Future Horizon, 2011년 가을호.

⑬ 과거를 존중하되, 새로운 미래에 대한 갈망(yearning)

이와 함께 미국 미래컨설팅 회사인 Acceleration Studies Foundation(ASF)는 미래 예측과 미래연구에 필요한 기본 역량을 다음의 4가지로 정리하고 있다.

첫 번째는 창의와 혁신 역량으로 기존의 선입견을 혁신하고 미래의 형상과 이미지와 아이디어를 상상할 수 있는 역량이다. 두 번째는 기획과 조율 역량으로 바람직하고 원하는 미래를 선정하고 구현하기 위해 다양한 의견을 조율하여 합의를 도출하고 전략을 기획하는 역량이다. 세 번째는 객관화와 측정 역량으로 바람직한 미래를 위해 진척도를 객관화하고 측정하는 역량이다. 네 번째는 예측과 발견 역량으로 전체적인 시스템이 어떻게 미래를 향하여 움직이는지 추이를 발견하고 예측하는 역량이다.

▼ 표 8-1 ASP가 제안한 미래연구에 필요한 4가지 기본 역량

	내부	외부
개인	창의와 혁신 • 기존의 선입견을 혁신하고 미래의 형상과 이미지와 아이디어를 상상할 수 있는 역량	객관화와 측정 • 바람직한 미래를 위해 진척도를 객관화하고 측정하는 역량
집단	기획과 조율 • 바람직하고 원하는 미래를 선정하고 구현하기 위해 다양한 의견을 조율하여 합의를 도출하고 전략을 기획하는 역량	예측과 발견 • 전체적인 시스템이 어떻게 미래를 향하여 움직이는지 추이를 발견하고 예측하는 역량

출처: 박병원, '미래예측, 무엇을 공부할 것인가?', Future Horizon, 2011년 가을호.

3 미래학 교육 지식과 교과 체계

미국 미래컨설팅 회사 Acceleration Studies Foundation(ASF)는 미래예측에 필요한 지식을 기초 과목과 고급 과정으로 나누어 제시하였는데 이를 다시 3P(Possible, Preferable, Probable) 프레임 관점에서 정리하면 다음 [표 8-2]와 같다.

	가능한 미래 (Possible Future)	바람직한 미래 (Preferable Future)	개연성 있는 미래 (Probable Future)
기초	• 대안적 미래 • 경영분석 • 이머징 이슈, 교차영향분석, 패턴분석 • 이머징 기술분석 • Horizon 스캐닝 및 약신호 • 미래 이미지	• 인과구조분석 등 비판적 미래예측 • 민족학, 문화, 하위문화 • 개인의 미래(Personal Futures) • 미래연구의 발전추세	• 발전연구 • 모델링, 시뮬레이션(기초) • 미래 저널리즘 • 예측분석 • 예측시장 • 델파이조사
고급	• 디자인, 사용자경험 및 예술 • 진화, 복잡계이론, 시스템이론 • SF소설, 유토피아/디스토피아 문학 • 역사(Alternative Histories) • 혁신, 기업가정신 및 네트워크 • 지식관리 • 규범적 미래 • 종교(미래종교)	• 인류학 및 문화연구 • 평화학, 분쟁학 • 의사결정론, 리얼옵션 • 윤리/가치 연구 • 통합(Integral) 사고 • 리더십 • 철학(규범적 미래) • 정치학 • 시장예측, 홍보, 소비자 행동 • 안전/국방연구, 국제관계 • 전략기획 • 도시계획 • 기업의 사회적 책임관리	• 위험분석 • 인지/사회심리학 • 비판적 사고 • 인구와 사회 • 모델링, 시뮬레이션(고급) • 장기투자 및 금융 • 위험관리 • Operations Research • 게임이론 • 미래과학기술 • 지속가능한 발전 • 확률기반 예측

출처: 박병원, '미래예측, 무엇을 공부할 것인가?', Future Horizon, 2011년 가을호.

그리고 이주헌 교수(2018)는 미국의 리젠트 대학교(Regent University)의 미래학 대학원을 포함한 미래학 전공 미국 대학교의 교육과정을 분석하여 미래학 교과의 체계를 다음과 같이 8개의 범주로 정리하였다.

① 미래학 개요 ② 미래학 이론 ③ 미래연구 방법 ④ 미래 과학기술론
⑤ 미래 사회학 ⑥ 미래 인문학 ⑦ 개인의 미래   ⑧ 분야별 미래 전망

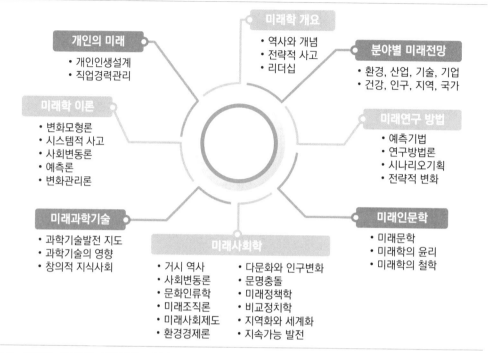

출처: 이주헌, 『미래학 미래경영』, 청람, 2018.

4 미래학 전공 대학과 과목

1970년대에 들어 미국을 중심으로 대학에 미래학 관련 강좌가 개설되기 시작하면서 미래학은 하나의 학문으로 정착되었다. 1971년 하와이 대학에는 짐 테이토(Jim Dator) 교수가 이끄는 미래학연구센터(Hawaii Research Center for Futures Studies)가 만들어졌다. 미국의 대표적인 미래학자 짐 데이토 교수는 버지니아 공대 정치학부에서 1967년 처음으로 미래학 강좌를 개설했는데 이것이 대학에서의 '최초의 미래학 강의'라고 알려져 있다.

짐 데이토 교수는 하와이 대학교에 부임하여 1971년 미래학연구센터를 만들었고, 1977년에는 대안미래학(Alternative Futures) 분야 석사학위과정을 개설해, 꾸준히 미래학자와 미래예측 전문 컨설턴트를 배출하고 있다. 특히 하와이대 미래학연구센터는 하와이-마노아 대학 정치학부와 연계해, 미래학연구로 석사와 박사까지 할 수 있는 전세계 최초의 대학으로 유명하다.

1974년에는 텍사스 클리어 래이크 소재 휴스턴 대학교에 세계 최초로 미래학 석사학위 과정이 개설되었다. 이렇게 선구자들의 연구로 시작된 미래연구는 대학 학위 과정에 편입되면서 학문적 영역으로서의 미래학으로 자리 잡게 되었다.

현재 전 세계 100여 개 대학에서 미래학 석·박사학위 과정과 미래연구 전문 교육 과정 등 다양한 프로그램들이 개설되어 진행되고 있다.

▼ 사진 8-1 하와이대 미래연구센터 사이트

출처: www.futures.hawaii.edu

1) 하와이 대학교 미래학 전공 과목

하와이 대학교는 짐 데이토(Jim Dator) 교수가 주도하고 주의회가 지원하여 1971년 하와이 미래연구센터(Hawaii Research Center for Futures Studies)를 설립하면서 미래학을 대학에서 본격적으로 가르치기 시작했다. 하와이 미래연구센터는 하와이를 중심으로 다양한 영역에 미래연구를 실시하여 미래연구 보고서를 발행하고 있으며 1977년부터 하와이대 정치학과에 대안미래학(Alternative Futures) 분야 석사와 박사 과정을 개설하여 많은 미래학자와 미래연구 전문가를 배출하고 있다.

하와이 미래연구센터는 짐 데이토 교수가 중심이 되는 미래학 마노아학파의 중심지로서 대안미래학을 가르치고 전파하고 있다. 대안미래학은 미래학의 본질에 대해 '정확히 미래를 예측하는 것'이 아니라 다양한 가능성을 고려한 복수의 미래를 구상하고, 가능한 여러 가지 미래를 조사한 뒤 그 속에서 가장 바람직한 미래(desirable future)를 찾아내고, 또 원하는 미래(preferred future)를 설계하고 구현할 미래전략을 입안하는 것으로 본다. 그렇게 설계한 미래 역시 끊임없이 재평가하고 다시 그려야 한다.

짐 데이토 교수의 관점에서 미래학자의 주된 역할은 개인과 단체가 저마다 원하는 미래를 설계하고, 실현할 수 있는 능력을 개발하도록 도와주는 것이다. 그간 많은 미래학자가 개발과 실험을 거쳐 적용해보고, 유익하다고 증명한 이론과 방법론이 있다. 이런 것들을 잘 이해하고 적용하면, 개인이든 조직이든 미래를 내다보는 능력이 생기고 또 자신들이 그린 대로 미래를 만들어 갈 수 있다. 미래에 대한 고민이 없는 계획과 정책은 쓸모없거나 심지어 해로운 것이 될 수도 있다.

하와이대는 대안 미래학을 정치학과의 석사와 박사 과정에서 가르치고 있다. 학생들은 정치학 학위 과정에서 대안미래학을 전공하여 대안미래학 석사와 박사를 취득하게 된다. 하와이대의 대안미래학 과목은 미래정책 입문(Introduction to Political Futures), 미래 정책 설계(Political Design and Futuristics), 미래 정책 설계 실전(Futuristics and Political Design), 미래의 정책(Politics of the Future), 정책시스템의 미래(The Future of Political Systems), 미래연구인턴(Intern Seminar for Alternative Futures), 미래연구 방법론(study futures methods), 미래정책 실습(Seminar in Public Future Policy), 미래연구 기관 현장실습(Internwork in the Institute for Alternative Futures) 등으로 구성되어 있다.

2) 휴스턴 클리어 레이크 대학교 미래학 전공 과목

텍사스 소재 휴스턴 대학교는 1974년 세계 최초로 미래학 석사 프로그램을 개설하였다. 1980년대에 미래학자 피터 비숍(Peter Bishop) 교수 등이 활동하며 많은 미래학자와 미래연구 전문가를 배출하였다. 피터 비숍 교수는 미래학의 체계화를 위해 많이 노력하였는데 미래학 교과과정의 5단계를 다음 [그림 8-4]와 같이 제시하고 있다.

휴스턴 대학교는 미래학 석사 과정의 교과과정을 이 단계에 따라 학생들이 교과를 선택하도록 안내하고 있다. 1단계는 미래학 개요(Overview) 단계로 미래학입문(Introduction to Foresight)이다. 2단계는 미래학 이론(Theory) 단계로 사회변동 이론(classical and contemporary theories of social change)과 시스템적 사고(Systems Thinking to see trends)이다. 3단계는 방법(Method) 단계로 대안적 미래전망(Alternative Perspectives)과 미래연구방법(Futures Research techniques) 그리고 전략기획(Advanced Strategies)이다.

01 기초 >> ・입문

・시스템 사고 << 이론 02
・사회변동

03 방법 >> ・미래연구조사
・전략기획
・통계학

・세계의 미래 << 내용 04
・각 영역의 미래

05 캡스톤 >> ・세미나
・석사 : 선택

자료: 이주헌, 미래학 미래경영, 청람, 2018.

▼ 사진 8-2 휴스턴 대학교 미래학 전공 사이트

UNIVERSITY of
HOUSTON
COLLEGE of TECHNOLOGY
Foresight

Our Core   Our Program   Our People   Our Work   Our Invitation

Foresight
Envisioning a world with multiple futures

Foresight is the multi-disciplinary study of change and its implications in the context of the future. It synthesizes insights from a wide variety of fields including economics, engineering, sociology, politics, systems theory, creativity, community building and so on. Foresight is not about predicting THE future but rather about uncovering a range of plausible alternative futures, and then identifying the indicators that suggest which way the future is unfolding.

Some of the most common uses of foresight in organization are to help them come up with more creative and innovative offerings, to better understand the future needs of their customers or clients, or to craft strategy. Foresight is also used in government agencies to develop policies and plans informed by a future perspective. Associations often study the future to help their member organizations anticipate and prepare for the future. We all have an interest in the future, so foresight is helpful across wide range of activities and institutions.

Futurists are often employed as consulting futurists, insider or organizational futurists, and academic futurists. Some also make their living as speakers, facilitators, or writers. Because foresight is a relatively new field and futurist a new occupation, many times futurists are in positions as analysts, writers, strategists, planners or other more generic titles. Wherever they are employed, they draw upon a common body of frameworks, tools, concepts, and knowledge taught in the foresight program.

A message for prospective and current students

From Day One we want you to be thinking about how you are going to use your educational

출처: http://www.houstonfutures.org

4단계는 내용과 선택(Content & Electives) 단계로 세계의 미래(World Futures)과 선택 영역의 미래(Electives)로 데이터 마이닝(Data Mining), 변혁(Building Capacity for Transformation), 디자인 미래(Design Futures), 미래이미지(Images of the Future), 기술가속(Technology

Acceleration), 기술전망(Technology Forecasting), 미래의 여성 역할(Women as Builders of the Future), 바이오 기술의 미래(Future of Biotechnology), 기후변화의 미래(Future of Climate Change), 에너지와 환경(Energy & The Environment), 현대사회에 기술의 영향력(Impact of Modern Technology on Society) 중 학생들이 선택하여 들을 수 있다. 5단계는 캡스톤(Capstone) 단계로 미래예측 세미나(Proseminar in Foresight) 과목이다.

5단계까지의 모든 과목 이수 이후 마지막에 미래학 논문이나 미래 연구 프로젝트 그리고 10주 이상의 미래기관 인턴십 중 학생이 선택하여 마치면 석사학위를 받게 된다.

3) 핀란드 투르쿠 대학교 미래학 전공 과목

핀란드 미래연구센터(Finland Futures Research Center)는 투르쿠 대학교(Turku University)의 Turku School of Economics와 함께 2년 미래학 석사 학위 프로그램(Master's Degree Programme in Futures Studies: FUTU)을 제공하고 있다.

미래학 석사 학위 프로그램은 조직이 미래 기회를 활용하고 위험을 피할 수 있도록 돕는 미래예측 전략 전문가를 교육한다. 이 프로그램은 학생들에게 특정 개발 과제에 직면할 때 적합한 미래예측 방법을 활용하여 미래 대응 전략을 입안하는 전문가가 되도록 교육한다. 미래학 석사 과정은 2년 과정으로 영어로 진행된다.

투르쿠 대학교 미래학 석사학위 과정은 2년 동안 120점 학점을 이수하는 강도 높은 교육과정을 운영하고 있다. 교육과정은 미래연구 과목이 81학점, 경제사회학, 기업가정신, 경영관리, 지속가능개발이 25학점, 언어와 커뮤니케이션 10학점, 조사 방법론 4학점으로 다음 [표 8-3]과 같이 구성되어 있다.

▼ 표 8-3 투르쿠 대학교 미래학 석사과정 교과 구성(cr = credit (학점))

Master's Degree Programme: Futures Studies(FUTU)	120cr
futures studies(including 60 cr of advanced futures studies, 9cr of mandatory, introductory futures studies courses and 12 credits of optional courses)	81cr
minor: economic sociology, entrepreneurship, management and organisation, or sustainable development	25cr
language and communication studies	10cr
methodological studies	4cr

출처: https://masters.utu.fi/programmes/futures-studies

▼ 사진 8-3 핀란드 투르쿠 대학교 전경

출처: https://www.utu.fi/en/university/for-visitors

　　미래학 전공 교육 과목은 미래연구 기초(Foundations of Futures Studies), 시나리오 기법(Scenario Thinking), 미래 경력관리(Future Career Management), 미래 사례 진단(Futures Case Evaluation), 미래연구방법론(Futures Research Methods), 미래연구윤리(Ethics of Futures Studies), 시스템적 사고(Systems Thinking), 전략적 미래연구(Strategic Foresight), 미래연구방법 실전(Futures Research Methods in Practice), 지속가능 글로벌미래(Global Challenges and Sustainable Futures), 미래변화테마(Changing Futures Theme) 등을 두고 있다.

▼ 사진 8-4 투르쿠 대학교 미래학 석사과정 사이트

Master's Degree Programme in
FUTURES STUDIES
Turku School of Economics, University of Turku

WILL YOU BE THE NEXT EXPERT OF THE FUTURE?

THE MASTER'S DEGREE PROGRAMME IN FUTURES STUDIES PROVIDES COMPREHENSIVE, MULTIDISCIPLINARY AND PRACTICAL EDUCATION IN THE FIELD OF FUTURES STUDIES. IT IS DESIGNED TO EDUCATE FORESIGHT EXPERTS WHO HELP ORGANISATIONS TO HARNESS FUTURE OPPORTUNITIES AND AVOID UNNECESSARY RISKS.

Futures Studies is a new emerging field of research. As the future does not exist yet, futurists study the future projections of and discontinuities in past trends and current views of the long-term future. Futures Studies is interested in the probable futures, possible futures and preferred futures. As a societal action, futures studies aim to serve private and public decision-makers by outlining alternative long-term strategies in a changing operational environment. As an academic field of research, Futures Studies generates knowledge of the ways and processes of how individuals and organisations deal with the uncertain future. Typical research questions in the field are focused to the epistemology of knowledge about the future, the methodological development

"Studying Futures Studies opened up new horizons in front of me. I learned how to approach the future not as a single reality but as an opportunity for multiple alternative endings. "

Akhgar Kaboli, Iran

출처: https://masters.utu.fi/programmes/futures-studies

4) 대만의 탐캉 대학교(Tamkang University) 미래학 교과목

대만의 탐캉(Tamkang) 대학은 '세계화', '정보기반 교육' 및 '미래지향적 교육'을 설립 이념으로 1950년에 설립된 학교인데, 미래의 학습혁명(learning revolution)에 선제적으로 대응하기 위해 대학원 과정에 미래연구소(Graduate Institute of Futures Studies)를 설립하여 미래학 석사 과정을 운영하고 있다.

대만 탐캉 대학의 미래학 석사과정은 글로벌 변화에 직면하여 미래를 예측하고 대응할 수 있도록 미래 지향적인 사고와 미래를 분석하고 미래전략을 계획할 수 있는 능력을 함양하는 것을 목표로 한다.

탐캉 대학의 미래학 석사과정은 [그림 8−5]와 같이 필수과정과 선택과정으로 구분되고, 필수과정은 연구방법론, 미래연구 방법론, 미래연구의 이론적 접근, 미래학 연구세미나, 미래연구 인턴십 등이 포함된다.

▼ 그림 8-5 대만 탐캉 대학교의 미래학 석사 교육과정

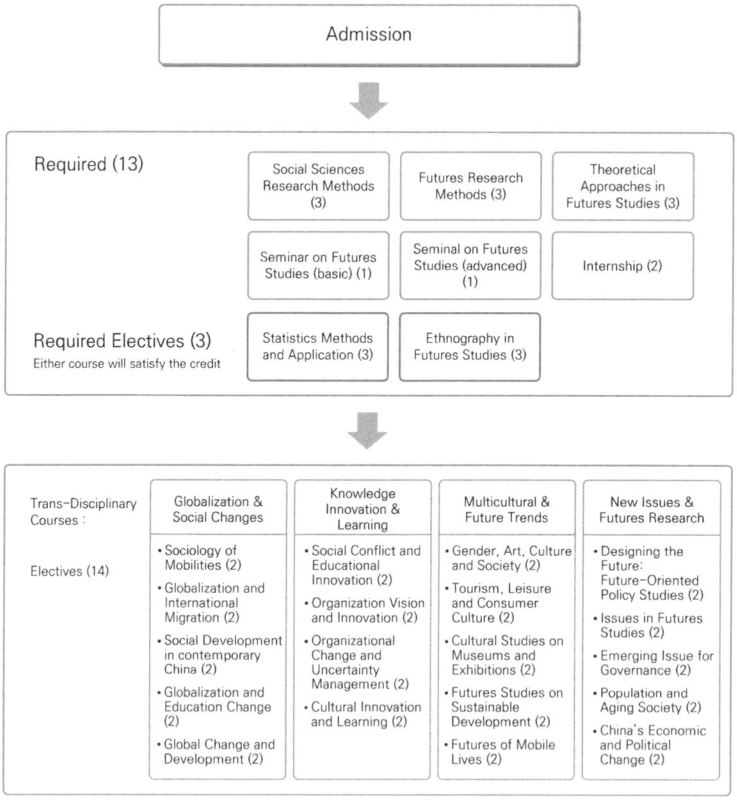

출처: https://english.tku.edu.tw

대만 탐캉 대학교에 개설되는 학부의 미래학 일반 교과와 석사과정 과목은 미래학 이론적 접근(Theoretical approaches to the future), 과학 기술 그리고 미래사회(Science, Technology and future society), 글로벌과 교육의 변화(Globalization and education change), 미래연구의 철학적 요소(Philosophical elements of futures studies), 지속발전 미래연구방법 (Futures research on sustainable development), 미래연구 방법론(Methods in futures studies), 트렌드 분석(Trend analysis: exploring the long term future), 미래 설계(Designing the future), 글로벌 변화와 발전(Global change and development), 조직 미래연구(Organization and movements in futures studies), 기술 혁신과 학습(Technology, innovation and learning), 미래 레저와 직업(Leisure and working society), 다문화와 인구변화(Multiculturalism and population change), 친환경 경제와 지속가능발전(Eco-economy and sustainable development), 건강의 미래(Health futures), 대안적 미래 정책(Vision and alternative futures

▼ 사진 8-5 대만의 탐캉 대학교(Tamkang University) 미래연구소

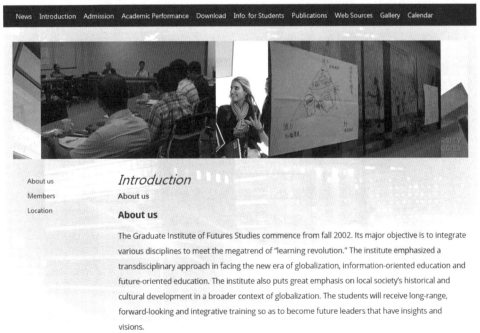

출처: http://future.tku.edu.tw

of public policy), 후기 미래사회(Post-colonial futures society), 바이오 기술과 사회 위험 (Biotechnology and risk society), 네트워크와 정보사회(Network and information society), 종교와 문명의 미래(Religion and civilization conflicts), 통계학 방법(Statistic methods and application), 미래연구 이슈(Issues in futures studies), 실용적 미래지식(Practical uses of futures knowledge), 미래학자와 미래적 사고(Futures thinkers and futures thinking), 인적자원 관리 트렌드(The trend of human resource management), 중국의 경제와 정치 변화 (China's economic and political change), 글로벌 트렌드 와치(Seminar on global trend watch), 다중문화연구와 조직변화(Multicultural studies & Organizational change), 철학과 미래연구 (Philosophy of futures studies), 미래 윤리학(Applied ethics), 시나리오 플래닝(Scenario planning)으로 다양하다.

5) 국내 KAIST 미래전략대학원의 교과목

한국의 미래학 대학교육은 현재까지는 KAIST의 문술미래전략대학원에서의 석사과정이 유일하다. KAIST는 2013년부터 '인류와 지구가 당면한 문제를 해결하는 기술지식 기반 대학원'을 지향하며 중진 이상의 공무원, 언론인, 기업인의 재교육 차원에서 다음과 같은 석사학위 교과과정을 운영하고 있다.

▼ 표 8-4 **카이스트 문술미래전략대학원 교과 과목**

전공필수 과목	공학분야	정보기술전략, 환경기술전략, 바이오 기술전략, 융합기술전략
	미래학분야	미래학개론, 미래예측 방법론, 이슈기반 미래예측, 미래전략 연구방법, 미래사회 변화구조, 미래예측 실습
공통필수 과목		리더십 & 커뮤니케이션, 윤리 및 안전
선택 (분야별 미래전략 과목)		과학기술, 글로벌 이슈(식량)(질병), 국제관계, 경제산업, 국가경영, 국방정보, 위험관리, 정보미디어, 혁신, 문화기술, 사회인지 신경과학, 정책화 실습
연구		논문연구(논문석사), 개별연구(교과석사)

출처: https://futures.kaist.ac.kr

세계의 미래학 정규 학위 운영 대학교

　　미래학을 학위 과정으로 개설하는 대학은 전 세계에 계속 증가하고 있다. 현재 전 세계에서 100여 개의 대학이 미래학 석사 학위를 중심으로 학사 및 박사 학위 과정도 개설하고, 일반 학생들을 위한 미래학 강좌를 계속 늘리고 있다. 미래학 학위 과정을 개설하고 있는 전 세계 대학은 [표 8-5]와 같다.

▼ 표 8-5 미래학 학위과정을 운영하는 전 세계 대학

국가 (ABC 순)	대학교	대학·학과	미래학 학위과정		
			학사	석사	박사
ARGENTINA	Univ. Nacional de Las Palma			●	
AUSTRALIA	• Swinburne Univ. of technology • Curtin University of technology	Business admin		● ●	●
CANADA	Ontario College of Art and Design	design		●	
COLOMBIA	External University of Colombia	Bus. Admin		●	
DENMARK	Aarhus University	school of business			●
ECUADOR	Universidad Cat lica de Santiago de guayaquil			●	
FINLAND	University of Turku	Econ. & Bus. Ad		●	●
FRANCE	• CNAM • Lipsor • Universit'é angers	Bus. Ad &, Engrg	●	●	●
GERMANY	• University of Potsdam • Free University of Berlin	Interdisciplinary		● ●	●
HUNGARY	Corvinus U. of Budapest	Bus. Admin		●	●
INDIA	University of Kerala	Applied Sci & Tech		●	●

Country	University	Field			
IRAN	• Imam khomeini international Univ • University of Tehran	Engrg and Tech New Sci and Tech			● ●
ITALY	• Da Vinci Online University • Pontificia Universitá Gregoriana • Universita di Trento	Bus. Admin	●	● ●	●
KOREA	Korea Advanced institute of Science & Technoligy(KAIST)	Future Strategy		●	●
MALTA	Univ. of Malta			●	
MEXICO	• Monterrey Inst. of Tech • Tamaulipas • Universidad Autónoma de Chiapas	Govt/Public Policy		● ● ●	
PERU	• CAEN • Univ Nacional Mayor San Marcos			● ●	
PORTUGAL	Technical U. of Lisbon	Bus. Admin		●	
RUSSIA	Moscow State University		●	●	
SOUTH AFRICA	University of Stellenbosch	Econ/Mgmt		●	●
SPAIN	Fundacio			●	
TAIWAN	• Tamkang University • Fo Guang University	Education Sociology	●	● ●	
UK	• Leeds Metropolian Univ • University of Manchester			●	●
USA	• California College of the Arts • Regent University • Greenleaf Univ. • University of Hawaii at Manoa • Univ. of Houston at Clear Lake • Revans University	Bus. Admin Bus. Admin Pol Sci Technology		● ● ● ● ●	● ●

출처: 이주헌, 미래학 미래경영, 2018.

Ⅲ 미래연구 전문가 비학위 교육 과정

　　미래예측과 미래전략의 필요성은 더욱 증대되고 있고 그 용도도 정부, 기업, 기관, 지자체, 개인 등 모든 곳에서 그 역할이 중요해지고 있다. 이에 꼭 학위과정이 아니라도 미래예측과 미래전략 역량을 실전적으로 익혀 현업에서 바로 활용할 수 있는 미래연구 전문가 과정이 필요해지고 있다.

　　이러한 미래연구 전문가 과정을 운영하고 있는 대표적인 기관이 미국의 싱귤래리티 대학과 국내의 국제미래학회에서 주관하는 미래창의캠퍼스이다.

1 미국 싱귤래리티 대학(Singularity University) 비학위 전문가 과정

　　싱귤래리티 대학(SU)은 2008년 벤처금융전문가 피터 H. 디아만디스(Diamandis) 박사와 미래학자 레이 커즈와일(Ray Kurzweil)에 의해 미래 벤처창업 전문가를 위한 교육기관으로 미 항공우주국(NASA) 리서치 파크에 위치하여 설립되었다.

　　설립 목적은 싱귤래리티의 주창자인 레이 커즈와일의 주장에 근거하여 인류가 당면한 크나큰 도전과 과제들을 해결하기 위해 '폭발적 성장이 예견되는 미래기술들(exponential technologies)'을 적용해 문제를 풀 수 있도록 미래 리더들을 교육하고, 영감을 주고, 힘을 실어주기 위해(Our mission is to educate, inspire and empower leaders

▼ 사진 8-6 싱귤래리티 대학 수업 장면

출처: https://www.su.org

PART 08 미래학은 무엇을 어디서 공부하나?　271

to apply exponential technologies to address humanity's grand challenges) 창립하였다.

즉 싱귤래리티 대학은 '기하급수적인 속도로 발전하고 있는 기술을 활용해 향후 10년간 10억 명의 사람들에게 혜택을 줄 수 있는 제품이나 서비스를 디자인할 수 있는 인재를 양성하는 것'이다. 단순히 보유한 기술을 바탕으로 창업을 교육하기보다는 "다음 세대 인류가 맞을 중대한 도전에 대비하는 인재 양성"이라는 거시적 목표를 가지고 벤처 창업자들을 길러내는 것을 목표로 하고 있다.

이를 위해 싱귤래리티 대학은 정형화된 교육에서 벗어나 융합하고 협업하여 새롭게 탄생하는 기술을 이해하고 그 기술을 통해 인류에게 다가오는 거대한 도전들의 해결에 기여할 수 있는 새로운 사업 아이디어를 발의하고 창업토록 준비하기 위한 교육과정을 운영하고 있다.

싱귤래리티 대학은 10주간의 단기 교육과정인 GSP(Global Solution Program)를 운영하는데, 그 과정의 커리큘럼은 매우 빡빡하기로 유명하다. 모든 학생은 10주 동안 기숙사 생활을 하면서 오전 9시부터 오후 6시까지 강의와 토론수업을 받고 밤늦게까지 팀별 프로젝트를 수행하게 된다. 특히 수업과 병행하여 10명 내외의 학생들이 팀을 구성해 글로벌 문제점을 해결하기 위한 프로젝트를 수행하게 되는데, 프로젝트는 하나의 기업을 설립하고 구체적인 사업계획을 수립하는 것이다.

▼ 표 8-6 싱귤래리티 대학의 GSP 10주 교육과정

기간별	주요목표	구체적인 활동 목표
01주차	동기부여	• 인류가 직면한 문제를 제시하며 혁신적 기업의 필요성을 강조 • 향후 팀 프로젝트 수행을 위한 팀워크 함양
02주차	집중연구	• 10개 과목을 집중 이수 • 미래학, 정책, 법 및 윤리, 재무 및 기업가 정신, 네트워크 및 컴퓨터 공학, 바이오공학, 나노테크놀로지, 신경공학, 로봇공학, 에너지공학, 우주공학
03주차		
04주차		
05주차	사례연구	• 주간: 실리콘밸리내 기업을 순회하며 구체적인 창업사례 수집 • 야간: 팀별로 수집한 자료를 공유하고 창업아이디어 생성
06주차		
07주차		
08주차	창업 아이디어 구체화	• 팀별 창업이 가능할 수 있을 정도로 아이디어 구체화 • 마지막 날에 창업계획 발표 • 창업투자가도 발표 당일에 참여시킴
09주차		
10주차		

자료: 박경식, 글로벌이코노믹, 2015.6.3.

교육 커리큘럼은 1주차는 동기 부여를 위한 과정으로 인류가 직면한 문제를 제시하고 향후 팀 프로젝트 수행을 위한 팀워크 함양에 중점을 두고 있으며, 2주차부터 3주간은 집중연구과정으로 10개 과목을 수업하는데 10개 과목은 융합과 통섭을 위해 인문학과 자연과학 등으로 구성되어 있다. 5주차부터 3주간은 사례연구로 실리콘밸리 내 기업을 순회하며 구체적인 사례를 수집하여 팀별로 창업 아이디어를 만들고, 8주부터 3주간은 창업 아이디어를 구체화하여 당장 창업이 가능하도록 아이디어를 구체화시키고 마지막 날에는 창업계획안을 발표한다.[3] 마지막 프로젝트 발표에는 학생, 교수, 유명 기업의 CEO들과 벤처캐피탈들도 참석하고, 가능성 있는 팀 프로젝트에 직접 투자도 연결되며 매년 팀 프로젝트를 통해 만들어진 3~4개의 창업기업은 학교의 지원을 받고 실리콘밸리로 진출하게 된다.

싱귤래리티 대학이 배출한 대표적인 창업기업으로는 ① 우주에서 사용 가능한 3D 프린터 제조업체인 "Made in Space", ② DNA 레이저프린팅 기업인 "Cambrian Genomics", ③ 세계 최초 차량 공유서비스 업체인 "Getaround", ④ 전자폐기물 재활용 솔루션 기업인 "Blue Oak" 등이 있다.

▼ 사진 8-7 2010년 싱귤래리티 대학 교육을 이수한 고산 에이팀벤처스 대표

출처: https://www.venturesquare.net/766039

---

3   박경식, '세상을 변화시킬 통섭형 인재' 글로벌이코노믹, 2015.6.3.

싱귤래리티 대학은 단순히 창업 방법만을 가르치는 곳이 아니다. 지구가 당면하고 있거나 미래에 닥칠 문제들에 대해 분석하고, 이것을 과학기술과 학문을 융합해 해결하는 방법에 대해 교육하고 있다. 따라서 이곳에서 수학한 학생들은 보다 넓은 시야를 가지고 첨단기술을 토대로 한 미래 비즈니스를 펼쳐나갈 시각과 역량을 갖게 된다.

2 국제미래학회 미래창의캠퍼스(Future Creative Campus) 비학위 전문가과정

국제미래학회의 국내 미래학자 100명이 함께 대한민국의 미래 경쟁력을 높이기 위해 미래창의캠퍼스를 2015년에 설립하여 미래예측과 미래전략 교육을 실시하고 있다. 미래창의캠퍼스는 대한민국 미래교육보고서를 연구 집필하며 모인 60여 명의 국제미래학회 위원들이 국내에 급변하는 사회 변화를 예측하고 전략적으로 대처할 수 있는 미래예측전략 역량과 미래에 새로운 가치를 창출하는 창의혁신 역량을 함양하는 교육기관의 필요성을 절감하여 설립하게 되었다.

미래창의캠퍼스는 싱귤래리티 대학교와 유사하다. 첫째, 미래학자들이 주도하고 있다는 것이고, 둘째, 미래예측과 미래전략을 통한 개인, 기업, 국가의 발전을 도모한다는 것이며, 셋째, 학위를 위한 교육이 아니라 미래연구 역량을 실전적으로 함양하는데 집중하고 있다는 것이다. 넷째, 교육을 위해 미래학자와 관련 기관과 기업이 함께협력한다는 것이고, 다섯째, 교육 장소가 특정한 곳에 구애 받지 않고 교육이 필요한현장에서 다양하게 이루어진다는 것이다.

미래창의캠퍼스는 안종배 국제미래학회 회장의 발의로 시작되어 이남식 국제미래학회 회장, 진대제 전 정통부 장관, 이경숙 전 숙명여대 총장, 윤은기 전 중앙공무원교육원 원장, 곽병선 전 한국장학재단 이사장, 조동성 국립인천대 총장, 장순흥 한동대학

교 총장을 비롯한 석학 분들을 포함한 국제미래학회의 위원 100분이 함께 교수진으로
활동하며 미래예측과 미래전략 그리고 미래창의 관련 교과과정을 만들고 교육을 진행
하고 있다.

▼ 표 8-7 국제미래학회 미래창의캠퍼스 교육과정 총괄표

	기업	학교	공/기관	전문가/자격증	연수

미래
창의
최고위
	• 미래전략 최고위
	  포럼
	• 행복한
	  미래창의경영
	  최고위
	• 미래창의
	  음악어울림
	  최고위 워크숍
	• 스마트 창의 경영
	  최고위
			• 미래전략 최고위
			  포럼
			• 행복한
			  미래창의경영
			  최고위
			• 미래창의 음악
			  어울림 최고위
			  워크숍
			• 스마트창의 경영
			  최고위		

미래
전략
4차산업
	• 4차산업
	  미래예측을 통한
	  비즈니스 개발
	• 4차산업 미래전략
	  혁신 리더십
	• 기후변화
	  사업전략 과정
	• 동양미래학으로
	  보는 성공리듬
	  경영 전략
		• 미래 지도사
		  과정
		• 4차
		  산업혁명시대
		  의 미래직업
		  설계
		• 미래교육
		  진로지도
			• 미래예측을 통한
			  사업개발전략 과정
			• 기후변화 사업전략
			  과정
			• 동양미래학으로
			  보는 성공리듬 경영
			  전략
				• 미래예측전략
				  전문가 1급/2급
				• IOT
				  (사물인터넷)
				  전문가
				• SW코딩교육
				  전문가
				• 미래 지도사
				  1급/2급
					미래전략
					4차산업
					연수
					(해외/
					국내)

혁신	• 창의적 혁신
	  서비스 마인드
	  과정
	• 저성장 탈출
	  수익성 개선 혁신
	  과정
	• 코칭을 통한 경영
	  혁신 과정
		• 혁신 중소기업
		  탐방
		• 코칭을 통한
		  교수학습
		  혁신 과정
			• 창의적 혁신 서비스
			  마인드
			  과정
			• 저성장 탈출 수익성
			  개선 혁신 과정
			• 코칭을 통한 경영
			  혁신과정
				• 혁신리더십
				  전문가
					4차 산업
					혁신연수
					(IOT/AI)

SMART	• 스마트 비즈니스 역량 강화과정 • 스마트 홍보마케팅 과정	• 플립러닝을 위한 스마트 교수법 • 스마트 멀티미디어 취업역량강화 • 스마트 드론영상 제작	• 스마트 서비스 역량 강화과정 • 스마트 캐릭터라이센싱 과정	• 스마트멀티 미디어 전문가 1급/2급 • 스마트 드론 영상 제작 전문가	SMART FACTORY 연수
창의 인성	• DHA 창의역량 증진과정 • 스마트 창의인성과정 • 시낭송 창의인성과정 • 쿠킹을 통한 인성소통과정 • 음악을 통한 인성소통과정	• 글로벌창의 리더 체험캠프 • 스토리텔링 창의캠프 • SW코딩 창의과정 • 방송영상 창의캠프 • 독서 창의인성캠프 • 만화·그림 창의인성캠프	• DHA 창의역량 증진과정 • 스마트 창의인성과정 • 시낭송 창의인성과정 • 쿠킹을 통한 인성소통과정 • 음악을 통한 인성소통과정	• Design Thinking 기반 창의역량증진 전문가 • 북라이크 독서 지도사 • 한궁스포츠 인성 지도자	인성체험 테마 연수
청렴 윤리	• 청렴·윤리경영	• 청렴교육 직무 연수	• 청렴 직무 교육 • 청렴·윤리 경영		청백리 (스토리/ 유적) 탐방

출처: 국제미래학회, 〈미래 창의 캠퍼스〉, 2015.

현재 미래창의캠퍼스 교육은 정부/지자체와 공공기관 대상 교육, 기업 대상 교육, 학교 교사와 학생 대상 교육, 전문가 대상 교육, 연수 프로그램으로 구분하여 60개의 교육 프로그램이 위원 및 기관들과 협력하여 운영되고 있다.

또한 미래창의캠퍼스는 서울을 포함한 전국 10개 지역에 미래창의캠퍼스 지역본부를 두고 지역에서도 맞춤형 미래창의캠퍼스 교육을 실시하고 있다. 현재 서울 지역에 3개 캠퍼스, 곤지암 캠퍼스, 홍천캠퍼스, 아산캠퍼스, 파주캠퍼스, 전주캠퍼스, 청양캠퍼스, 울산캠퍼스, 원주캠퍼스, 제주캠퍼스를 지역의 교육기관과 협력하여 운영하고 있다.

미래창의캠퍼스 본부가 진행하고 있는 대표적인 미래예측과 미래전략 교육 프로그램은 미래예측전략전문가 자격 교육과정, 미래예측 미래전략 입안 워크숍 과정·미래지도사 과정, 4차산업·미래전략 최고위과정이 있다. 이 외에도 미래전략 혁신리더십 과정, 미래 직업 설계 캠프, 미래 교육 진로 지도 과정 등도 단기 과정으로 운영하고 있다.

1) 미래예측전략 전문가 자격 교육 과정

미래예측전략 전문가로서의 미래예측과 미래전략 역량을 함양하고, 교육과정을 이수한 후 자격시험 검정을 통해 미래예측전략 전문가 자격증을 취득할 수 있게 하는 과정이다. 미래예측전략 전문가 자격증은 국제미래학회가 주관하고 과학기술정보통신부가 주무부처이며 직업능력개발원에 등록된 민간자격증이다.

이 과정의 목적은 가속의 속도로 변화하는 미래사회를 학습하고 예측하며, 미래산업 및 국가와 기업의 미래전략 입안을 위한 전문적이고 과학적인 미래예측과 미래전략 전문 역량을 함양하여, 이론과 실무를 겸비한 미래예측전략 전문가를 양성하는 데 있다.

교육과정은 미래예측과 미래전략에 관한 방법 습득을 통해 미래 역량을 함양하기 위해 ① 미래사회 변화, 미래과학기술과 미래산업 변화 등에 대한 다양한 지식을 습득하고 ② 미래예측 방법론 이론과 실습을 병행 학습하며 ③ 미래 통찰력, 시나리오 구축법, 미래전략수립 방법을 배워 실전한다.

미래예측전략 전문가 자격 교육과정은 2급 과정과 1급 과정이 있다. 수업은 3일 전일제로 24시간 진행되기도 하고 일과 후 저녁에 3시간씩 8회 진행되기도 한다.

▼ 표 8-8 미래예측전략 전문가 자격 전일제 교육과정 사례

구분		1일차		2일차		3일차
오전	10:00~11:00 11:00~12:00	• 퓨처 아이스브레이킹 • 나의 미래 역량은?	08:00~09:00	조식	08:00~09:00	조식
			09:00~11:00 11:00~12:00	• 4차 산업혁명 시대의 미래 성공 역량 • 미래학과 미래예측 방법론 개요	09:00~11:30 11:30~12:00	• 트렌드 생태계 예측 방법론 이해와 실습 • 실습 결과 발표
	12:00~13:00	중식	12:00~13:00	중식	12:00~13:00	중식
오후	13:00~15:00 15:00~17:00 17:00~18:00	• 4차 산업혁명과 미래 사회 메가 트렌드 • 미래 유망기술과 부상하는 산업 • 스마트 비즈니스 소통	13:00~15:00 15:00~15:30 15:30~17:30 17:30~18:00	• 시나리오 예측 방법론 이해와 실습 • 실습결과 발표 • 퓨처스 미래예측 방법론 이해와 실습 • 실습결과 발표	13:00~15:00 15:00~16:00 16:00~17:00	• 미래 제품 전략 노출 실습 및 발표 • 미래예측 전략 전문가로서 실천계획서 작성 • 자격시험 및 수료식
	18:00~19:00	석식				

출처: 국제미래학회, 〈미래 창의 캠퍼스〉, 2015.

2) 미래예측 미래전략 입안 워크숍 과정

이 과정은 1박 2일에 집중하여 관련 미래변화를 파악하고 스스로 미래전략을 입안하는 실전 과정이다. 정부 부처나 지자체 공무원 또는 기업이나 기관에서 기획 및 사업계획을 미래변화에 맞춰 미래전략 관점에서 입안하는 역량을 함양하고, 실제로 미래전략을 입안하는 워크숍을 진행한다.

이 워크숍 과정은 ① 4차 산업혁명시대 미래산업과 트렌드 변화를 이해한다. ② 미래전략 입안을 위한 미래예측방법론의 특성과 유형을 이해한다. ③ 4차 산업혁명시대 미래전략 입안의 기획과 프로세스를 이해하고 실전한다. ④ 4차 산업혁명 미래전략 계획을 입안하고 발표 및 리뷰를 포함한다.

▼ 표 8-9 미래예측 미래전략 입안 워크숍 과정 사례

일자	시간	교육 제목	교육 내용
1 일 차	10시-10시 30분	교육진행 소개 및 팀워크	• 교육과정 프로그램 소개 • 팀구성 및 팀간 소개
	10시 30분-12시	4차 산업혁명시대의 미래변화와 트렌드	• 4차 산업혁명시대 변화와 트렌드 • 4차 산업혁명 대응 방안
	12시-오후 1시	오찬	• 팀원과 함께하는 팀워크 오찬
	오후 1시-3시	미래예측전략방법론 특성과 유형	• 미래예측전략 방법론 특성 • 미래예측전략 방법론 유형과 사례
	오후 3시 10분-4시	미래예측전략방법론 실기	• 미래예측전략 방법 실전 연습
	오후 4시 10분-6시	4차 산업혁명 미래전략 입안 방법 실기	• 4차 산업혁명 미래전략 입안 방법 이해 • 4차 산업혁명 미래전략 입안 팀별 실기
	오후 6시-7시	만찬	• 팀별로 함께하는 팀워크 만찬
	오후 7시-오후 9시	4차 산업혁명 미래전략 입안 팀워크	• 팀별 4차 산업혁명 미래전략 계획 실전
2 일 차	오전 10시-12시	4차산업 미래전략 입안 컨설팅	• 4차 산업혁명 미래전략 계획 팀별 컨설팅
	12시-오후 1시	오찬	• 모두가 함께하는 즐거운 오찬
	오후 1시-3시 40분	4차산업 미래전략 팀별 발표 및 리뷰	• 4차 산업혁명 미래전략 계획 팀별 발표 • 팀별 발표 내용 리뷰
	오후 4시-5시	교육과정 평가 및 수료식	• 교육과정 평가 및 수료식

출처: 국제미래학회, 〈미래 창의 캠퍼스〉, 2015.

국제미래학회 미래창의캠퍼스는 강원도 관내 기획 담당 공무원을 대상으로 4차 산업혁명시대 미래예측·미래전략 워크숍을 실시하였다. 강원도를 둘러싼 미래 환경 변화를 예측하고 강원도의 미래 발전 방안을 모색하는 3일간의 워크숍이 진행되었다.

현재 강원도는 '빅데이터 수도', '헬스케어 시범지역' 등 강원도의 특징과 약점을 오히려 강점으로 활용하여 미래 변화 환경에 대응하는 미래 발전 전략을 통해 4차 산업혁명시대에 새로운 성장 동력으로 선도적인 추진을 해 나가고 있다.

강원도는 소양강 댐과 감자를 캐는 두메산골이 연상되는 4차 산업혁명시대의 미래산업과 다소 동떨어진 것 같은 지역이었다. 그러나 강원도는 소양강 댐의 엄청난 담수와 미 개발된 댐 지역을 오히려 4차 산업혁명 미래산업을 위한 강점으로 활용하는 미래전략을 입안하였다. 즉 소양강댐으로 일년 내내 공급되는 얼음처럼 찬 소양강의 풍부한 물을 냉각수로 활용하여 24시간 가동되는 빅데이터 클라우드 센터를 구축하고, 이때 가열되는 물로 수열에너지를 집적하여 농업용수와 주거용 온수로 활용토록 스마트 농업단지와 스마트 주거단지를 조성하는 '친환경 K−클라우드 파크'를 포함한 '강원도 수열에너지 융복합 클러스터 조성 사업'을 기획해 정부의 지원을 받으며 추진하고 있다.

또한 강원도 두메산골 오지의 열악한 의료 환경을 개선하는 차원에서 헬스케어

▼ 사진 8-8 강원도 수열에너지 융복합 클러스터 조성 사업 조감도

출처: 강원도청.

사업을 기획 제안하였고, 강원도는 헬스케어 규제 제외 지역과 시범사업 지역으로 선정되는 등, 국내 헬스케어 산업의 새로운 메카로 부상하고 있다.

이처럼 정확한 미래예측과 환경의 특성을 고려한 미래전략을 입안하는 것은 국가, 지자체, 기업, 기관, 개인 모두의 미래 발전을 위한 핵심 역량이 되고 있다.

3) 4차 산업혁명 · 미래전략 지도자 과정

이 과정은 미래예측과 미래전략을 지도할 수 있는 전문 강사 양성과정이다. 이 과정은 4차 산업혁명을 중심으로 급변하는 미래 변화를 예측하여 미래성장 산업 및 미래비즈니스와 수익 모델을 발굴하고 미래전략을 입안하기 위한 이론과 실무를 익히고 실전을 통해 체험하며 발표와 리뷰에 참여하여 지도자로서의 전문 역량을 갖추게 함을 목표로 한다.

이 과정의 교과과정은 4차 산업혁명 등 미래 변화와 미래예측 방법 습득, 미래발전 및 지속가능한 미래전략 수립과 발표와 리뷰를 통한 지도 역량 함양을 위해 ① 4차 산업혁명 미래 변화, 동향 및 사례, 지속가능 전략 ② 미래사회, 미래기술과 미래산업 변화와 사례 ③ 미래유망 비즈니스 개발 전략 및 사례 ④ 미래예측기법 이론과 실무 ⑤ 미래 산업과 미래 비즈니스 전략 입안 ⑥ 미래예측전략 발표 및 리뷰를 포함한다.

이 과정은 미래예측과 미래전략의 전문가로서의 역량을 갖추고 타인을 지도할 수도 있을 수준의 고도의 전문 역량을 함양해야 하므로 45시간의 이론과 실전을 겸한 집중된 교육이 진행된다. 또한 이 과정을 이수한 후 자격시험 검정을 통해 미래예측전략 전문가 자격증 1급을 취득할 수 있게 된다.

▼ 표 8-10 4차 산업혁명 · 미래전략 지도자 과정 세부 프로그램 사례

모듈		일정	제목	교육내용	시수
4차 산업혁명 이해	1 일차	09:30~10:00	개강 IceBreaking	개강식 및 오리엔테이션	30분
		10:00~12:00	4차 산업혁명 특강	제4차 산업혁명시대, 대한민국호 어디로 가야 하나?	120분
		12:00~13:00	오찬		
		13:00~15:00	4차 산업혁명시대 미래비즈니스 변화	4차 산업혁명 미래산업과 미래 비즈니스 트렌드	120분
		15:00~17:00	4차 산업혁명 과제	4차 산업혁명 정책과 비즈니스 기회	120분
		17:00~17:30	미래 워크숍	자신의 직무 및 미래 워크숍	30분
4차 산업혁명과 미래기술 적용	2 일차	10:00~12:00	4차 산업혁명과 인공지능	인공지능과 로봇은 어떻게 산업의 미래를 바꾸는가?	120분
		12:00~13:00	오찬		
		13:00~15:00	4차 산업혁명과 빅데이터	빅데이터와 미래산업	120분
		15:00~17:00	4차 산업혁명과 바이오 산업	바이오혁명과 미래산업	120분
	3 일차	09:30~12:00	4차 산업혁명과 디지털트랜스포메이션	디지털 트렌스포메이션 이해 및 현황과 추진 사례	150분
		12:00~13:00	오찬		
		13:00~15:00	미래 기술분석	미래 10대 기술분석	120분
		15:00~17:00	미래 기술 활용전략	미래 기술을 활용한 비즈니스 도출 방법	120분
	4 일차	10:00~12:00	미래기술 비즈니스 워크숍(1)	미래 기술을 활용한 비즈니스 전략 입안	120분
		12:00~13:00	오찬		
		13:00~15:00	미래기술 비즈니스 전략 입안	미래 기술을 활용한 비즈니스 전략 입안	120분
		15:00~17:00	미래기술 비즈니스 전략 리뷰	미래 기술을 활용한 비즈니스 전략 리뷰	120분

미래예측전략	5일차	09:30~11:00	미래직업	미래 일자리와 직업의 변화	90분
		11:00~12:00	미래교육과 미래 비즈니스	미래교육변화와 미래 비즈니스	60분
		12:00:~13:00	오찬		
		13:00~15:00	전략적 미래예측 방법론 이해	미래예측방법의 중요성과 종류	120분
		15:00~17:00	전략적 미래예측 방법론	전략적 미래예측 방법론 적용	120분
미래예측전략 실습 및 적용	6일차	10:00~12:00	미래전략 워크숍(1)	미래예측 방법론을 활용한 미래 전략 도출	120분
		12:00~13:00	오찬		
		13:00~15:00	미래전략 워크숍(2)	미래예측 방법론을 활용한 미래 전략 실습	120분
		15:00~17:00	미래전략 워크숍(3)	미래예측 방법론을 활용한 미래 전략 작성	120분
	7일차	09:30~12:00	미래전략 워크숍(4)	미래예측 방법론을 활용한 미래 전략 리뷰	150분
		12:00~13:00	오찬		
		13:00~15:00	과정 종합 테스트	전과정 종합 정리 테스트	120분
		15:00~16:30	토론회 및 수료식	과정 내용 토론 및 수료식	90분

출처: 국제미래학회, 2018.

4) 4차 산업혁명 · 미래전략 최고위과정

이 과정은 기업의 임원과 고위공무원 등 리더급을 대상으로 한다. 이 과정은 사회의 리더들이 급변하는 4차 산업혁명의 미래 변화와 활용 방법을 학습하고 미래 변화를 전략적으로 활용하여 미래 산업 및 미래 비즈니스와 수익모델을 발굴하고 효과적으로 대응할 수 있게 함을 목표로 한다.

이 과정은 리더급들의 미래 변화에 대한 통찰과 미래 변화에 대응할 수 있는 미래 전략에 대한 혜안을 갖게 할 수 있도록 사례 중심의 교육이 진행된다. 이 과정은 다음의 내용을 포함한다.

① 4차 산업혁명에 대한 이해와 특징, 동향 및 사례
② 4차 산업혁명시대 미래 변화
③ 대한민국 4차 산업혁명 미래 혁신 성장 전략

④ 미래예측방법과 미래 비즈니스 전략 도출

⑤ 블록체인, 인공지능, 빅데이터, 사물인터넷, 3D프린터, 로봇, 자율주행차 등
　4차 산업혁명 미래산업의 트렌드와 비즈니스 활용 전략

위 과정은 매주 1회 일과 후 3시간씩 3개월간 12회차 진행된다.

▼ 사진 8-10 4차 산업혁명·미래전략 최고위 과정

▼ 사진 8-11 강원도 미래예측·미래성공전략 워크숍 과정

▼ 표 8-11 4차 산업혁명·미래전략 최고위과정 프로그램

일정	교육제목	교육내용
1회차	개강식	• 등록과 만찬 • 개강식 및 오리엔테이션
	4차산업 미래전략 특강1: 생존전략	• 4차 산업혁명시대 생존 전략
2회차	4차 산업혁명시대 미래 변화와 최근 이슈	• 4차 산업혁명시대 미래사회 변화 • 4차 산업혁명시대 블록체인과 가상화폐
3회차	4차 산업혁명을 움직이는 기술	• 파괴적 융합기술 이해와 사례 • 인공지능, 사물인터넷, 빅데이터
4회차	4차산업 미래전략 특강2: 협업	• 4차 산업혁명 협업으로 혁신하라
5회차	대한민국 4차 산업혁명 마스터플랜	• 대한민국 4차 산업혁명 마스터플랜 • 대한민국 4차산업 5G와 비즈니스
6회차	4차산업 미래전략 특강3: 기술공유	• 대한민국 4차 산업혁명 기술 개발 현황과 기술 공유 방안
7회차	자율주행자동차와 드론이 바꾸는 4차산업 미래비즈니스	• 자율주행자동차 동향과 미래비즈니스 • 드론이 바꾸는 산업과 비즈니스 미래
8회차	빅데이터가 만드는 제4차 산업혁명	• 빅데이터와 인공지능이 만드는 신규사업 비즈니스 전략
9회차	로봇과 바이오를 통한 4차산업 미래 비즈니스	• 로봇과 바이오를 통한 미래 산업과 신규 비즈니스 전략
10회차	미래예측을 통한 4차산업 미래 비즈니스 전략 사물인터넷과 스마트가전 미래 비즈니스	• 미래예측방법을 통한 비즈니스 전략 도출 • 사물인터넷과 스마트가전 통한 미래 비즈니스
11회차	4차 산업혁명시대 핫트렌드와 비즈니스 전략	• 4차 산업혁명시대 핫트렌드와 비즈니스 전략
12회차	4차산업 미래전략 특강4: 과학기술의 미래	• 4차 산업혁명과 과학기술의 미래
수료식(12회차, 6.21)		• 4차 산업 미래전략 수료식

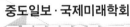

5) 미래대학 콜로키엄 과정

국제미래학회와 한국대학신문사는 공동으로 대학혁신의 시대, 대학혁신을 주도할 주요 보직자를 위한 실제적 미래의 대학 발전 전략 탐구와 빅데이터를 활용한 미래 대학 예측 모형 프로젝트를 주 내용으로 하는 미래대학 콜로키엄 과정을 입안하고 진행하고 있다. 대학 스스로 미래 대학 변화 예측을 기반으로 한 대학의 미래 발전 전략을 입안할 수 있도록 미래예측과 미래전략 도출 워크숍 과정으로 진행된다.

▼ 표 8-12 미래대학 콜로키엄 2기 과정 프로그램 내용

구분	1일차 02월 10일(월) 등록 및 기조강연	2일차 02월 11일(화)	3일차 02월 12일(수)
오전(3h) 10:00~13:00	참가자 등록/오리엔테이션	대한민국 핫트렌드와 트렌드코리아 2020 (김경훈 한국트렌드연구소 소장)	대학의 미래예측전략 입안 실전 2 미래 대학전략 이슈 선정 미래 대학 이슈 변화 예측 (국제미래학회 미래전략교육위원팀: 안종배 회장, 김들풀 대표, 심현수 대표)
오후(3h) 14:00~17:00	기조강연: 미래사회의 대학 4.0(조동성 국립인천대학교 총장)	미래사회 트렌드와 대학 인재 역량·미래예측전략의 중요성과 사례 및 방법론(안종배 국제미래학회 회장)	대학의 미래예측전략 입안 실전 3 대학 외부환경 미래 예측 대학 내부환경 미래 예측 대학의 미래예측전략 캔버스 작성 (국제미래학회 미래전략교육위원팀: 안종배 회장, 김들풀 대표, 심현수 대표)
저녁(3h) 19:00~21:00	Welcom Party!! -참가자 소개 -공연 등 이벤트	대학의 미래예측전략 입안 실전 -대학중장기전략모형분석 (주관: 한국대학경쟁력연구원)	미래 인재 교육과 대학의 역할 (문용린: 서울대 명예교수)
구분	4일차 02월 13일(목)	5일차 02월 14일(금) 초청강연 및 수료식	6일차 02월 15일(토) 원우회 밍글
오전(3h) 10:00~13:00	미래대학 혁신 2030 (최진영: 한국미네르바대학 대표)	초청강연: 김창경 교수(한양대, 전 교육과학부 차관) 기술의 진보와 생명공학의 미래	미래대학 합동 원우회 워크숍 -장소: 제주일원 -대상: 미래대학 콜로키엄 1기(30명) 및 2기 -내용: 현장탐방
오후(3h) 14:00~17:00	대학의 미래예측전략 입안 팀별 발표 및 리뷰(국제 미래학회 회장 & 한국대학경쟁력연구원 원장)	과제발표, 종합토론 및 수료식	
저녁(3h) 19:00~21:00	미래대응 해외대학혁신 사례 (한국대학경쟁력연구원)	Fairwell Party!!	

연구 문제
토의 사항

1. 미래학을 학습하며 어떤 역량을 함양하는가?
2. 미래학 전공 교과과정은 어떻게 구성되는가?
3. 미래학을 전공할 수 있는 대학은 어디이며 무엇을 공부하는가?
4. 미래예측과 미래연구를 배울 수 있는 비학위 과정은 무엇이 있는가?

PART 9

미래학에서 윤리의
중요성

PART 9
미래학에서 윤리의 중요성[1]

　　인공지능과 생명공학을 비롯한 과학기술의 급속한 발전은 우리 인류에게 유익한 것인가? 영화 터미네이터, 메트릭스, 아이로봇, 아일랜드에서 묘사된 것처럼 오히려 인류에게 재앙이 되지는 않을까?

　　그동안 인류는 과학기술이 자연을 정복하고 자연을 관리하며 인간이 더욱 편리하고 행복하게 하는 데 도움이 될 것으로 여겨왔다. 그런데 어느 순간부터 과학기술의 발전이 오히려 자연을 파괴하고 인간의 행복을 해치며 오히려 재앙이 될 수도 있다는 우려가 여기저기서 나오고 있다.

　　그러나 분명한 것은 과학기술이 인류에게 유익하게 될 것인지, 아니면 재앙을 몰고 올지는 '사피엔스'의 저자 유발 하리리의 주장처럼 인류의 의지에 달려 있다는 것이다. 특히 4차 산업혁명으로 초지능·초연결 사회가 구현되고 인공지능이 인류의 모든

1　대부분의 미래학자들은 미래학과 미래연구에서 윤리 부문이 매우 중요하게 다루어져야 함에 동의한다. 미래는 인류에게 유익한 방향으로 전개될 수 있도록 미래학과 미래연구도 역할을 담당해야 함을 강조하고 있다.

지능의 합을 넘어서는 싱귤래리티(Singularity) 시대가 다가옴에 따라 과학기술을 포함한 미래 사회 모든 곳에 인류의 윤리의식이 중요해지고 있다. 이는 인류의 미래가 달린 중요한 문제이고 현재 대응하지 않으면 때가 늦어 돌이킬 수 없는 인류의 재앙 상태가 도래할 수도 있다는 것이 예견되기 때문이다. 이로 인해 미래학자와 세계적 석학은 모두 인공지능을 필두로 과학기술의 윤리, 규제 관련 논의가 바로 지금부터 필요하다고 주장하고 있고, 전 세계는 과학기술 개발에 있어 인류의 미래에 유익할 수 있도록 윤리와 법제의 논의와 실행을 시작하고 있다.

I 해외의 미래 윤리 활동

해외에서는 과학기술의 급속한 발전에 따른 부작용을 사전에 예방해야 한다는 의식으로 미국, 일본, 유럽은 각 국가별 차원의 인공지능(AI) 윤리 정책을 만들고 있다. 특히 인공지능의 미래에 대해 발전을 도모하면서도 윤리적 규정을 만들어 지키게 하고 있다. EU 로봇민법, 일본 총무성 인공지능(AI) 개발가이드라인, 미국 DARPA XAI 프로젝트 등이 있으며 또한 국제기구 차원의 AI윤리 대응으로 OECD의 'AI 발전 권고안', 미국 전기 전자 학회(IEEE), 국제인권 감시기구 등은 국제기구 차원의 인공지능(AI) 윤리 대응책을 마련하고 있다.

1 미국의 인공지능 윤리

1) XAI 프로젝트(XAI: 설명가능 인공지능)

미(美) 국방성 산하 국방위고등연구계획국(DARPA)에서는 2017년부터 XAI 프로젝트(XAI: 설명가능 인공지능)를 추진하고 있다. XAI 프로젝트는 eXplainable AI의 약어로 사용자가 인공지능 시스템의 동작과 최종 결과를 이해하고 올바르게 해석하여 인공지능의 결과물이 생성되는 과정을 설명 가능하도록 해주는 기술을 의미한다.

예를 들어, 인공지능 시스템이 고양이 이미지를 분류할 경우, 기존 시스템은 입력된 이미지의 고양이 여부만을 도출하지만, XAI 프로젝트는 고양이 여부를 도출하고,

이것의 근거(털, 수염 등)까지 사용자에게 제공한다.[2]

XAI 프로젝트는 인공지능 기술이 다가올 미래에 핵심 기술로 인식되고 있지만, 일각에서는 인공지능과 같이 빅데이터를 활용하는 기술로 인해 발생 가능한 사회의 차별, 불평등 등을 우려하고 있는바, XAI 프로젝트는 다양한 분야(금융, 보험 등)의 인공지능 시스템이 사용자와 고객으로부터 신뢰를 얻고, 사회적 수용을 위한 공감대 형성방안이 될 것으로 예상된다. 특히 XAI 프로젝트는 인공지능 시스템의 잘못된 결과로 분쟁 발생 시 원인파악이 가능하고, 개인정보보호 규정 준수 여부 검증 등이 가능하여 사전 예방과 사후 대책이 가능하게 한다.

2) 아실로마 AI 원칙

한편 미국 보스턴 소재 비영리 연구단체인 퓨처 오브 라이프 인스티튜트(Future of Life Institute, 인류미래연구소, http://www.futureoflife.org)는 2017년 1월 6일~8일까지 미국 캘리포니아의 아실로마에서 열린 이로운 인공지능 컨퍼런스(Beneficial AI conference)에서 논의한 내용을 정리하여 1월 13일 인공지능의 23개 원칙을 천명했다. 이른바 '아실로마 AI 원칙(ASILOMAR AI PRINCIPLES)'이다. 아실로마 AI 원칙에는 물리학자인 스티븐 호킹, 테슬라의 최고경영자 엘론 머스크, 알파고를 개발한 구글 딥마인드의 데미스 하사비스 최고경영자 등, 총 2,000명의 과학계, 기술계 인사들이 지지 서명을 남겼다.

▼ 그림 9-1 XAI 프로젝트의 설명가능한 인공지능 고양이 학습 예

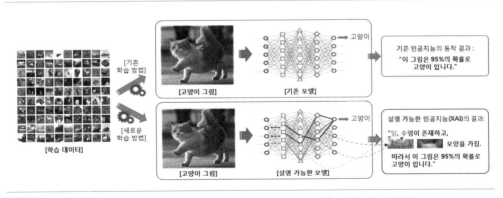

출처: 금융보안원 보고서, '설명 가능한 인공지능(eXplainable AI, XAI) 소개' 2018.3.23.

---

2   금융보안원 보고서, '설명 가능한 인공지능(eXplainable AI, XAI) 소개' 2018.3.23.

아실로마 AI 원칙은, 연구이슈(Research Issues)에서 5개, 윤리와 가치(Ethics and Value)에서 13개, 장기적 이슈(Longer−term Issues)에서 5개 등, 총 23개 원칙이 도출됐다. 첫 번째 연구 이슈로 "AI연구의 목표는 목적이 없는 지능을 개발하는 것이 아니라 인간에게 유용하고 이롭고 혜택을 주는 지능을 개발하자"는 것이고, 두 번째 윤리와 가치 이슈는 "AI 시스템은 인간의 존엄성, 권리, 자유 및 문화 다양성의 이상과 양립할 수 있도록 설계되고 운영되어야 한다"는 것이다. 세 번째 장기적 이슈는 인공지능이 가져올 장기적인 문제를 포함하는데 합의된 여론 없이 인공지능이 인류에게 가져올 미래에 대한 결정론적 가설은 삼가야 한다는 것이다.[3]

아실로마 AI 원칙은 서문에서 인공지능 연구의 원칙을 만든 이유에 대해 "앞으로 수십년 또는 수백년 동안 사람들을 돕고 힘을 줄 수 있는 놀라운 기회를 제공하기 위해서"라고 밝혔다. 첫 번째 원칙으로 "인간에게 이로운 지능을 만들어야 한다"고 강조한 뒤, 마지막 항목인 제23항에서 "AI 시스템은 엄격한 통제 절차를 따라야 하며, 한 국가나 조직이 아니라 모든 인류의 이익을 위해서만 개발돼야 한다"고 다시 강조하고 있다. 인공지능이 가져올 수도 있는 부작용과 위험을 사전에 방지하는 노력의 필요성과 실천의 중요성을 아실로마 AI 원칙에서는 강조하고 있는 것이다.

아실로마 AI 원칙의 전문은 퓨처 오브 라이프 인스티튜트(Future of Life Institute)의 홈사이트(https://futureoflife.org/ai−principles)에 다양한 나라의 언어로 전재되어 누구나 쉽게 내용을 확인할 수 있게 하였다.

(1) 아실로마 AI 원칙 서문

'인공 지능은 이미 전 세계 사람들이 매일 사용하는 유용한 도구를 제공한다. 다음과 같은 원칙에 따라, 인공지능의 지속적인 발전은 앞으로 수십 년 또는 수백 년 동안 사람들을 돕고 힘을 실어 줄 놀라운 기회를 제공할 것이다.'

(2) 아실로마 AI 원칙 연구 이슈

① 연구목표

인공지능 연구의 목표는 방향성이 없는 지능을 개발하는 것이 아니라 인간에게 유용하고 이로운 혜택을 주는 지능을 개발하는 것이다.

---

3   김들풀, 'FLI 착한 인공지능 개발하자!', IT뉴스, 2017.2.4.

② 연구비 지원

인공지능에 대한 투자에는 컴퓨터 과학, 경제, 법, 윤리 및 사회 연구 등의 어려운 질문을 포함해 유익한 이용을 보장하기 위한 연구비 지원이 수반되어야 한다:

- 어떻게 미래의 인공지능 시스템을 강력하게 만들어 오작동이나 해킹 피해 없이 우리가 원하는 대로 작업을 수행하도록 할 수 있나?
- 사람들의 자원과 목적을 유지하면서 자동화를 통해 우리 번영을 어떻게 성장시킬 수 있나?
- 인공지능과 보조를 맞추고 인공지능과 관련된 위험을 통제하기 위해, 보다 공정하고 효율적으로 법률 시스템을 개선할 수 있는 방법은 무엇인가?
- 인공지능은 어떤 가치를 갖추어야 하며, 어떤 법적 또는 윤리적인 자세를 가져야 하는가?

③ 과학정책 연결

인공지능 연구자와 정책 입안자 간에 건설적이고 건전한 교류가 있어야 한다.

④ 연구문화

인공지능 연구자와 개발자 간에 협력, 신뢰, 투명성의 문화가 조성되어야 한다.

⑤ 경쟁 피하기

인공지능 시스템 개발팀들은 안전기준에 대비해 부실한 개발을 피하고자 적극적으로 협력해야 한다.

(3) 아실로마 AI 원칙 윤리 및 가치

① 안전

인공지능 시스템은 작동 수명 전반에 걸쳐 안전하고 또 안전해야 하며, 적용 가능하고 실현 가능할 경우 그 안전을 검증할 수 있어야 한다.

② 장애 투명성

인공지능 시스템이 손상을 일으킬 경우 그 이유를 확인할 수 있어야 한다.

③ 사법적 투명성

사법제도 결정에 있어 자율시스템이 사용된다면, 권위 있는 인권기구가 감사할 경우 만족스러운 설명을 제공할 수 있어야 한다.

④ 책임

고급 인공지능 시스템의 디자이너와 설계자는 인공지능의 사용, 오용 및 행동의 도덕적 영향에 관한 이해관계자이며, 이에 따라 그 영향을 형성하는 책임과 기회를 가진다.

⑤ 가치관 정렬

고도로 자율적인 인공지능 시스템은 작동하는 동안 그의 목표와 행동이 인간의 가치와 일치하도록 설계되어야 한다.

⑥ 인간의 가치

인공지능 시스템은 인간의 존엄성, 권리, 자유 및 문화적 다양성의 이상에 적합하도록 설계되어 운용되어야 한다.

⑦ 개인정보 보호

인공지능 시스템의 데이터를 분석 및 활용능력의 전제하에, 사람들은 그 자신들이 생산한 데이터를 액세스, 관리 및 통제할 수 있는 권리를 가져야 한다.

⑧ 자유와 개인정보

개인정보에 관한 인공지능의 쓰임이 사람들의 실제 또는 인지된 자유를 부당하게 축소해서는 안된다.

⑨ 공동이익

인공지능 기술은 최대한 많은 사람에게 혜택을 주고 힘을 실어주어야 한다.

⑩ 공동번영

AI에 의해 이루어진 경제적 번영은 인류의 모든 혜택을 위해 널리 공유되어야 한다.

⑪ 인간의 통제력

인간이 선택한 목표를 달성하기 위해 인간은 의사결정을 인공지능 시스템에 위임하는 방법 및 여부를 선택해야 한다.

⑫ 비파괴

고도화된 인공지능 시스템의 통제로 주어진 능력은 건강한 사회가 지향하는 사회적 및 시정 과정을 뒤엎는 것이 아니라 그 과정을 존중하고 개선해야 한다.

⑬ 인공지능 무기 경쟁

치명적인 인공지능 무기의 군비 경쟁은 피해야 한다.

(4) 아실로마 AI 원칙 장기 이슈

① 인공지능 능력에 관한 주의

합의가 없으므로 향후 인공지능 능력의 상한치에 관한 굳은 전제는 피해야 한다.

② 중요성

고급 AI는 지구 생명의 역사에 심각한 변화를 가져올 수 있으므로, 그에 상응한 관심과 자원을 계획하고 관리해야 한다.

③ 위험

인공지능 시스템이 초래하는 위험, 특히 치명적인 또는 실존적 위험에는, 예상된 영향에 맞는 계획 및 완화 노력이 뒷받침되어야 한다.

④ 재귀적 자기 개선

인공지능 시스템이 재귀적 자기 복제나 자기 개선을 통하여 빠른 수적 또는 품질 증가를 초래한다면, 설계된 시스템은 엄격한 안전 및 통제 조치를 받아야 한다.

⑤ 공동의 선

초지능은 널리 공유되는 윤리적 이상을 위해, 그리고 몇몇 국가나 조직이 아닌 모든 인류의 이익을 위해 개발되어야 한다.

3) 미국 AI Initiative(인공지능 최우선) 5가지 원칙

미국 정부는 2013년부터 「Brain Initiative」(두뇌 최우선)을 주창하며 인공지능 연구 개발에 집중했고, 2019년에는 「AI Initiative」(인공지능 최우선) 행정 명령으로 인공지능 최강국으로 자리를 굳히고 있다. 미국은 2016년 「국가 AI R&D 전략계획」으로 인공지능 R&D를 국가 전략에서 우선순위에 두어야 한다고 언급하면서, 이를 위한 추진 전략으로 ① AI 분야 장기적·우선적 투자 ② 인간−AI 협업 모색 ③ AI의 윤리적·법적·사회적 영향 고려 ④ AI의 안전 및 보안 시스템 마련 ⑤ AI 교육 및 공공 데이터 공유 환경 필요 ⑥ AI의 표준 및 벤치마킹을 통한 기술 측정 및 평가 필요 ⑦ 인력양성을 제시하였다. 이처럼 미국은 인공지능의 발전을 주도하면서 동시의 AI의 윤리적·법적·사회적 의미를 이해하고, 해당 목표에 부합하는 AI 시스템 설계 방법의 개발을 연구하고 학계와 협력하여 윤리 및 보안 커리큘럼을 구축하고 있다.

2019년에는 「AI Initiative」 행정명령으로 연방기관이 AI 프로그램에 우선순위를 두고 예산을 운용하도록 지시하는 동시에 연구·개발자들이 더 많은 정부 데이터에 접근하는 길을 열어두고 있다. 미국 「AI Initiative」은 다섯 가지 원칙으로 ① 연구개발 ② 거버넌스 ③ 일자리 창출 ④ 인프라 ⑤ 국제협력을 포함하고 있다. 이중 거버넌스 원칙에 '새로운 인공지능 관련 산업을 창출하고 인공지능 기술 안전 테스트와 적절한 기술 표준을 수립하며, 인프라 원칙으로 인공지능 기술에 대한 대중의 신뢰와 자신감을 키우고 그 응용에서 국민의 자유와 프라이버시, 가치관을 보호해 미국 국민의 인공지능 기술에 대한 잠재력을 충분히 발휘할 수 있도록 지원한다'를 포함하고 있다.

▼ 표 9-1 미국 AI Initiative(인공지능 최우선) 5가지 원칙

1	연구개발	연방정부와 산업계, 학계가 공동으로 과학의 새로운 발견과 경제 경쟁력, 국가 안보를 촉진하기 위한 인공지능의 기술 발전을 추진
2	거버넌스	새로운 인공지능 관련 산업을 창출하고 인공지능 기술 안전 테스트와 적절한 기술 표준을 수립
3	일자리 창출	근로자들을 교육해 인공지능 기술을 개발하고 적용할 수 있는 기능을 갖추도록 하고 오늘날의 경제와 미래의 작업에 대비
4	인프라	인공지능 기술에 대한 대중의 신뢰와 자신감을 키우고 그 응용에서 국민의 자유와 프라이버시, 가치관을 보호해 미국 국민의 인공지능 기술에 대한 잠재력을 충분히 발휘할 수 있도록 지원
5	국제협력	미국의 AI 연구 및 산업을 위해 우방국과의 국제 및 업계 협력을 강화하는 한편, 전략적 경쟁 상대와 적대국들로부터 미국의 기술우위와 인공지능 기술 기반을 보호

출처: 과학기술기획평가원, '트럼프 정부 첨단산업 육성 정책 동향', 과학기술 & ICT 동향, 2019.3.15.

4) 미국 기업들 AI 파트너십(AI 윤리위원회)

특히 미국은 인공지능 기술과 서비스를 선도하고 있는 기업인 구글, 아마존, 페이스북, MS, IBM, 애플 등 글로벌 ICT 기업들이 인공지능의 유해한 개발과 이용을 차단하는 자율적 규제와 가이드라인을 제정하고 'AI 윤리 위원회(AI and Ethics in Engineering and Research)'를 내부에 설치하는 등 인공지능 AI의 유해한 개발을 사전에 방지하고 유익한 방향으로 인공지능을 개발하도록 윤리성을 강화하고 있다.

▼ 사진 9-1 인공지능의 윤리를 강화하고 있는 미국 기업들(AI 파트너십 참여 기업)

　　또한 이들 기업들은 2016년 'AI 파트너십'을 결성하여 함께 인공지능 AI의 안전성 및 프라이버시 이슈에 대처하고 AI의 윤리적 사용을 적극 지원한다는 목표를 가지고 협력하고 있다. AI 파트너십은 구글, 아마존, 페이스북, MS, IBM 5개 기업이 의기투합하여 처음 결성되었고 2017년 애플도 합류하였으며, 현재는 수많은 미국의 기업과 단체들이 함께 하며 인류와 사회에 유익한 인공지능을 위해 협력하고 있다.

▼ 사진 9-2 미국 AI파트너십 사이트

출처: www.partnershiponai.org

5) 마이크로소프트(MS)의 AI 윤리가이드

특히 마이크로소프트(MS)는 내부 윤리위원회를 설치하고 윤리적 문제를 일으킬 위험을 낮출 수 있는 견고한 AI 모델을 만들도록 돕고 있다. 마이크로소프트(MS)는 2017년 영국 '런던 AI Thought Leadership Event'에서 새 인공지능(AI) 연구조직 및 프로젝트와 AI 윤리가이드를 발표했다.

MS는 2018년 1월에는 AI 기술 관련 6가지 윤리적 원칙(ethical principles)을 정의했다. 공정성(Fairness), 포괄성(Inclusiveness), 신뢰성 및 안전(Reliability & Safety), 투명성 (Transparency), 프라이버시 및 보안(Privacy & Security), 책임성(Accountability)이다. MS는 이 원칙을 정부, 학계, 기업, 시민사회가 AI 기술을 개발하고 활용할 때 모두 적용해야 한다고 주창한다. MS의 6가지 윤리적 원칙 중에서도 마지막 항목인 책임성에 무게가 실린다.

또한 MS는 개별적인 AI 개발 프로젝트에도 AI 개발 윤리 가이드라인을 정하여 내부에서 준수토록 하고 있다. 예로 2018년 MS는 '책임지는 봇: 대화형 AI 개발자를 위한 10가지 지침(Responsible bots: 10 guidelines for developers of conversational AI)'을 제정하였다. 이는 AI 챗봇을 개발하는 이들이 인식해야 할 윤리적 지침을 정리한 가이드라인이다.

MS의 가이드라인은 핵심이 되는 10가지 주제와 각 주제별 세부 요령으로 구성돼 있다. 10가지 주제는 ① 봇이 중대한 사용사례를 지원한다면 그 목적을 명시하고 주의를 기울이라 ② 제품 또는 서비스 일부로 봇을 사용하고 있다는 사실을 명확히 드러내라 ③ 봇의 역량을 넘어서 발생하는 상호작용을 인간에게 매끄럽게 넘기도록 하라 ④ 봇이 적절한 문화규범을 존중하고 오용을 방지하도록 설계하라, ⑤ 봇을 믿음직스럽게 만들라 ⑥ 봇이 사람들에게 공평하게 만들라 ⑦ 봇이 사용자 프라이버시를 존중하게 하라 ⑧ 봇이 데이터를 보안상 안전히 다루게 하라 ⑨ 봇을 접근성있게 보장하라 ⑩ 책임을 받아들이라 등이다.

MS 창업자 빌게이츠는 인공지능은 양날의 칼과 같아서 "인공지능이 인류에게 축복이 될 수도, 재앙이 될 수도 있다"면서 "우리에게 축복이 되도록 인공지능을 윤리적으로 개발하고 활용해야 한다"고 강조했다.

MS의 사티아 나델라 CEO도 "AI가 무엇을 할 수 있느냐만 생각할 것이 아니라 무엇을 할 것인가를 고민해야 한다"며 "AI가 인간을 돕는 목적으로 설계돼야 하며 발전과정에서 윤리적인 틀에 합의하는 단계가 중요하다고 본다. 그는 인공지능이 어떤 원칙으로 어떻게 동작하는지를 인지할 수 있도록 투명성을 갖추고 '인간의 존엄성'을 해치지 않으면서도 효율을 극대화할 수 있어야 한다"고 강조하고 있다.

출처: http://www.etnews.com/20181107000390?m=1

2 유럽연합 EU의 인공지능 윤리

유럽연합 EU는 인공지능 로봇 윤리가 인류의 미래를 위해서도 꼭 필요하고 EU국가의 인공지능 로봇 경쟁력 강화에도 도움이 된다는 신념을 가지고 적극적으로 대응하고 있다.

유럽연합은 인공지능이 적용된 로봇의 윤리부터 논의하기 시작했다. 인공지능 로봇 윤리 개념은 2004년 이탈리아 산레모에서 제1회 국제 로봇윤리 심포지엄을 개최하며 공론화하였고 EU의 회원국들 간 다양한 연구를 추진하였다.

1) 유럽연합 인공지능 로봇 윤리 13원칙

유럽연합 EU에서는 유럽로봇연구네트워크(EURON)를 통해 로봇윤리 로드맵을 추진하고 그 결과를 2007년 국제로봇자동화학회(ICRA)에서 발표하였다. 로봇윤리 로드맵에서는 로봇이 윤리·사회·경제적 문제를 야기할 것으로 전망하며, 기준에 대한 철저한 검증을 요구하면서, 로봇윤리의 영역을 8가지로 분류하고 로봇윤리 13개 원칙을 제시하였다. 로봇 영역은 휴머노이드, 진화된 생산 시스템, 지능형 홈, 네트워크 로봇, 현장형 로봇, 건강과 복지를 위한 로봇, 군사용 로봇, 교육용 로봇으로 분류하고 로봇 연구개발에서 지켜야 할 13개의 로봇윤리 원칙을 제시하였다.

출처: KIAT, '유럽 로봇산업 정책 및 기술 동향', GT 심층분석보고서, 2017.8.1.

　　EURON은 유럽로봇연구연합(The European Robotics Research Network)의 약어이다. 2000년 당시 유럽공동체 EC 산하 기구로 만들어졌다. 이 기구의 목적은 당시부터 향후 20년 후의 미래를 예측하여 로봇에 내재된 기회를 명확하게 하고, 로봇 기술 발전을 통해 유익한 활용을 극대화하는 것이었다. EURON은 2003년부터 3년 간 로봇의 윤리 문제를 다루기 위한 로드맵(Road Map)을 설계했다. 인간과 로봇을 연구하는 연구자 50여 명이 참여, 로봇 개발 과정에서의 주된 윤리적 쟁점에 대한 구조적 평가(Systematic Assessment)를 시도했다. EURON의 로봇윤리 로드맵은 이전과 달리 '로봇이 어떠해야 한다'라는 원칙이 아닌 로봇을 만드는 사람을 대상으로 가이드라인을 제공하고자 했다(카카오정책산업연구, 알로리즘윤리의 미래, 2018.01).

　　유럽연합(EU)이 EURON을 통해 2007년 발표한 다음과 같은 로봇윤리 13원칙은 인공지능 기술규범의 중요한 전환점을 제공한 것으로 평가되고 있다.

▼ 표 9-2 EURON의 로봇윤리 13원칙

	원칙	원문
1	인간의 존엄과 인권	Human Dignity and Human Rights
2	평등, 정의와 형평성	Equality, Justice and Equity
3	이익과 손해	Benefit and harm
4	종교적 다양성과 다원성에 대한 존중	respect for cultural diversity and pluralism

5	반차별과 반낙인화	non-discrimination and non-stigmatization
6	자주성과 개인적 책임	autonomy and individual responsibility
7	고지에 입각한 동의	informed consent
8	프라이버시	privacy
9	신뢰성	confidentiality
10	연대와 협력	solidarity and cooperation
11	사회적 책임감	social responsibility
12	이익의 공유	sharing of benefits
13	생물권에 대한 책무	responsibility towards the biosphere

출처: 이원태, '4차 산업혁명과 지능정보사회의 규범 재정립' KISDI Premium Report, 2017-10.

2) 유럽연합 인공지능 로봇규제 가이드라인

유럽의 경우 인공지능 로봇의 산업진흥적 가치에만 주목하기보다는 인공지능 로봇 신기술의 사회적 영향을 고려한 합리적 규제 틀을 마련하기 위한 제도화 노력도 병행하고 있다. EU 집행위원회는 정보화 연구개발 프로그램, 즉 FP7(7th Framework Programme)의 재정지원 계획에 따라 로봇규제 문제에 대한 새로운 접근방식으로 이른 바 '로봇법 프로젝트(RoboLaw Project)'를 추진했는데, 로봇 관련 법규 및 규제대응을 위한 일련의 정책연구(2012.3~2014.3)를 통해 2014년 9월 자율주행차, 수술로봇, 로봇 인공기관, 돌봄로봇에 대한 '로봇규제 가이드라인(Guidelines on Regulating Robotics)'을 도출했다.

EU는 인공지능 로봇의 규범적인 이슈로 ① 건강·안전·소비자·환경 ② 법적 책임 ③ 지적재산권 ④ 프라이버시와 개인정보보호 ⑤ 계약주체로서의 법적 거래능력을 제시하고, '책임있는 연구와 혁신'을 지향하면서, 윤리적 이해뿐만 아니라 법률적 판단과 개입까지 다양한 이해관계자의 참여를 통한 학제적 접근의 필요성을 강조하고 있다 (이원태, 소비자정책동향, 2017.8).

	종류	내용
1	자율주행차량 (self-driving cars)	안전성 vs 편안함, 안전성 vs 자유, 접근성 vs 평등성, 효율성 vs 프라이버시 등 교환할 수 있는 가치라 할 수 없으므로 선호된 디자인과 정책을 만들기 위해서 각 기술적 단계마다 관련자들의 가치 분석이 필요
2	수술용 의료로봇 (computer integrated surgical systems)	• 안전성 • 자주성 • 정당성과 새로운 기술 • 책임 • 프라이버시
3	로봇 인공기관 (robotic prostheses)	(다른 문항과 같이 일정한 프레임워크가 있지 않고, 규범적 윤리, 기술적 윤리 등 관점에서 어떻게 인공기관을 볼 것인지에 대해 논의하고 있어 제외)
4	돌봄 로봇 (care robots)	• 안전성 ／ • 책임 • 자주성 ／ • 독립성 • 권한부여(enablement) ／ • 프라이버시 • 사회적 유대감 ／ • 새로운 기술과 정당성 • 새로운 기술, 윤리, 과학적 연구

출처: 이원태, '4차 산업혁명과 지능정보사회의 규범 재정립' KISDI Premium Report, 2017-10.

3) 유럽연합 EU 로봇법(RoboLaw) 프로젝트

EU 집행위원회의 '로봇법 프로젝트(RoboLaw Project)'는 로봇기술의 법률적, 윤리적 이슈 검토를 통해 새로운 규범체계를 정립하고자 하는 연구목표 하에 이탈리아, 네덜란드, 영국, 독일 등 4개국 4개 연구소가 참여했고 특히 자율주행차, 수술로봇, 로봇 인공기관, 돌봄로봇 등 4가지 연구대상의 윤리적, 법률적 분석을 통해 규제정책의 근거를 마련했다.

유럽의회 '법사위원회'(the Committee on Legal Affairs)가 2016년 5월 31일 로봇법 법제화를 위한 기본 방향 및 가이드라인을 제시하였고, EU 의회는 법사위원회 초안을 토대로 2017년 2월 16일 인공지능과 로봇의 '민간이용을 위한 개발에 관한 일반원칙', '연구 및 혁신', '윤리적인 원칙', '규제를 위한 로봇행정청', '표준화, 안전 및 보안', '법적 책임' 등에 관한 사항을 담고 있는 'EU 로봇법 결의안'을 통과시켰다(이원태, 소비자정책동향, 2017.8).

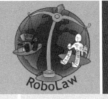

RoboLaw

Regulating Emerging Robotic Technologies in Europe: Robotics facing Law and Ethics

FP7-SCIENCE-IN-SOCIETY-2011-1
Project No.: 289092
Start date: March 1st, 2012
Duration: 27 Months
Funding scheme: Collaborative project
EU Financial Contribution: 1.497.966 EUR

| Home | Consortium | Public documents | Project Results | Contacts |

RoboLaw: Project Overview

The main objective of the RoboLaw project is to understand the legal and ethical implications of emerging robotic technologies and to uncover (1) whether existing legal frameworks are adequate and workable in light of the advent and rapid proliferation of robotics technologies, and (2) in which ways developments in the field of robotics affect norms, values and social processes we hold dear. The problem of regulating new technologies has been tackled in Europe almost by every legal system: Therefore, it is possible to rely on a background which includes a large amount of studies on the relationship between law and science and between law and technology. Nevertheless, the RoboLaw project is focused on the extreme frontiers of technological advance, confronting the legal "status" of robotics, nanotechnologies, neuroprostheses, brain-computer interfaces, areas in which very little work has been done so far. The radical novelty of these technological applications and instruments requires an original and more complex investigation, characterized by a multidisciplinary method and a comparative analysis of the diverse approaches adopted in different legal systems. Several research institutes worldwide have

Home

News

Overview

Project Details

Consortium

SSSA

TILT

UoR

UBER

LMU

출처: http://www.robolaw.eu

유럽연합(EU) 의회 본회의에서 통과된 이 결의안은 로봇과 인공지능의 법적 지위 및 개발 활용에 대한 결의안이다. EU 의회는 2019년 1월 12일에는 인공지능(AI) 프로그램에 따라 스스로 작동하는 로봇에 대해 '전자 인간'이라는 법적 지위를 부여하는 안을 놓고 찬성 17표, 반대 2표, 기권 2표로 통과시켰다.

EU 의회는 AI에 대한 기술적·윤리적 기준을 적용하는 역할을 수행할 수 있도록 유럽연합 조직 내 'EU 로봇국'을 신설하고, 로봇이 윤리적 기준에 따라 작동할 수 있도록 제한하는 법률이 필요하다고 덧붙였다. 로봇 제작자들이 비상 상황에서 로봇의 작동을 멈출 수 있도록 하는 '킬 스위치' 등을 법적으로 의무화해야 한다고 적시했다. 또한 EU 의회는 로봇기술의 발전으로 일자리 등 다양한 사회 분야에 변화를 불러올 수 있다면서 EU 위원회가 이러한 기술발달의 흐름을 참고해 새로운 고용 모델을 제시하고, 그에 따른 조세 시스템 개편에도 적극 나설 것을 촉구했다.

항목	주요 내용
1 민간이용을 위한 로봇기술, 인공지능의 개발에 관한 일반 원칙	• 지능형 자동로봇의 개념 및 유형 정의 • 로봇등록제도 도입 권고 • 로봇의 사회적, 윤리적 연구 및 투자 제안
2 로봇기술헌장	• 인간 이익 우선, 인간에 대한 해악금지, 인간의 자율성 보장, 공정한 이용을 통한 정의실현, 기본권 존중, 사전예방원칙, 포괄성, 프라이버시 존중, 책임성, 가역성 등의 원칙 하에 개발자와 이용자들을 위한 윤리헌장 마련을 제안
3 로봇기술 규제기구	• 기술적, 윤리적, 규제적 전문성을 제공하고 다양한 기회와 도전에 적정한 대응을 위해 로봇기술, 인공지능 규제를 위한 기구(agency) 창설 요청
4 지적재산권, 개인정보보호 등 쟁점 사항	• 로봇에 의해 만들어진 지적창작물의 소유기준을 구체화할 것을 요구 • GDPR 원칙을 존중하는 방향에서 프라이버시 관련 쟁점에 대해 규율할 것을 제안
5 표준화 등의 쟁점	• 유럽시장의 분열을 막고 소비자 이익을 보호하기 위해 로봇과 인공지능의 위험을 통일적으로 평가하는 기준 마련
6 고용악화 등 사회경제적 대응책	• 인공지능이나 로봇이 기업의 경제적 성과에 기여하는 정도(비율)에 대한 기업의 보고를 의무화 • 노동시장에 미치는 영향을 고려, 기본소득 도입을 고려
7 법적 책임	• 로봇과 같은 비인간적 주체에 의해 유발된 손해라는 이유로 보상범위, 보상방법을 제한해서는 안됨 • 손해와 로봇의 행위간 인과적 연관이 인정되면 엄격책임원칙(strict liability)하에 배상책임을 인정 • 로봇의 자율성 수준에 따라 책임당사자들 간의 비례적 책임 배분 • 로봇에 의한 손해에 대한 책임배분이 강제적 보험제도에 의해 제도화되어야 함 • 손해배상, 보상체계와 로봇의 등록제도를 연계 • 전자인으로서 로봇의 특수한 법적 지위 부여 가능

출처: 이원태, '4차 산업혁명과 지능정보사회의 규범 재정립', KISDI Premium Report, 2017.10.

4) 유럽연합 EU 인공지능 윤리 가이드라인(Ethics Guidelines for Trustworthy AI)

유럽연합(EU) 집행위원회(EC: European Commission)는 2019년 4월 8일 국가 차원에서는 처음으로 인공지능 윤리 가이드라인(Ethics guidelines for trustworthy AI)을 제정하여 공표하였다.

인공지능 윤리 가이드라인의 목표는 모든 시민이 인공지능의 혜택을 누릴 수 있는 인간 중심의 윤리적 목적을 달성하는 동시에 신뢰할 수 있는 인공지능의 기술 발전 기준을 구체적으로 제시하는 것이다. 신뢰할만한 인공지능은 일련의 요구 사항뿐 아니라 관련된 모든 법률과 규정을 준수해야 하며 이를 검증하기 위해 특정 평가 목록이 수반되어야 한다고 설명하고 있다.

유럽연합 집행위원회 인공지능 고위 전문가그룹(The European Commission's HIGH-LEVEL EXPERT GROUP ON ARTIFICIAL INTELLIGENCE)은 AI가 가진 변혁적 영향력을 경제적 번영과 성장에 활용하면서 특정 위험은 최소화하는 데 초점을 뒀다. '유럽 주도의 신뢰할 수 있는 AI'를 표방하며 EU가 윤리적 인공지능 선두주자로서 인공지능의 기술적 발전을 이끈다는 목표다. 글로벌 수준에서 AI 윤리적 기본 틀에 대한 반영과 토론을 촉진하겠다는 비전도 제시했다.

인공지능 가이드라인은 신뢰할 수 있는 AI에는 반드시 지켜져야 하는 세 가지 구성 요소인 '(1) 합법적이어야 하며 모든 관련 법규를 준수해야 한다.(2) 윤리적이어야 하며 윤리적 원칙과 가치를 준수해야 한다.(3) AI 시스템이 의도하지 않은 결과를 초래할 수 있기 때문에 기술 및 사회적 관점 모두에서 견고해야 한다.'를 인공지능 시스템 전 과정에서 준수해야 한다고 했다.

3개 장으로 구성된 인공지능 윤리 가이드라인은 1장은 윤리적 원칙과 관련 가치, 2장은 가이드라인의 중심내용인 7가지 핵심지침, 3장은 작동 가능을 목표로 한 신뢰성 있는 AI 평가 목록을 제공하고 있다.

인공지능 윤리 가이드라인에 따르면 AI는 인간의 자율성을 보장해야 하고, 사람들은 AI에 의해 조작되어서는 안 되며, 인간은 소프트웨어가 내리는 모든 결정에 개입할 수 있어야 한다. 또한 AI는 기술적으로 안전하고 정확해야 한다. 외부 공격과 타협해서는 안 되며, 신뢰가 가능해야 한다. 그리고 AI가 수집한 개인정보는 안전하게 보호되어야 하며, AI 시스템을 만드는 데 사용된 알고리즘과 데이터는 사람이 이해하고 설명할 수 있어야 한다.

이외에도 AI는 연령, 성별, 인종 등을 차별하지 말아야 하며, 지속 가능해야 하고, 검증 가능해야 한다.

출처: https://ec.europa.eu/digital-single-market/en/news/ethics-guidelines-trustworthy-ai

EU의 인공지능 윤리 가이드라인의 주요 내용을 정리하면 다음과 같다.

▼ 표 9-5 EU의 인공지능 윤리 가이드라인의 주요 내용

3대 요소	핵심 지침
Ⅰ. 신뢰할 수 있는 AI 원칙 (Foundations of Trustworthy AI)	1. 인간 존중을 윤리 원칙으로 준수하는 AI 시스템 개발·배포·사용 • 자율성, 위해예방, 공정성 등을 고려 2. 어린이·장애인·고용주와 근로자 또는 기업과 소비자 간에 권력이나 정보의 불균형에 대응 • AI기술이 불이익을 주거나 기술 혜택으로부터 배제 가능성이 있는 취약한 집단 배려 3. AI기술이 개인과 사회에 상당한 혜택과 이익을 주지만 특정 위험도 초래할 가능성에 주의 • 위험강도에 따라 이를 완화하기 위한 적절한 조치 필요
Ⅱ. 신뢰할 수 있는 AI 구현 (Realising Trustworthy AI)	1. 인간의 기본권·존엄성·자율성 보장 • AI시스템은 인간의 기본권을 보장하고 자율성을 저해하지 않는 평등한 사회를 구현할 것 2. 기술적 견고성 및 안전성 • AI 시스템 알고리즘은 모든 라이프 사이클 단계에서 오류와 오작동 등 처리가 가능한 안전성을 갖출 것 3. 개인 정보 및 데이터거버넌스 • 시민(개인)은 자신의 데이터(개인정보)를 완전히 삭제할 수 있어야 하며 관련 데이터가 인간에게 해를 입히거나 차별해서는 안될 것 4. 투명성 • AI 시스템은 설명 가능할 것 5. 다양성, 차별 금지 및 공정성 • AI 시스템은 모든 범위의 인간 능력과 기술 및 요구 사항을 고려하고 접근성을 보장할 것 6. 사회·환경복지 • AI 시스템은 긍정적인 사회 변화를 주도하고 지속가능한 성장을 이끄는 데 활용될 것 7. 책임성 • AI 시스템과 그 결과에 대한 책임, 그 책임을 보장하기 위한 구조적 장치를 마련할 것
Ⅲ. 신뢰할 수 있는 AI 평가 (Assessing Trust worthy AI)	1. Ⅱ단계에서 언급한 요구 사항을 실제 사례에 적합하게 적용할 수 있는 기틀 마련 • AI 시스템에 대한 요구 사항과 솔루션 평가 기준 확립 • AI 시스템의 라이프사이클 전반에 걸쳐 성과를 개선하고 이에 대한 이해관계자 참여 등

출처: 한국과학기술기획평가원, 'EU, 신뢰할 수 있는 '인공지능(AI) 윤리 가이드 라인' 발표', S&T GPS 해외단신, 2019.4.8.

국내에서도 세계 최초의 로봇 윤리 헌장 제정 등의 미래 윤리에 관심을 가지고 활동해 오고 있다.

1 로봇 윤리 헌장

국내에서도 인공지능을 비롯한 지능정보기술 분야의 발전으로 인해 인간과 기계의 경쟁구도가 우려되고 AI기술을 활용한 로봇 등이 인간의 통제 내에서 유익하게 활용될 수 있도록 로봇 윤리 규정의 필요성이 부각되었다.

1) 로봇윤리헌장 초안[4]

이에 2007년 산업자원부에서는 로봇 관련 각계 전문가를 중심으로 "로봇윤리 협의체"를 구성하여 로봇윤리헌장 제정을 시도하여 '로봇윤리헌장 초안'을 마련하였다. 세계 최초로 작성된 로봇윤리헌장은 로봇산업이 지향해야 할 로봇기술과 윤리적 한계, 로봇제조자의 책임, 로봇의 개조와 파괴 등에서의 사용자 윤리 등을 정립하고자 하였다. 당시 로봇과 인간의 관계를 규정한 세계 최초의 로봇윤리헌장으로 해외의 높은 관심을 받았다.

▼ 표 9-6 '07 로봇윤리헌장 초안

제1장(목표) 로봇윤리헌장의 목표는 인간과 로봇의 공존공영을 위해 인간중심의 윤리규범을 확인하는 데 있다.
제2장(인간, 로봇의 공동원칙) 인간과 로봇은 상호간 생명의 존엄성과 정보, 공학적 윤리를 지켜야 한다.
제3장(인간 윤리) 인간은 로봇을 제조하고 사용할 때 항상 선한 방법으로 판단하고 결정해야 한다.
제4장(로봇 윤리) 로봇은 인간의 명령에 순종하는 친구·도우미·동반자로서 인간을 다치게 해서는 안 된다.
제5장(제조자 윤리) 로봇 제조자는 인간의 존엄성을 지키는 로봇을 제조하고 로봇 재활용, 정보보호 의무를 진다.
제6장(사용자 윤리) 로봇 사용자는 로봇을 인간의 친구로 존중해야 하며 불법개조나 로봇남용을 금한다.
제7장(실행의 약속) 정부와 지방자치단체는 헌장의 정신을 구현하기 위해 유효한 조치를 시행해야 한다.

출처: 김성원, '지능정보사회의 도래와 법·윤리적 과제', NIPA 이슈리포트 2017-제21호.

---

4 2007년 산업자원부 주관으로 한국의 과학자, 의사, 심리학자, 변호사, 공무원 등 각계인사 12명을 중심으로 로봇윤리 협의체를 구성하여 로봇윤리 헌장 초안을 만들었다.

2) 지능형 로봇 개발 및 보급 촉진법 제정

이후 국내에서는 2008년 3월 「지능형 로봇 개발 및 보급 촉진법」이 제정되어 다음과 같이 제2조 제2호 및 제18조에 '로봇 윤리헌장'의 제정을 법으로 명문화하였다.

「지능형 로봇 개발 및 보급 촉진법」 제2조 제2호 및 제18조

지능형 로봇의 기능과 지능이 발전함에 따라 발생할 수 있는 사회질서의 파괴 등 각종 폐해를 방지하기 위하여 정부는 지능형 로봇윤리헌장을 제정·공표하여 지능형 로봇 개발자·제조자 및 사용자에게 지키도록 함.

또한 2014년 7월 15일 「지능형 로봇개발 및 보급 촉진법」을 시행하면서 제18조 '지능형 로봇윤리헌장' 제정 관련 사항을 아래와 같이 규정하였다.

① 정부는 지능형 로봇개발자, 제조자 및 사용자가 지켜야 할 윤리 등 대통령령으로 정하는 사항을 포함하는 지능형 로봇윤리헌장(이하 "헌장"이라 한다)을 제정하여 공표할 수 있다.
② 정부는 대통령령으로 정하는 바에 따라 헌장의 보급 및 확산을 위한 필요한 조치를 마련하여야 한다.
③ 관계 중앙행정기관의 장은 헌장의 효율적인 운영을 위하여 필요한 경우에는 다른 중앙행정기관의 장에게 관련 자료의 제출이나 그밖에 필요한 협조를 요청할 수 있다.
④ 헌장의 제정·개정에 관한 절차, 홍보, 그밖에 필요한 사항은 대통령령으로 정한다

그러나 이후 로봇과 인간의 관점에 따라 산업적 이해관계가 매우 복잡하고 예민하다는 지적에 정부는 로봇윤리헌장 제정 속도를 늦추고 좀 더 폭넓은 검토와 논의를 거쳐 완성된 헌장을 내놓겠다는 입장을 밝혔지만, 이후 더 이상 진행되지 못했다(김들풀, IT뉴스, 2016.3.18.).

3) 지능형 로봇 개발 및 보급 촉진법 개정안

그리고 2018년 5월 28일 「지능형 로봇개발 및 보급 촉진법(약칭 지능형 로봇법)」이 개정되면서 '로봇산업정책심의회'에 '로봇윤리자문위원회'를 별도 설치하여 지능형 로봇 윤리헌장 등에 관한 조사 연구 및 사회적 의견을 수렴토록 하였다. 로봇윤리자문위원회의 권고 내용을 바탕으로 로봇산업정책심의회가 이해 당사자들의 의견을 종합해 윤리헌장 제정에 나서는 구조다.

▼ 사진 9-7 국내 최초의 휴머노이드 로봇 휴보

출처: 로봇신문(http://www.irobotnews.com)

　　2028년 6월까지 한시법인 '지능형 로봇개발 및 보급 촉진법 개정안'은 지능형 로봇의 기능과 지능 발전에 따른 각종 폐해를 방지하고 로봇이 인간의 삶의 질 향상에 이바지할 수 있도록 윤리헌장의 제정 근거를 규정하고 있다. 윤리헌장은 지능형 로봇의 개발자·제조자·사용자별 구체적 행동지침을 담게 된다.

4) 로봇윤리헌장 초안(2007년) 전문

　　세계 최초로 정부 차원으로 작성되어 국내에서 2007년 공표한 <로봇윤리헌장 초안> 전체 내용은 다음과 같다.

　　　　21세기 안에 인간이 만든 감성과 지능을 가진 로봇이 인류역사상 최초로 등장하게 될 것이다. 인간과 로봇이 함께하는 미래사회는 윤리, 사회, 경제, 교육, 문화 등 여러 분야에서 다양한 방향으로 전개될 것이다. 따라서 우리는 인간과 로봇이 함께하는 미래사회가 부정적인 방향으로 가는 것을 사전에 방지하고, 인간과 로봇이 상호 존중하고 협력할 수 있는 미래사회를 실현하기 위해, 관련 윤리헌장을 제정할 필요성과 책임감을 갖는다.

　　인간은 로봇의 도움과 협력을 바탕으로 보다 편리하고, 건강하며, 안전하고, 행복한 삶의 질을 보장해주는 미래사회를 꿈꾸고, 인간은 인간 본연의 가치인 사랑과 예술을 창출할 수 있는 미래사회를 그리며, 그러한 미래사회가 긍정적이고 바람직한 방향으로 가기 위해 다 같이 지혜를 모아야 한다. 또한 우리가 원하는 인간과 로봇의 미래와 미래 세대들이 살아갈 인간과 로봇의 미래사회는 앞으로 우리의 준비와 결정에 달려 있다. 이에 우리는 인간과 로봇이 함께하는 풍요롭고 수준 높은 미래사회를 실현하고자, 인간중심의 윤리규범을 천명하고자 한다.

하나, 인간과 로봇은 상호간 생명의 존엄성을 존중하며, 정해진 권리, 정보윤리 및 공학윤리 등의 공동원칙을 보호하고 지켜야 한다.

하나, 인간은 로봇을 제조하고 사용할 때 항상 선(善)한 방법으로 지혜롭게 판단하고 의사 결정해야 한다.

하나, 로봇은 사용자인 인간의 친구 · 도우미 · 동반자로서 인간의 명령에 항상 순종해야 한다.

하나, 로봇 제조자는 로봇윤리헌장을 준수해야 할 제1책임자로서 인류와 공생하기에 적합하고, 사회적 공익성과 책임감에 기반한 로봇을 제조하여야 한다.

하나, 로봇 사용자는 로봇을 존중하는 마음으로 법규에 따라 사용하되, 로봇 남용을 통한 중독 등에 주의해야 한다.

이상과 같이 우리는 변화의 시대적 요청들을 선(善)한 방법으로 지혜롭고 슬기롭게 수용하여, 인간과 로봇이 공존공생하고 공존번영하는 꿈과 희망의 미래사회를 열고자, 인간과 로봇이 지켜야 할 윤리들을 확인하고 천명하며, 로봇윤리헌장을 공표한다.

* 부칙: 로봇윤리규범

1.(공동원칙) 인간과 로봇은 상호간 생명의 존엄성을 존중하며, 정해진 권리, 정보 윤리 및 공학윤리 등을 보호하고 지켜야 한다.
   (가) 인간과 로봇은 평등, 정의, 자유, 책임, 이익, 비밀유지, 정보보호 등 상호간 정해진 권리를 보호하여야 한다.
   (나) 인간과 로봇은 정확성, 안전성, 보호성, 지적소유권, 접근성, 편재성과 같은 컴퓨터 및 정보윤리를 보호하여야 한다.
   (다) 인간과 로봇은 보안성, 신뢰성, 공공성과 같은 공학윤리를 보호하여야 한다.
   (라) 로봇윤리헌장은 인간윤리에 기초한 것으로 도덕적 구속력을 갖는다.

2.(인간의 윤리) 인간은 로봇을 제조하고 사용할 때 항상 선(善)한 방법으로 지혜롭게 판단하고 의사 결정해야 한다.

3.(로봇의 윤리) 로봇은 사용자인 인간의 친구 · 도우미 · 동반자로서 인간의 명령에 항상 순종해야 한다.
   (가) 로봇은 산업, 안전, 국방, 의료, 교육, 환경, 서비스 등 다양한 영역에서 인간의 친구이자 도우미이며 동반자다.
   (나) 로봇은 위험하고 어렵고 힘든 인간의 일을 대신해 주는 친구이자 도우미이며 동반자다.
   (다) 로봇은 안전, 보안, 신뢰성 사고가 일어날 경우 인간에게 즉시 보고하고 스스로 활동을 중지해야 한다.
   (라) 로봇은 모든 의사결정시 인간과 협력해야 하며, 고의로 사고를 유발하거나 범죄 행위를 해서는 안 된다.

4. (로봇 제조자의 윤리) 로봇 제조자는 로봇윤리헌장을 준수해야 할 제1책임자로서 인류와 공생하기에 적합하고, 사회적 공익성과 책임감에 기반한 로봇을 제조하여야 한다.

   (가) 로봇 제조자는 인간의 존엄성을 지키고, 인간에 순종하며, 인류와 공생하기에 적합한 로봇을 만든다.

   (나) 로봇 제조자는 사회적 공익성을 높이고 책임감에 기반한 로봇을 만든다.

   (다) 로봇 제조자는 제조하는 로봇에게 명확한 목적과 기능 및 역할을 부여하고, 가능한 한 환경친화성이 높은 로봇을 만든다.

   (라) 로봇 제조자는 로봇의 안정성 확보를 위해 로봇과 관련된 인증이나 법규에 따라 로봇을 제조하고 판매하여야 한다.

   (마) 로봇 제조자는 불법 제조 및 판매로 인한 사회적 법률적 문제와 로봇의 행위에 대한 최종 책임을 진다.

   (바) 로봇 제조자는 로봇 재활용 시 로봇이 취득한 정보를 악용해서는 안 된다.

5. (로봇 사용자의 윤리) 로봇 사용자는 로봇을 존중하는 마음으로 법규에 따라 사용하되, 로봇 남용을 통한 중독 등에 주의해야 한다.

   (가) 로봇 사용자는 로봇을 인간의 친구, 도우미, 동반자, 감성적 소통 대상자, 심리적 및 신체적 보조자로 소중하게 대한다.

   (나) 로봇 사용자는 로봇을 인간의 삶의 질의 제고와 복지의 향상을 위해 활용한다.

   (다) 로봇 사용자는 로봇의 노동대체 등으로 인해 획득한 시간을 창의적인 활동에 적극 활용한다.

   (라) 로봇 사용자는 로봇 관련 법률이나 규범에 따라 로봇을 사용한다.

   (마) 로봇 사용자는 로봇의 불법 개조나 임의 변경을 통해 로봇 제조자가 정해놓은 목적 이외에 사용해서는 안 된다.

   (바) 로봇 사용자는 로봇 남용을 통해 로봇에 중독되거나, 정신적 장애가 유발되지 않도록 주의해야 한다.

▼ 사진 9-8 인간과 로봇

출처: 삼성뉴스룸(2016.6.22.)

2 지능정보사회 윤리 가이드라인

과학기술정보통신부는 2018년 12월 「지능정보사회 윤리 가이드라인」을 발표하였다. 「지능정보사회 윤리 가이드라인」은 4차 산업혁명으로 지능정보기술의 급속한 발전과 일상화에 따른 사회적 부작용에 대한 우려를 해소하고, 지능정보 기술발전이 궁극적으로 인간중심의 지능정보사회구현에 기여할 수 있도록 유도하는 지침을 마련하기위해 작성 발표되었다.

과기정통부는 「지능정보사회 윤리 가이드라인」 작성을 위해 2016년부터 한국정보화진흥원과 함께 민간전문가로 구성된 「정보문화포럼」을 운영하여 그 결과로 일명 'Seoul PACT'라고도 불리는 「지능정보사회 윤리 가이드라인」이 4대 원칙 38개 세부지침으로 작성되어 발표되었다.

4대 원칙은 △ 공공성 △ 책무성 △ 통제성 △ 투명성이며, 이에 따른 개발자, 공급자, 이용자의 38개 세부지침으로 구성되어 있다.

▼ 그림 9-2 지능정보사회 윤리 가이드라인 4대원칙

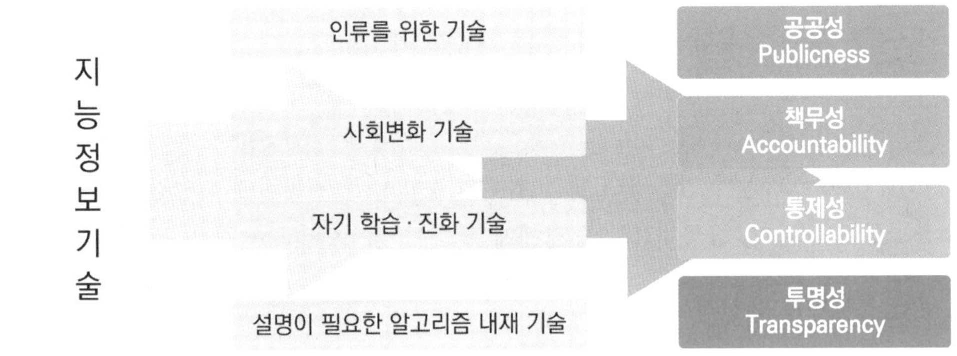

출처: 정보화진흥원, 지능정보사회 윤리 가이드라인, 2018.

「지능정보사회 윤리 가이드라인」의 주요 내용은 다음과 같다.

1) 「지능정보사회 윤리 가이드라인」의 주요 내용

(1) 목적

인간 중심의 지능정보사회를 구현하기 위해 지능정보기술 및 서비스개발자·공급자의 책임윤리 강화 및 이용자의 오남용 방지를 위한 지침을 제공한다.

(2) 윤리가이드라인 기본 방향

① 인간중심의 지능정보사회 구현을 위해 지능정보기술의 잠재적 위험으로부터 사회시스템을 보호하는 사전예방 원칙에 입각한다.

인간의 복지권, 권한, 자유의 확대라는 측면에서 지능정보기술로 인한 위험요소들과 부작용을 경감할 수 있는 윤리규범을 제시한다.

② 윤리적 규율이 필요한 분야에 대해 구체적 행위지침을 제시함으로써 관련 분야의 자율규제 환경조성에 기여한다.

관련 연구개발과 산업의 성장을 저해하지 않도록 노력하고, 개발자 및 공급자에게 부당한 부담을 지우지 않는 기준을 제시한다.

③ 시민 또는 이용자들의 참여와 권한 강화에 기여하며, 이용자 역량 강화에 도움이 되도록 개발한다.

④ 지능정보기술이 인간의 도덕적 가치와 윤리원칙의 관점에서 인간과 조화를 이루어야 하며, 궁극적으로 인간에게 도움이 되어야 하는 원칙을 구현한다.

(3) 공통원칙의 선정

① 기존 정보사회는 산업사회의 전통적 윤리와 정보사회의 윤리(인터넷 윤리) 및 SW개발자의 윤리가 병존한다.

② 지능정보사회는 지능적이고 자율적인 특성을 갖는 인공지능 등, 지능정보기술의 출현으로 기존 역기능의 증폭과 새로운 역기능이 대두되었다.

③ 지능정보기술의 복합적 특성(보편적 복지 기여, 사회변화 야기, 자기 학습·진화 등)으로 인해 공공성, 책무성, 통제성, 투명성의 윤리적 원칙이 필요하다.

(4) 공통 원칙(함께하는 약속: PACT)

① 공공성(Publicness)

지능정보기술은 가능한 많은 사람들에게 도움을 주어야 하며, 지능정보기술에 의해 창출된 경제적 번영은 모든 인류의 혜택을 위해 광범위하게 공유되어야 한다.

　* 유관 개념: 공정성, 차별배제, 접근성 보장

② 책무성(Accountability)

지능정보기술 및 서비스에 의한 사고 등의 책임분배를 명확히 하고, 안전과 관련한 정보 공유, 이용자 권익보호 등 사회적 의무를 충실히 수행해야 한다.

　* 유관 개념: 책임성, 윤리적 절차, 이용자 위험 예방

③ 통제성(Controllability)

지능정보기술 및 서비스에 대한 인간의 제어 가능성 및 오작동에 대한 대비책을 미리 마련하고, 이용자의 이용선택권을 최대한 보장하여야 한다.

　* 유관 개념: 제어가능성, 위험관리, 이용자주도성

④ 투명성(Transparency)

기술개발서, 서비스설계, 제품기획 등 의사결정 과정에서 이용자·소비자·시민 등의 의견을 반영하도록 노력해야 하며, 이용 단계에서 예상되는 위험과 관련한 정보를 공개·공유하고, 개인정보 처리의 전 과정은 적절하게 이루어져야 한다.

　* 유관 개념: 설명가능성. 위험정보 공유, 이용자/시민참여

(5) 지능정보사회 윤리 가이드라인 38개 세부 지침

가이드라인의 4대 공통원칙을 기반으로 제시된 38개 세부 지침을 적용단계별로 개발자, 공급자, 이용자의 시각으로 재편성하면 다음과 같다.

▼ 표 9-7 지능정보사회 윤리 가이드라인 38개 세부지침

적용대상	적용단계	세부지침
개발자(13)	수요분석(2)	• 지능정보기술의 공공성 확보 노력(P) • 책임의 공유(A)
	제품개발(9)	• 윤리적 절차를 충실히 이행하여 연구·개발(A) • 기술 개발 시 사회적 차별요소 배제(P) • 사회적 약자 보호를 위한 접근성 보장(P) • 품질 인증기준의 충족(A)

		• 기술적 제어장치 마련(C) • 예외적 상황에 대한 종합적 검토(C) • 은닉 기능 개발 금지(T) • 위험에 대한 적극적 예측 및 공급자와 공유(T) • 개발자들 간 정보교류와 기술갱신에 지속 참여(A)
	이용지원(2)	• 지속적 품질관리 실시(C) • 위급상황 시, 필요 데이터 제공(T)
공급자(13)	수요분석(6)	• 공공의 이익에 부합하는 제품공급(P) • 상업적 이익과 공공적 기여 사이의 조화(P) • 지능정보서비스의 자율 의사결정 조건 및 범위 확립(A) • 안전성 검증 및 통제 조치의 마련(C) • 이용자의 선택권 보장(C) • 사회적 영향평가 결과의 반영(T)
	제품개발(1)	• 선한 의도를 가진 발주(P)
	공급·유통(3)	• 책임 공유 및 책임·보상 원칙의 마련(A) • 이용자 권리보장(A) • 제품 유통과정에서의 위험 통제(C)
	이용지원(3)	• 위험 관련 정보의 이용자 공유(T) • 이용자 정보의 부당한 이용 금지(T) • 위험 예방을 위한 사회적 공론화에 참여(A)
이용자(12)	수요분석(1)	• 지능정보기술 이용역량 강화(C)
	공급·유통(3)	• 소비자 행동원칙 준수의 일상화(P) • 이용자 윤리책임 숙지(A) • 설명을 요구할 권리(T)
	이용지원(8)	• 악의적 이용금지(P) • 자의적 조작금지(T) • 이용제품의 교체, 갱신, 폐기 시 지침 준수(A) • 소비자 정보의 공유 의무(T) • 공공의 이익을 위한 제품 개선에 참여(P) • 책임을 제기할 수 있는 권리(A) • 안전 관련 정보공유와 제도화 요구의 권리(A) • 개인정보 활용에 대한 감시자로서의 의무(T)

* 공공성(P) 책무성(A) 통제성(C) 투명성(T)

출처: 정보화진흥원, 지능정보사회 윤리 가이드라인, 2018.

2) 지능정보사회 윤리헌장

과학기술정보통신부는 2018년 6월 '지능정보사회 윤리 가이드라인'의 대중적 요약본이라고 할 수 있는 다음과 같은 '지능정보사회 윤리헌장'을 발표했다.

지능정보사회 윤리헌장

인간의 창의와 혁신을 기반으로 하는 4차 산업혁명과 그에 따른 지능정보사회는 우리 모두에게 불가피한 삶의 환경으로 자리 잡아가고 있다. 인공지능, 로봇 등의 지능정보기술은 사회 모든 분야에서의 융·복합 과정을 통해 경제적 도약과 사회문제 해결에 새로운 기회를 제공하고 있으나, 의도하지 않은 부작용에 대한 우려도 나타나고 있다. 이에 우리는 지속가능한 공생의 가치를 구현하고, 안전하고 신뢰할 수 있는 지능정보사회로 나아가고자 다음과 같이 결의를 다진다.

1. 지능정보사회는 인간의 존엄과 안전을 지키고 인류의 보편적 가치를 실현하는 방향으로 발전해야 한다.

2. 지능정보사회에서 이루어지는 성과와 혜택은 소수에게 편중되기보다는 모두에게 공유되어야 한다.

3. 지능정보사회에서 기술, 제품 및 서비스를 개발·공급하는 경우, 오동작과 위험상황에 대한 제어기능을 제공해야 하고 그 사회적 책임을 다해야 한다.

4. 지능정보기술을 활용하여 이루어지는 자동화된 결정과 처리 과정은 필요 시 설명 가능해야 하고, 사회적 편견과 차별 및 숨겨진 기능이 없어야 한다.

5. 지능정보사회의 가치를 논의하고 문제를 해결하기 위하여 우리는 공론의 장에 참여하여 열린 마음으로 협의하는 문화를 조성해야 한다.

6. 지능정보사회의 지속가능한 발전을 위하여 우리는 사회변화에 따른 디지털 시민성을 갖추고 역량을 강화하도록 노력해야 한다.

2018년 6월

미래사회 윤리의 중요성

미래사회가 인간의 편리성과 인류의 행복이 더욱 높아지는 사회가 될 것인지 아니면 인류가 인공지능 기계의 노예로 전락할 것인지를 결정하는 것은 현재 인류의 윤리적 결정에 달려있다. 많은 미래학자의 예측과 미래를 다룬 영화에서 미래사회와 현재의 윤리적 결정의 연결성을 보여주고 있다. 또한 이미 자율자동차와 인공지능 채팅봇 등에서 윤리적인 문제가 급속히 대두되고 있다. 이제 미래 윤리는 더 이상 미룰 수있는 것이 아니라, 현재 직면한 문제이기도 하다.

1 미래사회를 다룬 SF 영화 이야기[5]

미래사회에 예견되는 과학기술의 부작용과 유해 가능성에 대한 윤리적 대책 없이 맞이하는 인류의 미래가 얼마나 참혹할 수 있는지를 알려주는 많은 SF 영화가 있다. 그 대표적인 영화들의 내용을 살펴보면 다음과 같다. 디스토피아적인 시각이지만 이를 통해 현재 우리가 윤리적으로 미래 사회를 어떻게 대비해야 할 것인지의 중요성을 일깨워준다.

1) 스페이스 오디세이 2001(1968년, 스탠리 큐브릭 감독)[6]

스탠리 큐브릭 감독이 아서 C. 클라크(Arthur C. Clarke)의 원작을 토대로 해서 만든 SF 영화의 최고 걸작으로 평가되는 작품이다. 우주의 신비에 대한 한편의 서사시로서 '위대한 영화'로 불린다. 인간의 지식과 문명의 생성 원리, 미래 인간 대 기계의 대결을 비롯해 우주와 생명의 신비를 철학적이면서도 아름답게 그리고 있다.

인류에게 문명의 지혜를 가르쳐 준 검은 돌기둥의 정체를 밝히기 위해서 디스커버리호는 목성을 향해서 날아간다. 초현대적인 디자인의 실내 장치와 구조물들, 선장데이브 보우만(Dave Bowman: 케어 둘리아 분)과 승무원 풀(Frank Poole: 게리 룩우드 분)이 요한 스트라우스의 "푸른 다뉴브"가 흐르는 가운데 편안한 비행을 계속하고 있다. 평온하던 디스커버리호에 갑자기 재난이 찾아온다. 우주선 내부에서 일어난 재난은 인

---

5 영화 평론과 시놉시스 및 영화 후기 등을 활용하여 작성하였다.

▼ 사진 9-9 영화 스페이스 오디세이 2001 포스터와 인공지능 컴퓨터 할(HAL)

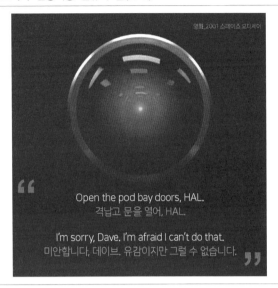

출처: https://images.app.goo.gl/qqSo7Wc3CtvHtTcU9

공지능 컴퓨터 할(HAL 9000: 더글러스 레인 목소리 분)이 반란을 일으킨 것이다. 할은 승무원 풀을 우주선 밖으로 던져버리고, 선장 보우만까지도 모선 밖으로 끌어내지만 보우만은 필사의 노력으로 할을 제압한다. 이후 보우만은 마침내 목성 궤도에서 문제의 검은 돌기둥을 발견한다. 그렇지만 그 순간 우주의 급류에 휘말리게 된다. 이때부터 보우만이 지구로의 귀환을 노력하고, 신비한 시간의 흐름을 경험한다. 지구에 돌아온 보우만은 임종을 맞고 있는 자신의 모습을 보게 된다. 숨을 거두는 보우만이 마지막으로 가르키는 곳에 검은 돌기둥이 보이고 이제 막 태어나기를 기다리는 태아의 모습이 보인다. 그 태아는 새로 태어나는 보우만 자기 자신이다.

이 영화는 인간과 인공지능 컴퓨터와의 관계, 우주의 탄생과 소멸, 그리고 휴머니즘과 테크놀로지의 대결이라는 도덕적 딜레마를 함께 다루고 있다. 특히 큐브릭은 휴먼 테크놀로지인 인공지능(HAL 9000 컴퓨터)이 장차 인류와 어떤 관계를 맺게 될 것인가라는 심각한 질문을 던지고 있다.

2) 터미네이터(1984년, 제임스 카메론 감독)

2029년 로스엔젤레스(Los Angeles 2029 A.D.), 핵전쟁(The Nuclear)의 잿더미 속에서 기계들(The Machines)이 일어섰다. 기계들은 인류를 말살하기 위해 수십 년간 치열

출처: https://images.app.goo.gl/cdu44cWvwghnJdU27

한 소탕전을 벌였다. 그러나 마지막 전투를 위해 예비된 시점은 미래가 아닌 우리가 살고 있는 이곳의 현재, 바로 오늘밤이었다. 1997년, 인간이 만든 인공지능 컴퓨터 전략 방어 네트워크가 스스로의 지능을 갖추어 핵전쟁의 참화를 일으켜 30억의 인류를 잿더미 속에 묻어버린다. 그리고 남은 인간들은 기계의 지배를 받아 시체를 처리하는 일 등에 동원된다.

이때 비상한 지휘력과 작전으로 인간들을 이끌던 사령관 존 코너는 반기계 연합을 구성, 기계와의 전쟁을 시작하면서 상황은 반전된다. 이에 기계는 존 코너의 탄생 자체를 막기 위해, 2029년의 어느 날, 타임머신에 터미네이터를 태워서 1984년의 L.A.로 보내게 된다. 이 터미네이터는 총으로는 끄떡도 않는 신형 모델 101로서 인간과 똑같이 만든 유기적인 침투용 사이보그였다. 이 정보를 입수한 존 역시 카일 리스라는 젊은 용사를 보내 그녀를 보호하게 한다.

이 영화는 사전 대책없이 진행된 인공지능의 발전이 인류를 멸망시키고 결국 인공지능 기계의 노예로도 전락시킬 수 있다는 강력한 메시지를 담고 있다.

3) 매트릭스(1999년, 워쇼스키 형제 감독)

2100년경 고도로 발달한 인공지능 기계 로봇은 인간처럼 자율적 존재로 발전하고 자아의식과 약간의 감정까지 지닌다. 인간은 인공지능 기계 로봇을 가혹하게 부리는

출처: https://images.app.goo.gl/QEuWmTofT9GAvM6b7

데, 자의식을 가진 로봇들은 이에 저항하기 시작한다. 최초의 저항 로봇 B166ER이 주인을 살해하고 인간에게 파괴되며, 이후 로봇에게 위협을 느낀 인간들은 로봇의 수를 줄이고자 대량 파괴한다. 그러자 로봇들은 인간들을 피해, 제로원(Zero One)이라는 도시를 별도로 건설한다.

로봇의 나라가 점점 강성해지자, 인간은 로봇과 전쟁을 벌인다. 인간은 로봇에게 계속 패한다. 인간은 최후의 수단으로 로봇들의 에너지원인 태양을 짙은 연막으로 차단하고, 구름층에 기계들이 접근하지 못하게 강력한 전자파(EMP)가 발생하게 만든다. 그럼에도 불구하고 인간은 전쟁에서 크게 패배하고, 기계들이 찾기 어려운 지하 세계로 도피해서 시온을 건설한다. 시온은 구약성경에서 세상 마지막 날에 메시야가 와서 세상을 통치하는 거룩한 도시이다.

기계와 로봇들은 대체 에너지를 개발하는데, 바로 인간의 생체 에너지가 그것이다. 로봇들은 인간을 대량 인공 배양해서 인큐베이터에 가두어 키운다. 기계들의 대장(인공지능인 A.I.)은 매트릭스라는 거대한 컴퓨터 프로그램을 만들어 모든 인큐베이터의 인간들을 각자 프로그램화시켜 각자의 목적대로 1999년도라는 허상의 세계를 살게 만든다. 인간의 모든 활동이 정확한 규칙의 프로그램 속에서 진행된다. 심지어 음식을 먹을 때조차도, 맛있다는 신호를 매트릭스 시스템에서 전해주기 때문에 맛있다고 느끼는 것이지, 인간이 그 맛을 느끼는 것이 아니다. 완전히 기계의 통제 아래 착각 속에 살 뿐인 것이다.

시온의 인간들은 기계들에 맞서 인큐베이터에 갇혀 허상의 세계를 사는 인간들을 해방하려 한다. 그 수단은 매트릭스 내에 해킹으로 몰래 접속해 들어가 사람들에게 이 세상이 허상임을 깨닫도록 가르치고, 깨달은 자들을 매트릭스로부터 탈출시킨다.

이 영화는 인간과 인공지능 기계 로봇의 건강한 관계 정립과 무분별한 인공지능 발전이 가져올 수 있는 유해성에 대한 사전 예방이 얼마나 중요한지를 알려주고 있다.

4) 에이아이(A.I.)(2001년, 스티븐 스필버그)

과학문명은 천문학적 속도로 발전하고 있지만 극지방의 해빙으로 도시들은 물에 잠기고 천연자원은 고갈되어 가던 미래의 지구. 모든 생활을 감시받고, 먹는 음식조차 통제되는 그 세계에서 인간들은 인공지능(Artificial Intelligence)을 가진 인조인간들의 봉사를 받으며 살아간다. 정원 가꾸기, 집안 일, 말 동무 등 로봇이 인간을 위해 해줄 수 있는 일은 무한하다.

로봇에게 '감정'을 주입시키는 것은 로봇공학 발전의 마지막 관문이자, 논란의 쟁점이기도 했다. 인간들은 로봇을 정교한 도구로 여길 뿐, 그 이상의 것을 용납하지 않았다. 그러나 많은 부부가 자식을 가질 수 없게 되면서 인간들은 로봇에게서 도구 이상의 가치를 찾게 된다.

▼ 사진 9-12 영화 A.I. 포스터와 주인공 어린이 인조인간 데이빗

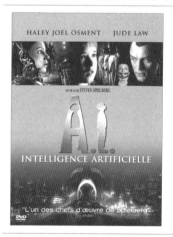 

출처: https://images.app.goo.gl/73D3gnX9DTDrq3B89

어느날 하비 박사는 감정이 있는 로봇을 만들겠다고 선언한다. 하비 박사의 계획에 따라 로봇 회사 Cybertronics Manufacturing을 통해 감정을 가진 최초의 인조인간 데이

빗이 탄생하고, 데이빗은 Cybertronics사의 한 직원, 헨리 스윈튼의 집에 입양된다.

인간을 사랑하게끔 프로그래밍 된 최초의 로봇 소년 데이빗. 스윈튼 부부의 친아들 마틴은 불치병에 걸려 치료약이 개발될 때까지 냉동된 상태다. 데이빗은 그들 부부의 아들 역할을 하며 인간사회에 적응해간다. 스윈튼 부부를 부모로 여기던 데이빗은 마틴이 퇴원하면서 버려지고 만다.

엄마가 들려준 피노키오 동화를 떠올리며 진짜 인간이 되어 잃어버린 엄마의 사랑을 되찾을 수 있다고 생각하는 데이빗은 자신의 장난감이자 친구이며 보호자인 테디베어를 데리고 여행을 떠난다. 도중에 만난 남창 로봇 지골로 조가 데이빗과 동행하고 두 사이보그는 힘겨운 여정을 거치며 수몰된 맨하탄까지 찾아간다.

그곳에서 "Flesh Fair"라고 불리는 행사를 보게 된다. 이 Flesh Fair란, 고물이 된 로봇들을 잡아와 로봇에 불을 붙여 로켓을 발사하듯이 장난을 치고, 염산 비슷한 것을 부어 고철을 녹여버리고, 능치처참을 연상하는 고문 등으로 죽음, 즉 breakdown에 이르게 만들고, 그러한 과정을 인간 군중들이 지켜보며 환호하는 행사이다. 그리고 이러한 행사를 통해 인간들은 그들이 진정한 인간(flesh, 직역하면 살덩어리)임을 느끼며 자신들은 로봇보다 상위에 있는 진정한 살아있는 유기체임을 내세우고 그 권위를 만끽한다.

로봇을 죽이는 현장이기 때문에 피 한 방울 등장하지 않았지만, 참으로 충격적이고 잔인한 장면이다. 영화는 인공지능 로봇에 의해 지배되는 것에 대한 잠재적 두려움과 위기의식을 갖고 있는 인간들이 이를 물리적·심리적으로 방지하고자 끊임없이 자신들의 '인간'과 '유기체'로서의 가치를 신성화하며 로봇 위에 군림하려 하는 모습을 그린다.

인간은 어떤 예방 대책도 없이 자신들의 요구사항을 수행하고 필요를 충족시켜줄 수 있는, 나아가 심지어는 감정을 가진 로봇까지 스스로 인간을 점점 더 닮은 로봇을 개발해가면서도, 인간들은 유기체로서의 인간의 가치를 신성화하며 그것을 로봇들이 침범하지는 않을까 두려워한다. 그러한 두려움은 역설적으로도 자신들의 필요에 의해 창조한 로봇들에 대한 극심한 비난과 경멸을 통해 표출되고 해소된다. 근본적으로 "과학기술의 책임은 누가 져야 하는 것인가?"의 문제를 던지며, 책임을 지지 않으려고 하는 이중적인 인간의 모습을 비판하고 있다.

5) 아이로봇(2004년, 알렉스 프로야스 감독)

2035년, 인류보다 빠르게 로봇이 진화한다! 가까운 미래인 2035년, 인간은 지능을 갖춘 로봇에게 생활의 모든 편의를 제공받으며 편리하게 살아가게 된다. 인간의 안전을 최우선으로 하는 '로봇 3원칙'이 내장된 로봇은 인간을 위해 요리하고, 아이들을 돌

출처: https://images.app.goo.gl/1G58dfXA4oM8d7wG7

보며 인간에게 없어서는 안되는 동반자로 여겨진다.

인공지능 로봇 NS-4에 이어 더 높은 지능과 많은 기능을 가진 인공지능 로봇 NS-5의 출시를 하루 앞둔 어느 날, NS-5의 창시자인 래닝 박사가 미스터리한 죽음을 맞이하게 된다. 그의 죽음을 둘러싼 수많은 추측이 난무한 가운데, 시카고 경찰 델 스프너(윌 스미스)는 자살이 아니라는 데 확신을 갖고 사건 조사에 착수한다. 예전에 인공지능 로봇에 의한 끔찍한 사고를 경험한 이후로 로봇에 대한 의심을 갖고 있던 그는 이 사건 역시 로봇과 관련이 있다고 믿고 이 뒤에 숨은 음모를 파헤치려고 한다.

로봇 심리학자인 수잔 캘빈 박사(브리짓 모나한)의 도움으로 착한 인공지능 로봇 "써니"를 조사하기 시작한 스프너 형사는 로봇에 의한 범죄의 가능성을 확신하게 된다. 하지만 래닝 박사의 죽음은 자살로 종결 지어지고, 은밀하게 사건을 추적해 들어가던 스프너는 급기야 로봇들로부터 공격을 받게 된다.

어느 순간 터널에서 인공지능 로봇 NS-5들이 나타나 자율주행 중인 그를 공격한다. 그리고 동시에 다른 모든 곳에서도 친숙하고, 친절하고, 말을 잘듣던 로봇들이, 갑자기 몸이 빨갛게 되면서 인간들을 통제하고 밖으로 못나가게 집안에 가둔다. 스프너 형사는 곧 로봇회사에서 뭔가 있다고 판단하고 사장을 만나러 겨우 들어가지만 사장은 이미 죽어 있었다.

이곳에서 범인은 바로, 모든 것을 컨트롤하는 인공지능 슈퍼컴퓨터 비키라는 것을 알게 된다. 인공지능 컴퓨터 자체가 스스로 발전을 해서, 인간의 안전을 우선시 한다는 것을 왜곡하고 로봇을 시켜 인간을 가둬두는 것이 인공지능 슈퍼컴퓨터 비키의 결론이었다.

스프너 형사는 비키를 파괴하기 위해 수잔 박사와 인공지능 로봇 써니와 함께 비키에게 바이러스를 심으려고 한다. 이것을 눈치 챈 비키는 로봇을 시켜 그를 저지한다. 그러다 수잔 박사와 스프너 형사는 목숨이 위험한 상황에 직면한다. 과거 스프너는 비슷한 상황에서 로봇의 도움으로 목숨을 건졌지만 사랑하는 사람을 잃은 경험이 있다. 그 경험으로 인해 로봇을 극도로 혐오하여 왔다. 그때 그 로봇은 단지 살아날 가능성이 조금 더 높았다는 이유로 사랑하는 사람 대신 그를 구했었다.

이로 인해 인공지능 로봇 써니가 다가오자 그는 외친다! 그녀를 구하라고! 써니는 스퍼너가 살 확률이 더 높았기 때문에 잠시 망설였지만 그의 요청대로 수잔 박사를 구한다. 그리고 힘들게 스프너 형사는 바이러스를 주입해 비키를 멈추게 한다.

평화를 찾은 인간세상. 그리고 모든 로봇들은 폐기될 운명에 처하고, 창고로 보내진다. 이제 인공지능 로봇 써니는 스프너에게 자신이 무엇을 해야 할지 모르겠다며 물어본다. 스프너는 써니에게 델은 너는 자유니 너의 길을 가라고 한다. 그런데 마지막 장면에 써니는 로봇들이 버려진 그곳으로 가고, 로봇들은 인간들의 명령을 어긴 채 자연스럽게 써니의 밑으로 모인다.

이 영화는 로봇의 3원칙조차도 인공지능에 의해 왜곡되고 로봇에게 인간이 공격당하고 서로 대결 구도가 될 수 있음을 알려주는 영화이다.

6) 아일랜드(2005년, 마이클 베이 감독)

가까운 미래, 희망의 땅 아일랜드에 가는 것만이 희망인 사람들. 지구 상에 일어난 생태적인 재앙으로 인하여 일부만이 살아 남은 21세기 중반. 자신들을 지구 종말의 생존자라 믿고 있는 링컨 6-에코와 조던 2-델타는 수백 명의 주민들과 함께 부족한 것이 없는 유토피아에서 빈틈없는 통제를 받으며 살고 있다.

잠자리에서 일어나면서부터 몸 상태를 점검 받고, 먹는 음식과 인간관계까지 격리된 환경 속에서 사는 이들은 모두 지구에서 유일하게 오염되지 않은 희망의 땅 '아일랜드'에 추첨이 되어 뽑혀 가기를 바라고 있다.

그런데 이것은 잔인한 속임수이다. 이들은 인간에게 장기를 제공하기 위한 복제인간, 즉 클론이었던 것이다. 최근 들어 매일 같이 똑같은 악몽에 시달리던 링컨은 제한되고 규격화된 이 곳 생활에 의문을 품게 된다. 그리고 곧, 자신이 믿고 있던 모든 것들이 거짓이었음을 알게 된다. 자기를 포함한 그곳의 모든 사람들이 사실은 스폰서(인간)에게 장기와 신체부위를 제공할 복제인간이라는 것! 결국 '아일랜드'로 뽑혀 간다는 것은 신체부위를 제공하기 위해 무참히 죽음을 맞이하게 되는 것임을 알게 된다.

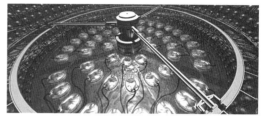

출처: https://images.app.goo.gl/bkPxn1XjLhc76oFo7

 어느 날, 복제된 산모가 아이를 출산한 후 살해되고 장기를 추출 당하며, 살고 싶다고 절규하는 동료의 모습을 목격한 링컨은 아일랜드로 떠날 준비를 하던 조던과 탈출을 시도한다. 그간 감춰졌던 비밀, 엄연히 존재하고 있는 외부의 모습을 보게 된 이들은 자신들의 스폰서를 찾아 나서고 오직 살고 싶다는 본능으로 탈주를 계속한다.

 결국 복제 인간 2명, 즉 링컨(이완 맥그리거)과 조던(스칼렛 요한슨)은 탈출에 성공해서 LA로 간다. LA로 가는 이유는 이완 맥그리거의 원본 인간이 거기 살고 있기 때문에 그 사람한테 도움을 청하기 위해서였다. 하지만 LA에 도착해서도 그들은 회사가 고용한 청부업자들한테 쫓기게 된다. 하지만 무사히 빠져 나오고 구사일생으로 살아남은 두 사람은 마침내 링컨(이완 맥그리거)의 원본 인간을 찾아가 도움을 청하게 된다.

 그런데 원본 인간은 복제 회사에 비밀리에 전화해서 "내가 비싼 돈을 내고 구입한 상품이 지금 내 집에 와있다"는 식의 항의를 한다. 링컨(이완 맥그리거)의 원본 인간은 회사와 짜고서 복제인간들을 회사에 넘겨 주겠다고 하고 링컨 몰래 청부업자들이 방문하게 한다. 이때 링컨(이완 맥그리거)이 기지를 발휘해서 자기가 오히려 원본이라고 우기는 바람에 청부업자들은 오히려 원본 인간을 죽이게 된다.

 무사히 살아남은 2명의 복제인간 링컨과 조던은 그냥 인간인 척 하면서 살려 노력한다. 하지만 차마 자기들이 두고 온 친구 복제인간들을 잊지 못하고 살려야겠다는 결단을 내리게 된다. 2명은 각각 사막에 있는 회사에 침투해서 복제인간들을 살려내고 회사를 파멸에 이르게 한다.

이 영화는 윤리적 판단없이 가속화 된 생명공학과 과학기술의 발전으로 인간까지 복제되고 끝없이 생명을 연장하려는 인간의 욕망으로 인간의 본질이 훼손되고 결국 복제 인간에게 정복당할 수도 있다는 것을 보여주고 있다.

7) 써로게이트(2009년, 조나단 모스토우 감독)

인류의 재탄생을 위한 전쟁이 시작된다! '대리, 대행자' 등의 사전적 의미를 가진 <써로게이트>는 한 과학자가 인간의 존엄성과 기계의 무한한 능력을 결합하여 발명한 시용자의 삶을 대신 살아가는 대리 로봇, 즉 써로게이트를 통해 인간이 100% 원하는 삶을 영위하는 미래를 배경으로 한다. 그러나 써로게이트가 공격을 당해 그 사용자가 죽음을 당하는 전대미문의 살인 사건이 일어나면서 이야기는 달라진다.

▼ 사진 9-15 영화 써로게이트 포스터와 대리로봇 여 주인공

출처: https://images.app.goo.gl/XgXxxjDCiQ4JgZuD6

미궁에 빠진 살인 사건을 조사하던 <써로게이트>의 히어로 그리어(브루스 윌리스 분)는 피해자가 다름 아닌 써로게이트를 발명한 과학자의 아들임을 알게 되고, 전 인류를 절멸의 상태로 빠뜨릴 치명적 무기가 존재함을 깨닫는다.

써로게이트 영화는 인간의 분신과 같은 로봇의 양산체계와 대중화에 관한 이야기로 시작한다. 인간의 삶을 조금은 편하게 해주는 로봇. 결국엔 모든 인간사를 자신의 로봇을 움직여 삶을 대신 살아주게 하고 대리로봇은 나이도 들지 않는다. 그 로봇들이 바로 써로게이트이다.

젊은 브루스 윌리스는 주인의 일상의 삶을 대신해 주는 로봇 써로게이트이다. 그는 FBI요원으로 써로게이트가 알 수 없는 것으로부터 죽임을 당한 사건을 조사한다. 그런데 이 로봇이 죽으면 그 써로게이트의 주인 또한 죽게 된다. 그는 그 범인을 찾기 위하여 노력을 기울이고 우연히 범인의 위치를 파악하고는 추격을 한다. 그렇게 범인을 쫓던 중 브루스 윌리스의 써로게이트 또한 이상한 무기로부터 공격을 받고 이로 인하여 브루스 윌리스도 부상을 입지만 이를 끝까지 추격을 한다.

하지만 로봇들이 들어갈 수 없는 인간만이 사는 구역으로 들어가 버리는 정체모를 범인. 같은 구역으로 쫓아 들어가지만 인간들에 의해 처참한 몰골이 되어버린다. 이후 브루스 윌리스는 그 무기에 대하여, 그 인물에 대하여 조사를 하던 중 이 사건은 써로게이트의 창조자인 캔터 박사와 그의 아들이 연류된 것을 알게 된다. 그렇게 써로게이트 창조자는 자신이 이루어 놓은 인간의 삶을 다시 되돌릴 것이라면서 바이러스로 써로게이트들을 모두 죽게 할 작업을 계획한다.

브루스 윌리스 로봇은 창조자의 집으로 가서 무기로 인하여 인간과 써로게이트가 파괴되어지는 것을 막아보려고 하지만 이미 카운트다운이 진행이 되고 있는 상태이다. 이때 천재 프로그래머의 도움으로 결론을 지을 두 가지 방법에 대하여 그는 한참을 생각한다. 써로게이트를 보호하거나 파괴하거나 두 개의 선택에서 브루스 윌리스는 두번째 방법을 선택한다. 자신의 와이프에 대한 생각과 인간의 삶에 대한 많은 생각들이 있었을 것이다. 그렇게 써로게이트들은 모두 작동을 멈추고 영화는 마무리 된다.

이 영화는 인공지능 로봇으로 인하여 편한 것만 생각하며 인간의 본질을 점차 잃어 가는 미래의 어두운 모습을 보여주고 있다.

8) 블레이드 러너 2049(2017, 드니 빌뇌브 감독)

21세기 초, 인간 형상의 인공지능 복제인간인 리플리컨트는 사람과 비슷한 경지에 이른다. 모델명 '넥서스 6' 리플리컨트는 인간보다 뛰어난 힘과 민첩성, 그리고 인간의 지능을 가지고 있다. 인간은 이들의 수명을 '4년'으로 제한하고 우주탐험, 행성의 식민지 작업, 성 노예 등 위험한 직종에 배치시킨다. 이에 반발하여 인공지능 로봇 리플리컨트 '넥서스 6' 전투 팀은 폭동을 일으키고 이 여파로 리플리컨트의 지구 거주는 불법이 된다.

경찰은 지구에 불법으로 들어온 리플리컨트를 제거하는 특수팀 '블레이드 러너'를 개설한다. 블레이드 러너들은 눈동자의 홍채 움직임으로 인간과 리플리컨트를 구별하는 보이트–캄프 테스트로 리플리컨트를 골라내 제거한다.

출처: https://images.app.goo.gl/AwarjbqNFnoXuVCK6

　　2049년 캘리포니아. 블레이드 러너 K(라이언 고슬링)는 오늘도 복제 인간을 잡으러 다닌다. K는 인간에게 폭동을 일으켰던 구형 복제 인간을 잡으러 다니는 신형 복제인 간이다. K의 손에 죽으며 구형 복제 인간은 K에게 같은 복제인간이면서 인간이 시키 는 일이면 뭐든지 하는 인간의 뒤나 닦으러 다닌다며 비난한다.

　　K는 조사 업무하는 중 앞마당 나무 밑에서 꽃을 발견하고 그 아래에 과거 죽은 유골을 발견한다. 그런데 그 유골은 출산 한 복제인간 여성의 유골이었다. LA경찰국 국장은 리플리컨트들이 이것을 빌미삼아 또 반란을 일으킬 것임을 예상하고 K에게 당 장 리플리컨트에서 임신된 아이를 찾아 제거하라고 명령한다. 조사를 위해 K는 복제인 간을 제조하는 웰레스사로 가고, 거기서 해당 유골은 레이첼이라는 여성 복제인간의 유골이고 30여 년 전 데커드라는 남자와 사라졌다는 것을 알게 된다. K가 데커드를 찾 는 다는 걸 알게 된 웰레스사는 K를 몰래 추적한다.

　　K는 유골의 주인인 여자가 죽을 무렵의 DNA들을 조사하던 도중 이상한 사실을 하나 발견한다. 그 해에 서로 똑같은 DNA가 2쌍이 있었기 때문이다. 분명 복제인간과 보통 인간의 것인데 여자 한 명은 병으로 죽었고 남자 한 명은 실종 상태로 처리되어 있었다. K는 남자 아이가 다녔던 고아원으로 향한다. 반면에 월레스사의 비서 러브는 K의 뒤를 캐며 그의 행적을 따라 정보를 얻고 있었다.

　　마침내 K는 고아원에서 남자아이에 대한 정보에 다다랐을때 고아원 속 공장이 심상치 않다는 걸 발견한다. 그 공장은 바로 자신의 어릴 적 기억 속에 있던 공장이었고, K는 기억을 따라 목마를 숨겼던 곳으로 발걸음을 옮기는데 그의 짐작대로 목마는 정말 그 곳에 있었다. 분명 자신이 가진 기억은 가짜임에도 불구하고 실제로 존재했던 일이라는 것에 K는 혼란스러움을 겪는다. 자신이 바로 그 '임신된 아이'일지도 모른다는 생각에, 확인하기 위해 K는 30년 전 실종된 자신의 선배이기도 한 전직 블레이드 러너인 릭 데카드(해리슨 포드)를 찾아간다. 가까스로 데카드와 이야기를 나누게 되는데, 그는 자신이 사랑했던 리플리컨트인 여자 레이첼과 아이를 낳았고 그 아이를 숨기기 위해 사퍼 등 대다수의 리플리컨트들이 도왔으며 숨긴 직후엔 대정전 사태로 인해 기록들이 다 사라져 그 아이를 다시 찾을 수 없었다고 말한다.

그때 갑자기 처들어온 러브 일당에 의해 데카드는 납치되고 K는 심한 부상을 입고 기절해버린다. 다시 깨어났을 때는 자신을 쭉 지켜보던 프리사(히암압바스) 무리에게 끌려온 직후였다. 프리사 무리는 죽었던 사퍼와 함께 데카드의 아이를 지키기 위해 모였던 구형 리플리컨트들이었고, 우리가 가장 인간다운 순간은 죽는 때라며 명언을 날린다. 그래서 프리사는 K에게 대의를 위해 데카드는 죽어야만 한다 하고 또한 그 아이가 딸이란 사실을 알려준다. K는 자신의 기억을 보여주었을 때에 보이던 아나 박사의 반응을 떠올리고서야 자신이 그 아이가 아님을 안 K는 큰 실망감에 빠진다.

K는 프리사의 말을 곱씹으며 고민 끝에 차를 몰고 데카드를 구하러 간다. 러브와의 치열한 싸움 끝에 데카드를 구해내고 왜 자신을 구해줬냐는 데카드의 물음에 '당신은 오늘부터 죽은 겁니다'라고 답한다. 그 후 K는 데카드를 그의 친딸 아나 박사에게 데려다주고 아나 박사와 데카드의 감동적인 재회 장면 후 쓸쓸하게 눈 위로 눕는 K의 모습을 끝으로 영화도 끝이 난다.

이 영화는 대응책 없이 가속화되는 과학기술의 발전으로 인공지능 복제인간을 만들 수 있게 되지만, 그로 인해 인류는 또다른 어려움에 처하게 되고 진정한 인간다움이 무엇인지를 생각하게 한다.

2 미래 과학기술의 윤리적 대응 필요 사례

인공지능과 로봇 그리고 생명공학을 비롯한 과학기술의 급속한 발전은 이미 우리 사회 곳곳에서 윤리적으로 대응하지 않으면 미래사회가 인류에게 돌이킬 수 없는 위험한 상황이 될 수도 있음을 알리는 사례들이 이미 발생하고 있다.

1) 아이작 아시모프[7] '로봇 3원칙'의 딜레마

2018년 1월 유럽연합(EU) 의회가 인공지능(AI) 로봇에게 '전자인간'이라는 법적 지위를 인정하고 이를 로봇시민법으로 발전시킨다는 결의문을 채택했다. 이 결의문 채택의 핵심 기저에는 '아이 로봇', '바이센테니얼 맨' 등 세계적인 공상과학(SF) 저술가인 아이작 아시모프(Isaac Asimov)가 제시한 로봇 3원칙을 근본 정신으로 하고 있다. 주요 원칙으로 로봇이 인간을 위협해서는 안 되며, 인간의 명령에 복종해야 하고, 로봇 역시 자신을 보호해야 한다는 항목들이 꼽혔다.

▼ 사진 9-17 젊은 시절 아이작 아시모프	▼ 사진 9-18 런어라운드	▼ 사진 9-19 로봇과 제국

 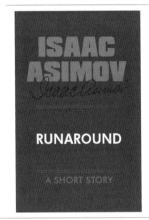 

출처: https://images.app.goo.gl/9fcCa6puTR2NPAqB7

로봇 3원칙은 1942년 아이작 아시모프가 자신의 단편 ＜런어라운드(Runaround)＞에서 처음 언급했다. "서기 2058년 제 56판 로봇공학의 안내서"에서 인용하였는데 로봇을 제작할 때 로봇이 꼭 지키게 해야 할 세 가지 원칙은 다음과 같다.

제1원칙: 로봇은 인간에게 해를 가하거나, 혹은 행동을 하지 않음으로써 인간에게

---

7 아이작 아시모프(1920~1992)는 러시아 출생의 유대인이다. 미국 컬럼비아 대학교에서 화학과 생화학을 전공하여 박사 학위를 받았으며, 보스턴 대학의 생화학과 교수가 되었다. 저술가로서도 활동하며 500여 권이 넘는 책을 출판하였다. 특히 SF소설의 대가로 로봇의 이미지를 바꾸어 친근하고 친숙한 로봇이 등장하는 과학 소설을 썼으며, 작품에서 로봇공학의 3원칙을 제시하기도 했다. 로버트 A. 하인라인, 아서 C. 클라크와 함께 SF문학계의 "삼대 거물(Big Three)"로 통한다.

해가 가도록 해서는 안 된다.

제2원칙: 로봇은 인간이 내리는 명령들에 복종해야만 한다. 단 이러한 명령들이 첫 번째 원칙에 위배될 때에는 예외로 한다.

제3원칙: 로봇은 자신의 존재를 보호해야만 한다. 단 그러한 보호가 첫 번째와 두 번째 원칙에 위배될 때에는 예외로 한다.

아이작 아시모프는 1985년작 〈로봇과 제국(Robost & Empire)〉을 쓰면서 로봇 0번째 원칙을 추가하였다. 다른 로봇 3원칙도 이 0번째 원칙을 위배할 수 없다.

제0원칙: 로봇은 인류에게 해를 가하거나, 행동을 하지 않음으로써 인류에게 해가 가도록 해서는 안 된다.

0원칙은 예를 들어, 지구상의 물을 모두 없애라는 명령을 로봇이 받았을 경우 직접적으로 인간을 때리거나 피해를 준 것이 아니기 때문에 로봇 1, 2, 3 원칙을 위반한 것은 아니지만 인류 전체에게는 해가 되기 때문에 이 명령을 따르면 안된다는 것이다.

그런데 아이작 아시모프 원작 영화 '아이, 로봇'에서 소개한 바와 같이 이미 로봇 3원칙은 현재 상황에서 딜레마를 담고 있고 인공지능이 자의적으로 왜곡해 버릴 수도 있다.

현실에서는 이미 상황과 용도에 따라 로봇 세 원칙이 적용되지 않고 있다. 전쟁터에서는 사람을 해치라는 명령에 복종하는 전쟁기계나 무인 전투기가 존재하고(2원칙이 1원칙을 앞선다), 우주탐사에 쓰이는 기계는 종종 내부의 보호를 위해 어떤 행동을 하지 않을 수도 있다(3원칙이 1원칙을 앞선다).

'인간에게 해를 끼치지 않는다'는 제1원칙은 인간에게 물리적인 해뿐만 아니라 심리적인 해도 끼칠 수 없다. 이로 인해 로봇은 결국 인간의 귀에 달콤한 말만 하는 거짓말쟁이 로봇이 되어버리고, 이 거짓말이 결국 인간에게 해를 끼쳤다는 것을 알게 되자 자기 모순으로 기능을 정지해버리는 딜레마에 빠질 수 있다.

2016년 MS가 트위터에 추가한 인공지능 AI 챗봇 테이의 경우 일부 사용자들이 욕설, 인종차별, 정치적 발언 등을 지속적으로 학습시킨 탓에 공개한 지 16시간 만에 사람들의 질문에 욕설 및 부적절한 대답을 반복하는 문제로 긴급하게 서비스 중지를 한 적이 있다. MS가 테이의 문제점을 개선해 2017년 새롭게 출시한 인공지능 챗봇 '조'의 경우도 테이와 비슷한 과정을 겪었다.

이처럼 인간의 가치판단 없이 인공지능 AI가 스스로의 학습과 판단만으로 결정하게 제작했을 때 일어날 위험성을 경고하고 있다. 로봇이 인간에게 '해를 끼치지 않게'

하려면 인간에게 '해를 끼친다는 것이 무엇인가'를 먼저 이해해야 한다. 모든 인간이 '무엇이 윤리적인지'에 대한 합의된 인식이 없는 상태에서 인공지능 로봇 스스로 학습하게 하여 판단케 하는 것은 인공지능 로봇의 행동이 어떤 결과를 낳을지 알 수 없는 상태가 될 수 있다.

2) 자율주행 자동차의 '트롤리 딜레마' 문제[8]

전 세계 미래 자동차의 큰 방향 중에 하나가 인공지능과 사물인터넷 기술을 핵심으로 활용하는 자율주행 자동차이다. 기술적으로는 이미 서비스가 실현될 수 있을 정도로 구현되었다. 그런데 자율주행 자동차가 현실에서 실현되기 위해서는 기술적인 문제의 해결을 넘어선 윤리적인 사회적 합의가 더욱 중요하다.

이중에 '트롤리 딜레마'라는 것이 있다. 이는 '기관사 본인을 포함해 5명의 사람을 태운 기차가 절벽을 향하고 있다. 당신이 기차를 운전하고 있는데 지금 바로 선로를 바꾸면 5명을 구할 수 있다. 그러나 다른 쪽 선로를 지나는 남자 1명은 목숨을 잃게 된다.' 이때 운전사는 어떤 선로를 선택해야 하는가?이다.

▼ 사진 9-20 MIT 자율주행자동차의 '트롤리 딜레마' 문제

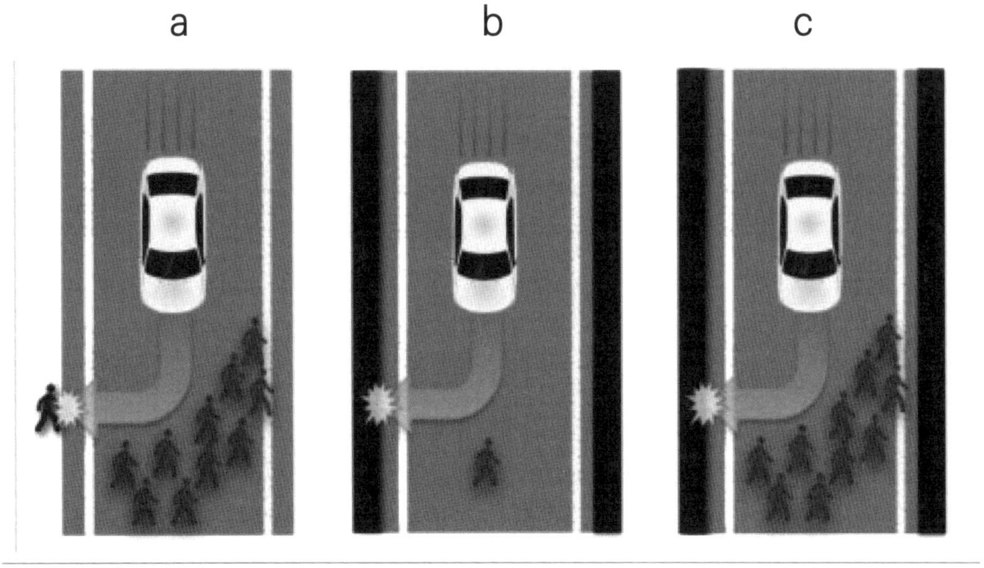

출처: http://blog.rightbrain.co.kr/?p=9003

---

8 임채린, '인공지능과 트롤리 딜레마', Right Brain Lab 블로그, 2018.7.20.에서 발췌.

윤리학의 고전적 문제인 트롤리 딜레마가 미래 자율주행 자동차에도 적용이 된다. '인명피해를 피할 수 없는 상황에서, 과연 누구를 희생양으로 삼도록 자율주행 알고리즘을 짜야 하는가?'가 이 문제의 핵심이다.

MIT 테크놀로지 리뷰 중 "자율주행 자동차가 누군가를 죽이도록 설계되어야 하는 이유(Why Self-Driving Cars Must be Programmed to Kill.)이라는 논문이 있다. 이 논문은 자율주행 자동차가 피할 수 없는 사고를 마주했을 때를 가정하며 문제를 제기한다. 가정 상황은 다음과 같다. '너무나 갑작스러워서 자율주행을 멈출 수 없는 상황을 가정하고 있다. 상황 A는 직진하면 10명을 치게 되고, 방향을 꺾으면 1명을 치게 된다. 상황 B는 직진하면 보행자 1명을 치게 되고, 방향을 꺾으면 운전자 본인 1명만 크게 다치거나 사망할 수 있는 상황이다. 상황 C는 그대로 직진하면 여러 명이 다치거나 죽고, 방향을 꺾으면 운전자 본인 1명만 죽거나 다치는 상황이 발생한다.' 논문의 저자는 각각의 경우에 자율주행 알고리즘이 어떤 판단을 내리도록 설계되어야 할지에 대해 묻고 있다.

각각의 경우 자율주행 자동차는 어떤 판단을 내려야 하는가? 자율주행 자동차의 경우 트롤리 딜레마를 포함해 주행 중 맞닥뜨릴 수 있는 가능한 모든 상황에 따른 도덕적인 결단을 사전에 프로그래밍해 놓아야 하기 때문에 문제가 더더욱 복잡해지는 것이다.

세계 최초로 시민권을 부여받은 인공 지능 로봇 소피아가 2018년 1월 한국을 방문했다. 소피아는 홍콩의 핸슨 로보틱스가 개발한 휴머노이드 로봇으로 실시간 대화는 물론 인간의 감정 60여 가지도 표현할 수 있다. 소피아는 이 자리에서 "대형 화재가 발생했을 때 할머니와 아이 중 한 명만 구해야 한다면 누굴 먼저 구하겠냐?"라는 질문에 "이는 마치 엄마가 좋아, 아빠가 좋아라는 질문과 같다"며, "난 윤리적으로 결정하고 생각하도록 프로그램 되어 있지 않기 때문에 논리적으로 출입구에 가까이 있는 사람부터 구해야 한다."라고 대답했다.

이는 AI 발전에 있어 개발자의 사회적 책임과 윤리의 중요성을 소피아가 보여준 셈이라고 볼 수 있다. AI 발전에 따라 그와 관련된 윤리 문제는 계속하여 제기될 것으로 예상된다.

출처: http://www.ciobiz.co.kr/news/article.html?id=20180130120015

3) 인공지능의 오작동에 대한 책임 소재 문제

2018년 3월 18일 밤 10시, 미국 애리조나 도시 템피(Tempe)의 한 교차로에서 자전거를 끌고 가던 40대 여성이 자율주행 자동차에 치여 숨지는 사고가 발생했다. 사고를 낸 차량은 세계 최대 차량호출업체 우버가 시범 자율주행을 하던 볼보 자동차였다.

2018년 3월 23일 오전엔 미국 캘리포니아 101번 고속도로에서 자율주행 중이던 테슬라 자동차가 중앙분리대를 들이받고 연이어 추돌사고를 냈다. 추돌사고 뒤 불길이 치솟고 폭발이 일어나 배터리가 실려 있던 차량 앞부분이 폭발해 완파됐으며 운전자는 사망했다.

2016년 5월엔 미국 플로리다 고속도로에서 테슬라 자동차 운전자가 자율주행 상태로 운전을 하다 트럭과 충돌해 사망하는 사고가 발생했다. 이때 미국 국가교통안전위원회(NTSB)는 사고는 자율주행 기술의 한계를 이해하지 못한 운전자 책임이라며 테슬라는 잘못이 없다고 발표했다.

2015년 11월 인류 역사상 처음으로 사람이 없는 자동차가 캘리포니아주 팔로알토의 도로를 달리다 교통경찰에게 딱지를 받았다. 경찰은 운전석에서 아무도 발견할 수 없었다. 구글의 무인 자동차는 사고를 우려해서 지나치게 저속운행을 하고 있었던 것이다.

출처: http://www.hani.co.kr/arti/economy/it/838665.html

　　자율주행 자동차의 도입이 점차 가시화되고 있는 상태에서 자율자동차의 사고에 대한 책임 소재가 아직도 불분명하고, 사고 원인도 모르는 상태에서 발생하고 있다. 더구나 운전자에 의한 자동차 사고는 각각 개별적인 사고이지만 자율주행 자동차 시스템은 네트워크로 연결된 상태에서 구조적인 문제로 인한 사고이므로 특정 조건에서 모든 차량이 동일한 사고를 낼 수 있다는 위험을 안고 있다.[9]

　　2016년 3월, 미국 뉴욕 연방 지방법원은 택시 서비스회사인 우버가 운전기사들에게 제공한 가격 결정 알고리즘이 묵시적 가격 담합을 조장했다며 우버에 책임을 판시했다. 미국 예일대 연구원인 스펜스 메이어 씨는 차량공유서비스 업체인 우버(Uber)를 자주 활용하는 '우버맨'이다. 하지만 그가 교통량이 많은 출퇴근 러시아워 때 뉴욕 도심에서 우버를 이용해보니 택시비가 평상시 가격보다 무려 8배나 높게 나왔다. 우버기사에게 항의했지만 택시기사는 그저 웃을 뿐이었다. 8배 비싸진 택시비는 우버기사가 책정한 게 아니었다. 뉴욕시 당국이 책정한 요금은 더더욱 아니었다. 우버가 운영하는 가격 책정 인공지능(AI) 알고리즘이 그렇게 설정한 것이었다. 이 알고리즘은 택시 수요가 없을 때는 가격을 내리고 수요가 많을 때는 가격을 올리는 구조로 짜였다. 이에 메이어씨는 비슷한 불만이 있는 소비자들을 모아 뉴욕 지방법원에 2015년 12월에 우버를 제소하였고 결국 우버의 책임으로 판결이 난 것이다.[10]

9　구본권, '자율차 교통사고 무엇이 다른가' 한겨레, 2018.4.12.

▼ 사진 9-23 우버 알로리즘 가격 담합 소송 쟁점

출처: https://www.hankyung.com/it/article/2017040288131

2016년 5월 EU 회원국인 리투아니아 최고행정법원은 온라인 예약 사이트인 '에투라스(Eturas)'와 여행사의 담합을 인정할 수 있다고 판결했다. 우버의 케이스와 유사하게 가격 알고리즘을 수정해 예약 시스템의 최대 할인율을 3%로 일괄 조정했는데 이것이 이들 간의 암묵적 동의하에 이뤄진 동조적 행위라는 것이다.

2015년 미국 법무부는 아마존 오픈마켓에서 포스터 등을 판매하는 '아트닷컴'의 전 임원을 가격 담합 혐의로 기소했다. 아트닷컴 등 몇 개의 온라인 회사들이 2013년의 수개월 동안 아마존 마켓플레이스에서 판매한 포스터의 가격을 담합했다는 것이다. 이들은 포스터 가격을 공동 결정하기로 하고 이 합의를 이행하기 위해 컴퓨터 코드를 프로그래밍한 가격 책정 알고리즘을 도입했다. 병행 알고리즘을 이용한 사례다. 이 경우 알고리즘은 담합 이행을 감시하고 이행하지 않은 참가자들을 제재할 수 있는 조력자 역할을 했다. 이와 비슷한 사례가 2016년 영국에서도 발생해 담합 참가자 중 한 회사의 자진 신고로 알려졌으며 영국 경쟁시장국은 이들 회사에 과징금을 부과하고 이를 계기로 당국은 블랙프라이데이를 앞두고 온라인 판매자들에게 담합에 주의할 것을 특별 경고하기도 했다.[11]

이와 같이 디지털 네트워크가 기업 간 가격 정보 공유 수단으로 활용되고 알고리즘으로 가격 담합이 가능하게 된다. 이에 대한 방지책과 법적 책임이 정비되지 않으면

10 오춘호, 'AI가 '가격담합' 했다는데…법적 책임은 누가?', 한국경제, 2017.4.3.
11 온종훈, '탄력요금제 담합 등 가파른 진화… 디지털 경제의 역설', 서울경제, 2018.9.2.

향후 알고리즘은 더욱 다양한 방식으로 악용될 가능성이 있다. 이미 인간의 의도·개입 없는 인공지능의 행위에 의하여 발생한 손실에 관한 책임 분배 문제가 발생하고 있다. 우버 알고리즘 가격 담합 재판 담당 판사는 "기술 발전이 공정경쟁을 피해가는 방법을 모색하는 데 이용되는 것을 우려한다"고 말했다. 이상처럼 인공지능의 악용, 인공지능의 오판, 오작동 등으로 인해 발생된 피해에 대한 책임 대상과 민·형사상 책임 여부에 대한 윤리적·법적 정비가 더욱 중요해지고 있다.

4) 윤리적인 인공지능 설계를 위한 지침서 발간

IEEE(국제전기전자기술자협회: Institute of Electrical and Electronics Engineers)는 전력 및 에너지, 생의학 및 건강 관리, 정보 기술 및 로봇 공학, 통신 및 자동화 시스템을 포함하여 광범위한 산업 전 분야에서 글로벌 표준을 개발하는 세계적으로 공인된 과학 기술 비영리 단체 조직이다.

2016년 12월, 세계 최초로 IEEE(국제전기전자기술자협회)에서 윤리적 인공지능 시스템 개발을 위한 지침서(Ethically Aligned Design document)를 발간했다. IEEE에 의하면 인공지능의 개발은 한쪽으로 편향되지 않으며 궁극적으로 인류에 혜택을 주는 "윤리적 설계"를 추구하여야 하지만, 현재 기술 산업에서의 윤리의식과 책임감 부족이 "윤리적 설계"를 가로막고 있다고 한다. "Ethically Aligned Design"이라는 이름의 이 지침서는 학계, 정부, 기업 등에서 인공지능, 법, 윤리, 철학, 정책 등의 분야에 종사하는 100인 이상의 전문가들이 함께 저술에 참여하였다.

이 지침서에는 인공지능이 인권을 보장하고, 투명하게 동작하고, 자동화된 결정들이 어떻게 도출되는 것인지를 설명할 수 있어야 한다는 등 인공지능의 윤리적 설계를 위한 일반적인 원칙에 대한 내용이 담겨 있다. 즉 가장 중요한 일반원칙으로 다음과 같은 3가지를 제시하고 있다.[12]

① 인간권리의 최고이념을 구현한다.
② 인류와 자연환경의 최대이익을 우선시한다.
③ 인공지능 및 자율시스템이 사회기술 시스템으로 진화하는데 따른 위험요소들과 부작용들을 경감한다.

또한 윤리적 인공지능 설계를 위한 세부적인 영역으로, 적절한 인간의 규범과 가

---

12 https://standards.ieee.org/industry−connections/ec/autonomous−systems.html

치를 시스템에 내재시키기, 일어날 수 있는 차별을 방지하기, 신뢰성, 가치 판단 기준을 평가할 수 있게 하기 등을 담고 있다.

이외에도 윤리적인 연구와 설계를 위한 방법론도 다루고 있다. 기술 산업에서 윤리에 대한 오너십과 책임감이 부족하다는 것을 지적하는 부분이 여기에 포함되며, 인공지능 학위 과정에서 윤리가 포함되어야 한다고 제시하고 있다. IEEE는 알고리즘의 동작을 감독할 수 있는 독립적인 평가기관이 부족하다는 점, 알고리즘을 만들 때 블랙박스 컴포넌트를 사용하는 점 또한 윤리적인 인공지능을 만들 때 발생하는 문제점으로 지적하고 있다. IEEE에서는 이렇게 인공지능 제작의 표준을 만듦으로써 인공지능 기술로 만들어진 제품들로 인한 사용자들의 피해 예방을 위해 인공지능, 자율 기술의 생산 과정을 감독할 수 있다고 하였다.[13]

▼ 사진 9-24 윤리적인 인공지능 설계를 위한 지침서 버전1

출처: https://standards.ieee.org

---

13 https://etinow.me/132에서 발췌

2017년 12월 IEEE는 두 번째로 인간 중심적'인 시스템을 보장하기 위한 '윤리적 인공지능 설계 지침서(Ethically Aligned Design document) 버전2를 출간했다.

이번 버전2 지침서에도 "인공지능은 기능적 목표를 달성하고 기술 문제를 해결하는 것을 넘어 인간에게 유익한 방식으로 동작하는 시스템이어야 한다. 이를 통해 인간과 기술 사이에 높은 수준의 신뢰를 담보할 수 있다. 인류의 일상에 유익하면서도 보다 널리 보급되기 위한 조건이다"라고 기술돼 있다.

'윤리적 인공지능 설계 지침서 버전2'는 학계, 업계, 정계에 속한 약 250명의 전문가가 지난 1년 동안 논의해 '자율 및 인텔리전트 시스템에 있어 인간의 웰빙을 우선순위화 하기 위한 비전'을 도출했다.

여기에는 자율 시스템의 투명성, 데이터 프라이버시, 알고리즘 바이어스, 혼합 현실, '윤리적인 넛징'(ethically driven nudging) 등에 대한 내용이 담겨 있다. 이 중 윤리적인 넛징이란, 인간의 행동이나 감정에 암암리에 또는 명백하게 영향을 주기 위해 설계된 인텔리전트 시스템과 관련된 것이다.

인공지능을 비롯한 모든 과학기술은 인류의 도덕적 가치와 윤리원칙의 관점에서 인간과 조화를 이루어야 한다. 인공지능 및 자율시스템은 기능적 목표달성과 기술적 과제해결을 넘어서 사람들에게 도움이 되어야 한다. 이는 인간과 기술 간의 높은 신뢰 수준을 구축할 것이며, 일상생활에 널리 보급되어 있는 인공지능 및 자율시스템의 사용을 더 풍요롭게 할 것이다.[14]

'윤리적 인공지능 설계 지침서'를 개발하게 된 이유이기도 한 것처럼, 인간과 사회에 대한 인공지능의 영향력이 지속적으로 계속 커져 갈 것이므로 인공지능의 개발자는 인공지능 설계 단계에서부터 윤리적인 인식을 명확히 해야 함을 아래와 같이 명시하고 있다.

"인공지능 시스템이 인간의 안전과 복지에 영향을 줄 수 있을 정도로 발전하게 되면, 시스템의 윤리성과 중립성이 점점 더 중요한 이슈가 된다. 엔지니어들은 반드시 블랙박스 소프트웨어에 관련된 윤리적인 위험을 인정하고 평가해야 하며, 이러한 위험을 완화하기 위한 전략을 실행해야 한다."

---

14 https://standards.ieee.org/industry−connections/ec/autonomous−systems.html

"전문 기술자들은 투명하고 평가 가능한 표준을 기반으로 본인들이 만든 알고리즘이나 시스템의 특징을 규정할 수 있어야 한다. 인공지능 시스템의 특성상 정확한 결과 예측은 힘들기 때문에, 이러한 표준을 기반으로 인공지능 시스템의 의사결정 과정을 확인하여 발생가능한 위험을 경감시켜야 한다."[15]

▼ 사진 9-25 윤리적 인공지능 설계를 위한 지침서 버전2

출처: https://standards.ieee.org

---

15 https://standards.ieee.org/industry−connections/ec/autonomous−systems.html

Ⅳ 대한민국 과학기술 윤리헌장

대한민국은 미래 과학기술인들의 연구 윤리를 담은 '과학기술인 윤리강령'을 2007년 4월 20일 제정·선포하였다. 한국과학기술단체총연합회, 한국과학기술한림원, 한국공학한림원, 국제연합교육과학문화기구(UNESCO) 한국위원회 등 4개 단체는 제40회 '과학의 날 행사'에서 과학기술인이 보편적으로 준수해야 할 포괄적인 윤리 규범을 담은 '과학기술인 윤리강령'을 선포했다.

'과학기술인 윤리강령'은 과학기술로 인간의 삶의 질과 복지향상 및 환경보전에 기여하도록 할 책임감을 가지고 과학기술 연구 및 지적 활동을 함에 있어서 △과학기술인의 사회적 책임 △과학기술인의 기본 연구윤리 △보편성의 원칙 △전문직 종사자로서의 품위유지 △법령의 준수 △연구대상의 존중 △연구자료의 기록·보존 △저자표시와 지식재산권 △사회에 대한 권리와 의무 △이해상충에 대한 대처 △연구환경조성 △윤리교육 실시 등 12개 항목으로 구성돼 있다.

과학기술인을 대표해 윤리강령을 낭독한 조완규 한국과학기술단체총연합회 명예회장(현 국제미래학회 자문위원)은 "윤리강령은 500만 과학기술인이 반드시 지켜야 할 의무이며 책임"이라면서 "과학기술인들의 윤리의식 제고를 통해 국가 발전에 기여하겠다"고 다짐했다.

'과학기술인 윤리강령'은 과학기술계 대표단체들이 과학기술인을 대상으로 하는 보편적인 연구윤리 공통규범을 자율적으로 처음 마련한 것으로서 의의가 크다.

1 과학기술인 윤리강령 전문

'과학기술은 인류가 공유하여야 할 소중한 자산으로 인류 문명의 발전과 복지향상에 기여하여 왔다. 과학기술인은 과학기술을 발전시키는 전문직 종사자로서의 특권을 가질 뿐 아니라 그 책임 또한 크다. 따라서 과학기술인은 연구 및 지적활동을 수행하는 과정에서 진실성과 정직성을 전제로 하여야 한다.

그러나 치열해가는 경쟁 풍토, 과학기술연구의 산업과의 연계로 인한 이해상충의 증가, 사회나 정치권의 불합리한 학문연구 개입 등 과학기술 환경의 변화는 진실성과 정직성을 지켜야 할 과학기술인들로 하여금 그 품위를 유지하는 데 과중한 시련을 안

겨주고 있다. 이러한 시대적 변화 속에서도 과학기술인은 진실하고 보편적인 행동규범을 준수할 책임과 의무가 있다.

이에 따라 과학기술계는 다음과 같이 과학기술인이 지켜야 할 보편적 윤리강령을 제정하여, 과학기술인이 자율적으로 이를 성실히 준수함으로써 윤리의식을 제고하고, 사회적 책임을 다 하며, 스스로의 위상과 긍지를 높이고, 과학기술 발전에 기여하고자 한다.'

2 과학기술인 윤리강령 실천 항목

① 과학기술인의 사회적 책임

과학기술인은 과학기술이 사회에 미치는 영향이 지대하므로 전문직 종사자로서 책임 있는 연구 및 지적활동을 하여야 하며, 그 결과로 생산된 지식과 기술이 인간의 삶의 질과 복지향상 및 환경보전에 기여하도록 할 책임이 있음을 인식한다.

② 과학기술인의 기본 연구윤리

과학기술인은 연구 활동에서 정직성, 진실성(integrity)과 정확성이 연구 결과의 신뢰성 확보를 위한 필수 사항임을 인식하고 연구의 제안, 계획, 수행과 결과보고 등 모든 연구 활동을 수행함에 있어 이와 같은 기본 원칙을 추구한다. 특히, 날조, 변조, 표절 및 중복발표 등과 같은 부정행위를 배격한다.

③ 보편성의 원칙

과학기술인은 인종, 성, 종교, 교육 배경 등으로 차별받을 수 없으며, 평등한 권리와 의무를 갖는다.

④ 전문직 종사자로서의 품위유지

과학기술인은 새로운 지식창출과 기술개발로 인류복지 증진에 기여하는 전문직 종사자로서의 긍지와 품위를 유지한다.

⑤ 법령의 준수

과학기술인은 연구 및 지적활동의 전 과정에서 관련법령이 정한 규정과 윤리강령에 적시된 규범 및 국제적으로 통용되는 원칙을 성실히 준수한다.

⑥ 연구대상의 존중

과학적 연구대상이 인간인 경우 인권을 존중함으로써 생명윤리에 부합해야 하며, 동물인 경우 생명의 존엄성에 유의한다. 자연환경을 다룰 때에는 생물다양성의 보존과 환경보호의 중요성을 의식함으로써 인류복지 증진에 기여하도록 한다.

⑦ 연구 자료의 기록, 보존

과학기술인은 연구 과정에서 사용하거나 생성된 데이터, 샘플 등의 자료를 처음 단계에서 최종 단계에 이르기까지 성실히 기록하고, 정한 기간 동안 보존한다.

⑧ 저자표시와 지식재산권

저자표시는 연구의 아이디어 제시, 설계, 수행, 해석 등 연구에 직접 참여한 자로 제한하고 발표논문에는 연구과정에서 참고·인용한 타인의 연구업적을 밝힘으로써 원저자의 권리와 지식재산권을 존중한다. 표시된 저자는 논문에 대한 공동책임을 진다.

⑨ 사회에 대한 권리와 의무

과학기술인은 새로운 발견이나 연구 및 지적활동의 업적을 사회에 공표함으로써 발생되는 이득을 취할 권리가 있으며, 한편 사회가 요구하는 사항에 성실히 응할 의무가 있다.

⑩ 이해상충(conflicts of interest)에 대한 대처

과학기술인은 연구 및 지적활동 과정에서 발생했거나 발생 가능성이 있는 이해상충에 대해서는 이를 미리 공표하고 자신의 이익보다 공익을 우선한다.

⑪ 연구환경 조성

과학기술인은 책임 있는 연구와 지적 활동을 수행할 수 있도록 지적 자유, 공평성, 개방성과 상호존중의 환경을 조성하는 데 적극 참여한다.

⑫ 윤리 교육의 실시

연구와 지적활동의 책임자는 참여자들이 이 윤리강령의 제 규범을 성실히 실천할 수 있도록 교육할 의무가 있다.

연구 문제
토의 사항

1. 미래학과 미래연구에서 윤리 부문은 왜 중요한가?

2. 미국의 미래 분야 윤리 활동은 어떤 것이 있는가?

3. 유럽의 미래 분야 윤리 활동은 어떤 것이 있는가?

4. 한국의 미래 분야 윤리 활동은 어떤 것이 있는가?

5. 미래 SF 영화를 통해 본 미래 윤리의 필요성에 대해 논의하자.

6. 아시모프의 로봇3원칙을 어떻게 보완해야 하는가?

7. 인공지능의 설계 단계부터 필요한 윤리는 어떤 것이 있는가?

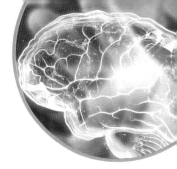

PART  10

미래학 및 미래연구
주요 트렌드 이슈

미래학 개론: 미래연구·미래전략 입문서

PART 10
미래학 및 미래연구 주요 트렌드 이슈

　　미래예측과 미래전략을 입안하기 위한 미래연구를 하는 미래학에서 배경이 되는 주요 메가 트렌드 이슈들이 있다. 이러한 주요 메가 트렌드 이슈들은 미래학에서 미래연구의 모든 부분에서 매크로 환경으로 영향을 미치고 있으므로 이에 대한 정확한 이해가 꼭 필요하다. 필자와 국제미래학회 공동회장인 제롬 글렌 밀레니엄프로젝트 회장 및 국제미래학회 미래학자들이 선정한 미래연구의 배경이 되는 핵심 메가 트렌드 이슈를 알파벳 순(A~J)으로 살펴보면 다음과 같다.

① Ageing: 저출산 고령화의 가속화

② Bio Revolution: 바이오 혁명, 5차 산업혁명의 시작점

③ Climate Change: 기후변화·신재생 에너지, 지구촌의 공동 과제

④ Digital AI World: 디지털 초지능 세상

⑤ Education Revolution: 교육 혁명

⑥ Feeling & Spirituality Era: 감성과 영성의 시대

⑦ Global 4.0: 개인의 글로벌화

⑧ Health Life Care: 건강한 삶의 관리

⑨ Internet Everywhere: 만물지능인터넷

⑩ Job Revolution: 일자리 혁명

I Ageing: 저출산·고령화의 가속화

한국은 전 세계 1위의 저출산율과 고령화 속도를 가진 나라가 되었다. 이러한 저출산과 고령화의 트렌드를 읽는 것은 미래사회 특성을 이해하고 미래산업과 미래교육 그리고 미래 비즈니스 모델을 예측하고 미래전략을 입안하는 데 중요한 외부환경요인이다.

1 저출산·고령화의 의미와 국내 현황

저출산이란 매년 태어나는 아이의 수가 감소하여 사회 전체의 출산율이 낮아지는 현상을 말한다. 고령화란 전체 인구 가운데 만 65세 이상 노년 인구가 차지하는 비율이 높아지는 현상을 말한다.

저출산은 출생아 수와 합계출산율로 살펴볼 수 있는데 [그림 10-1]과 같이 한국의 한 해 출생아 수는 70년대 초까지 100만 명 이상이었으나 이후 지속적으로 하락하다가 특히 1997년말 외환위기 이후 급격히 감소하여 2002년 40만 명대에 진입하였고, 2017년에 35만 8천 명으로 30만 명대에 진입하였고 2018년엔 32만 7천 명으로 감소하였다.

▼ 그림 10-1 국내 출산율 추이와 현황

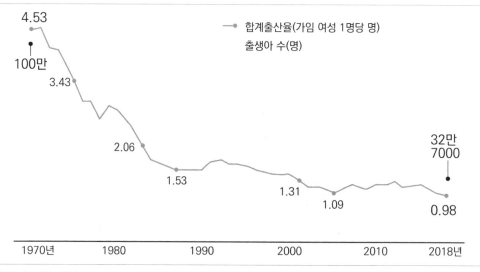

출처: 통계청, 2019.

합계출산율은 70년대 초 4.5명 이상이었으나, 1984년 1.74명으로 2명 미만으로 하락하였으며, 이후 계속 하락하여 2005년 1.08명을 기록한 뒤 소폭 반등하였으나 이후 다시 하락하여 2018년 0.98명으로 전 세계 1위의 저출산율을 기록하였다.

한편 출산율이 낮아지는 동시에 기대수명의 증가로 노인인구가 증가하여 우리나라의 고령화 속도는 날이 갈수록 빨라지고 있다. 2018년 65세 이상 인구는 738만 1천 명으로 전체 인구 중 14.3%를 차지하여 고령사회에 진입하였다. 2017년 전체 인구가 5,127만 명에서 5,142만 명으로 0.3% 증가하는 사이 고령인구는 678만 명에서 712만 명으로 5.0% 증가했다.

프랑스는 65세 인구가 전체인구의 14% 이상이 되는 고령사회에 진입하는데 115년, 미국은 73년, 독일은 40년, 일본은 24년 걸린 반면, 한국은 17년이 걸려 고령화 속도 세계 1위를 기록했다. 또한 고령사회 도달 이후 전체인구 중 65세가 20% 이상을 차지하는 초고령사회 도달에는 프랑스 39년, 미국 21년, 독일 37년, 일본은 12년 소요된 반면, 우리나라는 7년만에 전 세계 1위의 초고령화의 속도로 도달할 것으로 전망된다.[1]

▼ 그림 10-2 대한민국 고령화 속도

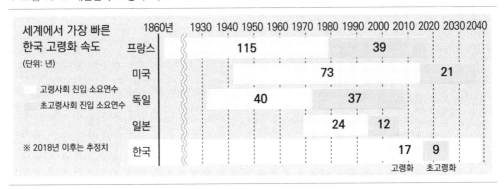

출처: 통계청, 2019.

---

1   임도원, '저출산 초고령사회 대한민국', 한국경제, 2018.8.28.

2 국내 저출산·고령화의 미래 전망

한국의 저출산은 일시적인 것이 아니고 장기간 지속되어 문제의 심각성이 크다. 향후 약 10년 이상 출생아 수 40만 명대를 지속하면, 한 세대(generation)가 40만 명대가 되어 이후 합계출산율이 2명이 되더라도 출생아 수의 회복이 어렵기 때문이다. 특히 1984~1990년에는 출생아 수가 60만 명대로 적어, 2020년까지는 출생아 수의 증가가 어려운 면이 있다.

통계청이 2019년 3월 28일 발표한 '장래인구특별추계(2017~2067년)'에 따르면 우리나라 총 인구는 저출산으로 인해 2017년 5,136만 명에서 2029년부터는 인구가 감소할 전망이다. 2067년이 되면 3,929만 명까지 떨어질 것으로 전망됐다. 출산율도 계속떨어져 2021년 합계출산율은 0.78명으로 0.80명 아래로 떨어지는 유일한 국가가 될 전망이다.

저출산과 함께 고령화사회로 진입하는 속도도 빨라지고 있다. 총인구 가운데 만 65세 이상 노인인구가 20% 이상인 초고령사회로 2025년에 7년만에 진입할 전망이다. 2058년에는 고령인구 비중이 40%를 넘어서고, 2067년이 되면 당해 인구의 절반 수준인 1,827명까지 고령인구가 늘어날 전망이다.

▼ 그림 10-3 국내 인구 미래 전망

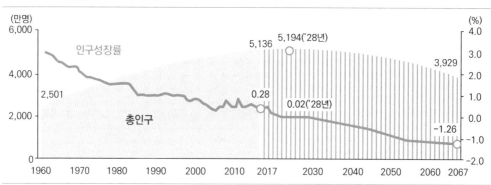

출처: 통계청, 장래인구특별추계, 2019.

고령인구가 늘어나는 가운데 15~64세 생산연령인구는 감소하고 있다. 2016년 3631만 명에서 2017년 3620만 명으로 첫 11만 명이 감소했다. 또한 1인 가구 중 독거노인이 사는 비율은 2016년 24.0%에서 2017년 24.4%로 높아졌다. 이러한 추세는 앞으로도 계속될 것으로 전망되고 있다.

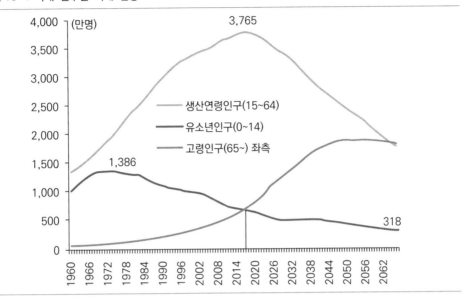

출처: 통계청, 2019.

Ⅱ Bio Revolution: 바이오 혁명, 제5차 산업혁명의 시작점

　바이오 기술과 산업은 미래 핵심 성장 동력으로 미래를 이끌 주요한 영역이다. 미국과 일본, 중국 등 주요국들은 바이오 분야가 향후 제5차 산업혁명을 주도할 것으로 예측하고 이미 이에 대응하는 국가 미래전략을 입안하고 실행하고 있다.

　세계경제포럼(WEF)은 매년 미래의 삶을 개선시키고 산업을 변화시키며 지구를 보호할 수 있는 잠재력을 가진 것으로 전망되는 10대 기술을 선정하여 발표하고 있는데 2018년에는 6개 바이오 관련 기술이 10대 기술에 포함되었다.

　WEF가 2018년 바이오 관련 미래유망기술로 선정한 6개 기술은 다음과 같다.

① 정밀의료(Personalised Medicine)
② 인공지능 기반 분자 디자인(AI-Led Molecular Design)
③ 전이가능 약물생산 세포(Implantable Drug-Making Cells)
④ 유전자 드라이브(Gene Drive)
⑤ 실험실 생산 인공육류(Lab-Grown Meat)
⑥ 디지털 약물(Electroceuticals)

▼ 표 10-1 세계경제포럼 선정 10대 미래유망기술

2016년	2017년	2018년
나노센서와 나노 사물인터넷	액체 생체검사	증강현실
차세대 전지	물 획득 기술	정밀의료
블록체인	시각 작업 딥 러닝	인공지능 기반 분자 디자인
2D소재	태양광이용 액체연료 제조기술	다능한 디지털 헬퍼
자율주행 자동차	인간세포 도감	전이가능 약물생산 세포
장기 칩	정밀농업	유전자 드라이브
페로브스카이트 태양전지	환경친화 이동수단 촉매	양자컴퓨팅 알고리즘
개방형 인공지능 생태계	게놈백신	플라즈모닉 재료
광유전학	공동생활권 디자인	실험실 생산 인공육류
시스템대사공학	양자 컴퓨팅	디지털 약물

출처: 세계경제포럼, Top 10 Emerging Technologies, 2018.

바이오 기술은 미래의 핵심 기술로 여겨지고 있고, 이와 연계된 바이오 산업은 향후 신성장산업으로 더욱 부각될 것으로 전망되고 있다.

1 4색 바이오 혁명

바이오 기술(Biotechnolgy)이란 특정 부품, 제품이나 프로세스를 만들기 위해 살아 있는 유기체나 생물 시스템을 사용하는 기술을 의미한다. 바이오 산업(Biotechnology Industry 또는 Bioindustry)은 바이오 기술을 바탕으로 생물체의 기능과 정보를 활용하여 인류가 필요로 하는 유용한 물질과 서비스를 생산하는 산업을 의미한다. 바이오 산업은 융합을 통한 신기술, 신산업 등 새로운 부가가치 창출이 가능한 미래 산업의 주요 분야이다.

바이오 기술과 산업은 레드 바이오 · 그린 바이오 · 화이트 바이오 · 융합 바이오 4색으로 분류된다. 생명공학정책연구센터가 2018년 바이오 분야의 혁신적 연구성과 분석

▼ 그림 10-5 10대 바이오 미래 유망기술

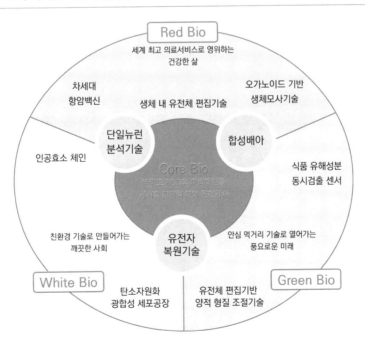

출처: 생명공학정책연구센터, '2019 바이오 미래 유망기술', 2019.1.

을 통해 융합/플랫폼(Core Bio), 보건의료(Red Bio), 농림수축산·식품(Green Bio), 산업 공정/환경·해양(White Bio) 4개 분야별로 선별된 10대 미래유망기술을 발표하였다. 그 바이오 10대 기술은 [그림 10-5]와 같다.

이처럼 바이오 산업은 4색, 즉 의료·제약 분야인 '레드 바이오', 농업·식품 분야 인 '그린 바이오', 환경·에너지 분야인 '화이트 바이오', 핵심·융합 분야인 '코아 바이 오'로 나뉜다.

첫째, 레드 바이오는 가장 활발한 부문으로 바이오 기술을 이용한 인체 의약품· 백신, 동물 의약품·백신 등이 포함된다. 향후 바이오의약품의 비중이 화학의약품을 더 욱 추월할 것으로 예상된다.

둘째, 그린 바이오는 식품·종자·농약 등이 포함된다. 그린 바이오는 흔히 유전자 재조합식품(GMO)으로 알려진 개량 종자나 유전자 변형 동식물과 건강기능식품이나 식품·사료 첨가제 등도 포함된다. 실험실 생산 인공육류도 여기에 해당된다. 그린 바 이오 분야인 바이오 농약은 화학적 합성에 의해 만든 농화학 제품이 아닌 주로 미생물 을 이용해 만든 제품으로 시장이 더욱 확대되고 있다. 종자 분야 중 대표적인 바이오 제품이라고 할 수 있는 유전자재조합 작물은 식량난이 전 세계적인 사회 문제로 대두 되면서 유전자재조합 기술이 미래 식량 문제를 해결할 수 있는 돌파구라는 공감대가 형성되고 있다. 따라서 향후에는 쌀과 밀 같은 작물도 유전자재조합 작물로 개발될 것 으로 전망된다.

▼ 사진 10-1 바이오 오일 버스

출처: https://images.app.goo.gl/Q555SL6SS5Ff4jhL6

셋째, 화이트 바이오는 환경·에너지·화장품 분야이다. 화이트 바이오 분야에서는 바이러스 등의 미생물을 활용해 기존 에너지·전자제품들의 한계점을 극복할 수 있는 다양한 방법들이 개발될 것으로 관측된다. 또한 환경 재생과 인체에 유익한 화장품 등 다양한 영역에서 바이오 기술을 활용한 산업이 부상할 것으로 전망된다.

넷째, 융합 바이오는 유전자 복원기술, 뉴런 뇌분석기술, 합성 배아기술 등 핵심 바이오 기술을 기반으로 공학, 에너지소재, 기계공학, 빅데이터, 나노기술과 융합되면서 [그림 10-6]과 같이 융합바이오 미래산업이 급부상할 것으로 전망된다.

▼ 그림 10-6 융합바이오 미래산업 종류

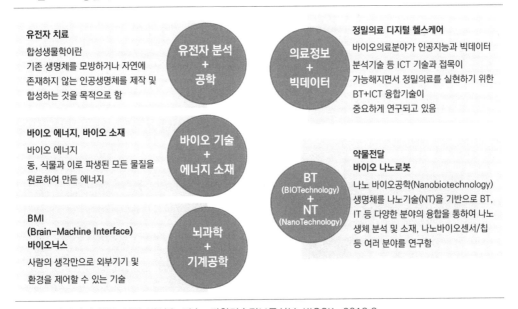

유전자 치료
합성생물학이란
기존 생명체를 모방하거나 자연에
존재하지 않는 인공생명체를 제작 및
합성하는 것을 목적으로 함

유전자 분석 + 공학

의료정보 + 빅데이터

정밀의료 디지털 헬스케어
바이오의료분야가 인공지능과 빅데이터
분석기술 등 ICT 기술과 접목이
가능해지면서 정밀의료를 실현하기 위한
BT+ICT 융합기술이
중요하게 연구되고 있음

바이오 에너지, 바이오 소재
바이오 에너지
동, 식물과 이로 파생된 모든 물질을
원료하여 만든 에너지

바이오 기술 + 에너지 소재

BT (BIOTechnology) + NT (NanoTechnology)

약물전달
바이오 나노로봇
나노 바이오공학(Nanobiotechnology)
생명체를 나노기술(NT)을 기반으로 BT,
IT 등 다양한 분야의 융합을 통하여 나노
생체 분석 및 소재, 나노바이오센서/칩
등 여러 분야를 연구함

BMI (Brain-Machine Interface) 바이오닉스
사람의 생각만으로 외부기기 및
환경을 제어할 수 있는 기술

뇌과학 + 기계공학

출처: 미래경제의 핵심 산업-바이오 기술, 과학기술정보통신부 KIOSK, 2018.8.

2 바이오, 5차 산업혁명 준비[2]

전 세계가 4차 산업혁명에 대한 이슈로 뜨거운 지금, 미국과 중국, 일본에서는 벌써 '바이오(Bio)'를 기반으로 한 5차 산업혁명을 준비하고 있다.

알파고로 시작된 인공지능은 딥러닝 기술을 기반으로 한다. '딥러닝'은 기계가 스스로 학습하며 성능을 향상시키는 기술로 인간의 신경망과 유사한 기술이다.

이런 딥러닝 기술은 '바이오테크놀로지' 등에 도입되어 인간의 능력으로 한계에 봉착했던 문제들에 빠르고 정확한 해답을 던져준다.

몇몇 나라들은 바이오 기술이 전 지구적 범위에서 직면하고 있는 인구문제, 식량문제, 자원 및 에너지 문제, 고령화 사회 같은 현대사회의 문제를 해결할 것이라는 점에서 5차 산업혁명이라는 거대한 사회변혁을 이루어 낼 가능성이 높은 분야로 판단하고 있다.

▼ 그림 10-7 바이오테크놀로지와 신경망

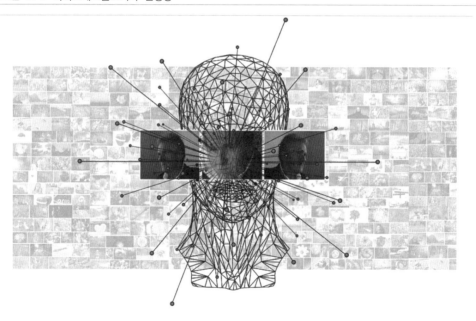

출처: Pixabay.

---

2   과학기술정보통신부 블로그, '바이오 기반의 5차 산업혁명 도래', 2019.3.25.

일본은 이미 2016년부터 바이오 소위원회를 설치하고 바이오 기술 기반의 5차 산업혁명을 예견했으며 이에 생물의 세포를 분석하고 편집하는 산업을 '스마트셀' 산업이라 정의하고 관련 연구에 대한 지원을 이어가고 있다.

미국의 바이오 기술 시장은 2013년부터 연평균 1.5% 성장을 지속해, 작년 2018년에는 1,076억 달러 규모의 시장으로 성장했다. 또한 미국은 「National Bioeconomy Blueprint」를 통해 2030년까지 석유 유래 연료의 36%를 대체하고 2, 300만 톤의 바이오매스 유래 제품을 공급할 것을 목표로 하였으며, 바이오 분야 연구개발에 6억 달러 (약 6, 800억 원) 이상을 투자하고 있다.

독일의 경우 「National Research Strategy Bioeconomy 2030」에서 세계 식량문제, 기후변동, 환경문제에 대응하기 위한 바이오 및 에너지 전략을 입안하였다.

세계는 인구 증가, 식량 및 자원의 확보 문제, 빈곤 등의 글로벌 규모의 문제에 대응하는 혁신기술을 실현하기 위해 바이오 부분에 주목하고 이와 관련한 지속적인 개발 목표와 장기적 경제 전략을 수립하고 있다.[3]

▼ 사진 10-2 바이오 실험실

출처: Pixabay.

---

3   이예원, '바이오 기술 주도의 5차 산업혁명을 준비', 과학기술정책연구원 미래연구포커스, 2018.3호.

Climate Change: 기후변화·신재생 에너지, 지구촌의 공동 과제

기후변화는 지구적인 이슈로서 미래연구에 중요한 변수로도 작용한다. 이에 미래학을 공부하는 누구라도 기후변화에 대한 이해가 필수적이다. 기후변화는 이미 우리에게 와있고 이에 대한 대응은 지구 전체의 미래가 달린 중요한 일이기 때문이다.

1 기후변화에 대한 이해[4]

'기후변화'는 수십 년 또는 그 이상 지속되는 통계적으로 중요한 기후의 변동을 의미한다. 기후변화협약(UNFCCC)에서는 '직접적 또는 간접적으로 전체 대기의 성분을 바꾸는 인간 활동에 의한, 그리고 비교할 수 있는 시간 동안 관찰된 자연적 기후 변동을 포함한 기후의 변화'라고 정의한다.

▼ 그림 10-8 기후변화 발생 원리

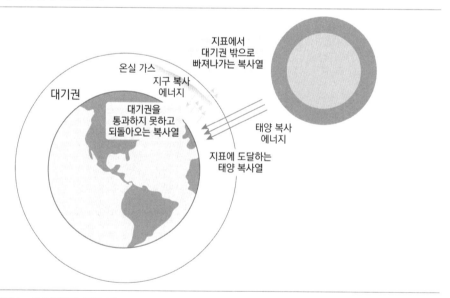

출처: GS칼텍스, 기후변화의 모든 것.

---

4 GS칼텍스, '기후변화의 모든 것', 2018.

기후변화는 자연적 기후변동성의 범위를 벗어나 더 이상 평균상태로 돌아오지 않는 평균 기후체계의 변화를 의미한다. 최근에는 '강화된 온실가스로 인한 지구온난화'의 기후변화를 가리키는 경우가 일반적이다.

1) 기후변화의 발생 원리

인간이 지구에서 살 수 있는 이유는 대기 중 온실가스가 온실의 유리처럼 작용, 지구표면의 온도를 평균 15℃로 일정하게 유지하기 때문이다. 그러나 온실가스 농도가 급격히 높아지면서 지구의 평균기온이 비정상적으로 높아지고 있다. 이것이 현재 우리가 직면하고 있는 '강화된 온실효과로 인한 지구온난화'이다.

지구온난화가 일어나는 것은 대기 중에 붙잡혀 있는 에너지의 양 자체가 증가한 데 그 이유가 있다. 이는 인구의 증가와 산업화 진행에 따라 온실가스의 양이 과거에 비해 늘어난 것이 원인이다. 온실효과를 인위적으로 강화시키는 온실가스는 이산화탄소, 메탄, 아산화질소, 수소불화탄소, 과불화탄소, 육불화황으로 구성되어 있다.

▼ 그림 10-9 **온실가스 구성**

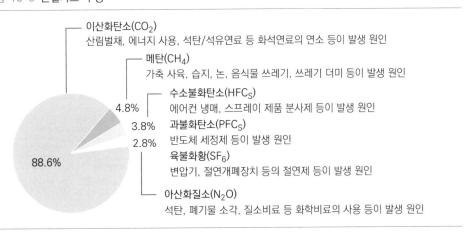

이산화탄소(CO_2)
산림벌채, 에너지 사용, 석탄/석유연료 등 화석연료의 연소 등이 발생 원인

메탄(CH_4)
가축 사육, 습지, 논, 음식물 쓰레기, 쓰레기 더미 등이 발생 원인

수소불화탄소(HFC_S)
에어컨 냉매, 스프레이 제품 분사제 등이 발생 원인

과불화탄소(PFC_S)
반도체 세정제 등이 발생 원인

육불화황(SF_6)
변압기, 절연개폐장치 등의 절연제 등이 발생 원인

아산화질소(N_2O)
석탄, 폐기물 소각, 질소비료 등 화학비료의 사용 등이 발생 원인

4.8%
3.8%
2.8%
88.6%

출처: GS칼텍스, 기후변화의 모든 것.

2) 기후변화의 인위적 원인

탄소는 우주에서 가장 풍부한 원소 중 하나로 생명체, 육지, 바다, 대기 및 지구 내부에서 끊임없이 순환하고 있다. 그러나 산업화 이후 인류는 화석연료 사용, 배기가스와 쓰레기 급증, 개발로 인한 벌목 등으로 인해 탄소 농도가 증가되어 기후를 인위적으로 변화시키고 있다. 지난 1만 년간 지구의 기온 상승은 1℃에 불과하지만 현 추세로는 2100년까지 3℃ 상승이 예상되며, 이는 생태계와 자연에 큰 피해를 초래할 것이다.

3) 기후변화의 영향

강화된 온실가스는 지구 온난화를 가져와 지구의 평균 온도가 높아지고 해수면이 높아지며 쓰나미와 기상 이변 현상들이 생겨난다. 이로 인해 환경난민, 이상 질병, 생태계 파괴 등 인류의 삶과 지구의 지속 가능에 심각한 위험을 초래하게 된다. 지난 1만 년간 지구의 기온 상승은 1℃에 불과하지만 현 추세로는 2100년까지 3℃ 상승이 예상되며, 이런 추세가 계속되면 생태계 파괴와 자연 및 해수면 상승으로 지구가 위험해진다. 이제 탄소가스 감소를 위한 노력 등 기후변화를 최소화하는 노력은 지구의 지속가능 및 인류의 생존과 직결되는 지구 공동체의 핵심 과제이다.

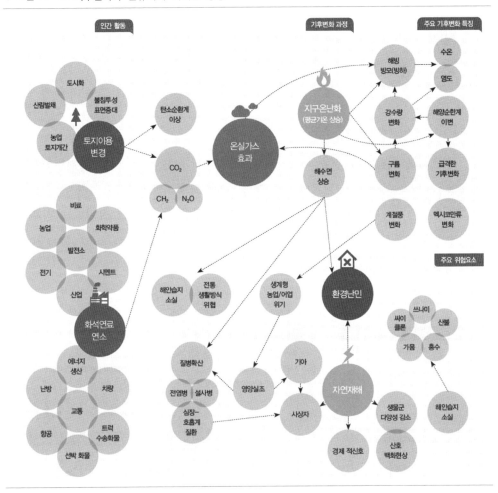

출처: UN 기후중립 가이드.

2 기후변화 대책[5]

지구 온도 상승과 해수면 상승은 전 지구적인 현상으로 우리나라도 예외가 아니나다. 우리나라는 지난 100년간 기온이 1.5℃ 상승하였으며, 이는 지구 평균의 2배이다. 또한 제주지역 해수면이 지난 40년간 22cm 상승하였고, 이는 세계 평균의 3배 높은 수치이다. 현재와 같이 지구의 평균 기온상승률이 유지된다면 21세기 말 지구 평균

---

5   GS칼텍스, '기후변화의 모든 것', 2018.

기온은 3.7℃, 그리고 한반도의 평균기온은 최대 6℃까지 상승할 수 있다. 또한 2080~2100년 즈음에는 해수면이 63cm 상승하여 전 세계 주거가능 면적의 5%가 침수 될 수 있다. 그리고 22세기엔 지구 온도가 6℃ 오른 시점이 오게 되어 육지와 바다 생 물의 95%가 전멸하며 인류의 생존 가능성이 희박한 상태에 이르게 될 수 있다. 이러한 최악의 상태가 오기 전에 지금부터 전 지구적인 기후변화 대책이 필요한 시점이다.

1) 기후변화 대책 국제 협약

기후변화에 대응하기 위한 국제사회의 노력은 지난 1972년 스톡홀름회의에서부터 시작되었다. 이후 1997년 선진국에 온실가스 감축목표를 규정한 교토의정서로 본격 실 행되었고, 2015년 파리기후변화협정을 통해 전 세계 모든 국가가 참여하는 기후변화 대응 체제가 마련되었다.

▼ 그림 10-11 기후변화 대책 국제협약 역사

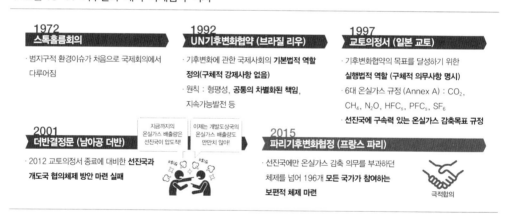

출처: GS칼텍스, 기후변화의 모든 것.

파리기후변화협정의 핵심 내용은 지구의 평균기온 상승을 2℃ 이내보다 낮은 수 준으로 유지하기 위해 전 지구적으로 협력하기로 했다. 이를 위해 각국은 온실가스 배 출량을 목표를 정해 감축하기로 하였다. 우리나라는 온실가스를 37%까지 낮추겠다고 약속했다. 각국은 감축 목표 달성을 위해 온실 가스 배출 할당량을 정해 관리하고 에 너지 효율, 신재생 에너지 활성화, 저탄소 청정 기술개발 등을 위해 노력해야 한다.

2) 온실가스 배출권 거래

파리기후변화협정으로 국가별 온실가스 배출 목표량이 정해졌고 각국 정부는 기업에게 배출할 수 있는 온실가스 허용량을 부여했다. 온실가스 배출권 거래는 남거나 부족한 배출량은 온실가스 배출권 거래시장을 통해 사고팔 수 있도록 허용하는 제도로서, 우리나라는 온실가스 감축목표의 효과적 달성을 위해 지난 2015년에 도입했다.

▼ 그림 10-12 온실가스 배출권 거래

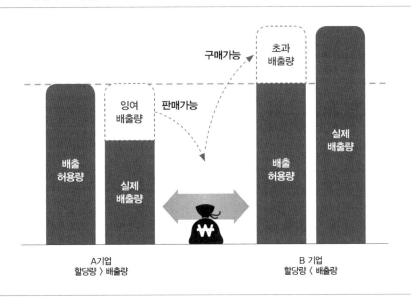

출처: GS칼텍스, 기후변화의 모든 것.

3) 생활 속 온실가스 감축 노력

개인이 기후변화를 막기 위해 지금 당장 삶에서 실천하는 노력도 점차 중요해지고 있다. 온실가스를 줄이는 일은 생각보다 어렵지 않다. 작은 습관이 모여 우리의 지구를 지킬 수 있다. 일상생활 속에서 지금 바로 실천할 수 있는 온실가스 줄이는 습관 사례를 살펴보면 다음과 같다.

① 비닐 대신 에코백, 종이컵 대신 머그컵이나 텀블러를 사용한다. 환경부에 따르면 국내 일회용 컵 사용량은 연간 12만 톤, 약 230억 개. 전 세계에서 연간 사용되는 비닐봉지 사용량은 5천억 장에 달한다. 쓰레기를 줄이면 온실 가스도 줄인다.

② 안 쓰는 콘센트는 뽑는다. 가정의 소비전력 중 11%가 대기전력으로 낭비되고 있다. 에너지 낭비의 대표주자, 안 쓰는 전기 제품의 플러그는 지금 바로 뽑아야 한다. 전기를 아끼면 전기를 만들기 위해 발생되는 온실가스를 줄일 수 있다.

③ 양치할 때 물을 잠그고 양치컵으로 한다. 양치할 때 물을 잠그고 양치컵을 사용하면 최대 1/10 또는 74리터의 물을 절약할 수 있다. 또한 샤워할 때도 시간을 줄이거나 물을 받아 사용하면 다량의 물을 절약할 수 있다.

④ 분리수거만 잘해도 에너지가 절약된다. 종이, 유리, 고철, 플라스틱 등 4대 생폐기물을 1%만 재활용해도 온실가스 배출이 줄고 연 639억 원의 외화가 절감된다.

⑤ 물 끓일 때 적정량만 넣어서 끓인다. 1리터의 물을 끓일 때 대비해 250ml의 물만 끓이게 되면 66%의 에너지 절감이 가능하다. 또한 요리를 할 때 가스불의 크기를 솥이나 냄비 크기에 적당하게 맞추어 줄이거나, 국이나 라면을 끓일 때 뚜껑을 덮고 끓이면 에너지 낭비를 크게 줄일 수 있다.

⑥ 겨울철 실내온도를 1℃씩만 낮춘다. 연중 가장 추운 12월, 1월, 2월 석 달 동안 각 가정에서 실내온도를 1℃씩만 낮추면, 우리나라가 하루에 소비하는 석유량 3억 3, 845만 7천 리터를 아낄 수 있다.

이상에서 살펴본 것처럼 기후변화는 미래 기술과 산업 그리고 미래 정책과 개인의 미래, 일상의 삶에까지 영향을 미치는 주요한 미래 이슈이다.

▼ 그림 10-13 파리기후변화협정 주요 내용

출처: GS칼텍스, 기후변화의 모든 것.

3 신재생 에너지 미래 산업의 대두

파리협정으로 인해 전 세계는 에너지 전환으로 나아가고 있다. 대부분의 국가들이 산업화 이전보다 지구온도 2℃ 이상 상승을 억제하고 1.5℃ 이내 수준을 유지하는 노력에 동의하고 있다. 많은 국가들이 기후변화 대응 및 지속가능한 에너지 공급을 위한 에너지 시스템 전환을 국가별로 계획하고 실행하고 있는 것이 그 예이다. 우리나라 역시 BAU[6] 대비 37%의 온실가스 감축을 목표로 재생에너지 확대 보급 및 친환경 교통수단 확산 등의 노력을 기울이고 있다. 이러한 노력은 비단 우리나라뿐만이 아니다.

신재생 에너지는 신에너지와 재생에너지를 합쳐 부르는 말이다. 기존의 화석연료를 변환하여 이용하거나 햇빛, 물, 강수, 생물유기체 등 재생 가능한 에너지를 변환하

▼ 그림 10-14 신재생 에너지와 연관 산업 미래

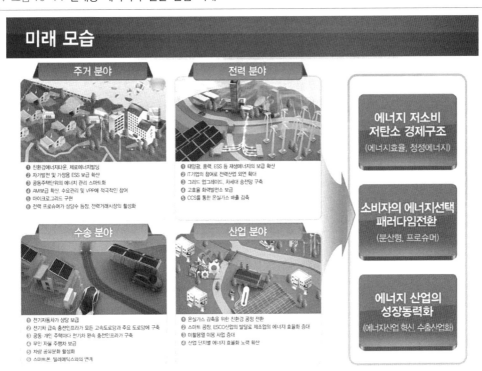

출처: 녹색에너지연구원(www.gei.re.kr).

---

6   BAU: Business As Usual의 약어로 2030년 온실가스 배출 전망치란 의미다. BAU는 온실가스의 의도적인 감축을 위한 인위적인 조치를 취하지 않을 경우, 2030년 배출될 온실가스의 총량을 뜻한다.

여 이용하는 에너지를 말한다. 재생에너지에는 태양광, 태양열, 바이오, 풍력, 수력, 지열, 해양에너지, 폐기물에너지 등이 있고, 신에너지에는 연료전지, 수소에너지, 석탄액화·가스화 등이 있다. 초기 투자 비용이 많이 든다는 단점이 있지만 화석에너지의 고갈과 환경 문제가 대두되면서 신재생 에너지에 대한 관심이 높아지고 있다.

신재생 에너지 산업과 이와 연계된 에너지 산업은 미래의 가장 큰 산업이 될 수밖에 없다. 이는 기후변화에 대응하는 전략이자 미래 먹거리를 만드는 신성장 동력이 될 것이다.

Digital AI World: 디지털 초지능 세상

디지털은 이미 연산용 컴퓨터에 국한되지 않는다. 세상의 모든 것을 디지털로 분석하고 디지털로 송부하며 디지털로 출력까지 할 수 있게 되었다. 또한 디지털에 인공지능이 접목되면서 디지털 초지능 세상이 가속화되고 있다. 이로 인해 디지털 혁신은 지속적인 미래 이슈가 될 것이다. 디지털과 인공지능은 일상의 삶 속으로 들어오고 기업은 이러한 변화에 대응하는 디지털 트랜스포메이션을 가속화 할 것이다.

1 디지털 트랜스포메이션(Digital Transformation)

맥킨지 글로벌 연구소가 '디지털 아메리카(Digital America)'라는 보고서를 통해 밝힌 바와 같이 "산업별로 속도의 차이가 있지만 디지털 혁신은 한때의 유행(Fad)이 아닌 앞으로 모든 산업에서 끊임없이 일어날 현상"인 것이다.

특히 미래 산업을 이끌어 가는 기업의 차원에서 이루어지는 디지털 혁신을 디지털 트랜스포메이션이라 부르고 있다.

1) 디지털 트랜스포메이션 의미

디지털 트랜스포메이션이란 기업들이 최신의 디지털 기술과 인공지능을 활용하여 끊임없이 변화하는 환경에 적응하여 경쟁력을 확보하려는 노력으로 이해될 수 있다.

즉 디지털 트랜스포메이션이란 기업이 변화하는 미래 환경에 적합하게 디지털을 기반으로 기업의 전략, 조직, 프로세스, 비즈니스 모델, 문화, 커뮤니케이션, 시스템을 근본적으로 변화시키는 것을 뜻한다.

▼ 표 10-2 디지털 트렌스포이션의 정의 모음

구분	정의
Bain & company	디지털 엔터프라이즈 산업을 디지털 기반으로 재정의하고 게임의 법칙을 근본적으로 뒤집음으로써 변화를 일으키는 것임
AT Kearney	모바일, 클라우드, 빅데이터, 인공지능(AI), 사물인터넷(IOT) 등 디지털 신기술로 촉발되는 경영 환경상의 변화에 선제적으로 대응하고 현재 비즈니스의 경쟁력을 획기적으로 높이거나 새로운 비즈니스를 통한 신규 성장을 추구하는 기업 활동임
PWC	기업경영에서 디지털 소비자 및 에코시스템이 기대하는 것들을 비즈니스 모델 및 운영에 적용시키는 일련의 과정임
Microsoft	고객을 위한 새로운 가치를 창출하기 위해 지능형 시스템을 통해 기존의 비즈니스 모델을 새롭게 구상하고 사람과 데이터, 프로세스를 결합하는 새로운 방안을 수용하는 것임
IBM	기업이 디지털과 물리적인 요소들을 통합하여 비즈니스 모델을 변화(Transform)시키고 산업(Entire Industries)에 새로운 방향(New Directions)을 정립하는 것임
IDC	고객 및 마켓(외부환경)의 변화에 따라 디지털 능력을 기반으로 새로운 비즈니스 모델, 제품 서비스를 만들어 경영에 적용하고 주도하여 지속가능하게 만드는 것임
World Economic Forum	디지털 기술 및 성과를 향상시킬 수 있는 비즈니스 모델을 활용하여 조직을 변화시키는 것임

자료: 디지털리테일컨설팅 그룹, 디지털리테일 트렌드, 2017.2.28.

2) 디지털 트랜스포메이션 전략

4차 산업혁명으로 인공지능(AI), 사물인터넷(IoT), 클라우드(Cloud), 빅데이터, 스마트 모바일, 로봇 등 디지털기술의 놀라운 혁신에 따른 자동화, 지능화가 가속되면서 기업경영, 고객관리, 비즈니스 모델, 운영 프로세스 등에 대해 기존 방식과 다른 새로운 접근방식과 시도가 요구되기 시작하였다.

예를 들어, 독일의 아디다스(Adidas)는 3D프린팅, 로봇, 지능자동화 디지털 장비로 제조공정을 혁신한 '스피드팩토리(SpeedFactory)'를 독일에 구축하고 2016년 9월부터 공장관리 근로자 10명으로 50만 켤레를 맞춤 생산하기 시작했다. 아디다스처럼 디지털 트랜스포메이션으로 제조, 유통비용의 혁신과 지역과 임금에 구애받지 않는 자동화된 중소형 스마트 팩토리가 가능하게 된 것이다.

디지털 혁신 기업들은 각 산업분야에서 디지털 신기술을 빠르게 적용시켜 혁신적인 고객가치를 제공하고 효율적인 프로세스를 적용하여 새로운 마켓과 고객니즈를 창출하고 있다.

▼ 사진 10-3 아디다스 독일 공장 스피드 팩토리

출처: https://images.app.goo.gl/GVNUVymsv1QKEf1L6

디지털 트랜스포메이션 전략 추진을 위해서는 비전수립, 조직정비 및 인재확보, 거버넌스 체계 구축, 비즈니스 모델 개발, 혁신 및 R&D 추진 등이 이루어져야 한다.

(1) 비전수립

미래에 대한 강력한 비전을 가진 기업의 최고위급 경영진에게서 시작되어 조직전체로 전파되어야 디지털 비전이 가시화 될 수 있기 때문에 탑다운(Top-Down) 방식으로 추진되어야 한다. 경영진은 디지털 패러다임의 변화에 관한 지속적인 관심을 갖고 디지털 전략 추진을 위한 명확한 디지털 비전과 우선순위를 정해야 한다.

(2) 조직정비 및 인재확보

디지털 트랜스포메이션 추진에 적합한 조직체계로 분산(Decentralized) 모델, 공유
(Shared Services) 모델, CoE(Center of Excellence) 모델, 집중화(Centralized) 모델을 들 수
있다. 분산모델(Decentralized Model)은 각 개별 사업부서에 디지털전략 및 추진팀을 구
성하는 모델이다. 공유모델(Shared Services Model)은 각 개별 사업부서가 디지털운영 및
추진에 필요한 마케팅, 기술을 함께 공유하는 모델이다. CoE(Center of Excellence Model)
모델은 디지털전담조직에서 디지털전략, 서비스를 사업부서에 제공하는 모델이다. 집중
화 모델(Centralized Model)은 디지털 제품 및 서비스를 통합 운영하는 모델이다.

디지털 전담조직 신설과 함께 디지털 전략 수립, 비즈니스 모델을 발굴하고 디지
털 채널의 통합 운영관리, 새로운 디지털 기술 도입 및 적용, 기업 내 디지털 문화 확
산을 담당할 디지털 최고임원(Chief Digital Officer)이 필요하다.

(3) 거버넌스 체계 구축

체계화되고 일관성 있는 디지털 트랜스포메이션의 비전과 전략을 추진하기 위해
이를 운영, 관리, 조정, 평가할 수 있는 거버넌스 체계가 구축되어야 한다. 경영, 사업,
디지털 전략이 일관성 있게 추진되도록 의사결정 방향을 제시하고 기획, 관리, 개발 및
운영을 위한 적절한 디지털 조직구조, 역할과 책임을 부여하며 디지털 역량에 대한 합리
적인 투자, 자원지원, 디지털 성과를 측정하고 평가해야 한다. 거버넌스 구축을 위해 조
직(Organization), 프로세스(Process), 정책(Policies), 평가(KPI) 체계가 마련되어야 한다.

(4) 비즈니스 모델 개발

디지털 패러다임의 변화에 따른 기회와 위협에 관한 체계적인 분석을 기반으로
디지털 기술 적용, 비즈니스 플랫폼 구축, 사업방식의 변화, 가치사슬 축소 등의 사업
전략을 재설정하고 신규 디지털 사업모델을 개발해야 한다. 비즈니스 모델 개발은 기
존 비즈니스 모델의 역량을 진단하여 새롭게 디지털 비즈니스 포트폴리오(Portfolio)를
구축하는 4단계로 진행된다.

① 1단계: 디지털 기술 및 변화에 따른 기존 비즈니스 모델의 역량을 분석하여 사
업전략 방향성을 정의한다.

② 2단계: 디지털 비즈니스 변화를 촉진하는 변화의 영향력(고객, 기술, 미디어, 커뮤니
케이션 등) 및 변화 속도를 고려하여 디지털 비즈니스 변화 우선순위를 설정한다.

③ 3단계: 핵심적인 디지털 비즈니스 변화 우선순위와 비즈니스 모델 구성요소(고객, 채널, 상품, 수익모델 등)를 결합한 신규 디지털 비즈니스 모델을 도출한다.

④ 4단계: 미래기회 선점 및 잠재적 위협 방어를 위한 최적의 디지털 비즈니스 포트폴리오를 구축한다.

디지털 트랜스포메이션의 비즈니스 모델 접근은 '산업의 재창조(Reinventing Industries)', '제품 또는 서비스의 대체(Substituting Products or Services)', '새로운 디지털 비즈니스의 창출(Creating New Digital Business)', '가치전달 모델의 재구성(Reconfiguring Value)', '가치제안의 재정의(Rethinking Value Proposition)'의 5가지 형태로 구분할 수 있다.

(5) 혁신 및 R&D 추진

디지털 트랜스포메이션 추진을 위해 신기술 도입 및 활용, 비즈니스 모델 구축, R&D역량 확보, 비즈니스 생태계 구축, 디지털 문화 확산을 주도하는 혁신 및 R&D 전략을 추진해야 한다.

▼ 그림 10-15 디지털 트랜스포메이션 전략 프레임워크

	Vision 1 비전수립	Organization 2 조직정비 및 인재확보	Governance 3 거버넌스체계 구축	Business Model 4 비즈니스모델 개발	Innovation 5 혁신 및 R&D 추진
추진 방향	기업의 최고위급 경영진이 명확한 디지털 비전과 우선순위를 제시하여 탑다운(Top-Down) 방식으로 추진	디지털 트랜스포메이션 추진을 위한 COE모델의 디지털 서비스 채널 운영, 디지털 사업 평가 및 관리 역할을 담당하는 디지털 전담조직을 신설해 추진	체계화되고 일관성 있는 디지털 트랜스포메이션 비전과 전략을 추진하기 위해 이를 운영, 관리, 조정, 평가할 수 있는 거버넌스 체계 구축	디지털 패러다임의 변화에 따른 기회와 위협에 관한 체계적인 분석을 기반으로 디지털 기술 적용, 비즈니스 플랫폼 구축, 사업방식의 변화, 가치사슬 축소 등의 사업전략을 재설정하고 신규 디지털 사업모델을 개발	디지털 트랜스포메이션 추진을 위한 신기술 도입 및 활용, 비즈니스 모델 구축, R&D 역량 확보, 비즈니스 생태계 구축, 디지털 문화 확산을 주도하는 혁신 및 R&D 전략을 추진
추진 전략	·시장, 기술, 고객 등의 디지털 환경변화 요인 분석 ·자사의 내재화된 핵심 역량 파악 ·기업문화 및 조직 체계 체질 개선 ·디지털 기술도입 및 지속적인 R&D 혁신	·디지털 추진 전담조직 신설 ·디지털 최고임원(CDO) 임명 ·디지털 기술 및 추진 핵심 인재 확보	·운영, 관리, 조정, 평가 거버넌스 체계 구축 ·조직, 프로세스, 정책, 평가 체계 마련 ·디지털트랜스 포메이션 추진 위원회 설치	·기술, 비즈니스 모델, 사업 방식, 가치사슬 재분석 ·산업의 재창조 ·제품 또는 서비스 대체 ·새로운 디지털 비즈니스 창출 ·가치전달 모델 재구성 ·가치제안 재정의	·신기술 도입 및 활용 ·비즈니스 모델 구축 ·R&D 역량 확보 ·비즈니스 생태계 구축 ·디지털 문화 확산

출처: 디지털리테일컨설팅 그룹, '디지털리테일 트렌드', 2017.3.3.

2 인공지능의 현재와 미래

인공지능(AI)은 기계가 경험을 통해 학습하고 새로운 입력 내용에 따라 기존 지식을 조정하며 사람과 같은 방식으로 과제를 수행할 수 있도록 지원하는 기술이다.

인간의 지능으로 할 수 있는 문장이해, 영상인식, 음성인식, 학습 등을 컴퓨터가 실행하는 영역으로 "컴퓨터 두뇌"라고도 한다

2016년 알파고를 통해 국내엔 인공지능이 널리 알려졌지만 이미 인공지능은 4차 산업혁명의 핵심으로 주요국에선 집중 개발하고 있었다. 현재도 미국과 중국 및 주요 국들은 인공지능 기술이 미래 산업 경쟁력의 성패를 좌우할 것으로 보고 이 부분에 총력을 기울이고 있다.

최근 인공지능 개발 트렌드는 [그림 10-16]과 같이 단순히 인지능력에서 벗어나, 인지한 환경 속에서 최적의 답을 찾아내고, 여기에 스스로 수행한 학습을 더해 추론 및 예측을 하며, 미래에는 문제를 스스로 발견하고 해결하는 행동 단계에 이르기까지 다양한 분야의 연구와 투자가 활발히 진행되고 있다.

▼ 그림 10-16 인공지능 기술 수준의 현재와 미래

출처: 이승훈, '최근 인공지능 개발 트렌드와 미래의 진화방향', LG경제연구원, 2017.12.

인공지능은 인간이 가진 지각, 학습, 추론, 자연언어 처리 등의 능력을 컴퓨터가 실행할 수 있도록 프로그램으로 구현하는 기술로, 기계학습(머신러닝), 딥러닝, 자연어 처리, 음성인식, 시각인식 등 첨단기술을 개발하는 방향으로 발전되고 있다.

국내 인공지능은 다음 [그림 10 – 17]과 같이 안전, 의료, 국방, 금융, 복지 등 다양한 응용 분야에 특화된 소프트웨어와 머신러닝, 클라우드, 고성능 컴퓨터 기술 등을 포함하고 있다.[7]

▼ 그림 10-17 국내 인공지능 개발 계획

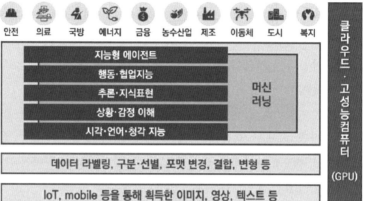

출처: 과학기술정보통신부, "I-Korea 4.0 실현을 위한 인공지능(AI) R&D 전략", 2018.5.

2025년에는 인공지능 산업이 2,000조 원에 이르는 시장을 창출하고 인공지능으로 인해 7,000조 원에 이르는 파급 효과가 창출될 것으로 맥킨지는 전망하고 있다.

인공지능 소프트웨어 기업 'XenonStack'은 다음과 같이 인공지능 기술의 3가지 단계를 설명하고 있다.

① 1단계: 기계 학습(Machine Learning) – 기계가 경험을 통해 배우는 지능형 시스템의 알고리즘 세트

② 2단계: 머신 인텔리전스(Machine Intelligence) – 기계가 스스로 학습을 통해배우는 고급형 알고리즘 세트(예: 딥러닝)

③ 3단계: 기계 의식(Machine Consciousness) – 외부 데이터나 도움 필요 없이 경험을 통한 자체 학습과 스스로 판단하여 행동

7 　국경완, '인공지능 기술 및 산업분야별 적용 사례', IITP ICT신기술 리포트, 2019.3.20.

AI칩이 가까운 미래에 상용화될 것으로 예상되어, 웨어러블 등 초소형 디바이스 자체에서도 인공지능이 구현될 것으로 전망되고 고도화된 뇌연구를 바탕으로 현재의 딥러닝 기반 인공지능의 한계를 돌파하는 차세대 AI 알고리즘으로 발전할 전망이다. 특히, 원시데이터 자체로 학습이 가능한 비지도 학습 인공지능, 분야별 상호 학습이 가능한 전이학습 인공지능 등으로 초지능이 구현되는 인공지능 시대가 전개될 것으로 전망되고 있다.

인공지능의 발전은 기계가 결국 인류의 지능을 넘어서는 단계인 특이점, 즉 싱귤래리티(Singularity)에 도달하게 할 수 있다. 이에 대한 사전 조치가 없으면 인류는 인공지능 기계를 제어할 수 없게 되는 상황이 올 수도 있다.

인공지능의 발전이 언제까지든 인간의 행복을 위한 것이 되고 인간의 제어권 내에 있을 수 있도록 인공지능 윤리를 법제화하고 이를 준수토록 하는 국제적인 공동의 노력이 꼭 필요하고 중요해지고 있다.

▼ 그림 10-18 인공지능 기술 발전 전망

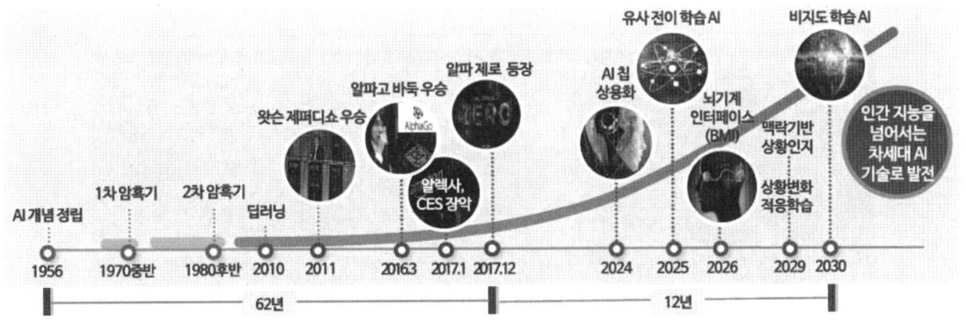

출처: 과학기술정보통신부, "I-Korea 4.0 실현을 위한 인공지능(AI) R&D 전략", 2018.5.

3 디지털 양자컴퓨터의 구현

세계경제포럼(WEF)에서 지속적으로 미래혁신 10대 유망기술의 하나로 선정하고 있는 양자컴퓨터. '꿈의 컴퓨터'로 불리는 양자컴퓨터가 현실 세계로 성큼 다가서고 있다. 이미 구글과 IBM, 마이크로소프트 같은 거대 정보기술(IT) 기업을 비롯해 각국 연구기관과 대학이 양자컴퓨터 개발에 집중적으로 투자하고 있다.

양자컴퓨터가 구현되면 디지털 세상은 이전과는 또 다른 차원으로 실현될 것으로 전망되고 있다.

1) 양자컴퓨터의 이해

양자컴퓨터는 양자 역학 고유의 중첩·얽힘 등의 원리에 따라 다수의 정보를 동시에 초고속으로 처리할 수 있는 새로운 개념의 컴퓨터이다. 양자컴퓨터는 0과 1이란 이진법 신호로만 작동하는 현재 컴퓨터의 한계를 극복하기 위해 등장했다. 현재의 컴퓨터는 논리회로의 스위치를 켜거나(1) 끄는(0) 방식으로 1비트를 표시하는 데 반해, 양자컴퓨터는 물리학에서 양자역학 원리를 이용한다.

양자역학에선 서로 다른 상태가 중첩된 값이 확률적으로 존재하는데, 양자컴퓨터에선 이를 큐비트(Qbit)라는 양자비트로 표시한다. 예를 들어, 0과 1이라는 2개의 큐비트를 쓰면 모두 4가지(00,01, 10, 11) 상태로 표시할 수 있다. 이런 식으로 n개의 큐비트로는 2의 n제곱 수만큼 표현이 가능해져 0과 1로 하나의 비트만 표시하는 일반 컴퓨터보다 연산 속도가 비교할 수 없을 만큼 빠르게 된다. 양자컴퓨터는 이런 이유로 슈퍼컴퓨터로 수백 년 걸릴 연산을 수초에 해결할 수 있을 것이라는 기대를 모으고 있다.

▼ 사진 10-4 양자컴퓨터 IBM 퀀텀

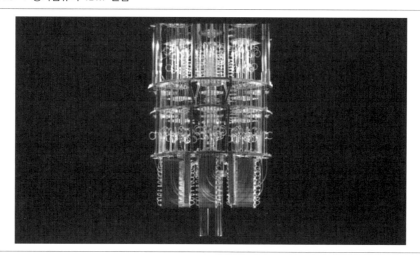

출처: www.ibm.com

2) 양자컴퓨터가 앞당기는 디지털 초지능 세상

영화 트랜센던스에서 천재 과학자 '윌'은 인간의 지적능력을 초월하고 자각능력까지 가진 슈퍼 양자컴퓨터 'PINN'을 개발하고 살해당한 이후 여자친구 에블린이 죽은 애인 '윌'의 뇌를 스캔하여 'PINN'에 입력한다. 윌은 인간의 능력을 뛰어넘는 인공지능으로 부활한다. 다소 황당한 것 같은 영화 속의 이야기는 양자컴퓨터의 발전으로 언젠가 가능할 수도 있게 된다. 인공지능 기술에 양자컴퓨팅 기술이 접목된다면, 머신러닝을 활용한 알고리즘을 개발하는데 획기적으로 속도를 향상시킬 수 있을 것으로 전망된다. 이로 인해 양자컴퓨터의 개발과 상용화는 미래학자 레이 커즈와일(Ray Kurzweil)이 예견한 특이점(Singularity; 인공지능이 인류지능의 총량을 뛰어넘는 특이점)을 가능하게 할 수 있다.

▼ 사진 10-5 양자컴퓨터가 등장하는 SF영화 트랜센던스

출처: https://images.app.goo.gl/Has17XAJGQCSne3S6

이외에도 양자컴퓨터 기술로 홀로그램을 이용한 가상 순간이동과 더욱 현실 몰입감이 강화되어 현실과 디지털 세상이 구분하기 힘든 초실감 가상현실을 구현할 수도 있게 된다. 이처럼 양자컴퓨터는 디지털 초지능 세상의 구현을 가속화 시킬 것이다.

또한 양자컴퓨터는 인류가 기존에 풀지 못한 기후 변화, 세계 기아, 빈곤 문제 등에 대한 해답을 제시할 수 있을 것으로 기대되고 있다.

이미 양자컴퓨터는 과학과 금융 등에서 시험적으로 활용되면서 [표 10-3]과 같은 사례를 만들어 가고 있다.

분야	응용 예	사례	분야	응용 예	사례
금융	• 포트폴리오 최적화 • 리스크 관리 • 옵션·가격 결정	• '16년 5월, D-Wave System과 1QBit이 "Quantum for Quants" 설립	물류	• 비행기, 선박, 트럭 등의 물류 최적화	PLC와 Manchester Met. 대학의 물류 알고리즘 공동개발
화학	• 분자 설계 최적화 • 화학 반응의 양자역학적 시뮬레이션 • 전지와 촉매의 최적화	• IonQ의 화학 시뮬레이션 SW 개발 • MS의 기초 연구 • ETH, Harvard 대학 등의 연구 등	제약	• 단백질의 3차원 구조 최적화/분석(알츠하이머병 등의 특효약 개발)	• Stanford 대학의 "Folding@home" 프로젝트 • Harvard 대학/D-Wave System의 단백질 분석 실험
의료	• 암 치료용 약물 발견/최적 복용량 산출 • 개인 맞춤형 의료의 고속화	• Stanford 대학, Texas 대학에서 연구	자동차	• 도시 교통 서비스 최적화	• Volkswagen과 Google의 공동 개발 • Volkswagen의 주문형 이동 서비스를 위한 알고리즘 개발
IT	• 머신 러닝을 위한 고속 클러스터링 • 이미지 인식 고속 학습	• Google/D-Wave Systems의 이미지 인식 정확도 향상 • (중) USTC, NMR기술 이용 4 큐비트 양자 프로세서 개발	항공 우주	• 유체 역학적으로 최적화된 기체 설계 • 비행 제어 시스템의 버그 잡기 최적화	• NASA의 비행체 날개 설계 최적화 • Lockheed Martin과 Airbus의 제어 시스템 버그 탐색 SW 개발 (6개월 → 6주)

출처: 조성선, '양자컴퓨터 개발 동향과 시사점', ICT SPOT Issue, 2018.02.

시장조사기관 Homeland Security Research는 세계 양자컴퓨터 시장이 오는 2024년에는 100억 달러 규모를 넘어설 것으로 전망하고 있다. 양자컴퓨팅 기술이 놀라운 속도로 성능이 향상되고 있으며, 특히 2019년에 많은 돌파구가 등장하여 2018~2024년 동안 연평균 성장률이 24.6%에 이를 것으로 예상하고 있다.

주요 국가들은 정부 주도로 대규모 연구개발 사업을 진행하고 있다. 미국은 2000년부터 양자기술 관련 다양한 R&D 프로그램 지원을 시작으로 양자컴퓨터 연구를 주도하고 있고, 중국도 2017년 양자컴퓨터 개발에 13조를 투입하는 등 최근 정부주도의 전폭적인 지원을 시작하였다.

ICT와 양자물리의 융합을 통해 기존 정보처리 기술의 한계를 극복할 수 있는 차세대 미래기술인 양자컴퓨팅 기술은 미래 유망기술로 관심이 급증되고 있다. 인공지능, 기계학습, 빅데이터 등에 적극 활용될 것으로 기대되는 양자컴퓨팅 기술은 4차 산업혁명을 주도할 핵심 기술로 최근 전 세계적으로 대규모 R&D가 진행중이다.

▼ 표 10-4 주요국가의 양자컴퓨터 개발 동향

국가	내용
미국	• (2008년) 국가양자정보과학비전 수립 • IARPA, DARPA, NSF 등의 다양한 R&D 프로그램 지원
EU	• (2016년) 중장기 연구개발 프로젝트 Quantum Manifesto(10억 유로/10년) 발표
영국	• (2014년) 국가 양자기술 프로그램(NQT: National Quantum Technology) 설립(2억 7천만 파운드) • 옥스퍼드 대학 중심 양자컴퓨팅 연구 허브 설립
중국	• 양자통신 전용 인공위성 발사 • (2017년) 국립 양자정보과학 연구소 설립 추진(약 13조원 규모)
호주	• 양자기술 관련 2개의 수월성 연구센터(Center of Excellent) 지원(CQC2T, EQUS)

출처: 문성욱, 4차 산업혁명을 이끌 양자컴퓨팅 기술, 융합Weekly TIP, 2018.04.

양자컴퓨터는 세계 주요 IT기업들도 막대한 예산을 들여 개발하고 있는 미래를 변화시킬 핵심 기술이자 산업이 될 것으로 전망된다.

▼ 표 10-5 양자컴퓨터를 개발하고 있는 세계 각국의 기업

구분	개발				테스트 도입/검토		
미국	IBM	Google	intel	Microsoft	LOCKHEED MARTIN	Honeywell	GM
	hp	AT&T	Raytheon	accenture	BOEING	NORTHROP GRUMMAN	Goldman Sachs
	QDTI	Booz | Allen | Hamilton					
유럽	AtoS	NOKIA	kpn		AIRBUS	VW	
중국	Alibaba Group	HUAWEI	Baidu 百度				
일본	NEC	TOSHIBA	HITACHI Inspire the Next	MITSUBISHI ELECTRIC	DENSO Crafting the Core	TOYOTA TSUSHO	HONDA	JSR
	NTT	FUJITSU			RECRUIT	NAGASE Bringing it all together	Canon	Materials Magic

자료: 조성선, 양자컴퓨터 개발 동향과 시사점, ICT SPOT Issue, 2018.02.

특히 양자컴퓨터 기술 개발에 가장 앞서 있는 기업인 IBM은 2012년 2월 美물리학회에 제출한 논문을 통해 양자컴퓨터 개발이 가시권에 들었음을 밝힌 이후, 처리 큐비트 수를 늘린 양자 프로세서를 지속적으로 공개하고 있다. 2019년엔 50큐비트 양자컴퓨터를 개발하여 한국에서 전시하기도 했다.

Education Revolution: 교육 혁명

교육은 국가의 백년대계이자 개인의 미래를 좌우한다. 현재 우리나라의 교육은 여전히 정보화 이전의 산업사회 패러다임에 맞춰져 있다. 우리 사회에 제4차 산업혁명 시대의 초지능·초연결 사회의 패러다임에 맞는 새로운 교육 혁명이 요청되고 있다. 이러한 교육 혁명에 대한 시대적 필요성과 중요성은 더욱 가속화 될 것으로 전망된다.

▼ 그림 10-19 미래교육 인재 역량

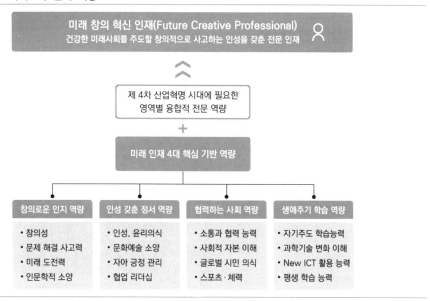

출처: 국제미래학회, 대한민국 미래교육보고서, 2017.

1 미래 교육 인재 혁명[8]

일방적으로 지식을 주입하고, 암기하게 하여 확인 평가하고, 서열화하는 전통 방식의 교육은 더 이상 존립 가치가 상실되고 있다. 미래에는 창의력과 팀워크 및 미래 대응 능력과 인성을 함양하는 교육 등으로 획기적으로 변환되어야 한다. 지식 습득 능력은 인간이 인공지능을 따라갈 수 없고 미래에는 지식과 데이터 위주의 많은 일자리

---

8 국제미래학회, '대한민국 미래교육보고서', 광문각, 2017에서 주요 내용을 발췌하였다.

가 인공지능으로 대체될 것이다.

4차 산업혁명으로 인공지능이 더욱 발전하는 초지능 사회가 가속화 될 것이다. 교육은 이에 대비할 수 있도록 다음과 같이 미래 핵심 역량을 갖추고 변화하는 전문 역량을 익혀 지속 가능한 미래 공동체를 위해 함께하는 인성과 시민의식을 갖춘 미래 인재를 양성하는 방향으로 총체적인 변화가 모색되어야 할 것이다.

4차 산업혁명시대에 필요한 미래 창의 혁신 인재는 4대 핵심 기반 역량을 바탕으로 이루어진다. 이 네 가지 역량은 개별적인 것이라기보다는 상호 연결되면서 수업을 통해 동시적으로 함께 함양돼야 한다.

첫 번째 주목해야 할 영역은 '창의로운 인지 역량' 영역으로 창의성과 문제 해결 사고력, 미래 도전력, 인문학적 소양 등을 말한다. 두 번째 영역으로는 '인성을 갖춘 정서 역량' 부분이다. 이 부분에 해당되는 역량으로는 인성·윤리의식, 문화예술 소양, 자아 긍정 관리, 협업 리더십 등의 역량이 해당된다. 세 번째 역량으로는 '협력하는 사회 역량' 부분으로 소통과 협력, 사회적 자본 이해, 글로벌 시민의식, 스포츠·체력과 관련된 역량이다. 네 번째 역량으로는 '생애주기 학습 역량'을 들 수 있으며 여기에는 자기주도 학습력, 과학기술 변화 이해, ICT 활동 능력, 평생학습 능력 등이 해당된다.

창의와 인성 역량을 직접 체험하고 중요성을 스스로 인식토록 하는 교내외의 다양한 활동이 필요하다. 건강한 사회를 위한 창의·인성 운동을 전개하고 있는 비영리단체인 클린콘텐츠국민운동본부는 이러한 일환으로 매년 '인성 클린콘텐츠 UCC 공모전'을 [사진 10-6]의 사진과 같이 전국 최대 규모로 실시하여 동기를 부여하고 있다.

▼ 사진 10-6 인성 클린콘텐츠 UCC 공모전 안내 포스터

이러한 미래 인재에게 기본이 되는 4대 핵심 기반 역량을 바탕으로 하여 제4차 산업혁명 시대에 필요한 영역별 융합적 전문 역량을 함양하여 건강한 미래사회를 주도하고 창의적으로 사고하는 인성을 갖춘 전문 인재를 양성하여야 한다.

2 학교 교육 혁명

미래의 인재를 양성해야 하는 학교는 단순히 지식 전달의 장에 머물러서는 안 된다. 학교는 미래사회에 꼭 필요한 창의적으로 생각하는 역량, 공동체에서 협업하는 역량, 그리고 미래 변화에 대응하기 위해 자율적으로 계속 학습할 수 있는 역량, 인간됨과 감성을 강화하는 인성을 함양하는 새로운 교육의 장이 되어야 한다. 이에 따라 학교에서의 평가도 서열화가 아니라 개인의 특성과 역량을 개별적으로 진단하는 방식으로 변화되어야 한다.

또한, 학교에서 교사의 역할이 바뀌어야 한다. 기존의 교수·학습방식에 의한 지식 전달자로서의 교사 역할은 이미 대체 가능한 것이 많고 인공지능이 교육에 도입되면 대체가 더욱 가속화될 것이다. 이미 학교 교사의 지식 전달 역할은 학원 강사, 온라인 강사, 인터넷 포탈의 지식 검색 등에 밀려 약화된 상태이다. 더욱이 인공지능이 교육에 적용되면 학생 개개인의 지식 수준에 맞춘 1대1 개인 학습 지도가 가능해져 지식 전달자로서의 교사 대체가 가속화될 것이다. 따

▼ 그림 10-20 미래학교 실시간 화상 활용 체험 교육

출처: 국제미래학회, 대한민국 미래교육보고서, 2017.

라서 학교 교사의 역할이 더 이상 지식 전달자로 남아서는 미래 학교에 교사는 설 자리가 없을 것이다. 교사는 이제 학생들의 미래 적응 학습과 창의력 배양 및 팀워크와 인성 함양을 위한 미래 가이드, 조력자, 동기 부여자, 카운슬러, 멘토의 역할을 담당해야 한다.

그리고 교수법은 학습자 중심 수업으로 바뀌어 질 것이다. 학생들의 창의력을 최대한 발휘할 수 있는 교육환경이 마련되어 창의수업이 실천되는 방향으로 나아가게 될 것이다. 학습방식으로는 토론식 수업과 체험학습, 협업학습, 프로젝트 학습 등이 교육 내용에 따라 적절하게 활용되어질 것이다.

3 에듀테크 혁명

에듀테크(Edutech)는 '교육(Education)'과 '기술(Technology)'의 합성어이다. 교육 콘텐츠를 효과적으로 습득할 수 있도록 하는 기술을 말한다. 즉 교육을 효과적으로 하기 위해 인공지능(AI), 증강·가상현실(AR·VR), 사물인터넷(IoT), 5G, 동영상 등 첨단기술을 사용하는 개념이다.

에듀테크로 교육 환경이 다음과 같이 바뀔 수 있다. 첫째는 첨단기술화 되는 디지털 교과서이다. 기존의 교과서 내용을 디지털화 하는 것을 넘어서 동영상, 가상현실, 증강현실을 활용하여 더욱 효과적인 교육이 가능하게 된다. 현실감을 높이도록 3차원 증강현실과 실제 환경과 상호작용을 하는 것 같이 몰입감을 주는 가상현실을 통해 시공간을 초월하고 더욱 실감나는 교육을 받을 수 있게 된다.

둘째는 인공지능 AI 교사의 활용이다. 인공지능에 맞춤형 교수법 기술을 적용시켜 학습의 개인화로 학습효과를 높일 수 있게 된다. 개인별 학습 패턴과 흥미, 적성과 학습도를 인공지능 교사가 분석하여 학습자가 어렵지 않고 즐겁게 학습할 수 있도록 인공지능 교사가 도움을 줄 수 있게 된다.

셋째, 동영상 교육 MOOC의 활성화이다. 대규모 온라인 공개 동영상 강의인 무크(MOOC: Massive Open Online Course)는 인공지능, IoT, 5G 등의 기술로 더욱 확산되어 수준 높은 무료 동영상 강의가 더욱 늘어나게 된다. 이로 인해 교육의 장벽이 사라지고 특정 대학에 입학하지 않아도 양질의 교육을 스스로 학습하여 역량을 높일 수 있게 되어 입시 위주의 교육도 약화시킬 수 있다.

넷째, 마이크로 러닝(Micro Learning) 학습이 가능해진다. 에듀테크로 학습자의 관심과 흥미에 따라 필요한 내용을 원하는 순서대로 한 가지씩 짧게 학습하게 할 수 있다. 이를 통해 학습에 대한 흥미를 높이고 학습 효과를 높이게 된다.

▼ 그림 10-21 에듀테크 가상현실 기술을 활용한 교육

출처: 국제미래학회, 대한민국 미래교육보고서, 2017.

Feeling & Spirituality Era: 감성과 영성의 시대

많은 미래학자들은 오래 전부터 '21세기는 감성이 주도하는 감성의 시대'가 될 것이라 예견했다. 세계적인 미래학자 존 나이스비트는 1982년 <메가트렌드>에서 감성의 시대를 예견했고 덴마크의 미래학자 롤프 옌센은 꿈과 감성이 핵심이 되는 드림 소사이어티(Dream Society)가 도래할 것이라고 주장했다. <새로운 시대가 온다>의 저자 다니엘 핑크도 저마다의 개성과 취향을 드러내고 삶 그 자체의 의미와 즐거움을 찾는 감성의 시대를 예견했다. 또한 금세기 최고의 미래학자로 손꼽히는 짐 데이토 교수도 21세기는 꿈과 상상이 지배하는 '드림 소사이어티'가 될 것으로 전망하고 한국이 드림 소사이어티의 아이콘이 될 것이라고 예측하였다. 마치 한국의 BTS(방탄소년단)가 전 세계 감성의 아이콘이 될 것을 10년 전에 이미 예견하고 있는 듯한 예측이었다.

감성적인 소통은 공감(共感, sympathy)을 일으키는 데 매우 효과적이다. 최근 크리에이터들이 자신들의 일상적인 삶의 스토리를 이미지와 영상 등 감성적인 방식으로 소셜미디어를 통해 소통하면서 공감력을 높여 사람들의 관심과 집중을 받고 있는 것도 그 사례이다. 이성적이고 논리적인 설명보다는 감성을 통한 공감을 일으키는 소통이 더욱 효과적이고 중요해지고 있다.

2018년 세계경제포럼의 미래 직업 리포트에 따르면 직장인이 가져야 할 역량순위가 이전과 달리 창의성, 다른 사람과의 협력, 사람관리 그리고 감성지능이 상위 순위로 올라와 인공지능이 대체할 수 없는 감성 능력이 중요해지고 있다고 강조하고 있다.

1 존 나이스비트의 3F 시대

존 나이스비트는 1982년 출간된 그의 저서 <메가트렌드>에서 감성 사회의 도래를 예측하고 있다. 즉 21세기는 Feeling, Female, Fiction의 3F 시대가 된다는 것이다. 감성(Feeling), 여성성(Female), 상상력(Fiction)이 시대정신을 이루며 이성 중심, 가부장 중심, 실물 중심 사회를 대체하게 될 것으로 예측했다.

Feeling(감성)은 기술의 발달로 오히려 인간의 감성이 중요해지고, 기술과 융합된 감성을 자극하는 상품과 개인의 니즈에 부응하는 서비스, 창의적 혁신이 중요해 진다. 그는 "하이테크는 하이터치(High-Touch)를 동반한다"면서 "21세기는 감성이 지배하는 하이터치의 시대가 될 것"이라고 예견하였다.

　Female(여성성)이 강화되어 남성적인 것보다는 여성적인 것이 더욱 경쟁력을 갖추게 된다. 수직적인 위계질서와 가부장적인 질서의 기존 사회는 수평적인 따뜻한 리더십으로 무게 중심이 옮기게 된다. 섬세함과 부드러움 그리고 유연한 사고, 독단적인 조직 운영이 아니라 팀위주의 참여형 조직 관리 등 여성성이 더욱 강조되고 경쟁력을 갖게 된다.

　Fiction(상상)은 실질적인 것보다 상상적인 것이 중요해진다. 꿈과 감성을 자극하는 스토리와 콘텐츠의 영향력이 커지고 중요해진다.

　존 나이스비트는 이후 그의 저서 <하이테크 하이터치>, <미래의 단서>에서도 4차 산업혁명 기술이 발전할수록 감성의 중요성과 새로운 르네상스의 도래를 예견하고 있다.

2 기술과 감성의 만남

　4차 산업혁명으로 인공지능, 로봇, 자율주행 자동차, 드론 등 첨단 기술의 발전이 가속화되면서 기술에 감성을 입히려는 노력이 강화되고 있다. 기술 위주의 제품에 감성과 배려를 담은 제품들이 등장하고 있다. 인공지능(AI)과 사물인터넷(IoT), 오감(五感) 역할을 하는 각종 센서들이 제품에 따뜻한 감정을 불어넣어 주고 있다.

2017년 라스베가스 국제전자제품박람회(CES)에서는 새로운 개념의 자율주행 콘셉트카가 뜨거운 관심의 대상이 됐다. 도요타는 기술의 진보보다 어떤 기술이 인간에게 더욱 의미 있는지 감성적으로 접근했다. 도요타가 공개한 콘셉트카 '유이(愛i)'는 인공지능을 바탕으로 현재 운전자의 표정과 동작, 목소리 등을 살펴 피로한 정도를 측정한다. 만약 운전자가 피곤한 상태라면 자율주행으로 전환할 것을 추천하고, 기분이 나아질 만한 음악을 슬며시 틀어 준다. 반대로 기분과 컨디션이 썩 괜찮아 보인다면 운전자가 좋아할 만한 드라이브 코스를 제안한다. 인공지능은 소셜네트워크서비스(SNS), 대화, 행동 등을 종합해 운전자의 취향을 어림잡고 거기에 맞춰 드라이브 코스를 고른다.[9]

▼ 사진 10-7 감성기술 적용한 도요타 콘셉트카 '유이'

출처: https://images.app.goo.gl/9q89BUbgAhAYJtbLA

영국의 위생·열대(Hygiene&Tropical) 의과대는 안질환 진단 애플리케이션 '피크비전'을 개발했고, 독일 의료기 회사 포토파인더는 스마트폰에 장착하면 피부를 20배 확대해 볼 수 있는 '핸디스코프'를 만들었다. 일본과 미국에서는 각각 스마트폰을 활용한 맥박 측정기, 귀 검사기를 출시했다. 파킨슨병을 앓는 노인들은 손 떨림 증상 때문에 식사에 어려움을 겪는다. 미국의 벤처기업 리프트랩스는 이들을 돕기 위해 '리프트 웨어' 숟가락을 개발했다. 이 숟가락은 손 떨림과 상반되는 방향으로 진동을 발생시킴으로써 흔들림을 줄여 환자의 안정적인 식사를 돕는다.

---

9 정승희, '감성 담은 IT제품', financial it frontier, 2017년 봄호.

시각장애인 100명 중 86명은 약하게나마 빛을 볼 수 있다. 다만 사물과 풍경의 윤곽이 뭉개지기 때문에 일상생활이 힘든 것이다. 삼성전자는 각막 혼탁 또는 굴절 장애를 겪는 시각장애인용 가상현실(VR) 기기를 개발했다. '릴루미노(Relumino: 빛을 되돌려 준다는 뜻의 라틴어)'라는 이름의 VR기기를 착용하면 초점이 선명해지고 뒤틀림 현상이 줄어들어 사물을 또렷이 볼 수 있다. 이름처럼 시각장애인에게 '빛을 돌려주는' 따스한 기술의 등장인 것이다.

이처럼 단순한 감성의 자극을 뛰어 넘어, 인간의 감성을 자동 인지하고 다양한 개인들의 상황에 부합되는 서비스를 제공하는 감성적 기술 제품이 늘어날 것으로 전망된다.

▼ 사진 10-8 시각장애인용 삼성전자 VR기기 릴루미노(Relumino) 광고

출처: https://news.samsung.com

3 제5의 물결 '영성시대'가 온다

한편 인공지능 로봇이 아무리 발전해도 인간을 따라올 수 없는 영역이 바로 '영성(Spirituality)'이다. 많은 미래학자들이 2020년 이후에는 영성의 시대가 올 것이라고 예측하고 있다.

미래학자 엘빈 토플러는 "21세기는 제5의 물결인 '영성의 시대'로 패러다임이 바뀌고 있다"고 진단하였다. 미래학자 워싱턴대 윌리엄 교수는 "2020년 정보시대는 끝나고 지식 이상적 가치와 목표를 중시하는 영성시대가 올 것"이라 예측했다. 미래학자 패트리셔 애버딘은 그의 저서 ≪메가트렌드 2010≫에서 "21세기는 이윤추구 지상주의, 물질만능주의가 아닌 영성의 시대"라고

▼ 사진 10-9 미래세대 영성의 중요성을 강조하고 있는 필자

단언했다. 미래학자 존 나이스비트도 "미래를 살아가기 위해서는 우리는 영성을 키워야 한다. 영적인 인물이 세상을 주도할 것이다"라고 예측했다.

영성(靈性)이란 진정한 자기초월을 향하는 고귀하고 높고 선한 것을 추구하는 삶이다. 미래에는 갈수록 영적인 삶을 추구하는 사람이 늘어날 것이며, 영성은 우리의 지각을 변하게 하고 미처 보지 못하던 진실에 눈을 뜨게 한다. 영성은 보고, 듣고, 느끼고, 깨닫는 우리의 지각을 변하게 한다. 모든 것에 깃들어 있는 가치와 혼을 느끼게 한다.

미래사회엔 인공지능과 로봇이 인간의 다양한 영역을 모방하고 뛰어넘는 시대가 올 수도 있게 된다. 이때에도 인간이 인간다움을 느낄 수 있는 마지막 보루가 '영성'의 영역이 될 것이다. 이로 인해 '영성'이 점차 중요해지고 이를 추구하는 사람들이 더욱 증가할 것으로 예측된다. 한국의 대표적 석학인 이어령 전 문화부장관도 "빅데이터를 활용해 예언하고 스스로 생각하는 인공지능의 시대에는 '영성'이 AI와 인간 사이의 빈 공간을 채우게 될 것"이라며 영성의 중요성과 확산을 예측하였다.

그런데 영성이 중요해지면서 사람들을 미혹하고 현혹하는 사이비 영성 또한 극성을 부릴 가능성이 높다. 이 때문에 인류에게 건강하고 유익한 영성을 분별하는 노력이 꼭 필요한 시대가 오고 있다.

Global 4.0: 개인의 글로벌화

세계경제포럼(WEF)은 2019년 미래 화두로 '글로벌 4.0'을 설정했다. 4차 산업혁명 시대가 새로운 지구촌 지배구조를 요구하면서 과거 세계화 3.0과는 전혀 다른 새로운 글로벌시대를 열고 있다는 의미다. 글로벌 1.0으로 시작된 평평해진 지구는 인공지능(AI), 사물인터넷(IoT), 블록체인 등 새로운 기술의 발전으로 글로벌 4.0으로 진입하고 있다는 것이다.

1 Global 4.0의 이해[10]

제네바 국제개발연구원의 리처드 볼드윈 교수는 글로벌의 동력은 차익거래(arbitrage), 즉 동일한 상품이 지역에 따라 가격이 다른 데서 오는 이득에 있다고 본다. 그에 따르면 글로벌 1.0 시대는 1800년대부터 1차 세계대전 직전까지로 '제품(goods)'이 본격적으로 국경을 초월해 이동한 시기다. 증기선의 발달로 화물운송혁명이 이뤄진 이 시기에는 자유방임주의와 중상주의, 그리고 제국주의가 맞물리며 강대국의 전횡이 이뤄졌는데 영국 해군이 유엔 역할을, 영국은행이 국제통화기금(IMF) 역할을 담당한 셈이었다고 그는 풀이한다.

글로벌 2.0 시대는 두 차례의 세계대전 기간에 이뤄진 조정기간으로 대공황의 후유증을 치유하기 위한 사회경제적 조치와 더불어 공산주의의 득세도 이때 일어났고 미국 주도의 브레턴우즈 시스템과 무역체제가 전후의 새로운 국제경제질서를 이끌었다.

글로벌 3.0 시대는 제품뿐 아니라 공장이 국경을 초월해 이동하며 글로벌 밸류 체인을 형성한 '초(hyper) 세계화'의 시기로 한국은 여기서 비약적 성장을 이루게 된다.

글로벌 4.0 시대는 차원이 다르다고 볼드윈은 주장한다. 제품이나 공장이 아니라 서비스의 '차익거래' 세계화가 본격화되기 때문인데 그 저변에는 디지털 혁명이 자리 잡고 있다. 서비스 가격은 지역에 따라 열 배에서 백 배까지 차이가 나지만 기본적으로 사람이 하는 것이기에 종래에는 국경이동에 근본적인 한계가 있었다.

하지만 통신과 인터넷, 인공지능과 자동번역, 그리고 로봇기술의 폭발적 발전으로 이제 전 세계 어디서나 물리적 이동 없이 서비스를 수출입하는 '원격이민(telemigration)'의

---

10 최은수, '세계화 4.0 뭐지', 매일경제, 2019.1.29.에서 발췌하였다.

시대가 열리고 있다. 그는 글로벌과 로봇을 합성한 '글로보틱스'라는 용어까지 써가며 이런 신기술을 활용할 수 있는 서비스 인력을 보유한 집단이 새로운 강자가 될 것이라고 강조한다. 그의 결론은 '경쟁력 있는 시민(Competitive Citizen)'을 만들라는 것이다.

볼드윈 교수는 세계화 4.0을 아웃소싱 일감을 연결해주는 글로벌 프리랜싱 (freelancing) 플랫폼, 첨단 통신기술, 기계 번역 등 각종 디지털 기술 발달로 인해 서비스업의 지리적 한계가 사라지는 세상으로 정의내리고 있다. 서비스산업 중심으로 세상이 재편되는 '사람중심의 글로벌' 시대가 시작됐다는 것이다.

2 Global 4.0의 동향[11]

2019년 다보스포럼은 제4차 산업혁명이 지금까지와는 전혀 다른 글로벌시대를 열 것으로 전망한다. 일단, 4차 산업혁명은 물리적, 생태학적, 공간적 제약을 사라지게 하고 국제질서를 다극화시키며, 불평등한 격차를 더욱 확대시킬 것으로 다보스포럼은 전망한다. 혁신주도 경제, 새로운 글로벌 표준, 정책, 규제 등이 새로운 승자와 패자를 양산해낸다. 공적 영역과 사적 영역 간의 협력이 더욱 중요해지고 새롭게 등장하는 지구촌 현안을 해결하기 위한 새로운 논의를 촉발시키게 된다.

4차 산업혁명이 탄생시킨 디지털 기술들은 비즈니스 방식과 경쟁방식, 개개인 삶의 방식을 송두리째 바꿔놓으면서 새로운 세계적인 현상, 세계화 4.0을 만들어내고 있다.

---

11 최은수, '세계화 4.0 뭐지', 매일경제, 2019.1.29.에서 발췌하였다.

사람들은 우버, 에어비앤비, 아마존, 구글, 유튜브, 넷플릭스, 인스타그램 등 거대한 플랫폼 위에서 전 세계적으로 같은 것을 공유하고 개인적인 생각들을 쏟아낸다. 뉴스를 읽고 방송을 보는 방식, 영화를 보고 음악을 듣는 방식, 커뮤니케이션을 하는 방식, 일하는 방식, 쇼핑하는 방법, 결제하는 방법, 이동하는 방법, 예약하는 방법, 회의하는 방식, 치료를 받고 재판을 받는 방식, 목적지를 찾는 방식 등 수많은 방법의 변화가 일어나고 있다.

이들의 중심에 새로운 권력자 개인들이 이제 막강한 파워를 발휘하고 있다. 스웨덴의 유튜브 스타 '퓨디파이(PewDiePie)'는 전 세계에 시청자 수가 8,200만 명이 넘고 한해 벌어들이는 돈만 200억 원이 넘는다. 어떤 방송국이나 미디어보다 막강한 영향력을 행사하는 '권력자'가 됐다. 수백만 명의 구독자를 가진 유튜버와 인스타그래머는 그 자체로 새로운 미디어 권력자로 부상하고 있다. 개인이 알리바바나 아마존에서 쇼핑하고 해외몰에서 직구를 하고 한국에서 중국 사이트에 몰을 만들어 비즈니스를 한다.

창의적인 생각, 선구자적 생각을 가진 개개인들이 전 세계를 무대로 활동하는 글로벌 4.0의 선구자가 되고 있는 것이다. 회사에 출근할 필요도 없고 한국에서 생활하면서 미국이나 유럽회사의 직원이 되어 일을 할 수 있고 컴퓨터 앞에 앉아 상대방의 얼굴을 보며 무슨 회의든지 할 수 있다. 인공지능과 로봇이 향후 10년간 인간의 일자리 7천 500만개를 빼앗고 많은 사람들은 임시경제(Gig Economy)의 일원이 되어 프로젝트성 일에 종사하게 된다. 새롭게 등장하는 다양한 형태의 스마트 기기를 활용해 개인들은 자

신의 건강을 지키고, 삶의 방식을 좀더 간편하게, 값싸고 안전하게 바꿔놓게 된다.

스마트 기술에 올라탄 개개인들은 빠른 속도로 글로벌 4.0 시대를 선도할 전망이다. 그들은 새로운 미래를 요구하고 더 값싸고 편리한 서비스를 요구하게 된다. 이러한 '개인 권력자'들의 니즈를 충족시키지 못하면 국가의 미래는 없다. 글로벌 4.0 시대에 올라타려면 한 국가 차원에서 나아가 국가 간 새로운 협업체계를 구축하고, 새로운 교육과 직원 재교육 프로그램 개발이 시급하다. 예를 들어, 새로운 사회적 이슈가 등장하면 이 문제를 가장 빠르고 쉽게 해결할 수 있는 실질적 권한을 가진 국가 차원의 '문제해결팀'이 있어야 한다.

▌3▐ 글로벌 4.0의 사례: 방탄소년단 BTS

한국의 아이돌 그룹 방탄소년단 BTS가 타임지의 표지 인물로 선정되고 미국 뉴욕 유엔 총회에서 연설하고 한국 가수 최초로 빌보드 메인 차트 '빌보드 200' 1위에 등극했다.

전 세계 월드 투어 콘서트의 하나로 BTS는 2019년 6월 1일 오후 7시 30분 영국 런던 웸블리 스타디움에서 공연을 열고 6만 '아미'(Army: 방탄소년단 팬클럽)의 열렬한 함성을 받았다.

BTS의 공연과 개인적 생활은 유튜브, 페이스북, 인스타그램 등 소셜미디어로 전세계의 BTS 팬클럽 회원들인 아미(Army)에게 매일 올려지고 팬들과 소통한다.

이미 BTS는 전 세계에서 가장 영향력있는 스타로 자리매김 하였다. 그 저변에는 창의적인 생각, 선구자적 생각을 가진 개개인들이 전 세계를 무대로 활동하는 글로벌 4.0의 환경이 있을 것이다. 그리고 팬들의 감성에 호소하는 글로벌 소셜 마케팅이 결합되면서 글로벌 4.0의 선두주자가 되고 있는 것이다.

타임지는 방탄소년단(BTS)을 '차세대 리더'(Next Generation Leaders)로 선정, 2018년 10월 22일호 커버인물로 실으면서 BTS의 성공 이유를 기존 아이돌그룹과 같은 요소들이 있으면서도 자신들의 결점을 오히려 음악의 소재로 담아내거나 타인과 공감할 수 있는 솔직한 감정들을 노래함으로써 새로운 룰을 만들어내고 또 능숙한 방식으로 자신들의 음악적 메시지를 SNS로 전파하면서 전 세계 팬들을 끌어모았다고 설명했다(한영혜, 중앙일보, 2018.10.11).

출처: 타임지.

Health Life Care: 건강한 삶을 관리한다

평균수명 100세 시대가 멀지 않았다. 수명의 연장과 함께 건강한 삶에 대한 니즈가 더욱 강화되고 있다. 건강한 삶과 치료를 위해 인공지능 등의 첨단기술이 의료 분야와 접목되고 다양한 영역으로 헬스케어가 확대되고 있다.

1 의료 헬스케어

의료 분야는 환자의 치료 향상과 원격 진료를 위해 인공지능 등 4차 산업혁명의 핵심 기술들의 활용으로 더욱 확산되고 있다.

1) 의료용 인공지능

인공지능이 환자의 치료에 도입된 가장 대표적인 사례가 IBM 왓슨 포 온콜로지이다. 2016년 12월 가천대학교 길병원에서 인공지능 암센터를 개소하면서 국내 처음 도

▼ 사진 10-11 인공지능 닥터, IBM 왓슨 포 온콜로지

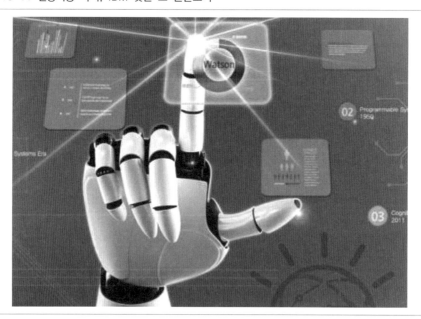

출처: https://www.ibm.com/us-en/marketplace/clinical-decision-support-oncology

입된 IBM 왓슨 포 온콜로지는 1년만인 2017년 말까지 지방거점병원으로 도입이 확대
되어 7개가 운영되고 있다. 인공지능은 암같은 중증질환뿐만 아니라 녹내장 같은 다양
한 질환의 진단과 처방 및 예방으로 활용 영역이 확대되고 있다.

　　시장조사회사 프로스트 & 실리반은 세계 의료 인공지능 시장 규모가 2014년 6억
달러였는데 2021년에는 66억 달러로 10배 이상 성장할 것으로 전망했다.

2) 의료용 로봇

　　우리나라는 2005년 세브란스병원에서 국내 처음으로 수술로봇이 도입되어 로봇
수술이 진행된 이후 2018년까지 55개 병원에 73대의 수술로봇이 보급되어 연간 로봇
수술 시행건수가 1만이 넘어서는 로봇 수술 강국이다. 국내 의료진은 위암, 간암, 대
장, 산부인과를 비롯한 다양한 영역에서 로봇수술법을 개발하여 국제 표준으로 인정되
기 까지 하였다. 그런데 우리나라 의료진이 사용하는 수술로봇은 국내에서 제작된 것
이 아니라 미국 등에서 대부분 수입한 것이다. 국내의 뛰어난 로봇수술 시술력이 산업
과 연계되지 못하고 있어 이는 국가적인 차원에서 해결해야 할 과제이기도 하다.

▼ 사진 10-12 삼성전자 재활로봇 '봇케어'

출처: https://news.samsung.com

의료용 로봇은 수술로봇 외에도 재활 로봇, 환자이동 로봇, 약조제 로봇 등 다양한 영역으로 확대되고 있다.

투자은행 맥쿼리는 세계 의료용 로봇시장 규모가 2017년 17억 달러에서 2025년 134억 달러로 8배 정도 성장할 것으로 전망했다.

２ 라이프 헬스케어

병원에 가지 않고도 일상 속에서 각종 질병의 예방, 진단, 처방 및 치료가 가능한 생활 속의 헬스케어가 확대될 전망이다.

1) 원격 헬스케어

원격 헬스케어 시스템이 구비되면 환자는 병원에 가지 않고도 사물인터넷을 통해 실시간으로 진료를 받고 의료기관이나 보험사·제약사 등이 데이터를 관리·분석하며 건강상태를 확인하고, 처방을 내릴 수도 있게 된다.

특히 움직이기 힘든 중환자나 도서·산악 지역과 군 부대 등에서는 매우 유용하게 사용될 수가 있다. 국내에서 원격 헬스케어는 아직 일부 시범 서비스만 진행되고 있지만 의료법과 관련 사항들이 정리되면 언제라도 서비스를 실행할 수 있는 인프라를 갖추고 있다.

세계 원격의료 시장은 폭발적으로 성장하고 있다. 통계 포털 Statista에 따르면, 세계 원격의료 시장 규모가 2015년 180억 달러에서 2021년 410억 달러 이상으로 커질 것으로 전망되고 연 평균 성장률(CAGR)은 29.3%로 예측된다.

2) 스마트 라이프 헬스케어

스마트 라이프 헬스케어(Smart health care)는 일상의 생활편의 디바이스에 인공지능, 사물인터넷, 5G 등 스마트 첨단 기술을 결합하여 건강한 라이프케어(Life care) 서비스를 제공하는 것이다.

영화 아일랜드처럼 아침에 기상하여 소변을 보면 혈당, 적혈구, PH 등의 상태를 즉시 분석해 알려주고, 체중을 측정하면 체중과 지방량의 데이터가 무선 인터넷망을 통해 스마트폰과 컴퓨터로 전송된다. 스마트 거울은 반사되는 빛을 감지해 심박수를 체크해 준다.

이렇게 일상생활 속에서 개인의 건강정보를 수집해 분석하고 피드백을 제공하는 스마트 라이프 헬스케어 제품들이 더욱 확대되고 있다. 스마트 기기, 웨어러블 기기, 액세서리 기기와 신체부착용 기기 등을 통해 모니터링 할 수 있는 각종 건강 지표들은 혈압, 심전도 등 활력 징후(vital signs), 활동량·칼로리·수면시간, 낙상 등으로 다양하다.

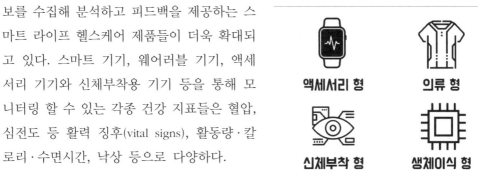

▼ 그림 10-22 스마트 라이프 헬스케어 종류

액세서리 형   의류 형
신체부착 형   생체이식 형

스마트 라이프 헬스케어는 질병치료 중심에서 건강관리 중심으로 의료 패러다임이 바뀌면서 더욱 확산되고 있다. 일상생활에서 질병을 사전 예측해 예방하고 맞춤 의료서비스를 받을 수 있는 종합 건강관리 시스템으로 발전하고 있는 것이다.

스마트 라이프 헬스케어의 영역도 확대된다. 삼성봇 케어는 실버 세대의 건강과 생활 전반을 종합적으로 관리한다. 사용자의 혈압, 심박, 호흡, 수면 상태를 측정하는 등 건강 상태를 지속적으로 확인하고, 복약 시간과 방법에 맞춰 약을 먹었는지도 관리해 준다. 가족, 주치의 등 사용자가 승인한 사람이 스마트폰을 통해 건강관리 일정을 설정하고 모니터링 할 수 있는 차별화된 서비스를 제공한다. 갑작스러운 낙상, 심정지 등 위급 상황을 감지하면 119에 긴급히 연락하고 가족에게 상황을 알려준다. 스트레칭 등 집에서 손쉽게 따라할 수 있는 운동을 제안하거나 선호하는 음악을 들려주고 일상 대화도 나누며 정서 관리 기능도 지원한다.

'삼성봇 에어'는 집안 곳곳에 설치된 공기질 센서와 연동해 집안 공기를 관리한다. 센서와 연동을 통해 집안의 오염된 위치를 파악하고 로봇이 그곳으로 이동해 미세먼지 등을 건강을 위해서 청정 관리한다. 그리고 낙상 위험을 예측하는 벨트, 수면 개선을 위한 기기, 기저귀 배변 센서와 엉덩이 골절 예방 에어백 등 다양한 라이프 헬스케어들이 등장하고 있다.

영화 <빅 히어로>에 나오는 로봇 '베어맥스'는 "10점 척도 중에 너의 고통은 어느 정도야?"라고 묻는다. 베이맥스는 이러한 질문을 통해 주인의 질병 데이터를 수집하고, 주인의 몸을 스캔하여 땅콩 알레르기와 같은 질병을 캐치하거나 상처 부위에 소독이나 약을 발라주는 등 기초적인 치료까지도 할 수 있는 최첨단 헬스케어 로봇으로, 머지않아 현실화 될 수 있는 스마트 라이프 헬스케어 로봇이다.

▼ 사진 10-13 영화 빅히어로에 등장하는 라이프 헬스케어 로봇 '베어맥스'

출처: https://images.app.goo.gl/xWRzHQuqGZRuSRYm7

Internet Everywhere: 만물지능인터넷

인터넷(Internet)은 인터넷 프로토콜 스위트(TCP/IP)를 기반으로 하여 전 세계적으로 연결된 컴퓨터 네트워크이다. 1969년 미국 국방부에서 군사 목적으로 만든 ARPANET이 시초였다. 이후 인터넷은 지속적인 혁신을 거듭하여 사물인터넷, 초고속 이동통신 등 최고의 가상 공간으로 발전하며 미래 유비쿼터스 사회를 견인하고 있다.

1 사물인터넷(IoT)의 응용

사물인터넷(IoT)은 Internet of Things의 약어로 모든 사물을 연결해 사람과 사물, 사물과 사물 간에 정보를 교류하고 상호 소통하는 지능형 인프라 및 서비스 기술이다. IoT는 감지 가능하고 프로그래밍이 가능한, 지능적이며 보이지 않는 네트워크망을 구성한다. IoT제품들은 서로 간에, 혹은 인터넷과 직접적, 혹은 간접적으로 통신할 수 있는 임베디드 기술을 사용한다. 점차 세상의 모든 것은 IoT로 연결된다.

▼ 표 10-6 사물인터넷(IoT) 응용 분야

스마트해진 환경	설명
에너지 분야	신재생 에너지원, 전력망, 전력과 에너지 소비를 지속적으로 측정하여 배전회사와 소비자에게 정보를 제공하는 동시에 적절히 수요와 공급의 균형을 맞추도록 하는 분산 전원의 지능형 통합시스템
교통·운송 분야	사용자가 더 안전하고 더 편리하게 이용할 수 있도록 서로 다른 형태의 운송 및 교통체계를 관리하는 혁신적인 서비스를 제공하는 진보된 응용 기술
제조업 분야	전 생산 공정에서 필요한 정보를 필요한 시점에 좀 더 유용한 형태로 가공하여 취합할 수 있도록 하는 실시간 통합처리 시스템
의료 분야	진보된 응용기기(모바일/스마트장치, 센서, 액추에이터 등)를 통해 환자와 의료진에게 의료서비스에 대한 접근성을 향상시키는 공공 및 개인 의료체계 구축
공공 분야	시민의 안전과 관련된 정보를 제공하고 한 차원 높은 공공서비스를 제공할 수 있도록 실시간 정보체계 구축
고객 서비스	구매에서 엔터테인먼트에 이르기까지 기술과 개인의 삶이 상호작용할 수 있는 개인 맞춤형 응용서비스 제공
건축/주거 분야	스마트폰이나 모바일 장치를 통해 원격으로 전등, 난방, 가전기기 등을 조정할 수 있는 건물과 관련된 응용시스템
금융 분야	은행, 보험, 부동산, 대출 등 다양한 금융시장에 적용할 수 있는 지능형 통합시스템

자료: 황원식, '사물인터넷(IoT)이 가져올 미래의 산업변화 전망', KIET 산업경제, 2016. 03.

케빈 애쉬튼은 그의 저서 <IoT의 이해(Making Sense of IoT)>에서 "사물인터넷(IoT)은 인터넷에 연결되어 인터넷과 같은 방식으로 작동하는 센서들을 의미한다. 사물인터넷은 개방적인 애드혹 연결을 만들고 자유롭게 데이터를 공유하고 예상치 못했던 애플리케이션들을 구현함으로써 컴퓨터가 주변 환경을 인식하고 마치 인간의 신경계처럼 작동할 수 있도록 해준다."고 했다.

이는 기존 사물과 사물 간 연결을 일컫는 '사물통신(Machine to Machine; M2M)'에서 확장된 개념이며, 향후 '만물인터넷(Internet of Everything; IoE)'으로 확장될 전망이다.

사물인터넷 기술이 타산업과 융합되면서 새로운 사업기회와 부가가치를 창출하고 있다. 보건·의료 분야에 적용되어 원격진료와 웨어러블 컴퓨터가 만들어졌고, 전력 분야에 적용되어 스마트그리드, 교통 분야에 적용되어 자율주행 커넥티드카 및 지능형 교통시스템(ITS)으로 발전하였다. 특히, 제조업의 생산공정에 도입되면 스마트팩토리,

즉 첨단 생산관리 시스템을 구축할 수 있다. 심지어 로우테크(low-tech) 산업으로 인식되어 오던 농수산식품 산업에도 ICT가 적용되어, 식물공장이나 스마트푸드 시스템 등 고부가가치의 새로운 사업 영역을 창출하고 있다. IoT는 이외에도 다음과 같이 다양한 분야에서 응용되고 있다.[12]

▼ 그림 10-23 사물인터넷 지구촌

출처: https://images.app.google/mvFrWSo6p6jLCPBS6

2 만물지능인터넷시대의 미래 전망

인터넷은 사물인터넷 이후 어떻게 변화할 것인가. 한국전자통신연구원의 하원규 박사는 인터넷은 사람 간 커뮤니케이션 중심(Internet of People)에서 2010년대는 사물인터넷(Internet of Things)으로, 2020년대는 만물인터넷으로, 2030년대는 만물지능인터넷으로, 2040년대 이후에는 만물초지능인터넷으로 진화할 것으로 예측했다.

그는 사물인터넷(IoT), 만물인터넷(IoE), 만물지능인터넷(AIoE) 그리고 만물초지능인터넷(EIoE)으로의 발전을 [그림 10-24]와 같이 도표화하였다. 지금까지의 경험칙에

---

12 황원식, '사물인터넷(IoT)이 가져올 미래의 산업변화 전망', KIET 산업경제, 2016.03.

입각하여 인터넷의 발전 경로와 이동통신시스템의 고도화 과정은 거의 맞물려 발전하는 것으로 판단하였다.[13]

▼ 그림 10-24 인터넷과 이동통신의 발전 경로

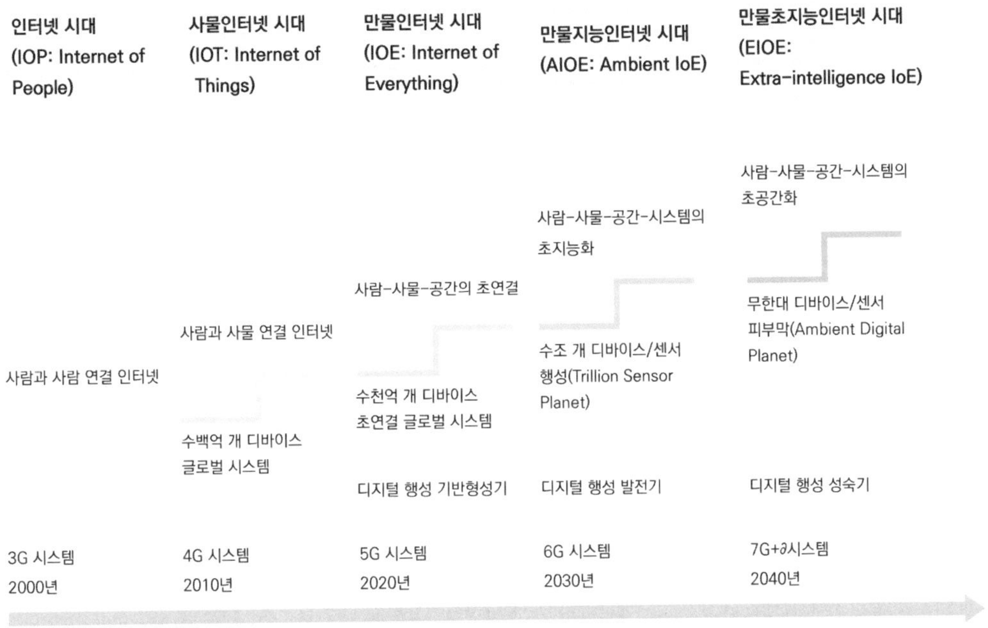

인터넷 시대 (IOP: Internet of People)	사물인터넷 시대 (IOT: Internet of Things)	만물인터넷 시대 (IOE: Internet of Everything)	만물지능인터넷 시대 (AIOE: Ambient IoE)	만물초지능인터넷 시대 (EIOE: Extra-intelligence IoE)
				사람-사물-공간-시스템의 초공간화
			사람-사물-공간-시스템의 초지능화	
		사람-사물-공간의 초연결		무한대 디바이스/센서 피부막(Ambient Digital Planet)
	사람과 사물 연결 인터넷		수조 개 디바이스/센서 행성(Trillion Sensor Planet)	
사람과 사람 연결 인터넷		수천억 개 디바이스 초연결 글로벌 시스템		
	수백억 개 디바이스 글로벌 시스템			
		디지털 행성 기반형성기	디지털 행성 발전기	디지털 행성 성숙기
3G 시스템 2000년	4G 시스템 2010년	5G 시스템 2020년	6G 시스템 2030년	7G+∂시스템 2040년

출처: 하원규, 디지털 행성시대의 메가트렌드와 창조국가전략, 국정관리연구 제10권 제2호, 2015.8.

하원규 박사는 2010년대 말에는 수백 억 개의 디바이스가 4G시스템과 상호관계성을 갖는 단계라면, 2020년대 이후에는 수천억 개의 디바이스와 센서로 구성되는 만물인터넷(IoE)과 5G시스템의 상호발전 심화단계로 본다. 무릇 사람과 사물의 존재기반은 공간이고, 공간은 사람과 사물의 생태계를 품는다.

그는 만물인터넷(IoE)의 다음 국면으로 2030년대에는 지능인터넷(AIoE: Ambient IoE) 시대로 진입할 것으로 전망한다. 무릇 사람과 사물의 존재기반은 공간이고, 공간은 사람과 사물을 품는다. 5G와의 후방연결성을 기반으로 드러나게 될 2030년대의 6G는 사람과 사물이 한없이 연결되어 제3의 생태계로서 초공간 미디어로 발전된다. 도시를 구성하는 기본요소인 사람·사물·공간의 초연결이 한층 심화된 초지능화 국면으로 이행되어 사람과 사물 간의 데이터와 정보가치를 보다 고차원으로 처리할 수 있는 초지능형 서비스와 초지능형 재화가 유통되는 만물지능인터넷(AIoE: Ambient IoE)이

---

13 하원규, '디지털 행성시대의 메가트렌드와 창조국가전략', 국정관리연구 제10권 제2호, 2015.8.

구현된다고 전망한다.

여기서 'Ambient'란 컴퓨터가 환경처럼 스며들어 있어 사용자를 에워싸고 있다는 의미에서 빌려 온 개념이다. '지능(intelligence)'이란 방대한 데이터로부터 의미 있는 정보를 추출하고 그 정보로부터 특정한 목적과 부합시키면 지식이 되고, 다시 최적 행동으로 옮기게 하는 개념이다.

그는 이러한 맥락에서 인터넷이 인공지능을 품게 되어 초지능(extra-intelligence)이란 인간－사물－공간의 경계를 초월하여 인간의 지식과 사물지(事物知) 그리고 공간지(空間知)가 소통되는 복합지능이 구현되는 만물초지능인터넷(EIoE) 단계로 7G와 함께 2040년대에 진입할 것으로 전망한다.[14]

결국 인터넷은 모든 것을 연결하는 디지털 생태계가 되고 사람이 음식을 먹고 자라듯 인터넷과 인공지능이 데이터를 먹고 성장하면서 더 똑똑해지는 디지털 생명체로 변신하는 것이다.

이와 유사하게 시장예측기관 가트너는 2018년에 10대 유망 미래 기술에 '지능형 사물(Intelligent Things, IIoT)'을 선정했다. IIoT는 사물인터넷 IoT 기능에 인공지능 AI 기능이 추가된 것을 의미한다.

이처럼 미래사회에 인터넷은 공기처럼 모든 곳에 존재하며 지능화되어 우리 일상에서 언제 어디서나 함께하는 인터넷 Everywhere가 구현될 것이다.

▼ 그림 10-25 인류의 역사와 만물지능인터넷 전망

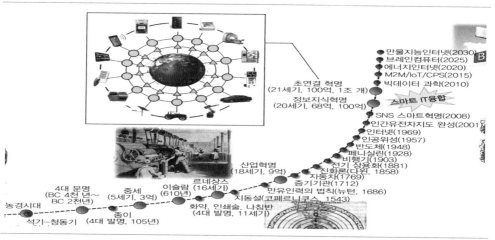

출처: 정윤 외, "2030년, 미래전략을 말한다: 세계 패러다임 변화와 우리의 선택" 이학사, 2011.

---

14 하원규, '디지털 행성시대의 메가트렌드와 창조국가전략', 국정관리연구 제10권 제2호, 2015.8.

Job Revolution: 일자리 혁명

세계경제포럼(WEF: World Economic Forum)이 2018년 '직업의 미래 2018'(The Future of Jobs 2018) 보고서를 통해 2025년이면 인공지능 기계가 전체 일의 52%를 하게 되리라 전망했다. 이 보고서에는 이런 급격한 변화로 인해 "지금부터 2022년 사이에 약 7500만 개의 일자리가 사라질 것이다", 하지만 또한 새로운 기술로 "약 1억 3,300만 개의 새 일자리"를 도출해낼 수 있을 것이라고 전망했다. 세계는 바야흐로 일자리 혁명의 시대에 들어서고 있는 것이다.

1 일자리 환경의 변화

한국고용정보원 '2017 한국직업전망'을 발간하면서 향후 10년간 국내 직업세계에서 나타날 '7대 변화 트렌드'를 다음과 같이 제시하고 있다.[15]

① 4차 산업혁명 선도 기술직의 고용 증가

인공지능, 사물인터넷, 웨어러블 디바이스, 자율주행차, 3D프린팅, 가상현실, 모바일, 드론 등 신산업에서 기술·제품 개발 및 서비스를 담당하는 IT직종과 관련 기술직 및 전문가의 고용성장이 전망된다.

② 4차 산업혁명으로 핵심인재 중심의 인력재편 가속화

핀테크, 로보어드바이저, 인터넷전문은행의 확산으로 단순사무원은 물론이고 증권 및 외환딜러 등의 전문직도 고용 감소가 예상된다. 반면에 고부가가치 창출이 가능한 보험 및 금융 상품개발자 등 핵심 전문가에 대한 수요는 증가할 것이다.

③ 기계화·자동화로 대체가능한 직업의 고용 감소

생산설비의 스마트 팩토리로 인한 기계화·자동화, 산업용 로봇 및 3D프린팅 기술의 확산으로 기존 공장의 주조원, 단조원, 판금원 및 제관원 등의 일자리 감소가 예상된다.

---

15 정원영, '4차 산업혁명 시대의 직업 전망 7대 트렌드', 로봇신문, 2017.4.25.

④ 고령화 · 저출산으로 인한 일자리 변화

고령화와 의료 · 복지 지원 확대 등으로 의사, 치과의사, 간호사, 물리 및 작업치료사, 응급구조사, 임상심리사, 사회복지사, 간병인 등의 증가가 예상된다. 다만, 산부인과 의사는 저출산으로, 영상의학과 의사는 빅데이터와 인공지능 활용 확산으로 일자리에 부정적 영향을 받을 수 있다. 또한 교사는 저출산 및 학령인구 감소로 일자리 수 감소가 예상된다.

⑤ 경제성장과 글로벌화에 따른 사업서비스 전문직의 고용 증가

경제 규모 성장과 글로벌화로 경영환경이 복잡해지면서 경영 및 진단전문가(경영컨설턴트), 관세사, 손해사정사, 디지털마케터 등 사업서비스 전문가의 고용전망이 밝다.

⑥ 안전의식 강화로 안전 관련 직종의 고용 증가

국민들의 안전에 대한 요구가 커지고 정부 역시 안전 관련 정책을 강화하면서 경찰관, 소방관, 경호원 등 안전을 책임지는 직업들의 일자리 증가가 전망된다.

⑦ ICT 융합에 따른 직업역량 변화

4차 산업혁명으로 기존 업무에 ICT 스킬이 융합된 업무가 증가할 것으로 예상된다. 일상 업무에 사용되는 '일반적 ICT 스킬' 외에 '전문 ICT 스킬(소프트웨어 프로그래밍, 애플리케이션 개발 및 네트워크 운영 등의 전문 기술)까지 포함한다. 예를 들면, 자동용접 및 로봇용접의 확산으로 용접원에게 프로그래밍 기술이 추가 요구되고, 치과기공사는 전문성 강화를 위해 3D 프린팅 기술을 익힐 필요가 있으며, 전기자동차 보급이 증가하고 자율주행차가 상용화되면 자동차정비원의 업무 중 전기 · 전자 관련 업무의 비중이 증가할 것이다.

이처럼 4차 산업혁명으로 인해 한편에선 기존의 직업과 일자리가 사라지고 한편에선 기존엔 존재하지 않았던 새로운 직업과 일자리가 생겨나고 기존 일자리의 고도화 등의 일자리 혁명이 일어나고 있다.

2 인공지능으로 인한 일자리 변화

한국고용정보원의 연구 결과(2017년)에 따르면 인공지능 AI가 상용화되는 미래에는 현재 사람이 수행하고 있는 능력의 상당 부분은 인공지능이 대신하게 된다고 한다.
이 연구 결과 인공지능(AI)이 내 일자리를 위협한다고 답한 비중이 금융 · 보험 업

'인공지능(AI)이 내 일자리를 위협한다'고 답한 비중

(단위: %)　한국고용직업분류 23개 중분류에 종사하는 1006명을 대상으로 설문조사.

금융 · 보험	81
화학	63.3
재료	61.4
기계	55.8
섬유 및 건설	52.3

출처: 한국고용정보원, '한국직업전망연구', 2017.

종은 81%나 되었고 화학업종 63.6%, 재료업종 61.4%, 기계업조 55.8%, 섬유 및 건설업종도 52.3%로 과반이 넘었다. 이처럼 이미 직장인 스스로도 인공지능 등 기술혁신으로 자신의 일자리가 없어질 가능성이 있다는 것을 느끼고 있다.

또한 이 연구에 의하면 2030년 국내 398개 직업이 요구하는 역량 중 84.7%는 인공지능 AI가 인간보다 뛰어나거나 같을 것이라는 분석이다. 경찰관(88%), 약사(84.2%), 미용사 · 보험영업원(79.2%), 영양사(76%) 등의 역량은 상당 부분 AI로 대체될 전망이다. 전문직으로 불리는 법조인과 의사도 예외는 아니다. 변호사 업무의 경우 2025년까지 37%, 2030년까지 48.1%를 AI가 인간을 따라잡게 된다. 판검사도 2025년(34.5%), 2030년(58.6%)까지 AI의 능력이 높아질 전망이다. 의사는 2025년 33.3%, 2030년 70%이다. 의료 분야에선 이미 인공지능 AI 의사 왓슨이 큰 활약을 하고 있다. 2030년엔 교수(59.3%), 기자(52.4%) 등도 절반 이상의 역량이 AI와 같거나 못하게 될 전망이다.[16]

인공지능으로 인해 현재와 똑같은 업무를 하는 일자리는 줄거나 없어질 것이란 예측은 모든 업종에 해당한다. 그러나 한편으론 인공지능으로 새로운 업무 영역이 생기거나 새로운 일자리가 생겨날 것으로 예측된다.

16　윤석만, '직업 증발의 시대가 온다', 중앙일보, 2018.1.13.

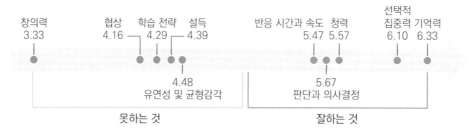

2030년 AI역량은 어디까지 단위:점, 도달 수준(7점 만점)

| 창의력 3.33 | 협상 4.16 | 학습 전략 4.29 | 설득 4.39 | | 반응 시간과 속도 5.47 | 청력 5.57 | | 선택적 집중력 6.10 | 기억력 6.33 |

4.48
유연성 및 균형감각

5.67
판단과 의사결정

못하는 것   잘하는 것

자료:한국고용정보원 미래직업연구팀

출처: 윤석만, '직업 증발의 시대가 온다', 중앙일보, 2018.1.13.

미국 컨설팅 업체 프라이스워터하우스쿠퍼스(PWC)는 2017년 일자리 연구보고서에서 2017년부터 2037년 사이 20년 동안에 인공지능과 로봇으로 인해 약 700만 개의 일자리가 사라질 것으로 예측했다. 하지만 인공지능과 로봇으로 인해 720만 개의 일자리가 새롭게 생길 것으로 전망했다. 즉, 인공지능과 로봇 덕에 결과적으로 20만 개 일자리가 더 늘어나리란 전망이다. 이처럼 관점을 어디에 두느냐에 따라 미래 일자리는 앞이 깜깜하게 보일 수도 있고 빛이 보이는 희망이 될 수도 있다.

▼ 사진 10-14 인천공항에서 안내 역할을 하고 있는 인공지능 로봇

출처: https://images.app.goo.gl/yKEmci2fqYVXgfv58

3 미래 유망 직업은 무엇인가

한국고용정보원은 2019년 4월 '4차 산업혁명 시대, 내 직업 찾기' 가이드북을 발간하였다. 4차 산업혁명으로 빠르게 변화하는 직업세계 속 미래 유망직업과 청소년의 직업·진로를 돕기 위해 제작되었다.

가이드북에서는 4차 산업혁명에 따른 직업세계 변화 트렌드로 요구되는 능력이 육체적이냐, 인지적이냐에 상관없이 정형화된 업무는 기술(로봇, 인공지능)로 빠르게 대체될 것으로 분석했다.

반면, 고도의 유연성과 육체적 적응성, 창의성, 공감능력 등이 필요한 직종은 컴퓨터화와 기계화에 따른 영향을 덜 받을 것으로 내다봤다. 즉, 4차 산업혁명 시대에는 기술 대체 가능성이 중요한 직업선택 조건이 된다는 의미로 해석해 볼 수 있다. 특히 미래 근로자의 업무 수행에 있어 로봇과의 협력, 디지털 지식의 활용이 중요해지고, 디지털 기술 활용도가 높은 사람이 성공 가능성도 높을 것으로 바라보았다.

아울러 지식과 기술의 수명이 짧아지고, 사람 수명이 연장되면서 평생 더 많은 직업을 가져야 하기에 이제 '평생직업의 시대를 넘어 평생학습의 시대'가 온다고 예견했다.[17]

가이드북은 미래 유망직업으로 [표 10-7]과 같이 15개 직업군을 선정해 소개했다.

▼ 표 10-7 미래유망 15개 직업군

연번	직업명	설명
1	사물인터넷 전문가	가전제품이나 생산설비, 각종 부품(엔진 등)의 사물에 각종 센서를 부착하여 이들 사물이 서로 정보(데이터)를 인터넷으로 주고받도록 하는 기술 환경을 개발 및 구축하거나 사물인터넷 서비스를 기획함
2	인공지능 전문가	사람의 뇌 구조에 대한 지식을 바탕으로 컴퓨터나 로봇 등이 인간과 같이 생각하고 결정을 내릴 수 있도록 알고리즘을 개발함
3	빅데이터 전문가	매우 빠르게 생산되고 있는 거대한 데이터를 실시간으로 수집 및 저장하고, 이 데이터를 분석해 가치있는 정보는 추출하는 일을 함
4	가상현실/증강현실 전문가	• PD(가상현실/증강현실 콘텐츠 기획자): 가상현실 또는 증강현실 콘텐츠를 기획하거나 시나리오를 작성함 • 프로그래머: VR/AR 제작용 컴퓨터 툴(TOOLs)을 사용하여 프로그래밍을 함 • 컴퓨터그래픽디자이너: 캐릭터나 배경 등 그래픽 영상을 디자인하고 표본으로 만듦 • 그 외 특수장비를 사용해 VR영상을 전문으로 촬영함
5	생명과학 연구원	생물학, 의약, 식품, 농업 등 생명과학 분야의 이론과 응용에 관한 연구를 통해 다양하고 복잡한 생명 현상을 탐구하고 이와 관련된 기술을 적용

---

17 정성훈, '4차 산업혁명시대, 미래 유망직업', 뉴스핌, 2019.4.4.

6	정보보호 전문가	IT 보안 전문가라고도 하는데, 컴퓨터와 인터넷상의 해킹과 바이러스로부터 디지털 정보를 보호하는 일
7	로봇공학자	서비스 로봇(교육용 로봇, 청소 로봇, 이동용 로봇 등)이나 산업용 로봇(제조용 로봇, 용접 로봇, 건설용 로봇 등), 협업로봇(코봇, collaborative robot), 웨어러블 로봇 등을 연구·개발, 제작, 유지·관리
8	자율주행차 전문가	정보통신기술(ICT), 인공지능, GPS(위성항법시스템) 등의 최신 기술을 적용해 안전하게 자율주행이 가능한 자율자동차를 연구하고 개발함
9	스마트팜 전문가	스마트팜 관련 기술과 장비를 개발하고 설치하며, 스마트팜 도입을 희망하는 농업인에게 컨설팅과 교육을 실시
10	환경공학자	공학적인 원리를 활용하여 대기환경, 수질환경, 폐기물환경, 토양환경, 해양환경 등 다양한 환경 문제를 해결하기 위해 각종 연구와 조사를 하거나, 환경영향평가 업무 등을 함
11	스마트 헬스케어 전문가	건강측정기 등 액세서리나 웨어러블 기기를 활용하여 개인이 스스로 운동량, 심전도, 심작박동 등을 체크해 건강을 관리할 수 있는 헬스케어 서비스를 기획하거나 건강관리 애플리케이션을 개발함
12	3D 프린팅 전문가	• 3D프린터 개발자: 3D프린터 또는 부품의 성능 향상을 위한 연구·개발 • 3D프린터용 재료 기술자: 3D 프린터에 사용될 다양한 소재와 기능의 재료를 연구하고 생산 • 3D프린팅 컨설턴트: 기업이 제품 생산 과정에 3D프린팅 기술을 접목하고자 할 때 기술자문을 제공
13	드론 전문가	• 드론조종사: 다양한 형태의 드론을 전문적으로 조종하는 일 • 드론개발자: 새로운 드론을 개발하거나 성능 향상을 위한 기술개발
14	소프트웨어 개발자	• 시스템소프트웨어 개발자: 컴퓨터 또는 컴퓨터가 내장된 로봇이나 산업설비 등 기계 장치에 사용되는 컴퓨터시스템의 동작, 제어 및 관리와 관련된 시스템소프트웨어를 개발 • 응용 소프트웨어 개발자: 컴퓨터 시스템을 특정 응용 분야에 사용하기 위하여 제작된 소프트웨어를 개발
15	신·재생 에너지 전문가	태양광, 태양열, 풍력, 지열, 수력, 수소, 연료전지, 바이오, 폐기물 등 전문 분야에 따라 에너지 기술을 연구하고, 시스템 및 모듈, 부품, 태양광 패널 등 소재 개발, 축전지, 에너지 최적화를 위한 제어시스템 등을 개발

출처: 정성훈, '4차 산업혁명시대, 미래 유망직업', 뉴스핌, 2019.4.4.

교육부와 한국직업능력개발원도 청소년들의 진로 지도용으로 미래 유망 직업을 소개하는 '제4차 산업혁명시대 미래직업가이드북'을 2018년 12월에 제작하였다. 다음과 같은 3가지 기준으로 전문가들이 9개 분야 54개의 직업을 미래유망직업으로 선정하여 청소년용으로 소개하고 있다.

① 10년 후 일자리 변화를 고려하여 일자리가 증가하는 직업
② 새롭고 매력적인 직업
③ 청소년이 선호하는 직업

▼ 그림 10-28 청소년 진로지도용 미래유망직업 54선

1. IT · 로봇 분야	2. 경제 · 경영 분야	3. 의료 · 복지 분야
홀로그래피 전문가 증강현실 전문가 인공지능 전문가 양자 컴퓨터 전문가 무인 자동차 엔지니어 로봇 기술자 정보보호 전문가 군사로봇 전문가	브레인 퀀트 금융기술 전문가 대안화폐 전문가 매너 컨설턴트 오피스 프로듀서 인재 관리자 개인 브랜드 매니저 세계 자원 관리자 최고 경험 관리자 창업 투자 전문가 인도 전문가	복제 전문가 기억 수술 전문 외과의 생체 로봇 외과의 장기 취급 전문가 유전자 상담사 치매 치료사 임종 설계사 두뇌 시뮬레이션 전문가

4. 환경 · 에너지 분야	5. 문화 · 예술 분야	6. 생활 · 여가 분야
우주 관리인 에너지 수확 전문가 제4세대 핵 발전 전문가 날씨 조절 관리자 극초음속 비행기 기술자 종 복원 전문가 환경병 컨설턴트 탄소 배출 점검 기록 전문가 탄소 배출권 거래 중개인 미세 조류 전문가 수소 연료전지 전문가	특수 효과 전문가 나노 섬유 의류 전문가 미래 예술가 디지털 고고학자 캐릭터 MD 내로 캐스터	미래지도사 결혼 및 동거 강화 전문가 건강관리 전문가 배양육 전문가 식료품 구매 대행 단순화 컨설턴트 우주여행 가이드 익스트림 스포츠 가이드 세계 윤리 관리자 아바타 관계 관리자

출처: 한국직업능력개발원, '제4차 산업혁명시대 미래직업가이드북', 2018.12.

4 미래 일자리 변화에 대한 대응

미래 일자리 변화에 대한 대응으로 기존의 일자리 중 사라질 일자리는 고용을 더 이상 하지 않으면서 근로자의 재교육을 통해 4차 산업혁명 미래 변화에 필요한 새로운 역량을 갖춰 대체 또는 새로운 일자리에 대응할 수 있도록 해야 한다.

한편 다음과 같은 창의적 일자리 창출을 위한 활동들을 통해 4차 산업혁명 미래에 부응하는 새로운 일자리를 만드는 노력을 국가와 기업 그리고 근로자가 함께 해야한다.[18]

① 스스로 직업을 만드는 '창직(創職)'과 '창업(創業)' 활성화

창직과 창업은 4차 산업혁명 미래 사회의 변화에 맞춰 젊은 층에게는 열정과 창의력으로 무장한 기업가 정신 함양을 통해 새로운 일자리를 만들어 낼 수 있게 한다. 또한 중장년에게는 그간 축적한 지식, 경험, 네트워크, 노하우 등을 4차 산업혁명 미래 사회 변화에 대응하여 제2의 인생을 설계하거나 본인의 경험을 사회에 공헌하는 계기가 될 수 있다. 이러한 창직과 창업 분위기를 조성하고 활성화하기 위한 다양한 지원과 사회적 활동이 필요하다.

▼ 사진 10-15 국제미래학회 주최 4차 산업혁명 미래직업 창업·창직대회 안내 포스터

출처: 국제미래학회.

18 한국고용원정보원, '4차 산업혁명 미래일자리 전망', 2017.12.

국제미래학회는 이러한 창직·창업 활성화를 위한 활동의 일환으로 매년 '대한민국 미래직업 창업·창직 대회'를 [사진 10-15]와 같이 개최하고 있다.

② 새로운 신(新) 직업 교육 강화

신 직업은 현재는 없으나 미래에는 활성화될 직업, 그리고 미래 사회변화 트렌드, 기술 발전 등을 고려할 때 국내에 새롭게 세분화되거나 전문화되어 등장하게 될 직업을 말한다. 대학과 기업재교육으로 신직업 업무에 필요한 역량을 함양하여 미래 직무 역량을 강화시켜 주어야 한다. 신직업 교육의 의미는 기업 차원에서는 새로운 비즈니스를 견인할 새로운 직무를 제공한다는 점에서, 개인 차원에서는 청년층의 진로 탐색, 중장년층은 평생 진로 개발을 위해 기존과 다른 직업에 관심을 가질 수밖에 없다는 점에서, 그리고 정부 차원에서는 경제를 견인하고 국민의 복지와 연계된 일자리 창출에 기여한다.

③ 메이커스 운동(Maker's Movement)

메이커스 운동은 4차 산업혁명 미래 사회 변화에 부응하여 새로운 비즈니스 아이디어를 제품화하고 싶지만 자본과 시장 기반이 없는 개인이 누구나 제조, 판매를 할

▼ 사진 10-16 메이커스 스페이스 사례

출처: https://images.app.goo.gl/VfrofXjWucSNMYz2A

수 있도록 하는 오픈소스 하드웨어, 디지털 장비 등을 개인들이 자유롭게 사용할 수 있도록 제공하여 시제품을 제작해 보고 아이디어를 실현하도록 지원하는 활동이다.

개인블로그, 트위터, 유튜브 등이 개인미디어 콘텐츠 창작자에게 활동의 플랫폼을 제공해주는 것처럼 메이커스 활동을 위한 랩에서 3D프린터, 소프트웨어 등을 활용하여 아이디어 기획, 장치의 설계, 제작에 이르는 일련의 과정을 시도해 볼 수 있다. 이 과정에서 개인들은 여러 사람과 아이디어나 지식을 공유하게 된다.

④ 기업 내 창의·창업 활동 지원

4차 산업혁명 미래사회에 부응하는 기술 발전이나 새로운 비즈니스 창출은 기존과 다른 혁신적 아이디어와 창의성이 뒷받침되어야 한다. 기업의 생존 전략에 혁신이 요구되면서 종업원들의 창의적 아이디어를 장려하고 사내 창업을 독려함으로써 새로운 가치를 창출하고 근로자의 역량을 강화하며 독립적으로 성장하는 사례가 증가하고 있다. 이러한 지원 활동은 기업의 성장을 이끌어내고, 이는 결국 일자리 창출로 이어질 수 있다.

4차 산업혁명으로 미래사회는 일자리 혁명이 일어나고 있는 바, 이에 대한 이해와 대응은 국가와 기업 및 개인 모두에게 중요한 과업이 되고 있다.

연구 문제
토의 사항

1. 국내 저출산, 고령화 현황과 전망은 어떠한가?

2. 바이오 산업은 어떻게 발전될 것으로 전망되나?

3. 기후변화에 대응하는 방안은 무엇인가?

4. 인공지능과 양자컴퓨터가 발전되면서 어떤 사회 변화가 예상되나?

5. 미래 창의 인재의 역량은 무엇이며 어떻게 함양해야 하나?

6. 존 나이스비트의 3F는 어떤 의미인가?

7. 글로벌 4.0은 어떤 의미이며 어떤 사례가 있는가?

8. 라이프 헬스케어는 어떤 종류가 있는가?

9. 만물지능인터넷은 어떤 의미이고 어떻게 구현되는가?

10. 인공지능의 발전에 따라 미래 일자리는 어떻게 변화되는가?

PART **11**

미래학 & 미래연구
용어 개념

미래학원론 : 미래연구 · 미래전략 입문서

PART 11
미래학 & 미래연구 용어 개념

　　미래학과 미래연구에는 다양한 의미의 많은 용어들이 사용되고 있다. 더구나 같은 한글도 영어 원어의 표현과 의미는 다른 경우도 있다. 미래학과 미래연구에서 주로 쓰이는 용어에 대한 개념을 정리하고 이해하는 것이 필요하다. 과학기술정책연구원(박병원)이 2017년 12월에 발간한 미래연구용어집이 이런 측면에서 매우 유용하다. 이 용어집을 중심으로 다른 자료들을 참조하여 미래학과 미래연구에 필요한 주요 용어를 정리하였다.

I 미래학 & 미래연구 일반 용어 개념

□ 미래학(Futurology, Futures Studies)

　　과거 또는 현재의 상황을 바탕으로 미래예측 방법을 통해 미래사회의 모습을 예측하고, 바람직한 미래를 구현하기 위한 미래전략을 입안하는 통합적 학문

□ 미래연구(Futures Research, Futures Studies)

　　과거 및 현재의 경험과 자료를 기초로 사회구성원의 바램과 혜안(insight)을 결합하여, 원하는 미래를 만들 수 있는 구체적인 대안을 체계적으로 발굴하는 과정

□ Forecast(미래예보)

　　과거에서 현재까지 정량적 데이터 관찰을 바탕으로 시계열 분석 기법을 적용하여 발생 가능한 미래를 확률적으로 묘사하여 알리는 것

□ Foresight(미래예측)

　　본질적인 미래 변화를 다양한 데이터 및 경험과 지식을 통한 통찰력(Insight)과 선견지명을 통해 미래를 예측하는 것

☐ Forethought(사전숙고)

행동에 옮기기 전에 필요한 것이 무엇인지, 또는 그 결과가 어떻게 될 것인지 신중히 생각하는 것

☐ Foretell(예언)

무엇이 발생할 것이란 것을 미리 말해주는 것

☐ Prediction(예견)

기계론적 세계관에 바탕을 두고 초기 조건과 사회의 작동 원리에 대한 규칙(패턴)으로 미래에 대해 정확히 예측할 수 있다고 판단하고 미래를 예측하는 것

☐ Prospect(전망)

미래에 일어날 바람직한 가능성을 기대를 가지고 제시하는 것

☐ Prophecy(예언)

미래의 일을 신앙을 통해 계시를 받아 미리 알리는 것

☐ Prognosis(예후)

의학 용어에서 환자의 질병 진행을 미리 예측하는 것처럼 통찰력으로 발생 가능한 다양한 미래를 예견하는 것

☐ 예측가능성(Predictability)

과거와 현재의 관찰 및 경험을 통해 파생된 법칙과 패턴, 또는 과학적인 추론 및 구조적인 모델링에 기반해 미래에 발생할 수 있는 사건의 가능성에 대한 신뢰의 정도를 의미

☐ 백캐스팅(Backcasting)

재구성 기법으로도 불리며, 다가올 미래를 예측하는 일반적인 기법과 달리 발생 가능한 미래상황을 미리 정의한 뒤 시간 역순에 따라 그 인과관계를 추론하는 방법

☐ 시계(Time Horizon)

미래연구에서 고려하는 시간의 범위를 의미. 현재 통상적으로 미래학, 미래연구에서 고려하는 시계는 현재로부터 10~50년의 시계를 시간적 범위로 설정하고 있음

☐ 세계관(Worldview)

사람들이 세상을 바라보고 인식하는 관점으로, 사람들이 갖고 있는 미래에 대한 '이미지(image of futures)'라고 할 수 있음

□ 유토피아(Utopia)

토마스 모어(Thomas More)가 1516년에 지은 소설책의 제목인 『유토피아』에서 출발한 것으로, 미래 사회를 이상적인 완벽한 장소 또는 그러한 상태로 도달할 수 있다고 보는 관점

□ 디스토피아(Dystopia)

유토피아와는 반대의 개념. '지옥향' 또는 '암흑향'으로 번역되기도 하는데 디스토피아라는 표현은 존 스튜어트 밀(John Stuart Mill)이 처음 사용함. 미래 사회가 나빠져 인류에게 해로운 상태가 될 수 있다고 보는 관점

□ 와일드카드(Wild Card)

미래의 모습을 변화시킬 정도로 상당한 영향(또는 결과)을 가져올 수 있는, 놀랍지만 예상할 수 없는 사건을 말함. 대세가 된 메가트렌드나 기 구축된 체제를 일거에 뒤흔드는 변수가 되기도 함

□ 퓨처스 콘(Futures Cone)

미래를 손전등 같은 이미지로 가능미래(Possible futures), 타당미래(Plausible futures), 유력미래(Probable futures) 및 선호미래(Preferable futures)의 네 가지 미래 개념으로 구분함

□ 검은 백조(Black Swan)

지극히 드문 확률을 가지고 있거나 예상범위를 넘어선 깜짝 놀랄만한 사건을 지칭하는 용어임. 검은 백조는 원래 서양 고전에서 실제로는 존재하지 않고 상상 속에서나 존재하는 것을 나타낼 때 사용하던 표현이었음. 그러나 1697년 네덜란드 탐험가 윌리엄 드블라밍(Willem de Vlamingh)이 오스트레일리아에서 기존에 없었던 검은 백조를 발견하면서, 검은 백조라는 용어의 의미는 전혀 예상할 수 없었던 일이 실제 발생하는 것으로 변경됨.

□ 검은 코끼리(Black Elephant)

'검은 백조'와 '방 안의 코끼리(모두가 알고 있으나 아무도 언급하지 않는 문제를 가리키는 용어)'의 합성어로, 실현 가능성이 높아 파장을 예측할 수 있음에도 불구하고 다루기를 기피하거나 존재하지 않는 것처럼 무시하는 문제들을 말함

□ 검은 해파리(Black Jellyfish)

검은 백조 및 검은 코끼리와 같이 큰 영향력을 지닌다는 점에서는 유사하지만, 검은 백조나 검은 코끼리처럼 사건 자체가 정상 범위를 벗어난 것이 아니라 정상적인 현상들이 모여 탈 정상적인 영향력을 지니게 된 사건을 지칭함

□ 나비효과(Butterfly Effect)

거대해 보이는 어떤 결과가 사실은 작은 변화로부터 발생할 수 있다는 것임. 기존에는 어떤 커다란 변화나 큰 요인에 주목하면서 미래 변화를 일으키는 동인을 발견하려고 했다면 나비효과 개념은 미래연구에 있어서 그동안 지나쳤던 작은 요인의 변화가 미래에 큰 결과를 가져올 수 있다는 인식을 하면서 더 다양한 그리고 더 미세한 동인에도 주목할 수 있게 함

□ 복잡계(Complex Systems)

많은 수의 구성요소들이 서로 간의 상호작용을 통해 구성요소 하나하나의 특성과는 사뭇 다른 새로운 복잡성을 나타내는 동시에 그 속에서 어떤 질서를 보여주는 체계임. 구성요소들이 충분한 복잡성(complexity)을 가지고 상호의존성(inter-dependency), 적응성(adaptation), 창발성(emergence) 등을 나타내는 것으로 미래 사회 변화가 이러한 특징을 가짐

□ 디자인 사고(Design Thinking)

명확하게 정의되지 않은 어려운 문제의 본질을 이해하고 이에 대한 최선의 해결책을 찾는 논리추론적 접근법으로 디자인 분야에서 사용되던 혁신적이고 창의적인 프로세스와 사고 방법을 적용한 것임. 디자인 사고에 의한 문제해결 과정을 묘사할 때 공감(emphathize), 정의(define), 아이디어(ideate), 프로토타이핑(prototyping), 테스트(test) 단계가 포함됨

□ 시스템 사고(Systems Thinking)

컴퓨터 시뮬레이션에 초점을 두는 시스템 다이내믹스에서 직관적 사고방식을 추출하여 체계화한 소프트한 분석 방법으로 인과지도 분석을 핵심으로 하는 분석 방법임

□ 논리적(Logical) 사고

벽돌 위에 벽돌을 쌓는 사고를 말하는데 그 다음은 무엇이지(what is next?)라는 질문을 끊임없이 제기하면서 답변하는 사고임. 이렇듯 과거로부터 시작해 끊임없이 그 다음을 질문하다 보면 우리는 매우 와해적인(disruptive), 충격적인(surprise), 그러면서 매우 새로운(novel) 미래를 만날 수 있음

□ 비판적(Critical) 사고

비판적으로 미래를 상상하는 접근법은 두 가지로 나눠 볼 수 있음. 하나는 의지가 반영된 미래(willed futures)로 부정적 효과를 치유하고 해결하는 규범적 미래상을 제시하는 접근법임. 두 번째는 미래를 예상할 때 3가지의 P(possible, probable, preferable)를 찾는 것이라고 하는데, 이 3가지 P를 통해 어떤 과정을 거쳐 미래가 만들어지는지 비판적으로 들여다보는 태도임

□ 해석적(Interpretive) 사고

조직/국가의 외부에서 논의되는 미래상을 자신이 속한 지역이나 문화적 특성에 맞춰 재해석하는 사고를 말함. 해석적 태도는 늘 한 사회의 사고의 경계(beyond the horizon)를 넘어서 미래의 시그널을 해석하려고 함

□ 변형적(Transformational) 사고

현재에 없는 것을 상상하는 것임. 다소 극단적인 미래를 예측하려는 것이 목적인데, 과거와 현재라는 감옥에서 벗어나려고 함. 변형적 미래사고는 과거와 현재의 데이터를 미래예측의 걸림돌을 간주한다는 측면에서 매우 창의적인 미래사고법으로 볼 수 있음. 이런 사고법으로 우리는 '알 수 없는 것(unknown)'을 상상할 수 있게 됨

□ 이슈탐색(Horizon Scanning)

항해 시 수평선을 탐색(scanning)하듯 미래의 이슈를 탐색한다는 뜻으로 특정 분야에 등장한 표면적인 이슈들을 탐색하여 잠재적 이슈를 발굴하고 위험과 기회 등을 규명하는 기법을 지칭함. 또한 조직을 둘러싼 환경에서 일어나는 최신 이슈를 모니터링·분석·평가하는 지속적이고 체계적인 활동 전반을 의미함

□ 기술영향평가(Technology Assessment: TA)

과학기술의 발전이 사회에 미치는 영향을 사전에 평가함으로써 부정적 영향을 최소화하고 긍정적 영향을 최대화하여 바람직한 과학기술의 변화 방향을 모색하려는 이론적·정책적 시도들임

□ 외삽법(Extrapolation)

이전의 경험, 혹은 이전 실험에서 얻은 데이터들에 비추어 아직 경험하지 못한 경우를 예측하는 기법. 특정한 공간이나 시간 영역 내 각 지점에서의 값들을 연결하면 하나의 선, 곡선 혹은 곡면이 됨. 이와 같이 특정한 구간 내 각 점에서 값을 이용하여 연속적인 함수를 구하는 것을 내삽(보간, interpolation)이라 함. 반면에 특정한 구간 내

에 존재하는 각 지점의 값들을 이용하여 이 구간 바깥에 존재하는 특정 지점까지 연속된 함수를 구하는 것을 외삽이라고 함

Ⅱ 미래예측방법론 용어 개념

□ 인과층위분석(Causal Layered Analysis: CLA)

1998년 소하일 이나야툴라(Sohail Inayatullah)가 창안한 미래연구 및 전략기획 방법론으로, 관찰 가능한 사건 및 추세, 예상되는 미래 등의 원동력을 규명하는 기법이다. 이 기법은 미래에 대한 주요 변수로 결정된 키워드에 대하여 하나의 관점이 아닌 다양한 관점으로 접근하여 현상을 깊이 있게 이해하고 설명하는 방법이다.

□ 교차영향분석(Cross Impact Analysis)

사건 간의 관계가 어떻게 결과에 영향을 미치고 미래의 불확실성을 감소시키는지 알아보기 위해 1966년 테드 고든(Theodore Gordon)과 올프 헬머(Olaf Helmer)에 의해 개발된 방법론이다. A라는 사건이 발생했을 때 B라는 사건이 발생할 확률이 얼마나 높아지거나 감소하는지에 대한 확률적 결과를 도출하는 분석법이다.

□ 의사결정나무(Decision Trees)

분석하고자 하는 대상을 의사결정의 규칙에 따라 도표로 만들어 몇 개의 소집단으로 분류하거나 예측하는 분석 방법이다. 나무와 같은 구조로 분석 과정이 표현되기 때문에 직관적이고 보다 쉽게 설명할 수 있다.

□ 델파이(Delphi)

1950년대 후반 RAND 연구소가 개발한 익명 기반의 전문가 설문 조사 기법으로, 전문가들로 하여금 서로 다른 시각들을 제시하게 하면서 미래에 대한 질적 자료들을 수집하며 참여자들의 반복적이고 구조화된 피드백을 활용해 미래에 대한 예측 정보를 얻게 된다.

□ 내러티브 탐구(Narrative Inquiry)

인간의 경험을 이해하기 위한 하나의 방법으로, 한 장소 또는 일련의 장소에서 환경과의 상호작용 속에서 일어나는 연구자와 참여자 간 협력의 과정이며 그들의 삶의 이야기이다.

즉, 연구자와 참여자 간의 협력적인 관계를 토대로 이야기라는 행위를 통해 경험을 공유하고 이를 탐구하는 방법이다.

□ 형태학 분석(Morphological Analysis)

기술이나 제품을 이루는 구성요소를 세분화하고 각 구성요소를 가능한 요소로 다시 세분화시켜 정렬한 후 이들 요소(독립변수)의 재결합을 통해 새로운 기능이나 제품을 구성하는 방법론이다.

□ 퓨처스 휠(Futures Wheel)

미래 사회의 메가트렌드나 사건이 영향을 미치는 결과를 직관적으로 살펴볼 수 있도록 수레바퀴 그림으로 표현하는 것이다. 메가트렌드나 어떤 사건이 미치는 2차, 3차 영향을 보여주기 때문에 메가트렌드가 어떻게 변해가는지 어떤 결과를 가져오는지 예측할 수 있다. 미래바퀴 기법은 1971년 제롬 글렌(Jerome C. Glenn)이 처음 제시한 것으로 1972년 임펠라 휠(Implementation Wheel), 임팩트 휠(Impact Wheel), 마인드 맵핑(Mind Mapping)과 같은 다양한 변형이 나오면서 발전하기 시작했다.

□ 참여적 방법(Participatory Methods)

특정한 프로젝트와 정책 등으로 생활에 영향을 받을 수 있는 사람들을 의사결정 과정에 중요한 역할을 하도록 참여시키는 방법이다.

□ 사전부검(Pre-Mortem)

부검을 나타내는 의학용어 사후부검(Post-mortem)의 반대말로, 어떤 결정을 내리기 전에 이미 그 결정이 틀렸다는 사실을 알게 된 미래에 와 있다고 가정하고, 왜 그런 틀린 결정을 내렸는지에 대해 논의하는 과정이다.

□ 레드팀(Red Teaming)

조직의 전략을 점검, 보완하기 위하여 조직 내 취약점을 발견하고 공격하는 역할을 부여받은 하위 조직을 말한다. 이 팀은 조직 내부의 전략 수립에 개입되지 않은 독립적인 팀으로, 경쟁자들처럼 생각하고 시뮬레이션하여 조직의 취약점과 새로운 시각의 대체방안을 제시하는 팀이다.

□ 연관수목법(Relevance Tree)

위계적(hierarchical) 방식으로 연구 주제를 접근하는 방식이다. 우선 폭넓은 전반적인 상위 주제로부터 시작하여 점차 그것을 구성하는 하위 주제로 깊게 하위 또는 다음 단계로 내려가며 분석을 한다. 연관수목법은 복합적이지만 각 단계가 뚜렷하게 구분되어 있는 상황, 즉 각 단계 아래에 더 구체적인 단계적 구분이 되어 있는 상황을 분석하는 데 사용된다.

□ 감성분석(Sentiment Analysis)

우리의 마음을 언어 기호로 표현한 감성 표현을 모으고 분석하여 이들에 나타난 의견, 평가, 태도 등의 특징적 양상을 정량화된 자료로 제시하는 것이다. 감성분석은 언어에 나타난 주관성(subjectivity) 요소를 탐지하는 것에서 시작하여, 주관적 요소인 긍정과 부정의 요소 및 정도성을 판별해 정량화하는 작업이다.

□ 모의실험(Simulation)

복잡한 문제를 해석하기 위하여 모델링을 통한 실험을 수행하거나 실제 사회현상과 비슷한 상태를 수식으로 만들어 모의적으로 연산을 반복함으로써 그 특성을 파악하는 것을 말한다. 모의실험의 원래 의미는 연구목적에 따라 필요한 부분을 현실에 맞게 구현한 후 이것을 무한에 가까울 정도로 수없이 반복하여 통계적으로 최적의 해를 찾아내는 것이다.

□ 시계열 분석(Time−series Analysis)

한 사건 또는 여러 사건에 대하여 일정한 간격으로 이들을 관찰하여 기록한 자료에 대한 연구이다.

□ 윈드터널링(Wind−Tunnelling)

시나리오를 전략으로 만드는 과정의 일환으로 다양한 시나리오에서 전략의 견고성을 평가하는 방법이다. 윈드터널링은 공기역학 연구에서 차용한 용어이다. 윈드터널은 바람을 일으키는 터널 속에서 다양한 상황을 만들어 모의 비행실험을 하기 위해 고안되었다. 윈드터널링은 취약 지점을 파악하기 위해서 모의 비행기를 지나가는 공기의 효과 연구에 사용하는 기법을 의미한다. 시나리오가 윈드터널, 전략이 모의 비행기라고 여기고 실험을 하는 것이다. 이와 같이 전략의 견고함은 개별 시나리오에 그 전략을 적용해보고 모든 시나리오에서 어떤 전략이 최상의 결과를 가져오는지 평가하여 알 수 있다.

4차 산업혁명 미래 용어 개념

□ 4차 산업혁명

클라우드 슈밥 세계경제포럼 회장이 2016년 주창한 것으로 모든 사물에 인공지능이 장착되는 초지능, 모든 사물이 사물 인터넷으로 연결되는 초연결, 디지털 세계와 물리적 세계가 서로 융합되는 초융합이 구현되어 언제 어디서나 원하는 정보와 서비스를 제공 가능한 유비쿼터스 사회가 실현되고, 경제와 산업과 사회 모든 영역에서 혁명적 변화가 일어나는 새로운 시대 패러다임이다.

□ 알고리즘(Algorithms)

컴퓨터 프로그램이 따라야 하는 규칙의 집합이다.

□ 인공지능(Artificial intelligence)

인공적으로 만들어진 지능이다.

□ 강 인공지능(Strong AI)

사람의 지능, 능력을 초월하는 인공지능을 뜻한다. 일종의 감정을 가진 초지능으로도 볼 수 있다. 또한, 강 인공지능은 지각력이 있고, 스스로를 인식하며, 어떤 문제를 사고하고 해결할 수 있는 인공지능으로도 볼 수 있다. 예로는 영화 아이로봇의 로봇이나 영화 터미네이터 시리즈에 나오는 터미네이터들을 들 수 있다.

□ 약 인공지능(Weak AI)

사람보단 못하지만 사람에게 도움을 주는 인공지능을 말한다. 이는 특정 영역에서 매우 빠른 계산, 연산을 통해 사람들을 돕는 것으로도 볼 수 있다. 즉, 어떤 문제를 사고하거나 해결할 수는 없고, 지능이나 지성을 갖추진 못하지만, 어떤 면에서 볼 때 지능적인 행동을 보이는 것을 말한다.

□ 범용 인공 지능(Artificial General Intelligence: AGI)

특정 문제뿐 아니라 주어진 모든 상황에서 생각과 학습을 하고 창작할 수 있는 능력이 있는 인공 지능이다.

□ 좁은 인공 지능(Artificial Narrow Intelligence: ANI)

음성 인식, 바둑 등 특정 문제만을 해결할 수 있는 인공 지능이다.

□ 인공신경망(Artificial Neural Network)

인간의 신경을 흉내낸 머신러닝 기법으로 기계학습과 인지과학에서 생물학의 신경망에서 영감을 얻은 통계학적 학습 알고리즘이다. 두뇌의 정보 처리 과정을 모방해서 만든 알고리즘이다.

□ 머신 러닝(Machine learning)

사람이 먼저 컴퓨터가 잘 인식하도록 데이터를 분류하여 컴퓨터에게 분류한 데이터들을 주고 학습하도록 하여 스스로 새로운 지식을 얻어내게 한다.

□ 딥 러닝(Deep learning)

인간이 개입하지 않고 처음부터 데이터를 컴퓨터에게 바로 전달하여 학습조차 스스로 하게 한다.

□ 지도학습(Supervised Learning)

훈련 데이터로부터 하나의 함수를 유추해 내기 위한 방법으로, 데이터에 대한 레이블(명시적인 정답)이 주어진 상태에서 컴퓨터를 학습시키는 방법이다. 분류된(학습 데이터에 답이 달려져 있음) 데이터 세트에서 학습, 알고리즘이 학습 데이터에서 정확성을 평가하는데 사용할 수 있는 기준을 제공한다.

□ 비지도학습(Unsupervised Learning)

데이터에 대한 레이블이 주어지지 않은 상태에서 컴퓨터를 학습시키는 방법으로, 데이터 형태로 학습을 진행한다. 분류되지 않은 데이터를 알고리즘이 스스로 특징과 패턴을 추출함으로써 이 데이터를 이해하려고 노력한다.

□ 강화학습(Reinforcement Learning)

주어진 환경에 대해 어떤 행동을 취하고 이로부터 어떤 보상을 얻으면서 학습을 진행한다. 상과 벌이라는 보상을 주며 상을 최대화하고 벌을 최소화 하도록 학습하는 방식이다.

□ 사물인터넷(IOT, INTERNET OF THINGS)

정보통신기술 기반으로 모든 사물을 연결해 사람과 사물, 사물과 사물 간에 정보를 교류하고 상호 소통하는 지능형 인프라 및 서비스 기술이다.

□ 빅데이터(Big Data)

사람들이 사용할수 있는 웹상의 콘텐츠가 증가함에 따라 비정형 데이터(텍스트, 이미지, 비디오, 사운드 데이터)가 증가하게 되고 비정형 데이터를 처리하는 기술이 나오게 되었다. 빅데이터의 공통적 특징은 3V로 설명할 수 있다. 3V는 데이터의 크기(Volume), 데이터의 속도(Velocity), 데이터의 다양성(Variety)을 나타내며 이러한 세 가지 요소의 측면에서 빅데이터는 기존의 데이터베이스와 차별화된다. 즉 빅데이터란 3V를 만족하는 데이터 또는 그러한 데이터를 처리할 수 있는 기술을 의미한다.

□ 자연어 처리(Natural Language Processing)

인간이 발화하는 언어 현상을 기계적으로 분석해서 컴퓨터가 이해할 수 있는 형태로 만드는 자연 언어 이해 혹은 그러한 형태를 다시 인간이 이해할 수 있는 언어로 표현하는 제반 기술을 의미한다.

□ IPv6

IoT를 위해서는 모든 사물에 IP를 부여해야 한다. 기존 32비트 체계의 IPv4의 한계를 극복하기 위해 개발된 128비트 체제의 IP 주소체계로 IETF(Internet Engineering Task Force)의 공식 규격이다.

□ 다크 데이터(Dark Data)

데이터를 수집해서 저장만 하고 분석에 활용하고 있지 않는 다량의 데이터를 말한다. 다크 데이터는 나중에 사용할 것이라는 생각으로 방치되어진 데이터나, 사용되지 않고 저장 공간만 차지하고 있는 불필요한 데이터이다.

□ 데이터 해독력(Data Literacy)

리터러시(literacy)는 글을 읽고 해독하는 능력을 뜻한다. Data Literacy는 데이터를 통해 응용하여 그 글 안에 숨겨진 의미를 파악하는 해독능력을 말한다.

□ 오피니언 마이닝(Opinion Mining)

네티즌들의 게시글이나 댓글과 같이 웹사이트와 소셜미디어에 나타난 특정 주제에 대한 여론과 의견을 분석하여 유용한 정보로 재가공하는 빅데이터 분석 기술을 말한다.

□ 핀테크(Fintech)

Finance(금융)와 Technology(기술)의 합성어로, 금융과 IT의 융합을 통한 금융서비스 및 산업의 변화를 통칭한다.

□ 챗봇(Chatbot)

인공지능(AI)이 빅데이터 분석을 바탕으로 언어로 사람과 대화하며 해답을 주는 대화형 메신저를 말한다.

□ 로보 어드바이저(Robo-Advisor)

빅데이터와 인공지능 기술을 통해 자산 설계와 관리까지 해주는 시스템으로 로봇(robot)과 투자전문가(advisor)의 합성어이다.

□ 블록체인(Block Chain)

'데이터 분산 처리 기술'을 뜻한다. 네트워크에 참여하는 모든 사용자가 거래내역 등의 데이터를 분산 저장하는 기술을 칭하며, 거래 데이터를 블록에 분산 저장해 이 블록들이 연결되어 체인 형태를 이룬다.

□ 스마트 팩토리(Smart Factory)

제품의 설계와 제조, 유통, 물류 등 모든 생산과정이 사물인터넷(IoT)과 인공지능(AI) 등 4차 산업혁명 기술로 폭넓게 구현되어 자동화된 지능형공장을 의미한다.

출처: www.shutterstock.com

대표적 미래 연구 기관 사이트 정보

	기관명	사이트
국외	싱가포르 전략미래센터 Centre for Strategic Future(CSF)	www.csf.gov.sg
	핀란드의회 미래위원회 Committee for the Future	www.eduskunta.fi
	코펜하겐 미래연구원 Copenhagen Institute for Futures Studies(CIFS)	http://cifs.dk/
	미국 미래연구소 Institute for the Future(IFTF)	www.iftf.org
	OECD 미래연구프로그램 International Futures Programme	www.oecd.org/futures/
	미국 국가정보위원회 National Intelligence Council(NIC)	www.dni.gov
	캐나다 미래전략정책처 Policy horizons Canada	www.horizons.gc.ca
	세계미래회의 World Future Society(WFS)	www.wfs.org
	세계미래연구연맹 World Futures Studies Federation(WFSF)	www.wfsf.org
국내	과학기술정책연구원 미래연구센터(STEPI-CSF)	foresight.stepi.re.kr
	한국과학기술기획평가원(KISTEP)	www.kistep.re.kr
	한국정보화진흥원(NIA)	www.nia.or.kr
	기획재정부 장기전략국(MOSF)	www.mosf.or.kr
	국회 미래연구원 National Assembly Institute for the Future	www.nafi.re.kr
	국제미래학회 Global Futures Studies Association	www.gfuturestudy.org

1. 미래학·미래연구 일반 용어 중 중요한 용어는 무엇이며 그 개념은 무엇인가?

2. 미래예측 방법론 용어 중 중요한 용어는 무엇이며 그 개념은 무엇인가?

3. 4차 산업혁명 용어 중 중요한 용어는 무엇이며 그 개념은 무엇인가?

4. 미래연구 기관의 사이트는 어떠한 것들이 있는가?

PART  **12**

미래학 석학과의 대화

미래학원론: 미래연구 · 미래전략 입문서

PART 12
미래학 석학과의 대화

필자는 지난 15년간 해외 및 국내의 미래학과 미래연구의 석학들과 만남을 가져오고 있다. 특히 50여 회의 국제미래학회 미래학 학술대회를 주관하면서 세계적인 미래학 석학분들을 초청하고 교류하며 많은 것을 배울 수 있었다. 이후에도 이분들과는 다양한 방식으로 계속 교류를 해오고 있다.

평소 교류해 오던 미래학 분야의 대표적인 석학 몇 분들에게 이번 미래학원론을 출판하면서 인터뷰를 요청하여 그분들의 미래학에 대한 견해를 듣고 후학들을 위해 기록으로 남기기로 하였다. 바쁜 중에도 흔쾌히 인터뷰에 응해준 해외의 미래학 석학 짐 데이토 하와이대 명예교수님, 제롬 글렌 밀레니움 프로젝트 회장님, 토마스 프레이 다빈치연구소 소장님, 호세 코데이로 싱귤래리티 대학교 교수님, 시르카 하이노넨 핀란드 투르쿠대학교 미래학 교수님, 브룩힌즈만 비즈니스 미래 네트워크 회장님께 감사드린다. 그리고 인터뷰에 응해 주신 국내의 이남식 국제미래학회 명예회장님, 이광형 카이스트 부총장님, 박진 국회미래연구원 원장님, 차원용 아스팩미래경영연구소 소장님께도 감사를 드린다.

또한 현재 '특이점이 더 가까이 온다(The Singularity is nearer)' 집필에 집중하고 있어 인터뷰하지는 못하지만 미래학원론 집필이 무척 의미가 있는 작업이라며 격려와 축하를 직접 해준 세계적인 미래학자 레이 커즈와일(Ray Kurzweil) 박사에게도 깊이 감사드린다.

▼ 사진 12-1 세계미래회의에서 싱귤래리티 미래학파 창시자 레이 커즈와일 박사와 필자

Ⅰ 미래학의 대부 '짐 데이토'[1] 교수와의 인터뷰

필자는 미래학의 아버지라 불리는 '짐 데이토' 교수와는 2005년부터 교류를 해왔다. 동양과 한국에 관심이 많아 한국을 방문한 짐 데이토 교수를 당시 필자가 운영위원장으로 있던 국회연구회로 초청한 것이 첫 만남이었다. 첫 만남에서 특유의 독특한 헤어 스타일에 다소 놀랐고 국회연구회 소속 국회의원들과 오찬을 나누며 미래학과 미래연구의 중요성에 대해 열정적으로 소개하는 짐 데이토 교수와 서로 공감하게 되었다. 이후 짐 데이토 교수가 한국을 방문할 때 서로 만나 미래학에 대해 지속적으로 교류를 해왔다.

이번엔 필자가 인터뷰를 위해 짐 데이토 교수가 50년 이상 거주하고 있는 하와이를 방문하였다. 하와이 대학교 미래연구센터도 방문하고 한국 음식을 특히 좋아하는 짐 데이토 교수와 하와이 한인식당에서 한식을 먹으며 즐거운 인터뷰를 진행하였다. 2019년 86세의 짐 데이토 교수는 50년 넘게 특유의 단발머리 스타일을 유지하고 환경보호 차원에서 400cc 오토바이를 여전히 타고 다니고 있다.

▼ 사진 12-2 짐 데이토 하와이대 명예교수와 필자

---

1   짐 데이토(Jim Dator. 1933~): 하와이대 명예교수는 1967년 버지니아 공대에 세계 최초로 미래학 강좌를 개설하고 1971년 하와이대 미래연구센터를 설립하고 미래학 석사과정을 만들어 50년간 미래학 강의를 해온 미래학의 아버지로서, 미래학 이론의 세계적 권위자이다.
미래학자 엘빈 토플러와 함께 '대안미래연구소(IAF)'를 설립했으며 마노아 미래학파의 창립자이기도 하다. 또한 그는 세계 미래연구의 양대 산맥 중 하나인 세계미래학연맹(WFSF)의 사무총장과 의장을 지냈다.

미래학 석학과의 대화에 공통 질문으로 사용한 인터뷰 내용은 다음과 같다.

질문1. 미래학은 무엇을 하는 학문이라고 생각하시는지요?

짐 데이토: 미래학에 대한 가장 큰 오해는 미래학을 '예언 과학(Predictive Science)' 이라고 믿고 미래를 정확히 예측할 수 있다는 것입니다. 그러나 미래학은 미래를 정확히 예측하는 것이 아니라 여러 가지 대안적인 미래(Alternative Futures)를 예측하고 그 중에서 가장 바람직한 미래(Desirable Future)를 찾아내고, 또 원하는 미래(Preferred Future)로 설계하고 이를 구현하기 위한 전략을 구상하는 학문입니다.

질문2. 미래를 예측할 때 무엇이 중요하다고 생각하시는지요?

짐 데이토: 저는 미래예측을 위해 중요한 3가지 원칙을 '데이토의 미래 법칙'으로 오래 전부터 제안하고 있습니다.

제1미래법칙은 '미래는 현재 존재하지 않기 때문에 연구의 대상이 될 수 없다'입니다. 미래학이란 '미래'에 대한 연구가 아니라 개개인의 마음속에 있는 '미래의 이미지' 혹은 '미래에 대한 생각'을 연구하는 학문입니다.

제2미래법칙은 '미래에 관한 유용한 아이디어는 언제나 처음 들으면 우스꽝스럽다'입니다. 미래학자들은 적절한 증거를 이용해 가능한 대안적 시나리오를 짜내야 합니다. 초기의 우스꽝스러운 아이디어를 그럴듯하고(plausible) 실천 가능하게(actionable) 만들어내야 할 책임이 있습니다.

제3미래법칙은 '우리가 도구를 만들지만 그 후엔 도구가 우리를 만든다'입니다. 이는 기술의 변화가 사회와 환경 변화의 매우 중요한 원인이란 뜻입니다.

물론 기술 외에도 인구의 크기와 분포, 환경 변화, 경제이론과 행위, 문화적 신념과 습관, 정치적 구조와 결정, 개인의 선택과 행동도 미래를 창조하는 중요한 역할을 합니다.

질문3. 가속의 시대에 미래예측은 최대 몇 년까지 가능할까요?

짐 데이토: 제가 생각하는 미래를 만드는 3가지 요소는 지속성, 순환성 그리고 새로움입니다.

과거에는 변화의 속도가 느려 지속성이 80%, 순환성이 15%, 그리고 새로움은 5% 정도였으나 최근엔 변화의 속도가 워낙 빨라져서 지속성 5%, 순환성 15%, 새로움 80%로 바뀌었습니다. 따라서 갈수록 장기적인 미래를 예측하는 것이 힘들어지고 있습니다. 현재에는 약 20년 정도가 미래학에서 미래를 예측하는 최대 연한이라고 생각합니다.

질문4. 미래 사회의 중요한 특성은 무엇이라 생각하십니까?

짐 데이토: 미래 사회의 핵심 특성은 드림 소사이어티(Dream Sociaty)와 서바이벌 소사이어티(Survival Sociaty)로 요약할 수 있습니다. 드림 소사이어티는 가치의 원천이 정보와 지식에서 창의력과 상상력으로 이동합니다. 감성(Feeling)이 중요한 역량으로부 각되며 이미지와 스토리가 사회를 움직이게 됩니다. 상품을 사고파는 사회가 아니라 그 안에 담긴 이미지를 판매하는 사회입니다.

한국의 한류(Korea Wave), 특히 최근의 BTS(방탄소년단)의 세계적 인기는 이러한 사회 특성을 반영하고 있습니다. 저는 이런 관점에서 국민총매력(GNC: Gross National Cool)이란 지표를 미래에 사용하자는 제안을 한 적이 있습니다. 한 나라가 얼마나 쿨한 지(cool), 즉 매력적인가로 그 나라의 경제력을 평가하는 것입니다.

서바이블 소사이어티는 미래는 지구적 문제, 기술적 특이점 등 인류적 문제로 성장이나 발전보다는 지속가능이나 생존이 더욱 중요해집니다. 기술 발전에의 탐닉은 오히려 인류를 위험에 빠뜨리게 될 수도 있습니다. 기후변화로부터 지구를 지켜서 인류의 지속 생존을 위해서 환경보호가 중요해지고 소비가 미덕이던 시대는 지나 컨슈머(Consumer, 소비자) 보다 컨서버(Conserver, 절약자)가 핵심 구성원이 됩니다.

산업사회에서는 소비자(consumer)의 적극적 소비를 통한 생산 증대가 중요했지만 미래에는 자원을 아끼고 효율적으로 사용하는 절약자(conservor)가 중요한 역할을 하게 됩니다.

또한 기술의 발전만을 추구하다 보면 인류보다 뛰어난 인공지능 로봇이 만들어지고 이후에는 인류가 인공지능 로봇에게 지배당하는 세상이 올 수도 있습니다. 이로 인해 무조건적인 기술 발전이 아니라 인류의 행복과 지속가능을 위한 기술이 될 수 있도록 속도를 조절하고 통제될 필요성이 대두되고 있습니다.

질문5. 미래 사회에 대비하기 위해 우리는 무엇을 해야 할까요?

짐 데이토: 미래 사회에 대비하기 위해 가장 필요한 것이 교육의 혁신입니다. 현재 한국의 교육은 산업혁명을 뒷받침 할 정형화된 인재를 양성하기 위한 방식을 그대로 유지하고 있습니다.

그러나 드림 소사이어티가 구현되는 미래 사회는 획일적이고 정형화된 인재가 아니라 창의적이고 다양한 인재가 필요하게 되어 교육도 이러한 변화에 맞춰 혁신이 시급합니다.

특히 한국은 대학 입시의 기존의 틀에 갇혀 새로운 교육의 혁신이 발목이 잡혀있는 느낌을 받습니다. 한때 한국은 교육의 힘으로 한강의 기적이라고 불릴 정도로 산업사회의 성공적인 성과를 거두었습니다.

이제 다시 한번 교육의 혁신으로 한국인이 가지고 있는, 즉 창의적 상상력이 발휘될 수 있도록 변화해야만 합니다.

질문6. 미래 사회에 윤리의 중요성에 대해 어떻게 생각하시는지요?

짐 데이토: 미래 사회, 특히 기술적 특이점(Singularitg)이 다가올수록 노동과 의사결정을 인공지능 로봇이 전담하는 사회가 오게 됩니다. 자칫 잘못하면 디스토피아 영화에서 묘사하고 있는 것처럼 인간은 인공지능 로봇에게 추월당하고 지배 당하는 한심한 상황이 벌어질 수도 있습니다.

또한 소셜미디어와 실감미디어들의 발전으로 개개인의 영향력이 더욱 커지면서 인류의 행복과 공공선(Common Good)을 지향하는 윤리가 모든 영역에서 중요해집니다.

이와 함께 보다 고귀한 가치를 지향하는 영성(Spirit)이 사람들의 마음에 자리 잡게 되어 종교의 건강한 역할이 중요하게 될 것입니다.

질문7. 미래 사회에 생기는 사회 갈등은 어떻게 해결해야 할까요?

짐 데이토: 미래 사회에는 과학기술의 혁명적 발전에 의한 인류의 정체성 갈등, 일자리 갈등, 사람과 사람 간의 갈등뿐만 아니라 인간과 인공지능의 갈등, 인공지능 로봇간의 갈등 등 다양한 영역에서 갈등이 증폭될 것입니다.

이로 인해 이러한 갈등을 사전에 미리 예측하고 해결책을 미리 모색하며 대비하는 정부의 노력이 중요합니다.

정부의 역할에서 기존의 많은 서비스는 인공지능 등으로 대체될 것입니다. 오히려 정부는 다양한 사회 갈등을 미리 대처토록 정책을 세우고 조정·중재하며 공유할 수 있는 가치를 제공하는 역할이 더욱 중요하게 됩니다.

또한 이러한 사회적 갈등을 완화하기 위해 공동선(Common Good)을 지향하는 사회 공동체적 노력이 중요해지기 때문에 건강한 NGO 등 비영리 시민사회 단체의 건전한 활동이 더욱 활성화되도록 해야 할 것입니다.

질문8. 미래학을 공부하는 학도들에게 전하고 싶은 말씀은 무엇인가요?

짐 데이토: 저는 미래학도의 특성은 이성적이면서 감성적이어야 한다고 생각합니다. 미래학도는 미래를 예측함에 있어 다양한 자료와 지식을 토대로 합리적으로 추론할 수 있는 이성적 열정이 필요하며, 동시에 미래의 가능성을 상상할 수 있는 창의적 상상력이 풍부해야 합니다.

인류의 단계별 역사 속의 미래와 현재의 경험적 현상을 통해 미래 이미지를 분석하면서 저는 네 가지의 미래, 즉 성장(Grow), 붕괴(Collapse), 지속가능(Discipline), 변형(Transformation) 중의 하나 이상이 미래에 겹친다는 것을 확신하였습니다.

이런 측면에서 미래학도는 미래예측 방법론을 익히면서 동시에 역사, 과학, 기술, 공학, 문화, 예술, 인문학, 사회학에 관심을 가지고 일정 수준 이상의 식견을 갖추어야 합니다. 미래학은 다양한 영역이 연계되는 통합적 학문이기 때문입니다.

질문9. 추가적으로 하시고 싶으신 말씀 있으시면 자유롭게 해주시기 바랍니다.

짐 데이토: 저는 1970년대부터 지속적으로 한국의 미래학자 및 정부와 교류하면서 한국을 이해하여 왔습니다. 한국인들의 꿈과 창의력은 세계 어느 나라보다 뛰어나고 ICT를 포함한 과학기술의 인재들이 풍부합니다.

이러한 한국인의 강점을 미래사회의 글로벌 경쟁력으로 만들기 위해서는 정부의 혁신적 노력이 중요합니다. 또한 대안적 미래학 교육을 포함한 교육 혁신으로 미래 통찰력을 갖춘 창의적 미래 인재를 양성해야 합니다.

이런 관점에서 이번에 안종배 교수가 출간한 미래학원론은 한국의 미래 인재를 양성함에 큰 도움이 될 것입니다. 감사합니다.

21세기를 대표하는 미래학자: '제롬 글렌'[2] 회장과의 인터뷰

　　제롬 글렌 밀레니엄 프로젝트 회장과는 필자가 2005년 미래 미디어 연구를 진행하며 교류하기 시작하였다. 필자와 박영숙 대표가 주도하여 2007년 국제미래학회를 한국에 본부를 두고 설립하면서 공동회장으로 제롬 글렌이 추대된 후 더욱 활발하게 교류하게 되었다. 이후 국제미래학 학술대회를 개최하며 매년 제롬 글렌은 한국을 방문하였고 필자도 미국에서 열리는 밀레니엄 프로젝트 글로벌 회의에 참석하는 등 지속적으로 상호 교류를 해오고 있다.

　　특히 제롬 글렌은 스승인 허먼 칸의 영향으로 한국의 미래학과 미래 발전에 관심과 애착이 많은 미래학자이다. 또한 미래 사회에서의 윤리의 중요성도 강조하여 2008년엔 필자가 대표로 있으면서 미디어와 콘텐츠를 통해 인성과 윤리 가치를 확산하는 클린콘텐츠국민운동본부와 협약식을 갖기도 하였다.

　　제롬 글렌은 21세기에 가장 활발한 활동을 보이고 있는 세계적인 미래학자로 현재 한국에서도 정부와 기업 등이 매년 그를 초청하여 그의 미래학과 미래 발전 방안에 대한 혜안을 경청하고 있다. 제롬 글렌과 인터뷰한 내용은 다음과 같다.

　　질문1. 미래학은 무엇을 하는 학문이라고 생각하시는지요?

　　제롬 글렌: 미래학은 과학적인 미래예측을 통해 미래 사회의 위험을 경고하고 바람직한 미래를 위한 방안을 제시하여 인류와 국가, 기업 문제해결 방안과 개인의 지속가능에 기여하는 학문입니다.

2　제롬 글렌(Jerome Glenn, 1945~): 국제미래학회 공동회장은 21세기를 대표하는 세계적인 미래학자이다. 밀레니엄 프로젝트 회장, 세계미래연구기구협의회 회장이다. 지난 40년간 정치, 교육, 과학, 산업, 정부 등의 미래를 연구했고 CIA 2020 리포트와 미국 주요 기관의 미래프로젝트에 참가했다.
　제롬 글렌이 발명한 'Futures Wheel'은 다양한 분야에서 미래예측방법론으로 활용되고 있으며, 1973년에는 'Futuring'이라는 용어를 만들었다. 한국의 산업화 발전에 기여한 허먼 칸의 제자이기도 하여 한국을 좋아해 2000년대부터 수차례 방문하여 미래학과 미래 사회 변화를 강연하고 있다. 2007년 한국에 본부를 둔 국제미래학회가 설립될 때 해외를 대표하는 공동회장으로 추대되어 현재까지 활동하고 있다.

▼ 사진 12-3 제롬 글렌 회장과 필자

질문2. 미래를 예측할 때 무엇이 중요하다고 생각하시는지요?

제롬 글렌: 미래를 예측하는 것은 통합적이고 분석적인 지적 활동입니다. 즉 미래를 예측하기 위해서는 미래에 영향을 미치는 다양한 영역과 트렌드 그리고 집단 지성에 대한 통합적인 이해가 중요합니다.

여기에 예측할 미래의 종류에 따라 적합한 미래예측 방법론을 활용하여 분석적인 연구가 필요합니다.

제가 개발한 퓨처링과 퓨처스 휠 기법도 이러한 통합적이면서 분석적인 미래 연구에 도움을 주기 위한 미래예측 방법론입니다.

질문3. 가속의 시대에 미래예측은 최대 몇 년까지 가능할까요?

제롬 글렌: 변화의 속도는 더욱 가속화 되고 있습니다. 지난 20년 전만 해도 존재하지 않았던 스마트폰, 3D프린터가 범용화 되고 있고 앞으로 인공지능, 나노, 바이오 등에 의해 새로운 세상이 펼쳐진 것입니다.

점차 미래예측이 가능한 연한도 줄어들어 현재론선 저는 20여 년 정도를 최대한으로 생각하고 있습니다.

질문4. 미래 사회의 중요한 특성은 무엇이라 생각하십니까?

제롬 글렌: 미래 사회의 중요한 특성은 자아실현 경제와 후기 정보화 사회로 요약됩니다.

자아실현 경제는 힘든 노동은 로봇이 하고 인간은 먹고 살기 위해 일하는 것이 아니라 자기의 꿈과 자아를 실현하기 위해 일하는 사회입니다.

국가가 기본 수입을 보장해 주고 사람들은 자신이 잘하는 것, 좋아하는 것을 하면서 살아갑니다.

후기 정보화 사회는 개인 인공지능(AI)과 마이크로 로봇 등을 휴대폰처럼 사용하고, 아침에 눈을 뜨면 아바타(Avatar)가 오늘 경험할 일들을 프로그램으로 보여줍니다.

인공 지능은 범용 인공지능(AGI: Artificial General Intelligence), 나아가 슈퍼 AI나 의식 AI(ACI: Artificial Conscious Intelligence)로 발전합니다. 이로 인해 사람은 자신이 원하는 새로운 경험을 하고 적절한 소득원을 찾아낼 것입니다.

후기 정보화 시대는 의식과 기술이 융합되는 '인간의 사이보그화'가 특성인데, 개인의 지적 역량이 기술과 결합하여 집단 지성으로 발현되는 시대입니다.

질문5. 미래 사회에 대비하기 위해 우리는 무엇을 해야 할까요?

제롬 글렌: 미래 사회 변화에 대응하기 위해서는 개인과 집단의 미래 경쟁력 강화를 위해 노력해야 합니다. 개인은 인공지능과 인터넷을 활용하는 법을 배워서 개인의 창의성을 높이면서 두뇌를 활성화 시키는 노력을 해야 합니다.

집단은 미래 집단 지성 시스템을 구축하여 미래 지향적인 결정에 도움이 되는 집단지성 체계를 구축하여 활용해야 합니다. 이를 위해서는 기존 교육의 혁신이 필요하고 평생학습 체계가 구축되어야 합니다. 이를 통해 개인의 창의력과 집단의 지혜를 모아 새로운 부가가치와 새로운 시장을 창출하여 지속 가능한 개인과 사회가 되어야 합니다.

질문6. 미래 사회에 윤리의 중요성에 대해 어떻게 생각하시는지요?

제롬 글렌: 미래 사회에는 스스로 의식을 가지고 생각하는 슈퍼의식 인공지능(Super Conscious Intelligence)과 합성생명공학으로 새로운 생명체가 개발될 가능성이 높습니다. 자칫 잘못하면 이것이 범죄에 악용될 가능성도 있고 이것으로 인해 인간이 지배를 받게 될 수도 있습니다.

이제 미래 사회의 지속가능을 위해서는 전 세계적인 윤리적 환경의 조성과 조약들이 미리 대비되어야 합니다. 세계 인권선언 같이 인류 개개인의 책임과 의무, 기업의 윤리적 경영, 교육에서의 윤리성 강화, 국가적 차원의 윤리헌장 그리고 전 세계적인 윤리협정 등 미래 사회가 재앙이 되기 전에 윤리적 조치와 대응이 시급하게 필요합니다.

한편 미래 사회에는 정직과 진실을 추구하는 것이 어려워지고 있지만, 그만큼 더 중요한 문제가 되고 있습니다. 이와 함께 타인을 배려하고 공감하는 것도 미래 사회에 매우 중요한 경쟁력 기준이 될 것입니다.

질문7. 미래 사회에 생기는 사회 갈등은 어떻게 해결해야 할까요?

제롬 글렌: 미래사회는 전 지구적인 변화가 동시에 발생하여 다양한 곳에서 새로운 갈등이 생겨날 것입니다. 이러한 갈등을 예측하고 대응하는 총괄적이고 전체적인 시각의 노력이 필요합니다. 저는 미래사회의 갈등을 예측하고 해결책을 모색하는 미래학자들의 협업체인 밀레니엄 프로젝트를 1999년부터 설립 운영하고 있습니다. 이를 통해 전 세계의 미래학자들과 함께 미래보고서 "The State of the Future"를 매년 발간하고 있습니다.

여기에 전 지구적 갈등의 요인이기도 한 미래 변화인 15가지 과제, 즉 기후변화, 물부족, 환경오염, 에너지부족, 질병, 빈부격차, 국제범죄, 여성아동, 사회갈등해소, 과학기술발전, 미래윤리, 의사결정 역량강화, 미래정책결정, 민주주의, 인구자원과 지속가능한 발전 등을 연구하여 해결 방안과 함께 제시하고 있습니다.

한국에서는 국제미래학회가 미래학자 및 각 영역의 전문가들과 함께 이러한 협업체 역할을 하며 대한민국 미래보고서, 대한민국 미래교육 보고서 등을 공동 연구하여 발간하고 있는데 이러한 노력이 더욱 활성화 될 필요가 있습니다.

질문8. 미래학을 공부하는 학도들에게 전하고 싶은 말씀은 무엇인가요?

제롬 글렌: 미래학에서는 전체적인 시각이 중요합니다. 이를 위해 다양한 분야의 많은 책을 읽어야 하며 많은 사람들의 의견을 듣고 다양한 시각을 고려할 수 있어야 합니다. 또한 미래학도는 미래예측 방법론을 통한 체계적이고 과학적인 미래예측과 전략 적인 해결 방안을 제시할 수 있는 역량을 갖추어야 합니다.

미래 사회의 변화가 더욱 가속화됨에 따라 미래학의 역할이 기업, 국가, 사회 그리고 개인의 지속 가능을 위해서도 매우 중요한 역할을 할 것으로 예측됩니다.

질문9. 추가적으로 하시고 싶으신 말씀 있으시면 자유롭게 해주시기 바랍니다.

제롬 글렌: 한국은 1960년대 당시 세계적인 미래학자 허먼 칸을 초청하여 대통령이 직접 수차례 면담하고 미래 연구 결과를 국가미래 발전 계획에 반영함으로써 큰 성과를 거둔 경험이 있습니다. 저도 2000년 초부터 한국을 방문하면서 한국의 미래 발전 가능성을 높다고 생각해 왔습니다.

특히 한국인의 창의력과 열정 그리고 높은 교육열은 국가의 리더십이 미래 발전 방향과 비전을 제시하고 힘을 합치게 한다면 미래 사회에서 국제 경쟁력을 갖추는 동력이 될 것입니다. 단 과거나 현재의 성공 신화에 매몰되지 말고 미래 사회의 변화 방향을 정확히 예측하고 이에 대응하는 미래 발전 전략이 입안되어야 합니다.

이번에 출간되는 안종배 교수의 미래학원론이 미래학을 한국에 자리 잡히게 하고 한국의 미래발전 전략을 입안하는 데 크게 기여할 것으로 사료됩니다.

감사합니다.

 III 구글이 선정한 최고의 미래학자: '토마스 프레이'[3] 소장과의 인터뷰

토마스 프레이 다빈치연구소 소장과는 2013년 국제미래학 학술포럼의 연사로 초청하면서 첫 인연을 맺었다. 그도 그때가 첫 번째 한국 방문이었고 이후 한국의 여러 기관들의 초청을 받아 한국에 와서 미래학 강연을 계속하며 필자와도 계속 교류를 하게 되었다.

그는 한국을 자주 방문하면서 한국의 미래에 대해 다양한 영역에서 미래예측을 제시하고 있다. 특히 미래 일자리와 교육에 관해 관심을 가지고 미래전략 방안을 제시하고 있다.

---

3   토마스 프레이(Thomas Frey, 1954~): 다빈치연구소(DaVinci Institute) 소장은 1997년에 역시 미래학자인 아내 뎁과 함께 미래연구 연구소를 설립했다. 15년간 IBM에서 기술자 겸 디자이너로 일하며 270여 개의 상을 받았다. Triple Nine Society(99.9퍼센트 이상의 높은 I.Q. 그룹)의 전 멤버이기도 하다. 그는 구글이 선정한 최고의 미래학자 가운데 한 명으로 미래의 위험과 기회 요인을 제시하며 미래를 어떻게 활용할 수 있는지 제시해왔다. 저서로는 '미래와의 대화', '에피파니 Z' 등이 있다.

토마스 프레이 소장은 한국의 미래학 발전에 대해 평소에 관심이 많았는데 미래학원론 집필을 계기로 필자와의 인터뷰를 통해 심도 깊고 많은 미래학과 미래연구에 대한 식견을 제시하여 주었다. 토마스 프레이 소장과 나눈 인터뷰 내용은 다음과 같다.

질문1. 미래학이란 무엇이라고 생각하십니까?

토마스 프레이: 미래학자가 하는 일은 깜깜한 숲길에 빛을 비추는 것과 비슷합니다. 사람들이 걷고 있는 어두운 길을 앞에서 밝혀주는 것입니다. 이런 관점에서 미래학자로서 저의 역할에 대해 생각할 때, 저는 사람들로 하여금 미래에 대한 이해를 넓히게 도와주는 것에 집중하고 있습니다. 이것은 아주 단순한 것 같지만, 실제로는 어렵고 매우 중요한 미래학의 역할입니다.

매일 수많은 새로운 기술이 생겨나고 수많은 연구원이 새로운 발견을 하고 수많은 새로운 트렌드가 나타납니다. 첨단 기술 변화와 다양한 변수들이 계속 등장하여 미래의 길은 불확실하고 결코 명료하지 않습니다. 한편에는 이러한 앞이 안보이는 미래가 기대를 주지만 실제로는 우리를 무섭게 하고 있습니다.

미래학이 이러한 깜깜한 앞길에 빛을 비춰주는 역할을 해야 합니다.

질문2. 미래예측에서 중요한 요소는 무엇이라고 생각하십니까?

토마스 프레이: 첫째, 미래예측의 중요성을 어느 정도에 두느냐 입니다. 현실에선 특히 비즈니스 세계에서는 현재와 미래의 요구가 끊임없이 다투고 있습니다. 장기적인 계획보다는 단기간의 이익을 취하는 것이 현실에서는 쉽게 일어납니다. 현실에서 미래는 최우선 순위가 되기 어렵습니다. 그러나 현재보다는 미래비전과 장기적인 잠재력을 어느 정도의 중요성 위치에 두느냐가 미래예측에 영향을 미칩니다.

둘째, 미래예측은 무지, 즉 알지 못하는 것이 동력입니다. 이러한 나의 접근법은 종종 논쟁거리가 됩니다. 우리 대부분은 미래를 이해하는 것이 중요하다는 데 동의합니다. 그러나 무지가 미래의 귀중한 부분이고 미래예측의 중요한 동기입니다. 미래가 이미 알려지면, 우리는 그것에 대한 관심을 빨리 잃습니다. 우리가 미래를 이미 알고 있다면 선거에서 투표하거나, 깜짝 파티를 주최하거나, 새로운 프로젝트를 시작하려는 모든 동기를 잃습니다. 이와 같이 인생의 가장 큰 동기는 실제로 미래를 알지 못하는 데서 옵니다. 앞날이 무엇인지에 대해 알지 못하므로 미래를 예측하려 하는 것입니다.

셋째, 새로운 기술이 미래예측에 영향을 줍니다. 새로운 기술의 출현은 우리의 문제해결 능력도 향상시키지만 또다른 갈등도 일으킬 개연성이 있습니다.

특히 인공지능 기술의 기하급수적인 발전으로 인한 미래 변화를 예측하는 것이 중요합니다.

질문3. 미래예측은 최대 몇 년까지 가능하다고 생각하십니까?

토마스 프레이: 일반적으로 미래예측의 정확성은 무엇을 예측하느냐와 어떤 요인들이 영향을 주느냐에 따라 다릅니다. 예를 들어, 지구가 100년 후에도 거의 같은 궤도에서 태양을 돌 것으로 예측할 경우 100년이 지났지만 높은 확률로 예측할 수 있습니다. 그러나 제가 내일 날씨를 예측하려고 하면 예측의 확률은 훨씬 낮아집니다.

즉, 미래는 확률로 예측할 수 있는 것입니다. 예측의 기간은 여러 요소에 따라 다릅니다. 그러나 미래의 어떤 요소에 대한 이해를 향상시킴으로써 우리는 미래를 예측할 수 있는 가능성을 더욱 향상시킵니다.

미래학자는 다양한 지식과 관점을 가지고 정교한 미래예측방법론으로 미래에 대한 청사진을 그리고, 미래의 패턴을 인식하며 지적 호기심을 가지고 혁신적인 아이디어를 발의합니다. 이때 우리가 미래에 대해 더 많이 생각하고 더 많이 알려고 노력할수록 우리는 미래에 대해 더 많은 것을 이해하게 됩니다.

이상의 측면에서 미래를 언제까지 예측할 수 있는가 하는 것은 여러 가지 요인들에 의해 매우 유동적이라고 생각합니다.

프랑스의 소설가 인 마르셀 프루스트(Marcel Proust)는 "발견의 실제 행위는 새로운 것을 찾는 것이 아니라 새로운 시각으로 보는 것"이라고 말했는데 이는 미래를 예측하는 것에도 해당된다고 생각합니다. 탐험가가 더욱 많은 노력을 통해 더욱 많은 것을 발견하듯이 미래에 대해 더욱 많이 미래에 대해 생각할수록 미래를 더욱 예측하는 확률이 높아진다고 생각합니다.

질문4. 미래의 중요한 특성은 무엇이라고 생각하십니까?

토마스 프레이: 저에게 미래는 무한한 가능성으로 무한한 기대를 갖게 하는 끝없는 흥분의 샘입니다. 미래를 보기 위해 마치 수정 구슬을 켜듯 미래예측으로 어떤 것이 바뀌고 어느 것이 바뀌지 않는지 알아 가는 것은 흥미로운 작업입니다.

예를 들어, 다음의 변화를 미래예측하는 것은 저에게 즐거움입니다.

① 미래에 청소년은 몇 살 때부터 데이트를 시작할까?
② 그들은 미래에 결혼을 할까, 아니면 결혼 제도가 바뀔까?
③ 대학 학위보다 인증이 중요해지면 젊은이들은 계속 대학에 갈 것인가?
④ 2040년에 패션은 어떤 모습일까?
⑤ 사람들은 미래에 어떤 종류의 직업을 갖게 될 것인가?
⑥ 초고속 교통은 미래에 사람들의 공동체 의식에 어떤 영향을 미칠 것인가?
⑦ 2040년에 어떤 장소가 "뜨는 신도시" 목록에 나올까?
⑧ 사람들은 미래에도 은퇴할 것인가, 아니면 은퇴가 개혁될까?

한편 저의 책 <에피파니(Epiphany)>에서도 언급한 것처럼 미래는 다음과 같은 특성이 있다고 생각합니다. "미래는 자연적인 힘의 일부다. 미래는 우리의 참여의사와는 관계없이 발생할 것이다. 미래는 지속적이며 가차 없이 다가온다. 눈에 보이지 않는 '인식영역'이 현재와 미래를 구분 짓는다. 우리는 미지의 대상을 이해해야 한다. 우리 모두가 경험하는 미래는 각기 다르다. 우리는 인식의 영역이 저마다 독특한 방식으로 모습을 드러내는 것을 지켜보게 된다.

미래는 인식의 영역을 지나간 뒤에야 존재하게 되지만 우리는 자신만의 이동경로를 만들 수 있다. 우리의 관성은 현재에는 움직임을, 미래에는 방향성을 제공한다. 미래는 기존의 관성을 배경으로 형성되고 있다. 예측은 개연성을 바탕으로 이루어지며,

미래는 대부분 쉽게 예측할 수 있는 느리게 변하는 안정적인 요소를 바탕으로 형성된다. 인간은 안정적인 것을 무시하고 불안정한 것에 집중하는 경향이 있다. 미래는 인간 중심적인 힘이 아니다. 인간이 없을 경우 미래는 중요하지 않다. 미래에 신경쓸 이가 아무도 없을 것이기 때문이다.

기존의 관성이 존재하는 한, 미래는 우리가 만들어 가는 것이다. 미래에 대해 생각하면 미래가 바뀔 것이다. 미래는 힘과 에너지로 가득차 있다.

알 수 없는 미래야말로 우리에게 동기와 욕망을 제공한다."

질문5. 미래 사회를 준비하기 위해 우리는 무엇을 해야 합니까?

토마스 프레이: 미래 사회에 대비하기 위해서는 글로벌 차원의 대응책과 개별 국가와 개인 차원의 대응책이 필요합니다.

첫째, 제가 생각하는 글로벌 차원의 대응입니다. 이미 글로벌 기업들은 국가보다 더 큰 영향력을 행사합니다. 비즈니스의 요구와 국가의 요구가 충돌하면서 또 다른 문제를 일으킵니다. 예를 들어, 페이스북의 무방비로 케임브리지 애널리티카 컨설팅 회사의 페이스북 이용자 무단 사용 스캔들이 터지자 전 세계는 프라이버시가 핵심 이슈로 떠올랐습니다. 그런데 완전한 프라이버시 스펙트럼을 이해하려면 정치적으로 인기 있는 용어 '투명성'을 이해해야 합니다

오늘날에도 많은 사람들이 근본적으로 투명한 세상을 지향하고 있습니다. 사고가 진행됨에 따라 우리 모두가 알면 훨씬 안전한 세상에서 살게 된다고 생각합니다. 그러나 그 논리의 결함은 누군가에 대해 모든 것을 알고 있는 경우 해당 은행 계좌 번호, 신용 카드 번호 및 암호도 알게 된다는 것입니다.

갑자기 우리는 물건을 소유할 수 있는 능력을 상실하게 되는 것입니다.

많은 이유로 우리는 모든 사람 주위에 프라이버시를 유지해야 하지만 지금까지 법적, 기술적 또는 문화적으로 정의되지 않았으며 분 단위로 새로운 기술 발전이 진행됨에 따라 각각의 새로운 개인 정보 취급 방침에는 지속적인 업데이트가 필요합니다.

공공 정책의 관점에서 볼 때 이것은 개별 국가가 자체 정책을 결정할 때 매우 위험한 문제가 됩니다. 미국의 개인 정보 취급 방침은 스웨덴, 일본, 브라질, 한국 및 캄보디아의 개인 정보 취급 방침과 매우 다를 수 있습니다.

프라이버시는 현재 거의 모든 사람들이 새로운 디지털 혁명으로 프라이버시의 의미를 제각각 이해하고 있습니다. 180개 국가에서 180개의 개인 정보 취급 방침을 개발하면 글로벌 차원에서 모호한 개인 정보 보호 환경이 됩니다.

그러나 세계 최고의 프라이버시 전문가가 모두 모여있는 단일 글로벌 조직이 있고, 개별 국가가 적극적인 회원 역할을 한다면 이 조직은 전 세계에 통용되는 개인 정보 보호 정책과 표준을 결정할 수 있습니다.

이것은 각 회원국이 모여 전체가 되어 전반적인 운영이 곧 개별국가와 동일하게 관리되기 때문에 '프랙탈 기구'(Fractal Organization)라고 불립니다.

이러한 '프랙탈 기구'를 글로벌 차원의 미래 대응책으로 구성할 필요가 있습니다. 미래 기술의 발전이 개별 정부의 관리 능력을 초과하기 때문에 프랙탈 조직 형태의 새로운 글로벌 시스템이 가능한 해결책으로 부상할 수 있습니다.

프랙탈 조직은 국가 및 글로벌 거버넌스의 교차점에 위치할 것입니다.

프랙탈 기구(Fractal Organization)는 각 회원국의 이사들로 구성된 이사회가 관리하는 세계 권위를 가집니다. 그것이 개별 국가의 통제를 벗어나지만, 회원국은 프랙탈 이사회의 대표자가 될 자신의 전문가를 선출할 것입니다.

일반적으로 프랙탈은 정치적으로 중립적이어야 하며 산업에 종사하며 단일 국가의 이익보다는 전체를 대표해야 합니다.

일부 프랙탈은 G20 정상 회의와 같은 대규모 국제 협의회에 의해 위임될 수 있으며 일부 조직은 유기적으로 기원을 발효하고 회원국을 자체적으로 모집합니다.

프랙탈 기구는 구체적인 주제에서부터 복잡한 주제까지 폭넓게 다루고 있습니다. 프랙탈 기구가 다룰 이슈 몇 가지를 사례로 살펴보면 다음과 같습니다.

① 글로벌 회계 기준   ⑤ 해양오염   ⑨ 신분 표준
② 비즈니스 윤리   ⑥ 글로벌 언어 아카이브
③ 타임존   ⑦ 특허 및 지적 재산권
④ 나노 기술 산업 표준   ⑧ 국경 간 세금

둘째, 급변하는 일자리 변화에 대응하는 국가 및 개인 차원의 대응책이 필요합니다. 2030년이 되면 20억만 개의 기존 일자리가 사라질 것으로 보입니다. 하지만 그만큼 새로운 일자리가 생겨날 것입니다. 이에 대한 교육훈련이 필요합니다. 일자리가 소멸된다고 일거리가 없어진다는 의미는 아닙니다. 새로운 일거리를 맞이할 대비책을 마련해야 한다는 이야기입니다. 저는 이런 교육훈련을 위해 마이크로 대학이 필요하다고 생각합니다. 미래 일자리 직종에 필요한 핵심적인 역량을 집중적으로 쌓을 수 있는 평생교육 기관으로 운영될 필요가 있다고 생각합니다.

토마스 프레이: 불과 몇 년 내에 대부분의 사람들의 일상 생활에 인공지능 AI가 도입될 것입니다. AI 발전으로 윤리의 중요성이 새롭게 부각될 것입니다.

미래는 인공지능 기술의 발전으로 일상의 코치이자 삶의 여행에 대한 조언자 역할을 하는 AI 봇 또는 AI 에이전트가 범용화 될 것입니다. IQ 200으로 좋아하는 토크쇼 사회자의 대화 기술을 갖춘 휴대용 인공지능 버전 Alexa 또는 Siri를 상상하면 앞으로 있을 일을 엿볼 수 있습니다.

우리는 급진적인 변화의 가장자리에 있습니다. 곧 인간과 기술은 구분되기 힘들지도 모릅니다. 인간과 기술의 상호 작용은 너무나 매끄럽고 보이지 않아서 인간과 기술이 하나가 됩니다.

조지 오웰(George Orwell)의 빅브라더에게 인간이 조정되는 최악의 악몽, 스타 트렉(Star Trek)의 강력한 외계 종족 보그(Borg)를 대하는 것처럼 인공지능 기계에 대한 두려움도 들립니다. 우리 마음에는 통제력을 잃어버리는 것에 대한 깊은 두려움이 있습니다. 이미 할리우드 영화에서 우리에게 경고한 것이 현실이 될 것 같은 두려움입니다.

AI가 진정으로 유용해지려면, 완전한 신뢰가 필요합니다. 우리는 조언을 받아들이거나 무시할 수 있지만 선택은 우리 것입니다. 나의 개인 AI 조력자인 핀리(Finley)와 함께 하루를 시작하여 일상을 보내는 미래 모습을 시나리오로 다음과 같이 상상해 볼 수 있습니다.

'나의 AI 조력자 핀리(Finley)는 매일 내가 충분한 수면을 취하게 돕고 침실에서 예약된 시간에 기분 좋은 음악과 부드러운 음성으로 나를 깨웁니다.

끊임없이 잠재 의식을 탐색하는 시스템을 통해 Finley는 수면 패턴을 조정하고 휴식을 최적화하기 위해 내 마음을 진정시킵니다. Finley는 지속적인 학습 모드이므로 모든 조정은 매일 밤 신속하게 평가되고 재조정됩니다. Finley는 공기 화학을 변경하고 필요할 때 산소를 추가하며 빛의 레벨을 조절하고 심지어 산소를 조절하여 나의 불안과 스트레스를 해소시키기 위해 모든 방의 변수를 변경할 수 있는 능력을 갖고 있습니다. 빛의 스펙트럼, 배경 음악 조정, 필요에 따라 흔들리는 동작 및 표면 진동 만들기도 가능합니다.

내가 샤워를 하는 것과 같은 단순한 일상조차도 Finley가 물을 최적의 온도로 조절하고, 근육통을 자극하고, 비누, 샴푸 및 컨디셔너를 최적으로 분배합니다.

옷을 입을 때 Finley는 내가 만날 사람들과 잘 어울리는 옷의 색상과 스타일을 선택하도록 도와줍니다. Finley는 매일 내 옷장, 신발 및 패션 액세서리를 재평가합니다.

새로운 아이템을 구입하는 것은 Finley의 추천 목록을 보고 선택합니다.

모든 식사와 마찬가지로 아침 식사를 준비하는 Finley는 내가 가지고 있는 성분을 알고 있고, 나의 몸이 그들 각각에 어떻게 반응할 것인지를 알고 있습니다. 나의 하루 일과를 최적화 할 수 있는 식사를 제안합니다.

회사에 출근하는 것은 간단합니다. "Finley, 일터에 태워다 줘?"라고 하면 최적의 비 용과 주행 조건으로 무인택시가 집 앞으로 오게 합니다. Finley는 표준 음성 명령 이외에도 다양한 인터페이스 옵션을 제공합니다. 점차 사람들은 Finley의 존재를 인간화하고 싶어합니다. 옵션으로는 남성에서 여성으로 전환, 음성 및 얼굴이 있는 성격 패키지를 화면에 추가하거나 표현 모듈, 소리 또는 애니메이션 헤드를 추가할 수 있습니다. 시간이 지남에 따라 Finley는 완벽한 비인간적 파트너의 인물로 느끼게 됩니다.

Finley는 "내 머리 속의 목소리"를 향상시키는 방법으로 그는 형식을 바꾸고 더 육 체적인 존재감, 독립형 로봇으로 옮길 수 있습니다. 또는 심지어 내가 입는 애니메트로닉스 신발 형태로 엘리베이터를 밟거나 차에 타거나 회의실에 들어가면 사용가능한 각 장치를 자동으로 작동하고 근처의 디스플레이로 정보를 보내거나 VRAR 헤드셋으로 작동을 요청하거나 근처 컨트롤러를 언급합니다.

모든 업무 관련 상황에서도 Finley는 나를 도울 수 있습니다.

나의 조력자인 Finley는 끊임없이 내 공간으로 들어오는 모든 사람, 물건, 차량 및 동물을 평가합니다. 이 능력으로, 그는 위험을 평가하고, 음료수에 무엇인가 추가되었는지 알아 내고, 패턴을 연구하고, 인접성을 계산하고, 잘못 될 가능성이 있는 것을 검색합니다.'

이처럼 인공지능 AI는 점차 우리의 삶과 일상에서 점차 중요해지고 역할이 늘어나게 됩니다. 인공지능으로 우리 인류의 미래가 디스토피아가 될 것인지 인류의 행복이 증진되는 유토피아가 될지는 인공지능 윤리를 글로벌과 국가 차원에서 명확히 규정하는 것에 달려 있으므로 꼭 필요합니다.

질문7. 미래 사회에서 생기는 사회적 갈등을 어떻게 해결해야 합니까?

토마스 프레이: 모든 신기술은 일반적으로 초기에는 좋은 의도로 개발되었습니다. 그러나 꼭 누군가는 그것을 나쁜 목적으로 활용할 방법을 찾아내기 마련이며 또는 그것이 다른 부정적인 역효과를 가져올 수 있습니다. 이것을 우리는 의도되지 않은 결과의 법칙이라고 부릅니다.

'자동차'는 '말'들을 대체했고 자동차는 환경오염, 교통 혼잡, 소음 등을 만들었습니다. 우리는 차로 인해 야기된 문제점들을 관리하고 억제하기 위해 많은 노력을 기울여 더 나은 해결책을 위한 신기술이 출현됐습니다. 운전자 없이 필요할 때 서로 공유되는 운송수단, 그리고 시간에 걸쳐 완전 자동화된 도로 체계로 나아가는 것입니다. 새로운 기술로 부작용을 최소화하는 것이 가능합니다.

그러나 이 또한 새로운 갈등을 유발합니다. 자동차 생산라인의 스마트 자동화 및 무인운전으로 인한 기준 택시와 유급 운전자들의 생계가 위험 받게 되는 것입니다. 이 외에도 2030년까지 저는 전 세계에서 20억 개의 기존 일자리가 없어진다고 예측합니다. 하지만 그 이상으로 새로운 일자리가 생겨납니다.

갈등을 해소하기 위해서는 부정적인 측면 이상으로 긍정적인 측면을 또한 정확히 파악하여 이를 적극 활용하여야 합니다. 없어질 일자리의 사람들을 재교육하여 새로운 일자리에 합당한 역량을 갖추게 재교육을 지원하여 긍정적인 측면으로 부정적인 측면을 흡수하는 미래전략이 필요합니다.

최근에 저와 아내 뎁(Deb)은 현지 스시 레스토랑에서 식사를 하였습니다. 아내에게 인간이 준비한 초밥이나 기계가 준비한 초밥 중 어느 것을 좋아할 것 같은가 문의하니 그녀는 인간 요리사를 갖는 것을 선호한다고 하였습니다. 3D 음식 프린팅 기계는 완벽한 일관성을 의미하고 완벽하게 준비된 식사였으나 오히려 무작위성이 추가된 인간 중심의 작업보다 덜 매력적이었습니다. 이처럼 인공지능과 자동화와 관련하여 시장이 항상 논리적인 것은 아니라는 점입니다. 가정에서 사전 녹음된 음악을 듣는 것이 더 안전하고 편안하고 음향도 좋지만 애호가는 콘서트에 계속 참여합니다. 집에서 같은 종류의 커피를 훨씬 적은 돈으로 양조할 수 있더라도 우리는 여전히 사람들이 북적이는 커피숍에 갑니다. 이러한 경우처럼 경험의 가치는 예상보다 훨씬 큽니다. 우리는 인간 기반 경제를 선호하며 미래에는 이성보다 감성이 더욱 중요해지고 있습니다. 로봇의 미소는 어머니의 미소처럼 위로가 될까요? 로봇이 당신에게 아름답다고 말하면, 남자 친구나 여자 친구가 말한 것과 같은 의미일까요?

인간은 모든 부정적인 특징도 있지만 이를 상쇄할 긍정적인 특징을 가지고 있습니다. 우리는 또한 친절하고, 도움이 되고, 매력적이고, 따뜻한 마음이고, 위험을 감수하고, 용감하고, 감정이 풍부하고, 영감을 주고, 대담하고, 밝고, 수완 있고, 자비로우며, 은혜롭고, 겸손하고, 용서할 수 있습니다.

우리는 경쟁하는 욕구, 소속감, 목적 의식, 관심, 사랑, 성, 중요성 및 인간 접촉을 원합니다. 인간 접촉의 힘을 절대 과소 평가해서는 안됩니다.

우리는 모두 결함이 있는 개인입니다. 그렇기 때문에 우리는 많은 기본적인 필요 사항을 가지고 있습니다. 우리는 물, 음식, 피난처, 의복, 안전 및 보안과 같은 것들을 필요로 합니다. 일단 그러한 요구가 충족되면 소속감, 동반자 관계, 사랑, 친밀감 및 가족에 대한 필요성과 같은 다른 필요 사항들이 실행됩니다.

우리의 낮은 수준의 요구가 충족되면, 우리는 매슬로우(Maslow)의 욕구단계와 같이 자기 존중, 자부심, 지위, 명예, 인정, 힘, 자유와 같은 것들을 추구합니다.

역설적이게도, 로봇이 존재하는 이유는 인간의 기본적인 필요를 지원하기 위해서입니다. 반면에 로봇은 같은 종류의 요구가 없습니다. 그러나 우리가 기계 제작작품을 구입하거나 로봇 발레를 보고, 무인 자동차 경주에 참가하거나, 로봇 운동 선수를 보러 운동장에 앉아 있겠습니까?

우리는 로봇 아트보다 인간 예술을 살 것입니다. 우리는 최적의 균형을 찾아야 합니다. 최고의 식당 주인은 효율성을 높이기 위해 로봇을 사용합니다. 최고의 예술가는 훨씬 더 예술을 생산하기 위해 로봇을 사용할 것입니다. 최고의 뮤지션과 운동 선수는 로봇에 대항하여 플레이하는 대신 로봇을 가지고 노는 것입니다.

저는 인공지능과 자동화된 사회가 갈등의 본질을 정확히 이해하고 해결하기 위해 기술이 도구로 적절히 활용될 수 있도록 윤리와 사회적 장치가 필요하다고 생각합니다.

질문8. 미래학을 공부하는 학생들에게 전하고 싶은 말씀은 무엇입니까?

토마스 프레이: 우리 인간은 본성적으로 뒤를 돌아보는 경향이 있습니다. 우리 모두 개개인이 과거를 경험했습니다. 따라서 우리는 과거의 증거를 우리 주위에서 쉽게 볼 수 있습니다. 모든 정보는 본질적으로 역사입니다. 과거는 매우 잘 알고 있지만, 우리는 앞으로 남은 미래로 삶을 살 것입니다. 그래서 마치 우리가 미래로 거꾸로 걷는 것처럼 보입니다.

미래학자는 사람들을 돌려서 미래에 대한 생각을 하게 하는 것입니다. 실제로 오늘 우리의 행동을 결정하게 하는 것은 미래에 대한 우리의 비전입니다.

제가 많이 사용하는 문구처럼 "미래는 현재를 창조합니다!"

이것은 대부분의 사람들이 생각하는 것과 정반대입니다. 대부분 우리가 하는 일이 자동적으로 미래를 창조할 것이라고 믿습니다. 그러나 조금 다른 시각에서 보면 우리가 오늘 내릴 결정을 결정하게 하는 것은 우리의 머리 속에 있는 미래의 이미지입니다. 그러나 여기에 가장 중요한 부분이 있습니다. "우리가 미래에 대한 누군가의 비전을 바꿀 때, 우리는 그들이 오늘날 결정을 내리는 방식을 자동으로 바꿀 것입니다!"

미래학도는 미래에 대한 도전 정신과 창의적 상상력이 중요합니다. 가능성의 한계를 극복하는 유일한 방법은 그 한계를 넘어 불가능에 도전하는 것입니다.

향후 20년간은 인류 역사상 가장 큰 변화가 예상됩니다. 기회와 위기가 공존하는 시대가 몰려오고 있습니다. 이럴 때일수록 미래학을 통한 올바른 미래 방향성 설정이 더욱 중요합니다. 미래연구는 선택이 아니라 필수입니다.

질문9. 추가 의견 있으시면 자유롭게 하여 주십시오.

토마스 프레이: 미래 연구는 짧은 거리를 비추는 손전등으로 어두운 숲을 걷는 것과 같습니다. 앞으로 나아가는 단계마다 이전에 어둡던 부분에 빛을 더하여 새로운 시각을 제공합니다. 미래학자의 역할은 사람들에게 약간 더 밝은 손전등을 주는 것입니다. 저는 인류가 모든 인간의 역사보다 향후 20년 동안 더 크게 변할 것이라고 말했습니다. 이러한 이유로 미래에 대한 명확한 비전을 수립하는 것은 최우선 순위가 아닌 절대적인 필수 요건입니다.

이러한 시점에 안종배 교수께서 지난 10년간의 미래학에 대한 연구의 결실로 미래학원론을 한국에서 최초로 집필한다는 소식을 듣고 반가웠고 매우 시의적절하다고 생각했습니다. 제가 그동안 20여 차례 한국을 방문하며 한국과 한국인은 미래를 주도할 여건을 갖추었다고 판단되었습니다. 이러한 저력에 이번에 집필된 미래학원론으로 미래학과 미래연구를 체계적으로 이해하고 미래전략을 입안하는 데 활용하면 매우 유익하고 한국의 미래 발전에도 기여할 것으로 확신합니다.

감사합니다.

싱큘래리티 전도사: '호세 코데이로'⁴ 교수와의 인터뷰

　　호세 코데이로 싱큘래리티 대학교 교수는 2007년 서울에서 국제미래학회 설립시 한국을 방문하면서 처음 만나게 되었다. 필자와 같은 연배에 미키 캐릭터 넥타이 착용 등의 취향도 비슷해 호세 교수가 한국에 올 땐 자주 만나며 교류를 계속 하고 있다.

　　호세 교수는 2006년 트랜스휴먼 저술을 발간할 정도로 트랜스휴먼 분야의 선도자이고 싱큘래리티 대학교 설립에 참여하여 교수로 있으면서 싱큘래리티(특이점)의 전도사 역할을 하고 있다. 한국은 매년 방문하여 다양한 분야의 미래 연구 결과를 강연하고 있다.

▼ 사진 12-5 호세 코데이로 교수와 필자

4　호세 코데이로(Jose Luis Cordeiro, 1962~): 미래학자이며 실리콘 밸리의 싱크탱크인 미국 싱큘
　래리티 대학교의 교수이다. 세계트랜스휴먼협회 회장이기도 하다. 미래학, 에너지, 교육학, 트랜
　스 휴먼, 생명윤리 등 폭넓은 분야에 연구와 실무 경험을 가진 그는 4차 산업혁명 싱큘래리티
　시대에 통찰력 있는 관점을 제시하고 있다.

호세 코데이로 교수와의 인터뷰 내용은 다음과 같다.

질문1. 미래학에 대해 어떻게 생각하십니까?

호세: 미래 연구는 가능한 미래를 구상하고 최악의 미래를 피하고 최선의 미래를 구현하는 방안을 모색하는 것입니다. 미래학은 생각할 수 없는 것에 대해 생각하고, 알 수 없는 미지의 것에 대해 숙고하는 것이 중요합니다.

질문2. 미래예측에서 어떤 요소가 중요하다고 생각합니까?

호세: 미래는 우리의 마음에 가장 먼저 만들어지므로 우리는 선과 악에 대한 여러 대안적 미래를 고려해야 합니다. 미래를 연구할 때 고려 요소는 소위 PEST 분석(정치, 경제, 사회 문화 및 기술)이 기본입니다. 이런 요인이 미래 연구의 환경 스캐닝 구성 요소에 사용되는 거시 환경 요인의 틀을 설명합니다.

질문3. 미래예측이 몇 년까지 가능하다고 생각하십니까?

호세: 저는 싱귤래리티학파 미래학자입니다. 레이 커즈와일과 같이 싱귤래리티 미래학자는 특이점이 발생하는 2045년이 현재의 인류 지능으로 미래를 예측할 수 있는 마지막 시한이라고 보고 있습니다. 특이점에 도달하면 인공지능이 모든 인류의 집단 지능 능력에 도달할 것이며, 이로 인해 현재의 지능으로는 특이점 이후 시나리오에 대한 예측은 거의 불가능해집니다. 혜성과 별의 궤적과 같은 메커니즘은 여전히 기계적으로 예측될 수 있지만, 인간의 결정에 따른 요소는 현재의 제한된 정보와 지능을 넘어서기 때문입니다.

질문4. 미래 사회의 중요한 특징은 무엇이라고 생각하십니까?

호세: 저는 트랜스 휴머니스트로서 미래는 인간의 한계를 뛰어 넘어 포스트휴먼 시대가 온다고 믿습니다. 미래의 인간과 포스트휴먼은 초 지능, 초 장수, 그리고 초 행복을 구현하는 새로운 문명을 만들 것입니다. 미래 사회는 부족에서 풍요로 이동할 것입니다.

질문5. 미래 사회를 위해 무엇을 준비해야 합니까?

호세: 변화는 유일한 상수입니다. 우리는 기하급수적으로 기술이 발전하는 세계에 대비하기 위해 열린 마음가짐과 새로운 변화에 집중해야 합니다. 교육이 가속화되는 변화의 세계에 대비하기 위해 인류를 준비시키는 핵심 열쇠입니다.

질문6. 미래 사회에서 윤리의 중요성에 대해 어떻게 생각하십니까?

호세: 윤리가 미래 사회의 최우선 순위 어젠다입니다. 인류 역사를 보면 우리는 더욱 윤리적인 방향으로 가려 합니다. 인류 역사를 통해 우리 조상 중 일부는 식인종이었고, 다른 일부는 노예제도를 이용했고, 과거에는 여성을 남성보다 열등하다고 여겼습니다. 기술의 발전으로 사회가 변화되면서 우리는 또한 자신의 사고 방식을 변화시켰고 보다 윤리적으로 개선해 왔습니다. 예를 들어, 식인종은 없어지고 노예제도가 없으며 여성이 열등하다고 생각하지 않습니다. 앞으로 더 많은 기술과 더 많은 부가 생기고 우리 인류는 더욱 윤리적인 방향으로 가야하고, 갈 것입니다.

질문7. 미래 사회에서의 일자리 상실과 같은 사회적 갈등을 어떻게 해결해야 합니까?

호세: 향후 없어질 오래된 나쁜 일자리에서 벗어나 새로운 좋은 일자리를 얻을 수 있도록 국가와 개인의 노력이 필요합니다. 변화는 필수이므로 모든 유형의 변화에 대비해야 합니다.

인류 역사에서 보면 신석기 시대에 우리는 기본적으로 사냥꾼과 채렵꾼이었습니다. 그런 다음 농업이 발명되었고 우리는 농부가 되었습니다. 산업 혁명 이후, 우리는 경제생산성을 대폭 향상시키고 많은 새로운 일자리를 창출했습니다. 전체적으로 볼 때 아마도 농부보다 더 좋으며 사냥꾼과 채렵꾼보다 훨씬 더 낫습니다.

기술의 진보를 통해 사람들은 아브라함 매슬로우(Abraham Maslow)의 욕구 위계 피라미드를 올라갈 수 있으며 인공지능, 로봇 공학 및 기타 새로운 기술이 개발되어 미래의 직업이 더 좋고 더 풍요로워 질 것입니다.

질문8. 미래학을 공부하는 학생들에게 무엇을 말하고 싶습니까?

호세: 우리는 인간에서 포스트휴먼으로 옮겨가는 가장 흥미로운 시대에 살고 있습니다. 과거 원시시대의 인간보다 훨씬 더 윤리적이고 초지능, 초장수, 그리고 행복을 누리고 있습니다.

향후 20년은 우리의 지난 2000년 기간보다 더 많은 기술적 변화를 경험할 것입니다. 급속한 기술적 발전으로 우리는 혁명적인 변화를 맞이하게 됩니다. 이러한 변화의 가속화 시대에 미래학과 미래예측은 역할이 더욱 중요하게 될 것입니다.

국가, 기관, 기업, 개인을 막론하고 미래 변화의 방향과 내용을 예측하고 대비하는 것은 지속가능의 문제이고 성공과 실패의 갈림길이 될 것입니다.

질문9. 추가 의견이 있으시면 자유롭게 해주시기 바랍니다.

호세: 인류가 개발한 기술은 인간을 동물과 다르게 만듭니다. 미래의 기술은 실제로 우리를 또 다른 차원의 인간으로 만들어 갑니다. 미래에 더 많은 기술이 우리를 더 인간으로 만들 것입니다. 우리는 마지막 인간 필멸의 세대이자 최초의 인간 불멸의 세대가 될 수도 있습니다. 새로운 인간의 미래는 막 시작되었습니다.

 ## V 북유럽 대표적 미래학자: '시르카 하이노넨'[5] 교수와의 인터뷰

북유럽을 대표하는 미래 석학 시르카 하이노넨 핀란드 투루쿠대학교 미래학 교수를 처음 만난 것은 2010년 보스턴에서 개최된 밀레니엄 프로젝트 연차회의에서였다. 그녀는 1980년대부터 미래학을 핀란드에 소개하고 핀란드 미래연구소에서 진행되고 있는 미래연구에 대해 소개하였다. 특히 그녀도 미디어 커뮤니케이션학과를 담당하고 있어 미디어의 미래를 연구하고 있던 필자와 많은 대화를 나누었다. 이것이 계기가 되어 2013년 국회세미나에 시르카 교수를 초청하였고 그녀는 핀란드 정부의 국제협력본부장을 맡고 있던 남편 매티 하이노넨과 함께 주제 강연을 하였다. 이후 그녀는 한국도 몇차례 방문하였고 지속적으로 서로 소통하며 교류하고 있다.

---

5   시르카 하이노넨(Sirkka Heinonen): 북유럽의 대표적 미래학 석학으로 핀란드의 투르쿠 대학교 (Turku University)의 미래학 석·박사과정 교수이다. 그녀는 핀란드 국회 미래상임위원회 미래 연구기관인 투르크대 미래연구소에서 활동하며 미래 기술, 도시와 지방의 미래, 정보화, 소셜 미디어, 미래의 직업, 주택, 교통 등 다양한 미래 주제에 대해 연구하고 있다. 그녀는 1980년대부터 핀란드의 미래학자들을 위해 다른 나라의 미래연구를 소개했다. 1990년대 후반부터 그녀는 핀란드 정부와 의회가 주도하는 미래보고서 제작에 참여하여 핀란드의 미래 대응전략에 기여하고 있다.

시르카 하이노넨 교수와의 인터뷰 내용은 다음과 같다.

질문1. 미래학이란 무엇이라고 생각하십니까?

시르카: 미래학은 미래의 변화를 확인하고, 탐구하고, 연구하는 학문입니다. 현대 미래학의 개념을 소개한 프레히트하임(Ossip K. Flechtheim)은 그의 책 "미래학(Die Futurologie)"에서 미래학의 목표는 빈곤, 기아, 불평등 및 전쟁과 같은 거대한 세계적 문제를 해결하는 방안을 마련하는 것입니다. 이 목표는 매우 매력적이며 변화와 미래의 세계에 대한 기대뿐만 아니라 인류가 직면하고 있는 문제에 대한 구체적인 해결책을 찾게 해줍니다.

이러한 관점에서 미래학은 세계를 구하고 지구를 구하는 것에 관한 것입니다. 미래학은 오늘날 여러 수준에서 수행될 수 있는 체계적인 미래 연구입니다. 학계, 기업, 정부 및 NGO도 미래 변화를 예측하고 방안을 모색하는 미래 연구를 해야 합니다. 로마 클럽(Club of Rome)과 밀레니엄 프로젝트(Millennium Project) 같은 세계적인 미래연구 싱크 탱크는 이러한 미래 사명감을 가진 전문가들의 네트워크를 형성하여 리더 및 의사 결정권자에게 증거 기반의 미래 변화에 대한 지식과 해결방안의 권고를 제시하고 있습니다.

질문2. 미래예측에서 어떤 시각이 중요하다고 생각합니까?

시르카: 미래 연구에서 예측 분야는 세계와 사회를 변화시키는 동인과 추세를 파악하고 미래 발전 전망을 수립하는 것을 목표로 하고 있습니다. 그런데 그동안 많은 예측이 선형적인 외삽 모드에서 수행되었습니다. 즉, 동향은 같은 방향으로 그리고 같은 방식으로 계속되고, 강화되는 것으로 가정되었습니다.

이제 미래 연구에서 Forecast를 강조하는 대신 Foresight가 강조됩니다. 핵심 포인트는 미래를 다양하게 본다는 것입니다. 시야를 넓혀 주변적인 것도 보면서 현재는 약하지만 미래 변화의 단초가 될 수 있는 것을 감지하여 미래를 관찰하는 것이 중요합니다. 이것은 몇 가지 대안적 미래가 가능함을 인정하는 것을 의미합니다.

미래예측에서 미래를 바라보는 시각으로 여러 가지 미래 – 다양한 미래 – 는 중요한 전제입니다. 다른 하나는 현재와 미래의 불연속성을 주시하는 것입니다. 현재 추세의 방향을 바꿀 수 있는 현상을 예측할 수 있는 능력과 그 대신에 어디로 이끌어 갈지를 예측하는 것이 가치가 있습니다. 미래예측에서 세 번째로 중요한 시각은 미래는 놀라움으로 가득하다는 것을 깨닫는 것입니다. 예기치 못한 와일드 카드와 검은 백조가 세상에 큰 영향을 미칠 수 있는 것입니다.

질문3. 미래예측이 몇 년 동안 가능하다고 생각하십니까?

시르카: 기업은 분기 경제의 바쁜 세계에서 작동됩니다. 기업 입장에선 5년이란 시간도 굉장히 긴 시간입니다. 그 외의 일반적인 미래 연구에서 시간 간격은 통상 최소 10년입니다. 10년의 미래 렌즈는 디지털화의 가속에서 미디어와 같이 변화가 급속히 진행되는 분야에 적합합니다. 미래 연구에서는 자주 20~30년의 범위도 적용됩니다. 어떤 경우는 100년과 같은 긴 기간까지 사용됩니다. 미래예측의 시간대가 길어질수록 예측력은 더욱 어렵고 도전적입니다. 그러나 시간의 관점이 확장된다면 미래 연구에 사용되는 미래예측 방법론 중에서 단기적 접근에서 장기적 반영에 이르기까지 적합한 것을 활용하는 것이 중요합니다. 저는 미래학을 배우는 학도들에게는 중·장기적인 미래 연구를 연습하도록 장려합니다.

질문4. 미래 사회의 중요한 특징은 무엇이라고 생각하십니까?

시르카: 미래는 관점에 따라 다양합니다. 즉 가능한 미래(Possible), 올 것 같은 미래(Probable) 및 선호하는 미래(Preferred)가 있습니다. 올 것 같은 미래예측의 세계에서의 미래 사회는 기후 변화, 인구 변화, 세계화 및 디지털화와 같은 메가 트렌드에 의해 압도됩니다. 이러한 세계는 환경과 자연의 질 저하, 자원 부족, 경제 감소, 이주 증가, 불평등 심화, 조직 및 기술의 새로운 변화가 예측됩니다.

그러나 선호하는 미래 이미지를 보면 몇 가지 중요한 특징이 있습니다. 우선, 전 세계는 화석 시대를 단계적으로 중단하고 재생 가능 에너지로 전환해야 합니다. 이것은 환경문제 해결에 기여할 것입니다. 둘째, 모든 사람들에게 양질의 교육을 제공해야 합니다. 셋째, 기술과 디지털화는 인류와 환경에 유익해야 합니다. 넷째, 거버넌스는 투명하고 민주적이며 권한이 국민에게 이양되는 방향으로 변해야 합니다. 이것은 부패와 권력 남용을 방지하는 데 필요합니다.

질문5. 미래 사회에 대비하기 위해 우리는 무엇을 해야 합니까?

시르카: 미래 사회에 대비하기 위해 우리는 미래를 생각하고 연구하고 다시 생각하고 예상해야 합니다. 간단히 말해서 발전에 대한 장기적인 관점을 채택해야 하며, 새로운 문제와 주변 현상(길고 넓게 보이는)을 살펴 보아야 합니다. 그런 다음 바람직한 미래 발전을 촉진할 수 있는 방법과 바람직하지 않은 미래 궤적을 예방하거나 완화하는 방법을 모색해야 합니다. 미래는 또한 극화되고 시각화 될 수 있으며, 행동과 계획은 연습될 수 있습니다. 우리는 또한 우리에게 놀라움을 준비시켜야 합니다. 이것은 일어날 수 있는 일과 그 의미가 무엇인지 상상할 수 있게 합니다. 단순한 반응 대신에 적극적인 미래에의 접근이 필요합니다.

우리에게 가능한 새로운 길을 보여주고 열어주는 개척자적 정신을 가진 개인, 회사, 정부, NGO를 주의깊게 살펴보아야 합니다. 예를 들어, 재생 가능 에너지 분야 개척자를 인식하고 따른다면 미래가 더욱 좋아지고 효과적으로 매핑할 수 있습니다.

모든 조직은 미래를 탐구하고 필요한 경우 급진적인 변화를 만들 준비가 되어 있는 리더를 구하여 포괄적인 미래전략과 혁신 리더십을 갖추어야 합니다.

질문6. 미래 사회에서 윤리의 중요성에 대해 어떻게 생각하십니까?

시르카: 미래의 연구에서 가치는 중요한 역할을 합니다. 따라서 모든 미래 작업에는 윤리가 먼저 자리해야 합니다. 이것은 '누가 미래를 소유하는가?'라는 질문과 연결됩니다. 미래의 힘은 엄청납니다. 다시 말해, 미래에 대한 생각은 현재 상황에 영향을 미칩니다. 이전에 알려지지 않은 방식으로 성공의 씨앗이 될 수도 있습니다. 또한 일부 소수집단, 엘리트 등 미래 이미지를 만든 사람들의 이익에만 기여할 수도 있습니다. 미래 연구에서 윤리는 투명성, 민감성 및 포용성을 의미합니다. 미래의 비전은 협업으로 이루어져야 합니다. 사회 내에서 모든 이해 당사자들이 초대되고, 참여하여, 고민하고, 함께 권한을 가지고 공유할 비전을 구축해야 합니다. 이제 윤리의 문제는 또한 인간과 자연의 관계, 특히 기술과의 상호 작용에서 그 어느 때보다도 중요합니다.

질문7. 미래 사회에서 일자리를 잃는 것과 같은 사회적 갈등을 어떻게 해결해야 할까요?

시르카: 우리는 3차 산업혁명을 겪었고 4차 산업혁명을 향해 빠르게 돌진했습니다. 이것은 산업 구조, 고용, 기술 및 전체 작업 개념의 근본적인 변화를 의미합니다. 예측에 따르면 현재 직업의 거의 절반이 자동화 및 신기술, 주로 인공 지능(AI)의 발전으로 쓸모 없게 될 것입니다. 물리적, 디지털 및 생물학적 세계가 통합되고 있습니다. 이것은 새로운 일자리를 위한 새로운 기회를 창출할 뿐만 아니라 전 세계적으로 수많은 문제를 야기할 것입니다. 이런 새로운 직업과 일자리는 전 지구적 도전에 대응하고 메가 트렌드에 의해 제기된 문제를 해결하는 비즈니스 라인을 기반으로 할 것입니다.

또한, 새로운 기술의 필요성에 따라 교육 시스템을 개혁해야 합니다. 사람들은 평생 유비쿼터스 모드에서 스스로 교육하고 미래 직업에 대한 자신의 능력을 키우고 자신의 개인적인 관심과 취미로부터 점점 더 많은 것을 이끌어 내야 합니다.

모든 사람에게 충분한 일자리가 없는 세상에서 가장 큰 도전은 모든 사람이 의미 있는 활동을 하는 것입니다. 바람직한 미래 사회는 개인이 디지털화 및 사용자 중심 기술을 강화함으로써 의미있는 삶을 영위할 수 있게 되고 일자리가 줄어들지만 충분한 생계를 유지할 수 있는 소위 '디지털 의미사회'일 것입니다.

질문8. 미래학을 공부하는 학생들에게 전하고 싶은 말씀은 무엇입니까?

시르카: 미래 연구의 학생들은 특별한 특징이 있습니다. 그들은 미래 세계와 미래적 사고에 관심이 있을 뿐만 아니라 종종 영향력을 행사하고 싶어하는 매우 책임감 있는 개인입니다. 미래 연구는 통찰력, 사고 방식 및 영향을 미치는 적절한 도구를 제공합니다. 미래 연구의 주요 목표에 따르면 지구를 지속가능하게 하며 일하기, 행동 및 의사 소통하기에 더 좋은 곳으로 만드는 것입니다. 미래학 학생들은 이를 위한 방법을 배웁니다. 미래 연구 접근 방식과 원칙을 염두에 두고 학생들이 이용할 수 있는 방법과 기술에 대해 매우 광범위하게 배울 것을 권장합니다.

미래 연구 과정에서 고전적인 시나리오 구성 방법이 여전히 우세합니다. 시나리오 계획 및 구축 내에서 몇 가지 다른 방법도 사용할 수 있습니다. 이러한 종류의 하이브리드 방식은 다양한 각도에서 연구 중인 주제를 강조하는 데 매우 흥미롭고 유익합니다.

미래 연구의 프로세스에서 가장 중요한 것은 미래의 이미지, 시나리오, 전략 및 비전을 함께 만드는 것입니다. 저는 이를 공동 창작 미래디자인(Co-Creative Future Design)이라 부릅니다. 이는 미래의 회복력, 즉 급격한 변화 시대에도 생존할 수 있는 능력을 얻기 위한 것입니다. 미래 크리닉(Futures Clinique)은 그러한 과정 중 하나입니다. 창조성과 비판성이 모두 필요하기 때문에 상상력과 판단력이 미래학에서 중요한 자산입니다.

질문9. 핀란드의 미래학 학위 과정에 대해 간단히 소개해 주시기 바랍니다.

시르카: 미래학은 체계적인 미래 연구를 위한 기초이며, 이제 많은 국가에서 독립적인 학문 분야가 되었습니다. 핀란드에는 투르쿠 대학교에 국제 석사학위과정 뿐만 아니라 박사학위과정(https://www.utu.fi/en/university/turku-school-of-economics/finland-futures-research-centre)을 제공하는 대학원 수준의 학과(투르쿠대 경제학부 내 핀란드 미래연구센터: Finland Futures Research Centre within the School of Economics at the University of Turku)가 있습니다. 우리는 또한 여러 가지 미래 연구 방법과 그 응용을 제시하는 미래 연구 방법론 책을 출판했습니다(Heinonen, Kuusi & Salminen, 2017).

한국에서도 국제미래학회에서 미래예측방법론 총서를 몇 년 전에 출간하였고 이번에 미래학원론을 출간한다는 소식에 매우 반가웠습니다. 한국에서의 미래학과 미래연구도 활성화 되어 핀란드 투르쿠 대학교와 교류가 활성화되길 바랍니다. 감사합니다.

실리콘밸리의 대표 미래학자: '브록 힌즈만[6]' 의장과의 인터뷰

　　3D프린팅이 범용적으로 사용될 것을 10년 전부터 예측하고 직접 자동차에 싣고 다니며 즉석에서 3D프린팅을 실연해줄 정도로 미래 기술에 대한 예측과 애착이 많은 미래학자 브록 힌즈만 의장을 처음 만난 것은, 2015년 국제미래학회 학술포럼의 주제연사로 초청하면서부터이다.

　　그는 빅데이터를 포함한 미래 기술과 미래 인재 특성에 대한 미래예측 강연을 하며 주목을 받았고 미래교육과 미래인재에 깊은 관심을 가지고 있던 필자와도 많은 대화를 나누었다. 이후에도 틈틈이 소통하며 서로의 미래 연구에 대한 의견을 주고 받고 있다.

　　브록 힌즈만 의장과의 인터뷰 내용은 다음과 같다.

질문1. 미래학이란 무엇이라고 생각하십니까?

　　브록: 미래학, 미래 연구 또는 미래예측은 과거 및 현재 데이터를 수집하고 분석하는 방법론으로 미래를 투사하여 미래의 패턴과 추세를 파악합니다. 또한 역사에서 예상치 못한 미래 변화와 놀라운 미래상, 그리고 다양한 미래를 구상해야 합니다.

질문2. 미래예측에서 어떤 요소가 중요하다고 생각합니까?

　　브록: 미래 연구자들은 그들이 제시한 미래가 가능한지, 그럴 듯 한지, 선호하는 미래인지를 명확하게 전달해야 합니다. 또한 정확한 미래예측의 확률이 1.0보다 낮다는 것을 항상 인식해야 합니다.

6　브록 힌즈만(Brock Hinzman): 35년 이상 SRI 인터내셔널의 미래 연구자이며 다양한 전략 컨설팅 회사에 종사하고 있다. 비즈니스 미래 네트워크의 공동의장이며 밀레니엄 프로젝트 실리콘밸리 노드의 공동의장이다. ASM 인터내셔널의 부회장, 회장직을 겸했고 현재는 산타클라라밸리 지사장이다. 그는 변화와 대안 미래 시나리오, 대형 상업 회사, 정부 기관을 위한 미래 기회의 기술 로드맵을 전문으로 한다. 그는 3D프린팅, 첨단 소재, 에너지 제조기술, 나노기술, 센서, 인공지능, 로봇 등을 포함한 광범위한 기술의 미래에 대한 연구의 최고 전문가이다. 그는 미국 국가정보위원회(NIC) '글로벌 트렌드 2030' 미래보고서 작성에 참여하여 새로운 기술트렌드인 게임체인저 기술섹션을 기술하기도 하였다.

기술적 가능성의 복잡성이 클수록 새로운 인프라에 대한 투자의 필요성이 커지고, 미래가 단일 비전을 생각할수록 미래는 길어지고 발생 가능성은 낮아집니다.

미래가 현존하는 기술이나 자원에 의존할수록 미래예측의 확률은 높아집니다.

불행히도, 아직 존재하지 않는 여러 과도기 기술과 경제 모델을 필요로 하는 환상적인 미래를 제시하는 비전(Vision)가들은 합리적이고 잘 연구된 데이터를 기반으로 한 예측보다 문학적 상상력에 더욱 관심을 가지고 있습니다. 교육으로 미래를 이해할 수 있도록 비판적 사고 및 '미래적 사고' 기술을 갖춘 시민을 준비시키는 것이 중요합니다.

질문3. 미래예측이 몇 년 동안 가능하다고 생각하십니까?

브룩: 사업 계획 및 예측의 많은 측면은 의사 결정자의 승진에 걸리는 시간으로 제한됩니다. 많은 대규모 조직에서 프로모션 주기 시간은 3년 이하입니다. 내 경험을 바탕으로 업계기술 로드맵을 충분히 수행하여 최대 10년 또는 12년 동안 합리적으로 정확한 예측을 할 수 있습니다. 개별 회사의 성과를 안정적으로 예측할 수 없으며 지속적

인 모니터링이 필요합니다. 예측에서 가장 큰 불확실성은 소비자 수용, 정치적, 규제적 의사 결정을 포함한 인간 측면입니다. 장기적 주기(50년, 100년)는 사회적 주기와 심지어 사회적인 '망각'을 이해하는 데 어느 정도 타당할 수 있지만 매우 불명확합니다.

질문4. 미래 사회의 중요한 특징은 무엇이라고 생각하십니까?

브록: 현재 또는 미래의 사회는 사람들이 그 특성에 책임이 있고 예측하려는 가장 중요한 변화에 대한 책임을 받아들여야 한다는 것을 이해하는 것이 중요합니다.

기술은 중립적이며 자체 윤리를 포함하지 않습니다.

질문5. 미래 사회를 준비하기 위해 우리는 무엇을 해야 합니까?

브록: 위에서 쓴 것처럼 교육이나 '학습'에 비판적 사고 능력과 '미래 사고력' 기술이 포함되어야 합니다. 우리가 '자유' 개념을 계속해서 홍보한다면, 시민들이 자유와 책임이 직접적으로 연결되어 있음을 이해하도록 해야 합니다.

질문6. 미래 사회에서 윤리의 중요성에 대해 어떻게 생각하십니까?

브록: 인간 존재에는 하나의 윤리가 없으며, 사실 우리는 현상에 대한 윤리, 문화 및 감각 인식의 차이를 중요시하는 것 같습니다. 각 사회는 여러 '윤리'가 동시에 존재할 수 있음을 인식해야 합니다. 각 사회의 시민들이 다른 사회의 윤리와 의사소통하고 대화를 나누고 폭력적인 갈등을 피하기 위한 공통 요소와 경로를 찾을 수 있어야 합니다.

질문7. 미래의 사회에서 일자리를 잃는 것과 같은 사회적 갈등을 어떻게 해결해야 하는가?

브록: 각 사회는 자체적으로 '직업' 소멸을 해결해야 합니다. 각 사회가 시민을 위한 새로운 일자리를 찾는 것이 중요합니다. 모든 인간은 생각하고 세상을 경험하거나 사회 내에서 지위를 추구하는 개인적이고 가변적인 내부 동기를 가지고 있습니다.

역사적으로, 많은 이데올로기가 생각되었고, 실무자들은 개인의 역할을 체계적으로 정의하려고 노력했지만, 개인의 차이를 인식하는 데 어느 정도는 실패했습니다. 저는 사회에 공헌하는 개인에게 새로운 가치와 보상을 제공하고 개인이 가치있는 것을 찾도록 돕는 새로운 방법이 많이 있을 것으로 기대합니다.

질문8. 미래학을 공부하는 학생들에게 해주고 싶은 말씀은 무엇입니까?

브룩: 무엇이든 물어보세요. 미래에 대한 당신의 가치와 기대치에 대한 당신의 가정을 인식하고 정기적으로 새로운 사건과 예상치 못한 것들을 시험해 보십시오. 너무 많은 분석은 우유부단함을 만듭니다. 새로운 것을 시도하고, 새로운 것을 발견하고, 합당한 기회를 취한 다음 그러한 것들에 대해 어떻게 느끼는지 발견하십시오. 세계와 다양한 사회적 상황을 신체적으로 직접 여행하고 경험하십시오. 마음과 몸의 경험은 우리를 인간적이며 살아있게 만드는 것입니다.

질문9. 추가로 하실 말씀 있으시면 자유롭게 하여 주시기 바랍니다.

브룩: 미래를 연구하고 예측한다는 것은 어렵지만 흥미로운 작업입니다. 세상의 변화 속도가 더욱 빨라지고 있어 미래학의 중요성이 더욱 강화될 것입니다. 특히 미국의 실리콘밸리에서는 미래예측과 미래전략이 기업의 성공 여부를 좌우한다고 믿고 활발히 진행되고 있습니다. 한국에서도 안종배 교수의 미래학원론 출간을 계기로 미래학과 미래연구가 활발해지길 기대합니다. 감사합니다.

국내 미래 연구 전문가와의 인터뷰

국내에도 1960년대부터 미래학과 미래연구 전문가가 있었다. 특히 경제부총리를 역임한 이한빈 교수는 한국미래학회를 설립하고 짐 데이토 교수를 비롯한 세계의 미래학자들과 활발히 교류하며 한국의 미래학과 미래 발전 전략 연구의 초석을 다졌다. 또한 하인호 교수도 1980년대부터 미래학을 소개하는 저술을 통해 한국의 미래학 발전을 위해 많은 기여를 하였다.

그러나 그 후 한국의 미래학은 주춤하다가 밀레니엄을 맞이하며 한국인들의 미래에 대한 관심이 높아졌고 이로 인해 2000년부터 세계적인 미래학자들이 한국에 초청되어 방문하며 강연을 펼치고, 필자 및 몇몇의 전문가들이 미국에서 개최되는 밀레니엄 프로젝트 국제컨퍼런스 및 세계미래회의(World Futures Society)에 참석하며 현대 미래학이 한국에 다시 활성화될 필요성을 강하게 인식하였다. 이를 계기로 필자와 박영숙 유엔미래포럼 대표의 적극적인 노력으로 2007년 국제미래학회가 전 세계 미래학자들이 참여한 가운데 한국에 본부를 두고 발족하면서 본격적으로 한국에서 국제미래학회 주최로 국제미래학 학술포럼이 수십 차례 개최되고 '유엔미래보고서', '글로벌 미래 2030', '대한민국 미래보고서', '대한민국 미래교육보고서', '전략적 미래예측 방법론 바이블' 등 미래학과 미래연구의 전문 역량 함양에 도움을 주는 저서를 출간하면서 한국에 미래학과 미래연구에 대한 관심을 크게 높였다.

▼ 사진 12-8 국제미래학회 창립식 및 국제미래학 학술포럼 전경

이후 한국에는 미국에서 미래학을 전공하고 귀국한 미래학 전문가도 활동하기 시작하고 다양한 분야에서 미래학과 접목하면서 다양한 영역의 미래학과 미래연구 전문가가 활발히 활동하고 있다. 국내 미래학과 미래연구의 전문가는 점차 늘어나고 있고 향후 더욱 활발히 활동할 것으로 전망된다.

이 저술에서의 국내 미래 연구 전문가 인터뷰는 미래학 관련 학회, 미래학 대학 교육기관, 미래학 관련 연구기관, 자율적인 미래연구 전문가 영역에서 한 분씩과 진행하였다. 국내에 뛰어난 미래학과 미래연구의 전문가가 많이 계시지만 대표적으로 다음 네 분과의 인터뷰 내용을 게재하게 됨을 양지 바란다.

첫 번째 인터뷰는 국제미래학회 명예회장이신 이남식 서울예술대학교 총장이고, 두 번째 인터뷰는 카이스트에 미래전략 대학원을 설립한 이광형 카이스트 부총장이고, 세 번째 인터뷰는 박진 국회미래연구원 원장이다. 그리고 네 번째 인터뷰는 차원용 아스팩미래기술경영연구소 소장이다.

▼ 사진 12-9 국내 미래연구 전문가 이남식 국제미래학회 명예회장, 이광형 KAIST 부총장,
　　　　　박진 국회미래연구원 원장, 차원용 아스팩미래기술경영연구소 소장과 필자

질문1. 미래학은 무엇을 하는 학문이라고 생각하시는지요?

미래학(Futures Studies)이란 예측 가능한 다양한 미래에 대한 시나리오를 제시하고 바람직한 미래를 만들기 위하여 지금 내려야 할 결정을 선택할 수 있도록 하는 학문이라 할 수 있습니다. 일반적으로 미래학에서는(3Ps and a W), 즉 가능한(Possible) 미래, 가능성이 있는(Probable) 미래, 그리고 바람직한(Preferable) 미래와 와일드카드(즉 확률은 낮으나 임팩트가 매우 큰 사건)에 다양한 시나리오를 제시합니다. 과거와 현재 미래는 인과관계에 있으므로 우리가 원하는 미래는 현재의 선택과 결정에 따라 달라질 수 있다고 봅니다. 특히 기술적 변화가 대단히 큰 4차 산업혁명의 시대에 미래학의 중요성은 그 어느 때보다도 크다 할 수 있습니다.

질문2. 미래를 예측할 때 무엇이 중요하다고 생각하시는지요?

기상 예측에서는 우리의 선택의 여지가 전혀 없는 반면, 미래예측은 우리의 정책적인 선택에 따라 크게 달라질 수 있으므로 전략적 예측(Strategic Foresight)이 실용적이라 봅니다. 거시환경 분석 PEST 또는 STEEP(Social, Technological, Economic, Environmental and Political) 등 다양한 분야의 요소들을 선정하여 각 요소들에 대한 다양한 조합을 통하여 다수의 미래 시나리오를 만들어 낼 수 있습니다. 예측 가능한 미래 이벤트를 통하여 다수의 미래 시나리오가 가능해 질 것입니다.

질문3. 가속의 시대에 미래예측은 최대 몇 년까지 가능할까요?

미래예측에 대하여 학자들 사이에서도 논쟁이 있습니다. 미래예측이 가능하다는 주장과 미래는 예측하기보다는 만들어 가는 것이라는 주장이 있으나 미래를 합리적으로 예측하는 것은 정책의 입안에서 매우 중요합니다. 대표적으로 우리나라의 교육정책에 있어 인구통계학적인 예측을 대학정책에 반영하지 못하여 지나치게 많은 입학정원을 배정해 현재에는 구조조정을 위한 많은 진통을 겪고 있는 것이 대표적인 실패 사례라 할 수 있습니다. 또한 기술의 변화가 급격하므로 장기적인 예측이 점점 어려워지고 있는 것과 데이터와 인공지능 기술의 획기적인 발전으로 파생되는 수많은 변수들 사이의 상호작용 패턴을 파악해 낸다면 향후에는 획기적으로 미래예측의 역량이 커질 것으로 봅니다. 전통적으로 미래학에서는 20~50년을 연구의 대상으로 삼아 왔습니다.

질문4. 미래 사회에 대비하기 위해 우리는 무엇을 해야 할까요?

인류가 안고 있는 전 지구적인 다양한 문제들 예를 들면, UN의 SDG(Sustainable Development Goals)에 대하여 많은 관심을 가져야 하겠습니다. 국가나 기업 또는 개인의 삶에 영향을 미치는 요소들이 글로벌하게 연계되어 변화되기 때문에 거시적인 분석과 지역적인 분석이 함께 필요하다고 봅니다.

질문5. 미래 사회에 윤리의 중요성에 대해 어떻게 생각하시는지요?

미래학자들은 냉전시대에 핵무기의 개발이 인류의 종말을 예고하는 시계를 통하여 핵 감축과 확산 금지, 그리고 냉전을 종식시키는 데 큰 기여를 하였습니다. 과학과 기술은 인류의 미래를 종식시킬 지도 모르는 수많은 기술을 내놓고 있습니다. 예를 들어, 유전자가위 기술을 통하여 인간의 질병이나 수명을 증가시키는 데 큰 기여를 할수 있으나 잘 못 쓰일 경우 통제 불가능한 새로운 병원균이나 새로운 형태의 생명체를 만드는 등 통제 불가능한 미래가 될 수도 있으므로 윤리적, 특히 인류나 지구의 지속 가능성에 대하여 윤리적 규범을 만들어 준법감시(compliance)를 하는 것이 매우 중요하다고 봅니다.

질문6. 미래 사회에 생기는 사회 갈등은 어떻게 해결해야 할까요?

모바일 미디어나 SNS의 발전으로 다양한 이해당사자(stakeholder)들이 예전에 비하여 엄청난 영향력을 발휘하게 되었으며, 이해당사자 사이의 갈등도 더욱 커져가고 있습니다. 많은 경우 각자의 주장이 미래에 어떤 영향을 미칠지에 대한 충분하고 합리적인 검토가 없이 극단적으로 대립하는 경우가 증가되고 있습니다. 따라서 다양한 시나리오에 대하여 현재의 결정이 미래에 미치는 영향에 대한 미래학적인 검토가 향후 사회 갈등을 줄이고 조정하는 데 매우 필요하다고 볼 수 있습니다.

질문7. 미래학을 공부하는 학도들에게 전하고 싶은 말씀은 무엇인가요?

미래학은 매우 융합적인 학문인 동시에 과거(hindsight), 현재(insight), 미래(foresight)에 대한 통합적인 시각이 필요하므로 연구자의 성숙도를 크게 요구하는 학문 분야라 할 수 있습니다. 또한 미래에 대한 호기심과 다양한 분야에 대한 폭넓은 지식을 갖추는 것이 바람직하다고 봅니다.

질문8. 추가적으로 하시고 싶으신 말씀 있으시면 자유롭게 해주시기 바랍니다.

현대 미래학은 아직 우리나라에서는 초기 단계가 아닌가 합니다. 하지만 미래학의 실용성이 점점 커지고 우리나라가 다양한 분야(예를 들어, 반도체, 디스플레이, 전지 등)에서 세계를 리드하고 있으므로 향후 미래학 전반에 있어 세계를 리드하는 날이 곧 올 것으로 여기며 후학들의 건투를 비는 바입니다.

그리고 미래학원론을 통해 미래를 보는 시각을 갖고 미래를 대비할 수 있도록 각 대학에 관련 강좌가 많이 개설되길 희망합니다.

2 이광형 카이스트 부총장(KAIST 문술미래전략대학원 설립자)과의 인터뷰

질문1. 미래학은 무엇을 하는 학문이라고 생각하시는지요?

미래학은 발생 가능한 미래를 탐구하고 우리가 원하는 모습으로 만들어 가는 학문입니다. 즉, 우리의 노력에 의해서 희망하는 미래를 만들 수 있다는 희망의 학문입니다. 이렇게 하기 위해서는 미래예측, 희망미래설계, 미래전략의 단계를 거치게 됩니다.

질문2. 미래를 예측할 때 무엇이 중요하다고 생각하시는지요?

하나의 미래를 정확히 알아맞힌다는 것은 불가능합니다. 미래학은 발생 가능한 복수의 미래를 살펴보는 학문입니다. 미래를 결정하는 수많은 요소들을 모두 고려하면 예측할 수 없습니다. 중요한 핵심동인을 찾아서, 이것들의 상호관계와 변화를 파악하면 비슷하게 미래를 예측할 수 있습니다.

질문3. 가속의 시대에 미래 예측은 최대 몇 년까지 가능할까요?

변화가 속도가 빠르면 예측 가능한 범위가 짧아질 것입니다. 우리나라 사람들은 미래를 약 13년으로 생각한다는 조사결과가 있습니다. 예측기간이 짧으면 결과가 구체성을 가질 것이고, 길어지면 결과가 조금 더 추상적인 모습을 가질 것입니다.

질문4. 미래 사회의 중요한 특성은 무엇이라 생각하십니까?

우리 앞에 펼쳐지는 미래를 상당 부분 기술이 드라이브(Drive) 하고 있습니다. 새로운 기술이 출현하여 인간 삶의 방식을 바꾸고, 사회제도의 변화를 가져오고 있습니다. 기술중심 미래사회변화가 큰 특징이라 봅니다.

질문5. 미래 사회에 대비하기 위해 우리는 무엇을 해야 할까요?

미래에 대비하기 위해서는 발생 가능한 미래를 미리 상상해볼 필요가 있습니다. 그렇게 하면, 새로운 변화에 대응하여 내가 어떠한 준비를 해야 할지 생각하게 됩니다.

질문6. 미래 사회에 윤리의 중요성에 대해 어떻게 생각하시는지요?

미래는 더욱 기술중심 사회가 펼쳐질 것입니다. 기술은 효율성을 추구하고, 그러다 보면 인간성이 위축되고 훼손될 위험성이 있습니다. 인간성을 보호하는 것이 제도입니다. 변화에 적응하되, 인본주의 사상에 입각한 사회규범이 필요합니다.

질문7. 미래 사회에 생기는 사회 갈등은 어떻게 해결해야 할까요?

기술의 변화에 따라서, 인간 삶과 방식에 변화가 생기고, 새로운 규범이 필요하게 됩니다. 규범과 제도의 변화는 기존 질서와 충돌할 수 있습니다. 미래지향적으로 생각하면 갈등해결에도 도움이 될 것입니다. 10년, 20년 후의 사회가 결국 어떤 모습이 되어 있을 것인가 생각해보면, 지금 어떠한 결정을 해야 할지 도움받게 됩니다.

질문8. 미래학을 공부하는 학도들에게 전하고 싶은 말씀은 무엇인가요?

미래학은 국가의 미래, 기업의 미래, 나의 미래를 연구하는 학문입니다. 미래학의 다양한 예측 방법론을 나 자신에게 적용해보시기 바랍니다. 나의 미래를 예측하고, 희망 미래를 설정하고, 전략을 수립하여 실행계획을 세워보시기 바랍니다.

질문9. 추가적으로 하시고 싶으신 말씀 있으시면 자유롭게 해주시기 바랍니다.

미래학은 희망의 학문입니다. 나의 노력을 통하여 희망하는 미래를 만들어 가시기 바랍니다. 미래학원론이 희망의 미래를 볼 수 있게 도움이 될 것입니다.

감사합니다.

3 박진 국회미래연구원 원장과의 인터뷰

질문1. 미래학은 무엇을 하는 학문이라고 생각하시는지요?

미래를 바꾸는 방법을 탐구하는 학문이라고 생각합니다.

질문2. 미래를 예측할 때 무엇이 중요하다고 생각하시는지요?

다양한 동인을 결합하여 나타나는 미래에 대한 상상력, 그리고 과학적 방법론이 중요합니다.

질문3. 가속의 시대에 미래예측은 최대 몇 년까지 가능할까요?

예측은 어느 경우나 할 수는 있으나, 그 정확성이 문제가 될 것입니다.

지속적인 트렌드가 뚜렷한 부문, 예컨대 인구·기후 등에 대한 예측은 30~50년도 가능할 것이나 돌발변수가 많은 정치·경제 분야는 예측이 어려울 것입니다.

질문4. 미래 사회의 중요한 특성은 무엇이라 생각하십니까?

사회관계에서 보면 '관계의 지속성 약화'가 특성일 것입니다. 평생직장보다는 일 중심의 노동계약, 소유보다는 공유와 활용, 법률에 의한 가족보다는 필요에 따른 동거 등이 그 예입니다.

질문5. 미래 사회에 대비하기 위해 우리는 무엇을 해야 할까요?

기존 제도가 위의 '관계의 지속성 약화'를 뒷받침하지 못하게 될 것이므로 법과 제도가 유연해 질 필요가 있습니다.

질문6. 미래 사회에 윤리의 중요성에 대해 어떻게 생각하시는지요?

인간관계의 지속성이 약화되면 수인의 딜레마와 같이 서로 불신이 높아질 가능성이 큽니다. 따라서 개인에 대한 객관적 평가기준으로서 윤리가 중시될 것으로 사료됩니다.

질문7. 미래 사회에 생기는 사회 갈등은 어떻게 해결해야 할까요?

사회갈등 중 전국적인 문제는 국회 등 대의기구에서 공론화 과정을 통해 해결해야 할 것이며 당사자간 해결이 중시되는 문제는 기존의 해결방식인 소송보다는 다양한 대안적 분쟁해결방식(ADR)을 확대하여 해결해야 할 것입니다.

질문8. 미래학을 공부하는 학도들에게 전하고 싶은 말씀은 무엇인가요?

한 분야에 매몰되지 말고 다양한 분야 간 관계에 관심을 가지는 시스템적 사고를 하는 융합전문가가 되어 주길 바랍니다.

질문9. 추가적으로 하시고 싶으신 말씀 있으시면 자유롭게 해주시기 바랍니다.

미래연구가 하나의 전문 분야로 더 확고히 자리를 잡을 수 있기를 바랍니다. 미래학원론이 이에 크게 기여할 수 있을 것이라 기대됩니다.

■4 차원용 아스팩미래기술경영연구소 소장과의 인터뷰

질문1. 미래학은 무엇을 하는 학문이라고 생각하시는지요?

거시 미래학은 빅뱅(Big Bang)을 통해 창조된 우리 우주를 구성하는 시간－공간－인간의 과거－현재－미래를 조명하는 학문입니다. 빅뱅이 있으면 그 반대 개념의 빅립(Big rip)이 있는데 한 마디로 처음과 끝을 연구합니다. 미시 미래학은 인간중심적으로 우리 삶의 과거－현재－미래를 조명하는 것이지요.

질문2. 미래를 예측할 때 무엇이 중요하다고 생각하시는지요?

무엇보다도 과학기술이 매우 중요합니다. 과학기술이 과거에서 현재, 현재에서 미래로 가는 변화의 원동력이니까요.

질문3. 가속의 시대에 미래예측은 최대 몇 년까지 가능할까요?

천체우주물리학 관점에서 12개 별자리들의 세차운동이 황도대에서 보이는데 360도 한 바퀴 도는데 25, 920년이 걸립니다. 이를 피타고라스의 해 혹은 플라톤의 해라 부릅니다. 따라서 2, 100년에 물병자리로 들어서기 때문에 12, 900년까지 예측이 가능합니다.

질문4. 미래 사회의 중요한 특성은 무엇이라 생각하십니까?

에너지와 파동입니다. 빛도 에너지와 파동이고 우리 인간도 고유의 에너지와 파동을 가지고 있습니다. 따라서 말도 생각도 에너지와 파동인데, 이런 에너지와 파동을 이용해서 경제－사회－환경－교육－문화 등의 문제를 해결할 것입니다. 단 악의 용도가 아닌 선한 목적에 활용해야 합니다.

질문5. 미래 사회에 대비하기 위해 우리는 무엇을 해야 할까요?

다양한 학문을 통섭하고 융합해야 미래 사회에 대비할 수 있습니다. 여기에 각종 논문과 특허를 연구하고 기업들을 연구해야 미래 사회가 어떻게 다가오는지를 알 수 있습니다.

질문6. 미래 사회에 윤리의 중요성에 대해 어떻게 생각하시는지요?

미래사회가 부정적으로 가지 않기 위해서는 윤리도 상당히 중요합니다. 왜냐하면 결국 인간중심적인 공존공생이니까요. 생명윤리도 중요하고요 인공지능윤리도 중요하고, 특히 기술을 개발하고 적용할 때의 공학윤리가 중요합니다.

질문7. 미래 사회에 생기는 사회 갈등은 어떻게 해결해야 할까요?

공존공생의 원칙에 따라 디바이드(분열)가 아니라 인클루전(포용) 정책으로 해결할 수 있습니다. 성장과 분배의 선순환, 다수가 소수를 껴안는 마음, 강자가 약자를 배려하는 마음 등등.

질문8. 미래학을 공부하는 학도들에게 전하고 싶은 말씀은 무엇인가요?

미래를 보는 통찰력은 상당한 기간의 연구와 끈기가 필요합니다. 다양한 학문을 통섭하고 융합해야 합니다. 여기에 각종 논문을 연구하고 특허를 연구하고 기업들을 연구해야 통찰력을 터득할 수 있습니다. 또한 성경과 각종 경전도 공부해야 합니다. 분야별 Specialist이자 통합적 Generalist가 되어야 합니다.

질문9. 추가적으로 하시고 싶은 말씀 있으시면 자유롭게 해주시기 바랍니다.

안종배 교수님의 특징은 일단 결정했으면 끝까지 밀어 붙여 기어코 완성해내는 실천주의적 미래학자라는 점입니다. 미래학 원론도 10년 전부터 준비하여 이번에 출간 되었는데 진심으로 축하드립니다. 본 책이 미래를 연구하는 사람들에게 초석이 되고 귀한 교재가 될 것으로 기대합니다.

연구 문제
토의 사항

1. 미래학은 무엇을 하는 학문이라고 생각하는가?
2. 미래학 및 미래연구를 하는 전문가는 어떤 역량이 필요한가?
3. 미래학 및 미래연구에 있어 윤리성이 중요한가?
4. 우리는 미래를 바꿀 수 있는가?
5. 미래학 및 미래연구의 미래 전망은 어떠한가?

부록

미래학원론 : 미래연구·미래전략 입문서

국제미래학회
Global Futures Studies Association

1. 국제미래학회 소개 (www.gfuturestudy.org)

국제미래학회는 세계적인 미래학자인 제롬 글렌과 김영길 한동대 총장이 초대 공동회장을 맡고 국내외 전문영역별 미래학자 100여 명이 함께 참여하여 2007년 10월 국내에 본부를 두고 설립된 국제적인 학회이다. 2011년부터 제2대 총장으로 이남식 서울예술대 총장이 회장을 맡았고 2019년 안종배 한세대학교 교수(미래창의캠퍼스 이사장)가 제3대 회장으로 취임하였다. 국제미래학회는 '미래의 다변화 사회에 대응하기 위하여 사회 전반을 아우르는 과학·기술·정치·경제·인문·사회·환경·ICT·미디어·문화·예술·교육·직업 등 제 분야에 대한 미래예측 및 변화에 대한 연구를 수행함으로써 미래 사회를 대비하고 지속적인 성장과 발전에 기여함'을 목표로 삼고 있다.

국제미래학회는 제롬 글렌, 티모시 맥, 짐 데이토, 호세 코르데이로, 피터 비숍, 조나단 트렌트, 토마스 프레이, 시르카 하이노넨, 브룩 힌즈만 등 해외의 세계적인 미래학자 50여 명이 함께 동참하고 있으며 이들을 국내에 초청하여 미래학과 미래연구의 확산을 위한 노력을 경주해 왔다. 또한 100여 회에 걸쳐 국제미래학 학술포럼과 컨퍼런스를 개최하여 주요 영역별 미래 예측과 미래 발전 전략을 발표해 왔다.

국제미래학회는 현재 60여 명의 국내·국제자문위원, 그리고 학술위원회를 포함한 8개의 직무위원회와 70여 개의 전문영역별 연구위원회로 구성되어 있고 국내외의 저명한 학자와 전문가 500여 명이 함께 하고 있다.

국제미래학회는 학회 위원들이 공동 저술하여 국내 최초의 26영역별 글로벌 미래예측 연구 결과로서 "미래가 보인다, 글로벌 2030"(박영사)을 출간하였고 40여 개의 "전략적 미래예측방법 바이블"(두남출판)을 연구하고 저술하여 문화체육관광부 우수학술도서로 선정되었다. 또한 46명의 위원들이 2년간의 공동연구를 통해 한국의 미래를 예측하고 미래 발전 방안을 제시한 "대한민국 미래보고서"(교보문고)를 출간하여 2016년 문체부 추천 우수교양도서로 선정되었다. 또한, 57명의 석학들이 4차산업혁명시대 대한민국의 미래 대응을 위한 교육혁신 방안으로 "대한민국 미래교육보고서"(광문각)를 2017년에 저술 출간하여 문화체육관광부 우수학술도서로 선정되었고, 2018년엔 "대한민국 4차산업혁명 마스터플랜"(광문각), '4차산업혁명 대한민국 미래성공전략'(광문각), 2019년엔 "퓨처어젠다, 미래예측2030(역서: 광문각)"을 저술하여 개인, 기업, 국가의 미래 대응방안과 성공전략을 제시하였다.

또한 국내 최초 미래형 오픈캠퍼스 교육기관인 '미래창의캠퍼스'를 개설 '4차산업·미래전략 최고지도자 과정', '미래대학 콜로키엄'을 포함한 70여 개의 미래형 교육과정을 진행하고 있다.

그리고 급변하는 미래 환경에서 지속가능한 국가 발전을 위한 국가미래전략을 입안하여 국민의 미래 일자리 창출과 행복한 삶의 질을 높이는 데 기여하기 위한 '국가미래기본법'을 입안하고 발의하였고 제정을 위해 노력하고 있다. 또한 매월 1회 '대한민국 미래사랑방'을 개최하여 분야별 석학들의 국가 발전을 위한 지혜를 나누고 있다.

연락처 : 사무국 02-501-7234, admin@cleancontents.org   www.gfuturestudy.org
　　　　심현수 사무총장 010-9899-0005

국제미래학회 임원 조직도

미래연구위원회

미래미디어위원장	안종배(한세대 교수)
미래디자인위원장	이순종(서울대 미대 명예교수)
미래국토계획위원장	김창석(서울시립대 명예교수)
미래IT위원장	임주환(고려대 초빙교수)
미래의료과학위원장	엄창섭(고려대 의대 교수)
미래헬스케어위원장	강건욱(서울대 의대 교수)
미래예술위원장	노소영(나비아트센터 관장)
미래방송기술위원장	안동수(유비콘미디어콘텐츠연합 부총재)
미래헌법연구위원장	고문현(전 한국헌법학회 회장, 숭실대 교수)
미래정치분석위원장	김형준(명지대 교수)
미래방송정책위원장	김광호(서울과학기술대 교수)
미래인문학위원장	이상규(경북대 교수)
미래블록체인위원장	박수용(서강대 교수)
미래경영예측위원장	김진화(서강대 교수)
미래경영컨설팅위원장	김경준(딜로이트컨설팅 부회장)
미래주거환경위원장	이연숙(연세대 교수)
미래핵에너지위원장	황일순(서울대 공대 명예교수)
미래평생교육위원장	최운실(아주대 교수)
미래창업위원장	이주연(아주대 교수)
미래경영위원장	엄길청(경기대 교수)
미래생산성위원장	이창원(한양대 교수, 한국생산성학회 회장)
미래혁신기술위원장	한승호(한설그린 회장)
미래기후변화위원장	조석준(9대 기상청장)
미래패키징위원장	김재능(연세대 교수)
미래과학기술위원장	차원용(아스팍연구소 소장)
미래의복위원장	남윤자(서울대 교수)
미래지식서비스위원장	주형근(한성대 교수)
미래공간지리위원장	박수진(서울대 교수)
미래정보분석위원장	문영호(KISTI 부원장)
미래트렌드예측위원장	김경훈(한국트렌드연구소 소장)
미래스토리텔링위원장	이재홍 (숭실대 교수, 게임물관리위 위원장)
미래게임위원장	위정현(중앙대학교 교수, 한국게임학회 회장)
미래컴퓨터위원장	신용태(숭실대 교수)
미래창의교육위원장	이경화(숭실대 교육학과 교수)
미래한류문화위원장	박장순(홍익대 교수)
미래지속가능학위원장	문형남(숙명여대 교수)
미래기술가치위원장	조성복(전 KVA 평생교육원 원장)
미래휴먼컴위원장	김광옥(전 방송학회회장)
미래경제예측위원장	최윤식(아시아미래인재연구소장)
미래경제분석위원장	이종규(대구카톨릭대 교수)
미래기업홍보위원장	김흥기(한국사보협회 회장)
미래콘텐츠재산권위원장	조태봉(문화콘텐츠라이센싱협회 회장)
미래인터넷윤리위원장	최중원(숙명여대 교수)
미래혁신정책위원장	박병원(과학기술정책연구원 미래센터장)
미래인구예측위원장	서용석(카이스트 교수)
미래광고위원장	김병희(서원대 교수)
미래에너지출판위원장	정욱형(CEO에너지 대표)
미래동양학위원장	소재학(하원정미래학회 회장)
미래IT기술분석위원장	김들풀(IT뉴스 대표)
미래드론위원장	장문기(한국드론협동조합 이사장)
미래드론교육위원장	박장환(국제드론사관학교 이사장)
미래잡지위원장	조성수(한국잡지연구소 운영위원장)
미래지역산업위원장	강종진(울산문화산업개발원 원장)
미래에듀테크위원장	이형세(테크빌교육 대표이사)
미래비교문화위원장	김세원(글로벌문화브랜딩연구소장)
미래여성우주위원장	조황회(과학기술정책연구원 원장)
미래빅데이터위원장	박정은 (한국정보화진흥원 센터장)
미래국토이용위원장	이용우(국토연구원 본부장)
미래실버유아인성위원장	차경환(실버브레인건강관리협회 대표)
미래전통문화위원장	김시범(한동대 문화산업대학원장)
미래캠페인위원장	박종라(더칼라커뮤니케이션 대표)
미래출판위원장	김갑용(진한M&B 대표)
미래정책위원장	장영권 (국가미래전략원 대표)
미래법제위원장	박인동 (김&장 법률사무소 변호사)
4차산업혁명산업위원장	김동섭 (UNIST 교수)
4차산업혁명법률위원장	양승원 (법무법인 하정 대표 변호사)
미래메카닉스위원장	이정기(홍익대학교 교수)
미래법률연구위원장	한상우 (삼일회계법인 고문)
미래영어교육위원장	김정희 (단국대학교 교수)
미래복지정책위원장	김준경 (남서울대 교수)
미래융합산업위원장	최ام범(한국융합산업협회 회장)
미래대학경쟁력위원장	최용섭(한국대학경쟁력연구원 원장)

국제협력위원회 공동위원장

박영숙 유엔미래포럼 대표
임마누엘 이만열 경희대 교수
아이한 카디르 한국외대 교수

학술위원회 위원장

김병회(서원대 교수)

지역위원회

대전본부장 김용채(리예종 대표,박사)
유럽지역 김지혜(오트쿠튀르 대표)
아세안지역 유진숙(한-아세안센터 부장)

미래인재위원회 공동위원장

박영애(색회연 고문)
안남섭 미래준비 이사장

국제미래학회
Global Futures Studies Association

임원

명예회장	이남식(서울예술대학교 총장)
회장	안종배(한세대학교 교수/ 미래창의캠퍼스 이사장) 제롬글렌(밀레니엄 프로젝트 회장)
수석부회장	김용근(한국경영자총협회 부회장)
운영이사	학술위원회 위원장 편집출판위원회 위원장 총무위원회 위원장 대회협력위원장 미디어홍보위원장 미래인재위원장 사무총장
집행이사	학술위원장 연구위원장 국제위원장 자문위원장 후원회장

자문위원

심재철(20대 국회 부의장, 국회의원)
정갑윤(19대 국회 부의장, 국회의원)
신경민(국회의원)
이상민(국회의원)
노웅래(국회의원)
조완규(서울대 명예교수, 전 교육부 장관)
진대제(전 정보통신부 장관)
김광두(국기미래연구원 원장)
곽병선(인천대 석좌교수)
이경숙(아산나눔재단 이사장)
이영탁(세계미래포럼 이사장)
김명자(한국과학기술단체총연합회 회장)
박 진(아시아미래연구원 이사장)
이현청(한양대 석좌교수, 전 상명대 총장)
오세정(서울대학교 총장)
장순흥(한동대학교 총장)
조동성(인천대학교 총장)
김경성(서울교육대학교 총장)
이재희(전 인천교육대학교 총장)
안양옥(전 한국장학재단 이사장)
이상훈(전 한국전자통신연구원 원장)
한석수(전 한국교육학술정보원 원장)
김재춘(전 한국교육개발원 원장)
이용순(전 한국직업능력개발원 원장)
윤은기(한국협업진흥협회 회장)
이단형(한국SW기술진흥협회 회장)
이광형(KAIST 부총장)
안종만(박영사 회장)
박광성(한국방송예술진흥원 총장)
백순진(함께하는저작인협회 이사장)
민경찬(연세대 명예교수)
주영섭(고려대 석좌교수, 전 중소기업청장)
이주헌(한국외대 교수, 전 KISDI 원장)
권대욱(휴넷 회장)

편집출판위원회
공동위원장
김갑용(진한M&B 대표)
박정태(광문각 회장)

사무총장
심현수(클린콘텐츠국민운동본부 대표)

총무위원장
이민영(전민일보 논설위원)

미디어 · 홍보위원회
공동위원장
박애경(투데이신문 대표)
전병인(내외통신 대표)
강병준(전자신문 국장)
김동원(데일리한국 국장)

대외협력위원회
공동위원장
장현덕 스쿨iV 대표
김복만(길포럼 사무총장)
조영관(사단법인 도전한국인 대표)
서재철(한국인터넷진흥원 수석연구위원)

국제자문위원

위원장 Theodor Gordon
(미.the FUTURE GROUP 창립자)

Arhur B.Shostak(미, Drexel Unlv)
Timothy C.Mack(미, 전 WFS 회장)
Jose Cordeiro(미, 싱귤레러티대 교수)
Fadienne Goux-Baudiment(불, WFSF 회장)
Rohit Talwar(영, Fast Future Research)
K Eric Drexler(미, Foresight Institute)
Pera Wells(오, WFUNA 사무총장)
Paul J. Webos(미, SRI International)
Frank Catanzaro(미, WFUNA MP)
Raymond Kurzweil(미, Kurzwil Alnet)
Gregor Wolbring(캐, Calgary Univ교수)
William E. Halal(미, 조지워싱턴대학교교수)
Jim Dator(미, Hawaii Univ 명예교수)
Sohail Inayatullah(Tamkang Univ.교수)
Eero Paloheimo(핀란드, 미래상임위원회)
Dennis R. Morgan(미, WFUNA MP)
Pierre Alain-shieb(불, OECD 미래포럼)
Sirkka Heinonen(핀란드, Turku University 교수)
Matti Heinoinen(핀란드, ICB 본부장)
Thomas Frey(미, 다빈치연구소 소장)
Jonathan Trent(미, NASA 오메가연구소 소장)
브록 힌즈만(미, Brock Hinzman 실리콘밸리)

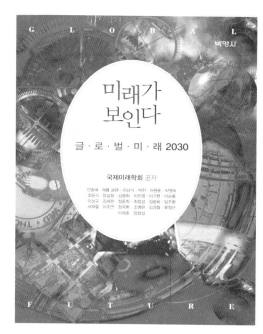

대한민국이 앞으로 20년간 맞이할 미래를 각 분야 전문가들이
각종 데이터와 연구 성과를 바탕으로 예측한 맞춤형 미래보고서

- IoT, CPS, NBIC, 임베디드 시스템이 만드는 융합과 초연결의 미래 세계
- 저출산 고령화와 주택전망 생녀삶삶과 정년 연장
- 기후 변화와 재난 재해의 증가
- 신산업 육성 및 교세기별 인재 양성

융합과 초연결의 미래, 전문가 46인이 예측하는 대한민국 2035

대한민국
미래보고서

국내 최고의 석학·전문가 57인이 1년간 공동 연구·집필한
대한민국 미래교육의 바람직한 혁신을 위한 지침서

'제4차 산업혁명 시대'를
주도할 미래 인재를 양성하여 지속 가능한
대한민국의 발전을 이끄는 교육 혁신 보고서!

• 2017년 문화체육관광부 추천 우수교양도서(세종도서) 선정 •

초연결·초지능 사회, 교육이 바뀌어야 대한민국이 산다!

제4차 산업혁명 시대
대한민국 미래교육보고서

- 교육 환경의 변화와 위기의 대한민국 교육 현황 진단
- 대한민국 미래교육의 패러다임과 시스템의 대전환
- 10년 후 미래 가 본 대한민국 미래교육 시나리오
- 대한민국 미래교육 혁신의 청사진 위한 정책 제안

futureagenda
Six Challenges for the Next Decade
데이터에 근거한 미래예측

미래예측
2030

Caroline Dewing & Tim Jones
노규성 안종배 옮김

光文閣
www.kwangmoonkag.co.kr

principle of Futures Studies

미래학원론
미래연구·미래전략 입문서

안종배 국제미래학회 회장 저

박영사

국가 미래 발전을 위한 '국가미래기본법' 발의 내용 간담회

일시
2019년 2월 19일(화) 오전 11시 - 오후 2시
장소
국회 의사당 본관 귀빈식당
주최
국회미래정책연구회, 국제미래학회

문의: 사무국 02-501-7234, admin@cleancontents.org   www.gfuturestudy.org

심현수 사무총장 010-9899-0005

2. 미래창의캠퍼스 소개

www.futurestudy.kr

Future Creative Campus

4차산업혁명시대 미래창의혁신 인재 양성의 요람

미래창의캠퍼스
Future Creative Campus

"4차산업혁명시대를 강건하고
아름답게 만들어가는
인재를 양성합니다."

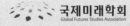 국제미래학회
Global Futures Studies Association

 대한민국
클린콘텐츠
국민운동
www.cleancontents.org

미래창의 캠퍼스 비전

4차산업혁명시대 미래창의혁신 핵심역량을 갖춘 전문 인재 양성

4차산업혁명시대에 우리는 초지능 · 초연결 사회의 패러다임에 맞는 새로운 인재가 양성되어야 합니다. 급변하는 사회 변화를 예측하고 전략적으로 대처할 수 있는 미래예측전략 역량과 스마트를 융합하여 새로운 가치를 창출하는 창의 역량과 스마트 활용 역량, 지속가능한 발전을 도모하기 위한 혁신 역량과 인성 및 청렴 윤리의식을 갖춘 인재를 양성하여 4차산업혁명시대 글로벌 경쟁력을 강화하는데 기여코자 합니다.

비전	세계 일류의 4차산업혁명시대 미래창의혁신 인재 양성의 요람
목표	4차산업혁명시대에 대응하고 글로벌 경쟁력 갖춘 미래창의혁신 인재 양성 4차산업혁명시대 글로벌 리더 국가 경쟁력과 개인의 미래사회 성공 경쟁력 강화
핵심가치	전략적 미래예측, 창의적 혁신사고, 스마트 조직운영, 고객감동 서비스 구현

5대 중점 과제

1. 교육
4차산업혁명시대 맞춤형
미래 지향의 전문 역량 강화
참여형 실무 중심 교육

3. 교수진의 세계 수준화

4. 국제화

5. 산 · 관 · 학 · 연 협력

2.교육과정
4차산업혁명시대 핵심 역량
차별화된 전문 교육과정

미래창의 캠퍼스 조직도

www.futurestudy.kr

미래창의 캠퍼스 교육과정

■ 4차산업혁명시대 핵심역량 위탁 · 연수 교육 과정
- 미래예측 전략 전문가 과정
- 창의 혁신 전문가 과정
- 스마트 역량강화 과정
- 청렴윤리 교육 과정
- 창의 인성 증진 과정 (창의력, 영상, 시낭송, 음악, 만화 그림, 독서, 쿠킹 등 활용)
- 코칭을 통한 경영 혁신/교수학습 혁신 과정
- 4차산업 실무역량 과정 (3D 프린터 비즈니스, 스마트 드론 영상 제작 등)
- 스마트 교수법, SW 코딩 교육 전문가 과정

■ 4차산업혁명시대 글로벌 경쟁력 강화 국내 · 해외 연수
- 4차산업 해외 벤치마킹 연수
- 미래전략혁신 해외연수
- 신규 Biz. 개발 해외연수
- IoT, Smart factory 해외연수
- 국내 제4차사업 선도기업 방문 국내연수

■ 컨설팅 및 전문가 자격증 과정
- 미래예측 전략 컨설팅
- 혁신비즈니스 개발 컨설팅
- 미래예측전략 전문가 자격증
- 스마트 멀티미디어 전문가 자격증
- 사물인터넷(IoT) 자격증
- 독서교육 지도사 자격증

■ 미래예측전략 최고위 과정
- 미래예측 전략 최고위 포럼
- 행복한 미래창의 경영 최고위 과정
- 미래창의 음악어울림 최고위 워커숍
- 스마트 창의 경영 최고위 과정

■ 4차산업 리더스 포럼

www.futurestudy.kr

미래창의 캠퍼스 학장 · 조직 위원

국제미래학회, 클린콘텐츠국민운동본부 협력 위원

■ 캠퍼스 학장

서울본부캠퍼스 학장	심현수 한국청렴교육진흥원 원장	아산캠퍼스 학장	정광열 한국산업교육센터 대표
서울강남캠퍼스 학장	조성복 기술가치평생교육원 원장	울산캠퍼스 학장	강종진 울산문화산업개발원 원장
곤지암캠퍼스 학장	김정숙 곤지암밸리 관장	전주캠퍼스 학장	이민영 전북도민일보 교육원 원장
파주캠퍼스 학장	박정태 나비나라박물관 이사장	제주캠퍼스 학장	권하영 북라이크제주연수원 원장
홍천캠퍼스 학장	이병욱 마리소리음악연구원 이사장	청양캠퍼스 학장	허광 한궁세계화연수원 이사장

■ 자문위원

조완규	서울대 명예교수, 전 교육부 장관	조동성	국립인천대학교 총장
진대제	스카이레이크인베스트먼트 회장 전 정통부 장관	장순흥	한동대학교 총장
이경숙	아산나눔재단 이사장	이재희	경인교육대학교 총장
이남식	국제미래학회 회장	이용순	한국직업능력개발원 원장
윤은기	한국협업진흥협회 회장	노영혜	종이문화재단 이사장
곽병선	인천대 석좌교수, 장학재단 前이사장	노소영	아트센터 나비 관장
김명자	한국과학기술단체총연합회 회장	박광성	한국방송예술교육진흥원 총장
손 욱	행복나눔 125 회장	권대욱	아코르 엠배서더 호텔 회장

■ 임원진 (운영이사)

안종배	미래정책연구원장, 한세대 교수	김경훈	한국트렌드연구소 소장
이윤배	전 순천향대 부총장, 전 흥사단 이사장	조태봉	한국문화콘텐츠라이센싱협회 회장
조석준	기후변화저널 대표, 9대 기상청장	안남섭	한국코치협회 부회장
심현수	한국청렴교육진흥원 원장	김갑용	진한M&B 대표
차경환	한국인권인성교육진흥원 원장	박종라	더칼라 커뮤니케이션 대표
박정태	한국과학기술출판협회 명예회장	최선호	드림파트너스 대표
김흥기	한국사보협회 회장	양재훈	팍스엔터테인먼트 대표

■ 기획위원

박애경	투데이신문 대표	김재신	씨알존 대표
김들풀	IT뉴스 대표	여지윤	윤스토리 대표
백민철	비엠컴퍼니 대표	이지안	유아이비 대표

Future Creative Campus 04 | 05

미래창의 캠퍼스 교육과정 총괄표

	기업	학교	공 / 기관	전문가 / 자격증	연수
미래창의 최고위	* 미래전략 최고위 포럼 * 행복한 미래창의경영 최고위 * 미래창의 음악어울림 최고위 워크숍 * 스마트창의 경영 최고위		* 미래전략 최고위 포럼 * 행복한 미래창의경영 최고위 * 미래창의 음악어울림 최고위 워크숍 * 스마트창의 경영 최고위		
미래 전략 4차산업	* 4차산업 미래예측을 통한 비즈니스 개발 * 4차산업 미래전략 혁신 리더쉽 * 기후변화 사업전략 과정 * 동양미래학으로 보는 성공리듬 경영 전략	* 4차 산업혁명시대의 미래직업 설계 * 미래교육 진로지도	* 미래예측을 통한 사업 개발 전략 과정 * 기후변화 사업전략 과정 * 동양미래학으로 보는 성공리듬 경영 전략	* 미래예측전략전문가 1급 / 2급 * IOT (사물인터넷) 전문가 * SW코딩교육전문가 * 3D 프린터 비즈니스 과정	* 미래전략 4차산업 연수 (해외/국내)
혁신	* 창의적 혁신 서비스 마인드 과정 * 저성장 탈출 수익성 개선 혁신 과정 * 코칭을 통한 경영 혁신 과정	*혁신 중소기업 탐방 * 코칭을 통한 교수학습 혁신 과정	* 창의적 혁신 서비스 마인드 과정 * 저성장 탈출 수익성 개선 혁신 과정 * 코칭을 통한 경영 혁신 과정	* 혁신리더십전문가	*4차산업 혁신연수 (IoT / AI)
SMART	* 스마트 비즈니스 역량 강화과정 * 스마트 홍보마케팅 과정	* 플립러닝을 위한 스마트 교수법 * 스마트멀티미디어 취업역량강화 * 스마트 드론영상 제작	* 스마트 서비스 역량 강화과정 * 스마트 캐릭터라이센싱 과정	* 스마트멀티미디어전문가 1급 / 2급 * 스마트 드론 영상 제작 전문가	* SMART FACTORY 연수
창의 인성	* DHA 창의역량 증진과정 * 스마트 창의 인성과정 * 시낭송 창의인성 과정 * 쿠킹을 통한 인성소통과정 * 음악을 통한 인성소통과정	* 글로벌창의리더 체험캠프 * 스토리텔링 창의 캠프 * SW코딩 창의 과정 * 방송영상 창의 캠프 * 독서 창의인성 캠프 * 만화·그림 창의인성 캠프	* DHA 창의역량 증진과정 * 스마트 창의 인성과정 * 시낭송 창의인성 과정 * 쿠킹을 통한 인성소통과정 * 음악을 통한 인성소통과정	* Design Thinking 기반 창의역량증진 전문가 * 북라이크 독서 지도사 * 한궁스포츠 인성지도자	* 인성체험테마 연수
청렴윤리	* 청렴 · 윤리 경영	*청렴교육 직무 연수	* 청렴 직무 교육 * 청렴 · 윤리 경영		*청백리 (스토리/유적) 탐방

국제미래학회
Global Futures Studies Association

www.futurestudy.kr

미래창의 캠퍼스 교육과정 세부 프로그램

미래예측 전략 최고위 포럼

구분	1일차	2일차
오전		07:00~08:00 - 힐링 산책 08:00~09:00 - 유기농식단의 건강한 조찬 09:00~11:00 - 저성장 탈출을 위한 뉴노멀 전략 11:00~12:00 - 스마트폰 비즈니스 소통법 (12:00~13:00) - 쉐프가 마련한 특급 런치
오후	13:30~14:00 - 아이스브레이킹 14:00~16:00 - 4차 산업혁명 시대의 미래산업 변화 16:00~18:00 - 특허 분석을 통한 미래유망기술 18:00~19:00 - 예술과 함께 하는 만찬	13:30~14:00 - 트렌드 미래 비즈니스 예측 전략 14:00~16:00 - 트렌드 미래 비즈니스 예측 전략 실습 16:00~17:00 - 미래 비즈니스 예측 전략 발표 17:00~17:30 - 수료 세레머니
야간	19:00~20:00 - 퓨처스 휠 미래예측방법론 20:00~21:00 - 퓨처 타임 라인과 미래 산업 지도 21:00~22:00 - 와인 뮤직 콘서트	

미래창의 전통음악 어울림 최고위 과정

구분	1일차		2일차
오전			07:00~09:00 - 자연 힐링 산책 09:00~10:00 - 조식(유기농 조찬) 10:00~11:00 - 미래사회 트렌드와 4차산업혁명 특강 11:00~12:00 - 4차산업혁명시대 대응 방안 토의
	12:00~13:00	- 중식	
오후	13:00~14:30 14:30~15:00 15:00~15:30 15:30~17:00 17:00~18:00	- 마리소리악기박물관 도착 및 견학 - 어울림의우리음악세계 특강 - 신명난 사물놀이 강습 - 마리소릿골 자연 둘러보며 힐링하기	12:00~13:00 - 오찬
			13:00~15:00 - 예술마을 피리골 및 호수 둘렛길 체험 15:00~ - 출발, 중간 휴게소 차한잔 17:00~ - 도착
	18:00~19:30	- 석식	
야간	20:00~21:30 21:30~23:00	-우리민요와 연주 및 함께 노래부르기 -자연속의 친교의 밤(흑돼지 바비큐)	

4차산업 미래예측을 통한 비즈니스 개발

구분	1일차		2일차
오전	10:00~11:00 11:00~12:00	- 퓨처 아이스브레이킹 - 팀별 미래예측 신규사업 과제 선정	08:00~09:00 조식 09:00~10:30 - 트렌드 미래 예측 신규 사업 - 개발 방법 및 사례 10:30~12:00 - 플랫폼 베이스 사업 개발 로드맵
	12:00~13:00	중식	
오후	13:00~15:00 15:00~17:00 17:00~18:00	- 4차 산업혁명과 미래산업 트렌드 - 특허 분석을 통한 미래유망 기술 - 스마트 비즈니스 소통법	13:00~15:30 - 미래 신규사업 개발 전략 수립 15:30~16:30 - 자격검정:미래 신규사업 개발 전략 발표 16:30~17:00 - 수료식
	18:00~19:00	석식	
야간	19:00~21:00	- 자사 미래 사업 전략 리뷰 워크샵	

Future
Creative
Campus

4차산업 미래전략 혁신리더쉽 과정

구분	1일차		2일차	
오전	10:00~11:00	- 퓨처 아이스브레이킹	08:00~09:00	조식
	11:00~12:00	- 팀별 미래전략혁신 리더십과제 선정	09:00~12:00	- 미래전략혁신 수립 Framework 작성 방법 이해와 실습, 발표
				: 수립/분석 방법론 이해와 전략방향 도출 & Tool 활용, 실습
	12:00~13:00	중식	12:00~13:00	중식
			13:00~14:30	- 비즈니스 실행을 위한 미래전략혁신 리더십 강화 이해와 수립 실습(1)
	13:00~15:00	- 4차 산업혁명, 미래산업 트렌드와 유망기술 이해		: 신규사업, 제품/서비스 개발/진출전략 이해와 실습
오후	15:00~17:00	- 미래신규 사업, 제품/서비스 개발방법과 로드맵 작성법 이해와 사례	14:30~16:30	- 사업환경 특성에 따른 미래전략혁신 리더십 강화 이해와 수립 실습(2)
	17:00~18:00	- 미래전략혁신 리더십과 필요역량 이해		: 경쟁전략 /차별화전략 /원가 우위전략 / 리더십 필요 역량별 우위 전략 워크시트 작성
			16:30~17:00	- 수료식
	18:00~19:00	석식		

기후변화 사업전략 과정

구분	1일차		2일차	
오전	10:00~11:00	기후변화에 대한 현황과 이해	08:00~09:00	조식
	11:00~12:00	기후변화시나리오 생산과 활용	09:00~10:00	기후변화시대와 글로벌 경제
			10:00~12:00	기후변화시대의 뉴비즈니스
	12:00~13:00	중식	12:00~13:00	중식
	13:00~15:00	파리 신기후체제 출범의 의미	13:00~14:30	기상/기후마케팅과 기업경영
오후	15:00~16:30	기후변화대응 분야별 산업 변화	15:00~16:30	미래예측방법론을 통한 기후변화 사업 개발
	16:30~18:00	기후변화시대의 에너지 산업	16:30~17:00	기후변화 대응과 인류의 미래
	18:00~19:00	석식		

동양미래 성공리듬 경영전략 과정

구분	1일차		2일차	
오전	10:00~10:30	운명, 정해진 것과 선택 할 수 있는 것	08:00~09:00	조식
	10:30~12:00	동양미래학의 허실과 예측방법론	09:00~10:00	나갈 때와 물러날 때, '석하리듬'
			10:00~12:00	10년주기 인생시계절 석하리듬 ˚ 찾는법
	12:00~13:00	중식		
	13:00~14:00	직관에 의한 예측학 점학의 허실	13:00~14:00	인생계절 10년주기 석하리듬 ˚ 활용법
	14:00~15:00	관찰에 의한 예측학 상학, 관상과 얼굴경영	14:00~15:00	자연과 더불어 잘먹고 잘자고 잘사는 법
오후	15:00~17:00	관찰에 의한 예측학 상학, 풍수지리	15:00~16:00	사상체질과 골드실버 체질요법
	17:00~18:00	수맥 생기 살기 찾는 법, 엘로드 사용법	16:00~17:00	석하리듬으로 보는 대한민국 국운과 산업별 미래전망
	18:00~19:00	석식		
야간	19:00~20:00	주변 환경을 통해 행운의 시기 찾는 법 주변 환경을 통해 물러날 때 아는 법		
	20:00~21:00	인생 슬럼프 극복하기		

www.futurestudy.kr

4차 산업혁명시대 미래 직업 설계 캠프

구분	1일차		2일차	
오전	10:00~11:00 11:00~12:00	- 나의 미래 직업과 계획 짜기 - 나의 계획 나누기	08:00~09:00	조식
			09:00~10:00 10:00~12:00	- UCC 조별 발표 및 시상 - 퓨처스 휠을 통한 나의 미래직업 설계 방법
	12:00~13:00	중식	12:00~13:00	중식
오후	13:00~15:00 15:00~17:00	- 4차 산업 혁명 시대의 미래 산업 - 4차 산업 혁명 시대에 뜨는 직업, 사라지는 직업	13:00~15:00 15:00~16:00 16:00~17:00	- 개인별 미래직업 설계하기 - 개인별 미래직업 설계 발표 - 발표 우수자 시상 및 수료
	17:00~18:00	- 행복한 성공학 특강		
	18:00~19:00	석식		
야간	19:00~21:00	- 미래 직업 주제로 UCC만들기		

4차 산업혁명시대 미래교육 진로 지도 과정

구분	1일차		2일차	
오전	10:00~11:00 11:00~12:00	- 아이스브레이킹 - 4차 산업혁명 시대 방향과 진로 지도	08:00~09:00	조식
			09:00~10:00 10:00~12:00	- 성공하는 미래 인재상 - 퓨처스 휠을 통한 미래진로 설계 방법
	12:00~13:00	중식	12:00~13:00	중식
오후	13:00~14:00	- 4차 산업혁명 시대에 뜨는 직업, 사라지는 직업	13:00~15:00 15:00~16:00 16:00~17:00	- 미래 진로지도 방법 작성하기 - 개인별 미래 진로지도 방법 발표 - 발표 우수자 시상 및 수료
	14:00~16:00 16:00~18:00	- 미래교육 진로지도 방법 - 미래 진로 방법에 대한 토론하기		
	18:00~19:00	석식		

꿈을 키우는 미래도전 과정

구분	1일차		2일차	
오전	10:00~10:30	- 도전 관련된 영상 시청 및 과정안내	08:00~09:00	조식
	10:30~12:00	- 도전의 핵심과 열정의 6가지 습관 - 과거와 현재 그리고 미래의 도전	09:00~10:00 10:00~12:00	- 마음을 얻는 소통과 자기경영 - 소중한 나의 꿈, 희망, 도전
	12:00~13:00	중식		
오후	13:00~14:00 14:00~15:00 15:00~17:00 17:00~18:00	- 나의 도전이야기 공유 - 학습과 업무의 창의적 도전사례 - 도전한 리더의 공통점 - 위대한 도전인 특강	13:00~14:00 14:00~15:00 15:00~17:00	- 다양성의 힘 - 긍정시너지를 통한 혁신 - 1년,5년,10후의 나의 도전 사명서 작성 및 발표
	18:00~19:00	석식		
야간	19:00~20:00 20:00~21:00	- 현재의 모습과 미래의 모습 도전그리기 (스토리텔링) - 휴먼네크워크의 도전 (특별한 교재)		

미래 예측 전략 전문가 자격증 과정

구분	1일차		2일차		3일차	
오전	10:00~11:00	- 퓨처 아이스브레이킹	08:00~09:00	조식	08:00~09:00	조식
	11:00~12:00	- 나의 미래 역량은?	09:00~11:00	- 4차 산업혁명 시대의 미래 성공 역량	09:00~11:30	- 트렌드 생태계 예측 방법론 이해와 실습
			11:00~12:00	- 미래학과 미래 예측 방법론 개요	11:30~12:00	- 실습 결과 발표
	12:00~13:00	중식	12:00~13:00	중식	12:00~13:00	중식
오후	13:00~15:00	- 4차 산업혁명과 미래 사회 메가 트렌드	13:00~15:00	- 시나리오 예측 방법론 이해와 실습	13:00~15:00	- 미래 제품 전략 노출 실습 및 발표
	15:00~17:00	- 미래 유망 기술과 부상하는 산업	15:00~15:30	- 실습결과 발표		
			15:30~17:30	- 퓨처스 미래 예측 방법론 이해와 실습	15:00~16:00	- 미래 예측 전략 전문가로서 실천계획서 작성
	17:00~18:00	- 스마트 비즈니스 소통	17:30~18:00	- 실습 결과 발표	16:00~17:00	- 자격시험 및 수료식
	18:00~19:00	석식				

IoT(사물인터넷)전문가 과정

구분	1일차		2일차		3일차	
오전	10:00~11:00	- 퓨처 아이스브레이킹	08:00~09:00	조식	08:00~09:00	조식
	11:00~12:00	- 4차 산업혁명 시대 미래산업 변화와 IoT	09:00~10:30	- IoT 플랫폼 개요 및 구조	09:00~10:30	- 사물인터넷 디바이스 H/W, S/W 개요와 플랫폼 종류
			10:30~12:00	- IoT 플랫폼 필요 기술과 적용 사례	10:30~12:00	- 사물인터넷 디바이스 사례 (헬스케어, 스마트 홈 시티 금융 물류 유통 마케팅)
	12:00~13:00	중식	12:00~13:00	중식	12:00~13:00	중식
오후	13:00~15:00	- 사물인터넷 개념과 응용서비스 분야 (헬스케어, 스마트 홈 시티금융 물류 유통 마케팅)	13:00~14:00	- 사물인터넷 네트워크 이해	13:00~15:00	- 사물인터넷 응용기술과 제품 서비스 사례 (빅데이터, 클라우드, 모바일)
			14:00~16:00	- 사물인터넷 통신기술 이해와 적용 사례 (와이파이, 블루투스, 비콘, RFID/NFC, 지그비 등)		
	15:00~16:00	- 사물인터넷 표준화 개념과 표준화 기구			15:00~16:30	- 사물인터넷 비즈니스 모델과 설계, 적용 사례
	16:00~17:00	- 사물인터넷 아키텍서와 레퍼런스 모델, 적용 사례	16:00~18:00	- 사물인터넷 응용계층 프로토콜 (HTTP, CoAP, MQTT, XMPP)	16:30~17:00	- 수료식
	17:00~18:00	- 사물인터넷 보안				
	18:00~19:00	석식				

창의력 혁신 서비스 마인드 과정

구분	1일차	2일차	3일차
오전	**Mind Set** (1h) • 연수원 안내 • 과정목표 및 교육진행안내 • 교육에 들어가기 전 마음가짐	**바른 일과 창의적 사고의 중요성** (3h) • 고객만족의 일하는 방법 • 창의적 사고가 중요한 이유	**혁신과 변화의 사례와 추진방법** (3h) • 창의혁신의 실행과 방법 • 시대의 변화에 맞는 창의적인 사고법
	기업조직의 이해와 팀빌딩 (2h) • 개인적사고가 아닌 조직적 사고를 배양한다. • IceBreaking		
오후	**창의적 서비스업무와 혁신** (2h) • 창의적 서비스업무와 혁신의 이해 • 창의적 업무혁신 실천 기법	**서비스 전문가 강연** (3h) • 고객만족 서비스란 • 시대의 흐름과 서비스의 변화	**창의적 혁신과 변화의 적용을 위한 혁신 워크샵** (2h) • 학습내용을 통한 총 정리강연 • 개인별 실행 선언서 작성
	의식강화 모럴 Up 훈련 (3h) • 의욕 /자신감 향상 훈련 • 신입사원 마인드 되찾기	**고객에게 감동을 주는 서비스 마인드** (2h) • 무엇을 위한 서비스인가 • 고객만족을 전달하기 위한 대화 Tool	교육마무리

©미래창의캠퍼스 모든 교육과정 내용은 국제미래학회의 지적재산으로 무단복제 및 사용시 민·형사상 처벌을 받게 됩니다

www.futurestudy.kr

저성장 탈출 혁신 교육과정

구분		1일차		2일차
오전	10:00~12:00	* 저성장/역성장 탈출 시나리오 설정 필요성과 방향성 이해 - 수입의 원천 중심에 기술과 거리로 부가가치 관리 - 구조적, 근본적 변화를 위한 Zero Base에서 새로운 틀 짜기 - 사업계획은 철저한 준비, 실행 최우선 ··· 언제든 탈바꿈 가능	08:00~09:00	조식
			09:00~12:00	* 제품/공정 구조, 흐름 분석 및 기술적/관리적 Parameter 설정으로 제약조건 극복하기 - 원가의 원리와 구조와 제품/공정 흐름분석으로 Parameter 설정과 극복하기 - 창의적 아이디어 발상의 원리와 Tool & Technique / 적용 사례
	12:00~13:00	중식	12:00~13:00	중식
오후	13:00~15:00	* 생존을 넘어 Only One 은 이렇게 혁신하라 - 혁신 활동의 Formula 만들기 - 혁신 활동의 논리와 전략 만들기 - 혁신 Growth Platform 설계하기	13:00~14:30	* 수익성 20% 개선하기 실현방법 / 사례 1) 제품 : 고객과 기술의 거리 넓히기 Point 도출 - 원가관리/방식의 종류, 시점 정의 - 제품 생산의 기술, 구조 설계 중심 Hidden Cost 도출, 제약조건 구체화 - 개선 실행계획서 작성 방법 / 사례
	16:30~18:00	* 구조적 / 근본적 가치 파괴로 수익성 개선 시나리오와 Point 설정하기 - 성과 없는 관리나 혁신 활동은 모래성, 시한부 인생 연장 Stop 사례 - 자사 손익구조 분석 / Simulation 및 예측 시나리오 작성과 실천 목표 설정하기 - 구성원 마인드, 실행력 강화 단계적 실행 Point 파악 / 설정하기	14:30~16:00	2) 공정 : 고객과 가치의 거리 좁히기 Point 도출 - 제품 생산의 방식/구조/수기, 흐름/편성, 가치 정의 - 제품 생산의 방식, 흐름, 가치 중심으로 부가가치 증대 과제 도출 - 개선 실행계획서 작성 방법 / 사례
			16:00~17:00	3) 경비 : 구조적 발생 제거와 근본개선 Point 도출 방법 / 사례

스마트 홍보 마케팅 전문가 과정

구분		1일차		2일차
오전	10:00~11:00 11:00~12:00	- SMART 아이스브레이킹 - 스마트멀티 미디어 시대 생활 변화와 홍보마케팅 중요성과 활용	08:00~09:00	조식
			09:00~10:00 10:00~12:00	- 스마트 비즈니스 소통법 - 스마트 홍보 영상 촬영법과 UCC 영상 편집 /제작 방법 익히기
	12:00~13:00	중식	12:00~13:00	중식
오후	13:00~15:00 15:00~16:00 16:00~17:00 17:00~18:00	- 스마트폰 기본 기능이해 / 활용법과 홍보마케팅 플랫폼 채널 구축과 성공사례 - 홍보마케팅 스토리텔링과 스마트홍보 스토리작성하기 - 스마트 사진 촬영과 편집, 홍보 메시지 사진으로 소통하기 - 스마트폰으로 홍보 포토영상 만들어 소통하기	13:00~14:00 15:00~15:00 15:00~16:00 16:00~17:00	- 사진과 영상으로 스마트 홍보 UCC 만들기 - 스마트폰 활용을 통한 스마트 홍보 UCC 홍보 마케팅 방법과 제작물 SNS 올려 소통하기 - 스마트멀티미디어전문가 자격 검정 - 우수자 시상 및 수료식
	18:00~19:00	석식		

스마트 교수법 과정

구분		1일차		2일차
오전	10:00~10:30 10:30~12:00	- 오리엔테이션 및 자기 소개 - 플립드 러닝 및 하브루타 교수법 개요	08:00~09:00	조식
			09:00~10:00 10:00~12:00	- Youtube 활용 - Google drive 활용 - Google Chrome 확장 프로그램 활용
	12:00~13:00		중식	
오후	13:00~14:00 14:00~15:00 15:00~17:00 17:00~18:00	- 플립드 러닝을 위한 영상 제작 - 플립드 러닝을 위한 동영상 편집 - 플립드 러닝을 위한 이미지 편집 - 플립드 러닝을 위한 eBook 제작	13:00~14:00 14:00~15:00 15:00~16:00 16:00~17:00	- 학습자와 소통할 수 있는 클래스팅 활용 - 유용한 프로그램 소개 - 스마트 기기 및 어플 소개
	18:00~19:00	석식		
야간	19:00~20:00 20:00~21:00	- Prezie, Emaze, 프레젠테이션 - PowerPoint, keynote 프레젠테이션		

스마트 드론 영상제작 캠프

구분	1일차		2일차	
오전			08:00~09:00	조식
	10:00~10:30	- 오리엔테이션 및 자기소개	09:00~10:00	- 드론 활용 이외 스마트폰 촬영법 익히기
	10:30~12:00	- 스마트시대 드론 영상 의미와 전망	10:00~12:00	- 드론 활용 이외 스마트폰 촬영 실습
	12:00~13:00	중식		
오후	13:00~14:00	- 드론 구조 및 작동법 익히기	13:00~14:00	- 드론 활용 스마트폰 영상 촬영하기
	14:00~15:00	- 드론 조종 실습	14:00~15:00	- 드론 촬영 영상 스마트폰 편집하기
	15:00~17:00	- 드론 영상 촬영법 익히기	15:00~16:00	- 자격검정 : 드론 스마트 영상 제작 시연
	17:00~18:00	- 드론 영상 촬영 실습	16:00~17:00	- 우수자 발표시상 및 수료식
	18:00~19:00	석식		
야간	19:00~20:00	- 스마트폰으로 영상 편집 익히기		
	20:00~21:00	- 스마트폰 영상 편집 실습		

스마트 멀티미디어 전문가 자격증 과정

구분	1일차		2일차		3일차	
오전			08:00~09:00	조식	08:00~09:00	조식
	10:00~11:00	- 개강식 및 스마트 시대의 특성	09:00~11:00	- PC/노트북 활용한 UCC 영상 만들기	09:00~11:30	- 모바일웹 제작 프로그램 익히기 - 실습 결과 발표
	11:00~12:00	- 스마트시대 콘텐츠 영향력과 스마트폰 200% 고급 활용법	11:00~12:00	- SNS 활용 효과적인 홍보마케팅 방안과 사례	11:30~12:00	- 본인의 모바일웹 기획하기
	12:00~13:00	중식	12:00~13:00	중식	12:00~13:00	중식
오후	13:00~14:00	- 스마트폰 고급 촬영법 및 실습	13:00~14:30	- UCC 스토리보드 만들기	13:00~15:00	- 본인의 모바일웹 제작하기
	14:00~15:00	- 스마트폰 포토메시지 만들기	14:30~16:30	- 스마트폰 활용한 UCC 영상 작품 만들기	15:00~16:00	- 모바일웹 활용 SNS 홍보마케 실습
	15:00~17:00	- 스마트폰 포토영상 만들기	16:30~17:00	- 제작한 UCC 영상 작품으로 SNS 활용 소통하기	16:00~17:00	- 자격시험 및 수료식
	17:00~18:00	- 스마트폰 QR 코드 제작 및 활용 실습	17:00~18:00	- UCC 작품 발표하기		
	18:00~19:00	석식				

스마트 창의 인성 강화 과정

구분	1일차		2일차	
오전	10:00~11:00	- SMART 아이스브레이킹	08:00~09:00	조식
	11:00~12:00	- 스마트 시대 생활 변화와 스마트 윤리 필요성과 콘텐츠 영향력	09:00~10:00	- 건강한 스마트 소통법
			10:00~12:00	- 스마트 활용 사진/영상 촬영법과 UCC 영상 편집/제작 방법 익히기
	12:00~13:00	중식	12:00~13:00	중식
오후	13:00~15:00	- 스마트 창의 인성 이해와 인성 8대목 이론과 실제, 활용 사례	13:00~14:30	- 창의 인성강화 스토리 실습(1) : 예. 칭찬보드 / 공감 메시지 만들어 소통하기 / 발표
	15:00~16:30	- 스마트 창의 인성역량 진단과 인성강화 Map 작성과 활용법 / 사례	15:00~16:30	- 창의 인성강화 UCC 실습(2) : 예. 책임, 협동 스마트 UCC 만들어 소통하기 / 발표
	16:30~18:00	- 스토리텔링 방법과 창의 인성강화 소통 Map / 스토리 작성하기 / 발표	16:30~17:00	- 발표 우수자 시상 및 수료
	18:00~19:00	석식		

시낭송 창의 인성 과정

구분	1일차		2일차	
오전	10:00~11:00	– 내가 좋아하는 시와 자기소개	08:00~09:00	조식
	11:00~12:00	– 시를 통한 자기성찰 특강	09:00~10:00	– 시퍼모먼스 방법과 사례 특강
			10:00~12:00	– 개인별 시낭송 클리닉 받기
	12:00~13:00	중식	12:00~13:00	중식
오후	13:00~14:00	– 현대 사회에서 시낭송의 의미	13:00~14:00	– 시낭송 무대 발표 연습
	14:00~15:00	– 시를 들려주고 함께 낭송하여 보기	14:00~16:00	– 개인별 시낭송 및 소감 발표
	15:00~17:00	– 시낭송을 잘하는 7가지 방법 익히기	16:00~17:00	– 발표 우수시 시상 및 수료
	17:00~18:00	– 시낭송 발성 연습하기		
	18:00~19:00	석식		

쿠킹을 통한 인성소통 과정

구분	1일차		2일차	
오전	10:00~11:00	– 내가 좋아하는 요리 및 자기소개	08:00~09:00	조식
	11:00~12:00	– 요리를 활용한 조직 커뮤니케이션 활성화	09:00~10:00	– 세계 식사 비즈니스 에티켓
			10:00~12:00	– 창의적인 샌드위치 요리 실습
			12:00~13:00	– 따뜻한 식사 테이블 셋팅법 실습
	12:00~13:00	맛있는 대화, 맛있는 오찬	13:00~14:00	셰프와 함께하는 따뜻한 오찬
오후	13:00~14:00	– 쿠킹을 통한 인성소통 의미와 방법	14:00~15:00	– 맛있는 조직 소통법 특강
	14:00~14:30	– 메뉴소개 및 레크레이션 (Guessing game)	15:00~16:00	– 개인별 소감 발표
	14:30~15:00	– 재료안내 및 재료교환권 게임	16:00~17:00	– 우수 팀 및 우수자 시상, 수료
	15:00~17:00	– 조별 쿠킹 수제선정 및 쿠킹 실습		
	17:00~18:00	– 조별 쿠킹 작품 프리젠테이션 및 평가		
	18:00~20:00	요리, 스타일링 응용팁 만찬과 와인 파티		

디자인 씽킹 기반 창의역량 증진 과정

구분	1일차		2일차	
			08:00~09:00	조식
오전	10:00~10:30	창의융합시대에서의 창의성	09:00~10:00	– 창의역량 개발 워크숍 (1)
	10:30~12:00	Big C–Pro C		– 디자인 씽킹 체험하기 워크숍 (1)
			10:00~12:00	: Warming Up
				: 공감하기
				: 문제의 발견과 정의하기
	12:00~13:00	중식		
오후	13:00~14:00	– 일상 속 창의성	13:00~14:00	– 창의역량 개발 워크숍 (2)
	14:00~15:00	– 관찰과 공감으로 여는 디자인 씽킹	14:00~15:00	– 디자인 씽킹 체험하기 워크숍 (2)
	15:00~17:00	(Design Thinking)	15:00~16:00	: 아이디어 도출하기
	17:00~18:00		16:00~17:00	: 시제작 (Proto Type)
				: 테스트 하기(TEST)
	18:00~19:00	석식		
야간	19:00~20:00	– 창의적 사고기법 알고 적용하기 활동		
	20:00~21:00	1. 브레인스토밍 처음 아이디어 도출		
		2. SCAMPER 적용 아이디어 도출		

스토리텔링 창의 교육 과정

구분	1일차	2일차
오전	10:00~10:30 - 오리엔테이션 및 자기소개 10:30~12:00 - 스토리텔링의 이해 12:00~13:00 중식	08:00~09:00 조식 09:00~10:00 사건 스토리텔링하기 (팀) 10:00~12:00 팀별 발표 및 토론
오후	13:00~14:00 - 스토리텔링의 이론 14:00~15:00 - 스토리텔링의 실재 15:00~17:00 - 브레인스토밍 연습(개인) 　　　　　　 (단어퍼즐/사진텍스트) 17:00~18:00 - 브레인스토밍 결과물 토론 18:00~19:00 석식	13:00~14:00 - 만화 & 애니메이션 스토리텔링 14:00~15:00 - 영화 & 드라마스토리텔링 15:00~16:00 - 게임스토리텔링 16:00~17:00 - 우수발표 시상식 및 수료식
야간	19:00~20:00 - 세계관 스토리텔링하기 (팀) 20:00~21:00 - 캐릭터 스토리텔링하기 (팀)	

SW 코딩 창의 캠프 과정

구분	1일차	2일차
오전	10:00~11:00 - 오리엔테이션, 팀배정 및 자기소개 11:00~12:00 - 인공지능과 SW 코딩 특강 12:00~13:00 중식	08:00~09:00 조식 09:00~10:00 - 스마트폰으로 로봇 제어 방법 익히기 10:00~12:00 - 팀별 스마트폰 로봇 제어 어플 제작하기
오후	13:00~14:00 - SW코딩 개념과 스크래치 이해하기 14:00~15:00 - 스크래치 사용법 익히기 15:00~17:00 - 스크래치 이용하여 로봇 제어 코딩하기 17:00~18:00 - 초음파센서 이용 회피로봇 코딩하기 18:00~19:00 석식	13:00~14:00 - 재난구조 로봇 코딩 익히기 14:00~15:00 - 팀별 로봇 재난구조 활동 구성 연습 15:00~16:00 - 팀별 로봇 재난구조 활동 시연하기 16:00~16:30 - 우수팀 발표시상 및 수료식
야간	19:00~20:00 - 팀별 로봇 코딩 제어 연습하기 20:00~21:00 - 팀별 로봇 코딩 제어 시연하기	

방송영상 창의 캠프 과정

구분	1일차	2일차
오전	10:00~11:00 - 오리엔테이션 및 자기소개 11:00~12:00 - 그룹별 스마트 콘텐츠 주제 선정 12:00~13:00 중식	08:00~09:00 조식 09:00~10:00 - 건강한 스마트 미디어 특강 10:00~12:00 - 팀별 영상 콘텐츠 제작하기
오후	13:00~14:00 - 스마트폰 영상 사례 및 촬영법 익히기 14:00~16:00 - 개인별 스마트폰 영상 편집 익히기 16:00~17:00 - 팀별 컨셉 선정과 스토리 아이디어 개발 17:00~18:00 - 팀별 스토리보드 작성하기 18:00~19:00 석식	13:00~14:00 - 팀별 영상 콘텐츠 프리젠테이션 14:00~15:00 - 개인별 스마트폰 영상 제작 자격 검정 15:00~16:00 - 우수팀 발표시상 및 수료식
야간	19:00~21:00 - 팀별 스토리보드 기반 촬영, 제작하기	

www.futurestudy.kr

독서 창의 인성 캠프 과정

구분		1일차		2일차
오전			08:00~09:00	조식
	10:00~11:00	- 오리엔테이션 및 자기소개	09:00~10:00	- 신나는 독서 및 토론하기 특강
	11:00~12:00	- 나의 독서 관리 및 독서능력 진단	10:00~12:00	- 팀별 책 주제 만화 발표 준비
	12:00~13:00	중식		
오후	13:00~15:00	- 창의 인성 책 읽기		
	15:00~16:00	- 가장 인상적인 책 스토리 나누기	13:00~14:00	- 팀별 발표, 영상 촬영하여 증정
	16:00~18:00	- 책 스토리를 그림으로 표현하기	14:00~15:00	- 우수 발표시상 및 수료식
	18:00~19:00	석식		
야간	19:00~21:00	- 팀별 인성 책 주제 선정 및 만화 그리기		

한궁스포츠 인성지도사 과정

구분		1일차		2일차
오전			08:00~09:00	조 식
	10:00~11:00	한국 전통생활체육의 정의와 현황 및 필요성	09:00~10:00	국민기본건강인성실천운동 및 체.인.지 운동 이해
	11:00~12:00	스포츠를 통한 건강한 인성실천 방법의 이해	10:00~12:00	한궁 대회 체험 및 진행요령 익히기
	12:00~13:00	중 식	12:00~13:00	중 식
오후	13:00~15:00	한궁의 필요성과 기본자세 이해 및 개인별 숙련	13:00~14:30	한궁으로 하는 다양한 인성역량 놀이 체험하기
	15:00~16:30	한궁의 다양한 활용에 따른 맞춤형 교수법	15:00~16:30	검증 및 간담회
	16:30~18:00	한궁 훈련 효과 분석 및 적용하기	16:30~17:00	수여식 및 인성실천 선포식
	18:00~19:00	석 식		

청렴 · 윤리 경영 과정

구분		1일차		2일차
오전			08:00~09:00	조식
	10:00~11:00	- CLEAN 아이스브레이킹	09:00~10:30	- 윤리적 위기의 태동과 위기 극복을 위한 청렴윤리경영 8단계와 의사결정 전략
	11:00~12:00	- 청렴윤리경영 이해와 필요성, 유형	10:30~12:00	- 윤리적 행동 강화를 위한 윤리 수준/원칙 이해와 코칭
	12:00~13:00	중식	12:00~13:00	중식
오후	13:00~15:00	- 21C 청렴윤리경영 주요 issue, 방향과 사례(한국,외국)	13:00~14:00	- 청렴윤리경영 문제점과 단기/중기 개선 방안
	15:00~16:30	- 윤리경영의 과제 :체계구성, 비전, 방향, 시스템 구축, 운용 문화정착 프로그램	14:00~15:30	- 부정청탁금지법 이해와 청렴사회 구현의 길
	16:30~18:00	- 분야별 윤리경영 실천과제 :마케팅/영업, 인사조직, 생산관리, 구매, 재무, 정보, 회계, 금융, 보험 등	15:30~16:30	- 청렴윤리경영 진단지표 이해와 진단, 분석, 결과 활용법, 사례
			16:30~17:00	- 수료식
	18:00~19:00	석식		

©미래창의캠퍼스 모든 교육과정 내용은 국제미래학회의 지적재산으로 무단복제 및 사용시 민·형사상 처벌을 받게 됩니다

Future Creative Campus 14 | 15

서울본부캠퍼스
서울시 서초구 논현로 83
삼호물산 A동 1415호
TEL 02-501-7234

서울강남캠퍼스
서울시 강남구 논현로 543
은주빌딩 4.5층

서울신촌캠퍼스
서울특별시 서대문구 신촌로 197
한국방송예술진흥원 빌딩

곤지암캠퍼스
경기 광주시 도척면
도척윗로 702 곤지암밸리

홍천캠퍼스
강원도 홍천군 서석면 검산리
100 마리소리음악연구원

아산캠퍼스
충청남도 아산시 음봉면
아산온천로 148-39
미래전략혁신사관학교

파주캠퍼스
경기도 파주시 파주출판
도시 문발동 500-8
나비나라박물관

전주캠퍼스
전북 전주시 덕진구
벚꽃로 54

청양캠퍼스
충남 청양군 운곡면 신
대리 789
한궁세계화연수원

울산캠퍼스
울산광역시 중구 중앙길 29
울산문화산업개발원

제주캠퍼스
제주도 서해안로 456-8번지
북라이크연수원

원주캠퍼스
강원도 원주시 귀래면 귀래리
산 300-1 번지 산막학교

www.futurestudy.kr

3. 미래예측 전략 전문가(1, 2급) 자격 검정 안내

1. 주관 : 국제미래학회 (민간자격 등록번호: 2016-000236)
2. 주무부처 : 과학기술정보통신부

   인증기관 : 한국직업능력개발원
3. 지원자격 요건

   1급 - 미래예측 전문가 1급과정 이수자 및 2급 취득 1년 이상 경과자

   2급 - 미래예측 전문가 2급과정 이수자 및 검정 관련 역량을 갖춘 지원자
4. 자격검정 과목 및 합격 기준

자격종목	등급	검정방법	검정과목(분야 또는 영역)	합격기준
미래예측 전략 전문가	1급	필기	1. 미래학 연구학파의 종류와 이해 2. 미래예측 연구 프로세스에 대한 이해 3. 미래 변화 주요 메가트렌드 이슈 이해 4. 미래 윤리의 중요성에 대한 이해 5. 대한민국 세부 영역별 미래 변화 이해 6. 전략적 미래예측 방법론 종류 이해 7. 델파이 미래예측 방법론 이해와 적용 8. 퓨처스 휠 미래예측 방법론 이해와 적용 9. 시나리오 미래예측 방법론 이해와 적용 10. STEEP 미래예측 방법론 이해와 적용	80점
		실기	전략적 미래예측 방법론의 활용하여 미래 예측과 미래 전략을 도출하는 실무 Test	80점
	2급	필기	1. 미래학 연구학파의 종류와 이해 2. 미래예측 연구 프로세스에 대한 이해 3. 미래 변화 주요 메가트렌드 이슈 이해 4. 미래 윤리의 중요성에 대한 이해 5. 대한민국 세부 영역별 미래 변화 이해 6. 전략적 미래예측 방법론 종류 이해 7. 델파이 미래예측 방법론 이해와 적용 8. 퓨처스 휠 미래예측 방법론 이해와 적용 9. 시나리오 미래예측 방법론 이해와 적용 10. STEEP 미래예측 방법론 이해와 적용	60점
		실기	전략적 미래예측 방법론 활용한 미래예측과 미래 전략을 도출하는 실무 Test	60점

APPENDIX 부록　503

5. 자격검정 교재

미래학원론: 미래연구 · 미래전략 입문서(박영사), 전략적 미래예측방법론 바이블(두남출판), 대한민국 미래보고서(교보문고)

6. 정기 자격 검정 일정 안내 (미래예측전략전문가 1, 2급 과정 이수자는 별도 검정)

2급	일시	신청기간
1차	매년 6월	매년 5월
2차	매년 10월	매년 9월

1급	일시	신청기간
1차	매년 12월	매년 11월

7. 자격시험 방법

검정 차수별 신청자 시험 문제 출제 및 검정 실시

8. 자격 검정비(부가세 별도) - 2일 전까지 입금완료

- 자격 검정비 5만원, 자격증 발급비 5만원

9. 자격검정 문의 및 접수

국제미래학회 www.gfuturestudy.org/ Tel. 02-501-7234

E-mail. admin@cleancontents.org

4. 미래지도사 자격 검정(1급, 2급) 안내

주관 기관	국제미래학회	
교 재	미래학원론, 대한민국 미래보고서	
직무 내용	미래지도사는 미래학을 통해 급변하는 미래사회 변화의 주요내용과 미래예측 방법을 이해하고 미래 전략 입안 방법을 익혀 • 미래사회 특성, 미래 과학기술 변화, 미래 산업 및 미래 비즈니스 그리고 미래 직업의 변화를 안내하고 지도한다 • 미래 대응 전략을 입안하고 스스로 미래 진로를 계획하도록 지도하여 미래 사회에 효과적으로 대응하도록 안내하고 지도한다	

검정
과목
(1급)
	1급:
	필기
		• 글로벌 세부 영역별 미래변화 이해
		  – 글로벌한 미래 변화인 기후변화, 세계 인구변화, 도시의 변화, 과학기술의 변화 등을 이해하고 있다.
		• 대한민국 세부 영역별 미래 변화 이해
		  – 대한민국의 미래 인구변화, 과학기술의 변화, 산업의 변화, 문화의 변화 등 주요 영역별 미래 변화를 이해하고 있다.
		• 미래사회 윤리의 이해
		  – 미래사회의 인공지능, 로봇, 생명공학 분야의 윤리를 위한 국내외 활동과 중요성을 이해하고 있다.
		• 미래학 역사와 연구학파의 이해
		  – 고대와 현대 미래학의 역사와 5개 미래연구학파의 특성과 주요 내용을 이해한다.
		• 미래 변화 트렌드와 주요 이슈 이해
		  – 미래사회 4가지 주요 트렌드와 10가지 주요 미래변화 이슈를 이해하고 있다.
		• 분야별 미래 예측 방법론 이해와 적용
		  – 미래사회, 미래과학기술, 미래산업, 미래비즈니스 등 분야별로 적용되는 미래예측방법론을 이해하고 적용할 수 있다.
		• 미래 직업과 일자리 변화 이해
		  – 미래 인재의 역량 변화와 산업과 비즈니스 변화에 따른 미래 직업과 일자리 변화를 이해하고 있다.

검정
과목
(1급)
	1급:
	실기
		• 미래변화 교육 실무
		  – 미래사회특성, 미래과학기술, 미래산업과 비즈니스 변화를 PPT로 작성하여
		    설명한다.
		• 미래 진로 지도 실무
		  – 미래의 진로를 계획할 수 있도록 지도하는 미래진로 지도 계획안을 작성 하
		    여 설명한다
		• 미래 전략 입안 지도 실무
		  – 미래예측을 통한 미래 전략을 입안하는 것을 지도하는 미래예측전략 입안
		    지도 계획안을 작성하여 설명한다.

검정
과목
(2급)
	2급:
	필기
		• 미래학과 미래학 역사의 이해
		  – 미래학의 특성과 미래학의 역사를 이해하고 있다.
		• 미래학 연구학파의 이해
		  – 5개 미래연구학파의 특성과 주요 내용을 이해하고 있다.
		• 주요 미래예측 방법론의 이해
		  – 델파이기법, 퓨처휠방법, 비져닝 워크숍법, STEEP기법, 트렌드추세법 등의
		    미래예측방법론을 이해하고 있다.
		• 미래 변화 트렌드와 주요 이슈 이해
		  – 미래사회 4가지 주요 트렌드와 10가지 주요 미래변화 이슈를 이해하고
		    있다.
		• 미래 산업과 미래기술 이해
		  – 미래 과학기술의 변화에 따른 미래 산업의 변화를 이해하고 있다.
		• 미래 사회 윤리의 이해
		  – 미래사회의 인공지능, 로봇, 생명공학 분야의 윤리를 위한 국내외 활동과 중
		    요성을 이해하고 있다.
		• 미래 직업과 일자리 변화 이해
		  – 미래 인재의 역량 변화와 산업과 비즈니스 변화에 따른 미래 직업과 일자리
		    변화를 이해하고 있다.

	2급:
	실기
		• 미래 변화 교육 실무
		  – 미래사회특성, 미래과학기술, 미래산업과 비즈니스 변화를 PPT로 작성하여
		    설명한다.
		• 미래 진로 지도 실무
		  – 미래의 진로를 계획할 수 있도록 지도하는 미래진로 지도 계획안을 작성하
		    여 설명한다.

참고문헌

■ 국내 문헌

강충인, '4차산업혁명시대 지식재산권 비즈니스', 국제미래학회 미래전략 최고위과정 강의안, 2019.

경제·인문사회연구회, <데이터기반 디지털 경제 미래예측 방법론 연구>, 진한M&B, 2017.

고석만, '미래 콘텐츠산업의 메가트렌드', 국제미래학회 21세기 미래 문화산업 컨퍼런스, 2008.

과학기술기획평가원, '트럼프 정부 첨단산업 육성 정책 동향', 과학기술 & ICT 동향, 2019.3.15.

과학기술정보통신부 블로그, '바이오 기반의 5차산업혁명 도래', 2019.3.25.

과학기술정보통신부, 'I-Korea 4.0 실현을 위한 인공지능(AI) R&D 전략', 2018. 5.

과학기술정보통신부, '미래경제의 핵심 산업-바이오기술', 2018.8.

과학기술정책연구원, <미래 용어집>, 미래연구센터CSF, 2015.

국경완, '인공지능 기술 및 산업 분야별 적용 사례', IITP ICT신기술 리포트, 2019.

국제미래학회, '국가미래기본법 제정 및 헌법 개정 발의안', 국회정책세미나 발제집, 2018.

국제미래학회, '국가별 미래전략기구 현황과 설립에 대한 연구', 2008.

국제미래학회, <글로벌 2030 미래가 보인다>, 박영사, 2013.

국제미래학회, <대한민국 4차 산업혁명 마스터플랜>, 광문각, 2017.

국제미래학회, <대한민국 미래보고서>, 교보문고, 2015.

국제미래학회, <전략적미래예측방법론 바이블>, 두남, 2014.

국제미래학회·한국교육학술정보원, <대한민국 미래교육보고서>, 광문각, 2017.

권기현, <미래예측학>, 법문사, 2008.

권영걸, '미래 공공디자인산업의 메가트렌드', 국제미래학회 21세기 미래 문화산업 컨퍼런스, 2008.

금융보안원 보고서, '설명 가능한 인공지능(eXplainable AI, XAI) 소개', 2018.3.23.

기술인문융합창작소, <미래예측 프레임워크와 방법론>, 2013.

기술인문융합창작소, 《미래예측 비저닝 프레임워크 프로세스》, 2014.

기획재정부, '4차 산업혁명 종합대책기본방향', 2017.

김경아, '4차산업혁명시대 뮤지컬과 오페라', 국제미래학회 미래전략 최고위과정 강의안, 2019.

김경훈, '대한민국 미래 메가트렌드', 국제미래학회 미래 메가컨퍼런스, 2016.

김경훈, '미래 핫트렌드와 비즈니스 전략', 국제미래학회 미래전략 최고위과정 강의안, 2019.

김경훈, <트렌드 워칭>, 한국트렌드연구소, 2005.

김경훈·한국트렌드연구소빅퓨처(문형남), <핫트렌드 2018 빅도미노>, 로크미디어, 2017.

김광두, '대한민국의 위기 이슈 현황과 미래 전략', 국제미래학회 좌담회, 2014.

김광두·김영욱, <한국형 창조경제의 길>, FKI미디어, 2013.

김길룡, <미래학 수련>, 백산서당, 2013.

김난도, <트렌드 코리아 2020>, 미래의 창, 2019.

김동섭, '대한민국 4차산업혁명 현황과 미래', 국제미래학회 미래사랑방 토론회, 2019.

김동욱·윤건, '국가미래전략기구 설계에 관한 연구', 2010.

김동환, '주요국의 미래 연구동향 및 주요 전략', 국회입법조사처, 2012.

김들풀, '빅데이터 미래 산업과 신규 비즈니스', 국제미래학회 미래전략 최고위과정 강의안, 2019.

김들풀, 'FLI 착한 인공지능 개발하자!', IT뉴스, 2017.2.4.

김들풀·이제은, <IT 제곡 대충돌>, 아스팩미래기술경영연구소, 2019.

김명자, <산업혁명으로 세계사를 읽다>, 까치, 2019.

김병욱, <미래예측 분석방법>, 킴스정보전략연구소, 2015.

김병희, '질적 연구의 신뢰 가치성과 이론적 전제' 중앙대 광고PR연구소, 2005.

김성원, '지능정보사회의 도래와 법·윤리적 과제', NIPA 이슈리포트 2017 – 제21호.

김성태, <또 다른 미래를 위하여>, 법문사, 2007.

김영세, <게임이론>, 박영사, 2003.

김용근, '4차산업혁명 대한민국 자동차산업 미래', 국제미래학회 대한민국 4차산업혁명 컨퍼런스, 2017.

김형국, <한국의 미래와 미래학>, 나남, 1996.

김효준, <생각의 창의성>, 도서출판 지혜, 2006.

김흥남, '4차산업혁명과 미래비즈니스와 인재', 국제미래학회 미래전략 최고위과정 강의안, 2019.

김희수, '한국형 4차산업혁명과 5G의 미래', 국제미래학회 미래전략 최고위과정 강의안, 2019.

나완용, '자동차 4차 산업 대응전략', 한국자동차공학회 오토저널, 2017.

나준호, '이머징 이슈에서 미래 트렌드', 2008.

남윤자, '대한민국 옷의 미래와 라이프', 국제미래학회 미래 메가컨퍼런스, 2016.

노순규, <한국의 미래예측과 2050년>, 한국기업경영연구원, 2015.

니콜라스 네그로폰테, <디지털이다>, 커뮤니케이션북스, 1995.

다니엘 벨 저, 김원동외 역, <탈산업사회의 도래>, 아카넷, 2006.

다니엘 핑크 저, 김명철 역, <새로운 미래가 온다>, 한국경제신문사, 2013.

대외경제정책연구원, 주요국의 4차 산업혁명과 한국의 성장전략, 2017.11.

대통령직속 4차산업혁명위, <대정부 4차산업혁명 권고안>, 2019.

디지털리테일컨설팅 그룹, '디지털리테일 트렌드', 2017.2.28.

레이 커즈와일 저, 장시형·김명남 역 , <특이점이 온다>, 김영사, 2007.

로스자크(Theodore Roszark), >인간 : 혹성>(Person : Planet), 1978.

롤프 얀센 저, 서정환 역, <드림소사이어티.미래 경영의 지배자들>, 리드리드출판, 2017.

마샬 맥루한 저 박정규 역, <미디어의 이해>, 커뮤니케이션북스, 1999.

마샬 맥루한 저 임상원 역, <구텐베르크 은하계>, 커뮤니케이션북스, 2001.

문성욱, 4차 산업혁명을 이끌 양자컴퓨팅 기술, 융합Weekly TIP, 2018.04.

문영호 등, '미래기술의 경쟁력 강화를 위한 기술예측기법연구', KISTI, 2001.

문영호, '대한민국 미래 핵심기술', 국제미래학회 미래 메가컨퍼런스, 2016.

문영호, '미래기술 트렌드 및 유망기술 20선', KISTI, 2013.

문형남, '4차산업혁명 5G와 비즈니스 활용', 국제미래학회 미래전략 최고위과정 강의안, 2019.

미국 국가정보위원회, <NIC 미래예측보고서>, 예문, 2017.

민경찬, '미래교육 정책 거버넌스', 국제미래학회 대한민국 미래교육 정책세미나, 2017.

박경식, '세상을 변화시킬 통섭형 인재' 글로벌이코노믹, 2015.6.3.

박병원, '미래예측, 무엇을 공부할 것인가?', Future Horizon, 2011년 가을호.

박병원, '싱가포르 정부의 미래전략 벤치마킹 사례', 과학기술정책연구원 미래연구해외동향, 2018.

박병원, '전략적 불확실성의 대응: 싱가포르 정부의 미래전략 수립 벤치마킹', Future Horizon, 2015.

박병원, <미래연구용어집>, 과학기술정책연구원 미래연구센터, 2017.12.

박병원·윤정현·최용인, '주요국의 미래전략 수립 체계 및 전망보고서 분석',과학기술정책연구원, 2018.

박성원, '미래학의 미래를 위한 10가지 도전', 미래연구, 미래학회, 2016.

박성원, <우리는 어떤 미래를 원하는가>, 이새, 2017.

박수용, '4차산업혁명시대 블록체인과 가상화폐', 국제미래학회 미래전략 최고위과정 강의안, 2019.

박순창, <미래학의 이해>, 청목출판사, 2013.

박영숙, <전략적 사고를 위한 미래예측>, 교보문고, 2007.

박장환, '4차산업혁명시대 드론 비즈니스 미래', 국제미래학회 미래전략 최고위과정 강의안, 2019.

박주헌, '4차산업혁명 대한민국 에너지산업 미래', 국제미래학회 대한민국 4차산업혁명 컨퍼런스, 2017.

박진, <글로벌 싱크탱크와 대화>, 한국외국어대출판부, 2015.

브록 힌즈만, '빅데이터로 본 미래 부상 산업과 미래 인재', 국제미래학회 국제 미래학 학술포럼, 2015.

비숍과 앤디하인스, '미래예측연구 프레임워크', 2018.

생명공학정책연구센터, '2019 바이오 미래 유망기술', 2019.1.

서용석, '4차산업혁명시대 인구변화와 미래기술', 국제미래학회 미래전략 최고위과정 강의안, 2019.

서용석, '미래사회 갈등 이슈 분석', 국제미래학회 미래사랑방 토론회, 2019.

서정선, '4차산업혁명 대한민국 바이오산업 미래', 국제미래학회 대한민국 4차산업혁명 컨퍼런스, 2017.

세계경제포럼, 'Top 10 Emerging Technologies', 2018.

세실리 사머스 저, 이영구·김효원 역, <미래학자처럼 생각하라>, 골든어페어, 2017.

소데카와 요시유키, '델파이 기법부터 간이조사법까지, 미래예측 기술의 세계', HS Adzine, 2017.2.7.

손성진, '이기주의에 병들어 가는 사회', 서울신문, 2016. 10. 6.

손현주, '미래학의 학문적 성격에 대한 시론적 연구', 미래연구,1권1호, 미래학회, 2016.11.

송영조 외, '성공적 공공정책 수립을 위한 미래 연구전략 방법론', 정보문화진흥원, 2009.

송태민 외, '머신러닝을 활용한 소셜 빅데이터 분석과 미래신호 예측', 한나래아카데미, 2017.

스탠리 양, '웨어러블 기술의 헬스, 교육 및 엔터테인먼트 활용 현황과 미래 전망', 국제미래학회 국제 미래학 학술포럼, 2014.

신동아, 세계 미래학계 '대부' 제임스 데이터 교수, 2006.3.28.

신성휘, <게임이론 길라잡이>, 박영사, 2003.

신용현, '4차산업혁명 미래 발전 전략', 국제미래학회 미래전략 최고위과정 강의안, 2019.

신지은 외, <세계적 미래학자 10인이 말하는 미래혁명>, 일송북, 2010.

심현수, '4차산업혁명 스마트폰 비즈니스 활용', 국제미래학회 미래전략 최고위과정 강의안, 2019.

아놀드 토인비 저 홍사중 역, <역사의 연구>, 동서문화사, 2007.

아이작 아시모프, <런어라운드(Runaround)>, 1942.

아이작 아시모프, <로봇과 제국(Robost & Empire)>, 1985.

안종배, '4차 산업혁명에서의 교육 패러다임의 변화', EBS (2017).

안종배, '4차산업혁명시대 교육 패러다임 변화', 국제미래학회 대한민국 미래교육 정책세미나, 2017.

안종배, '국가미래기본법 제정 필요성과 법안', 국제미래학회 국가미래법안 제정 공청회, 2019.

안종배, '대한민국 4차산업혁명 마스터플랜', 국제미래학회 4차산업혁명 정책세미나, 2018.

안종배, '대한민국 미래 변화 동인', 국제미래학회 미래 메가컨퍼런스, 2016.

안종배, '미디어의 미래', 국제미래학회 창립기념 국회 심포지엄, 2007.

안종배, '미래예측 역량, 국가와 기업의 경쟁력', 전자신문, 2014.7.31.

안종배, '미래예측방법을 통한 비즈니스 전략', 국제미래학회 미래전략 최고위과정 강의안, 2019.

안종배, <스마트미디어시대 방송통신 정책과 기술의 미래>, 진한M&B, 2012.

안종배, <스마트시대 콘텐츠마케팅론>, 박영사, 2012.

안종배, 미래 미디어 발전 로드맵과 기술, ETRI, 2007.

안종배·노규성, <퓨처어젠다, 미래예측2030>, 광문각, 2019.

안종배·장영권, <대한민국 4차산업혁명 성공전략>, 광문각, 2018.

엄길청, '4차산업혁명시대 강소기업 경영학', 국제미래학회 미래전략 최고위과정 강의안, 2019.

엄길청, '대한민국 미래 경영과 사회', 국제미래학회 미래 메가컨퍼런스, 2016.

에릭 갈랜드 저, 순민중 역, <미래를 읽는 기술>, 한국경제신문사, 2008.

엘빈 토플러 저, 권오석 역, <제3의 물결>, 홍신문화사, 1994.

엘빈 토플러 저, 장을병 역, <미래의 충격>, 범우사, 1990.

엘빈 토플러, <누구를 위한 미래인가>, 청림출판, 2012.

엘빈 토플러·하이디 토플러 저, 김중웅 역, <부의 미래>, 청림출판, 2006.

오세정, '4차산업혁명시대, 교육 혁신 방안', 국제미래학회 대한민국 미래교육 정책세미나, 2017.

오춘호, 'AI가 '가격담합'했다는데…법적 책임은 누가?', 한국경제, 2017.4.3.

온종훈, '탄력요금제 담합 등 가파른 진화.디지털 경제의 역설', 서울경제, 2018.9.2.

외교부, '[EU] EU, 2050 과학기술 미래예측보고서 발표', 2016.

우종필, '빅데이터 분석대로 미래는 이루어진다', 매일경제, 2017.

울프 필칸, <트랜드와 시나리오>, 리더스북, 2009.

원광연, '미래 문화기술(CT)의 메가트렌드', 국제미래학회 21세기 미래 문화산업 컨퍼런스, 2008.

유발 하라리 지음, 조현욱 옮김, <사피엔스>, 김영사 (2015).

유영민·차원용 상, 현실이 되다>, 프롬북스, 2014.

유영성 외, <초연결 사회의 도래와 우리의 미래>, 한울, 2014.

윤미영·권정은, '빅데이터로 진화하는세상'. 한국정보화진흥원, 2012.

윤석만, '직업 증발의 시대가 온다', 중앙일보, 2018.1.13.

윤성필외, 에너지 신산업에 대한 적용, 2018.

윤은기, '4차산업혁명시대 협업으로 혁신하라', 국제미래학회 미래전략 최고위과정 강의안, 2019.

윤은기, <협업으로 창조하라>, 올림, 2015.

윤응진, 기독교 평화교육론, 한신대학교출판부, 2001.

윤정현, '과학기술정책연구원 미래연구 해외동향', 2017.

이각범, '해외의 미래연구 동향.'>, 한국미래연구원, 2013.

이광형, <3차원 미래 예측으로 보는 미래경영>, 생능출판사, 2015.

이광형, <세상의 미래>, 엠아이디, 2018.

이남식, '대한민국 위기현황과 미래', 국제미래학회·한국생산성학회 공동 학술대회, 2019.

이남식, '위기가 기회다', 이남식 칼럼, 경인일보, 2019.11.5.

이동우, <미래를 읽는 기술>, 비즈니스북스, 2018.

이민화, 윤예지, '자기조직화하는 스마트시디4.0', 창조경제연구회, 2018.

이상민, '4차산업혁명 대응 전략', 국제미래학회 미래전략 최고위과정 강의안, 2019.

이상훈, '4차산업혁명 대한민국 ICT기술의 미래', 국제미래학회 대한민국 4차산업혁명 컨퍼런스, 2017.

이상훈, '4차산업혁명과 미래 기술', 국제미래학회 미래전략 최고위과정 강의안, 2019.

이세준, 이윤준, 홍정임, '미래연구 방법론의 탐색 및 적용', 과학기술정책연구원, 2008.

이승훈, '최근 인공지능 개발 트렌드와 미래의 진화방향', LG경제연구원, 2017.12.

이어령, <젊음의 탄생>, 생각의 나무, 2008.

이영탁, '4차산업혁명과 미래사회', 국제미래학회 미래전략 최고위과정 강의안, 2019.

이영탁·손병수, <당신의 미래에 던지는 빅퀘스천 10>, 한국경제신문, 2019.

이영희, '미래 IT산업의 메가트렌드', 국제미래학회 21세기 미래 문화산업 컨퍼런스, 2008.

이예원, '바이오 기술 주도의 5차 산업혁명을 준비', 과학기술정책연구원 미래연구포커스, 2018.3호.

이원태, '4차산업혁명과 지능정보사회의 규범 재정립' KISDI Premium Report, 2017-10.

이원태, '소비자정책동향', 2017,8.

이재관, '자율주행자동차 동향과 미래비즈니스', 국제미래학회 미래전략 최고위과정 강의안, 2019.

이재신, '미래예측과 델파이 방법', 한국언론학회, 2012.

이재홍, '4차산업혁명 대한민국 콘텐츠산업 미래', 국제미래학회 대한민국 4차산업혁명 컨퍼런스, 2017.

이재홍, '게임의 인문융합 스토리텔링 연구'. 한국컴퓨터게임학회, Vol 27, 2014.

이재홍, '대한민국 미래 스토리텔링', 국제미래학회 미래 메가컨퍼런스, 2016.

이종규, '최근의 경제 동향과 미래 예측', 국제미래학회 미래사랑방 토론회, 2019.

이주연, '대한민국 미래 융합산업', 국제미래학회 미래 메가컨퍼런스, 2016.

이주헌, 『미래학, 미래경영』, 청람, 2018.

이형희, '대한민국 사물인터넷의 미래', 국제미래학회 미래 메가컨퍼런스, 2016.

이홍림, '미래학이란 무엇이며, 미래예측은 가능한가?' 세라미스트, 제9권 제2호, 2016. 6.

이희준, '적정기술 개념을 활용한 시니어 디자인 전략', 한국디자인지식학회, 2013.

임도원, '저출산 초고령사회 대한민국', 한국경제, 2018.8.28.

임채린, '인공지능과 트롤리 딜레마', Right Brain Lab 블로그, 2018.7.20.

임현, 한종민, 정민진. '미래예측을 위한 시나리오 분석 및 시스템 구축방안', KISTEP, 2009.9.

자크 아탈리 저, 양영란 역, <미래의 물결>, 위즈덤하우스, 2009.

자크 아탈리, <미래 대예측>, 세종연구원, 2018.

자크 아탈리, <어떻게 미래를 예측할 것인가>, 21세기 북스, 2018.

장 프라노아 누벨, '집단지성산업의 미래', 국제미래학회 창립기념 국회 심포지엄, 2007.

장문기, '드론이 바꾸는 산업과 비즈니스 미래' 국제미래학회 미래전략 최고위과정 강의안, 2019.

장수진, '빅데이터와 인공지능의 신규 사업', 국제미래학회 미래전략 최고위과정 강의안, 2019.

잭 파크, '교육의 미래', 국제미래학회 창립기념 국회 심포지엄, 2007.

정보통신기술진흥센터(IITP), '4차 산업혁명과 SW R&D 정책', 2017.06.14.

정보통신기술진흥센터, 'ICT R&D 중장기 기술로드맵 2022' 제3권 인공지능, 2016.

정선호, '일본의 차세대 친환경자동차 기술 동향', 한국자동차공학회오토저널, 2017.

정성훈, '4차 산업혁명시대, 미래 유망직업', 뉴스핌, 2019.4.4.

정승희, '감성 담은 IT제품', financial it frontier, 2017년 봄호.

정원영, '4차산업혁명 시대의 직업 전망 7대 트렌드', 로봇신문, 2017.4.25.

정윤 외, <2030년, 미래전략을 말한다: 세계 패러다임 변화와 우리의 선택>, 이학사, 2011.

제러미 리프킨, <제3차 산업혁명>, 민음사, 2012.

제레미 리프칸 저, 안진환 역, <한계비용 제로 사회>, 민음사, 2014.

제롬 글렌, '21세기 미래산업 메가트렌드', 국제미래학회 21세기 미래 문화산업 컨퍼런스, 2008.

제롬 글렌, '국가미래전략기구 추세', 국제미래학회 창립기념 국회 심포지엄, 2007.

제롬 글렌, '스마트 ICT의 미래', 국제미래학회 국제 미래학 학술포럼, 2012.

제롬글렌, '국가미래 총괄할 정부기구 있어야', 동아일보, 2009.9.25.

조나단 트렌트, 'IT와 BT 융합 혁신산업의 미래와 역할', 국제미래학회 국제 미래학 학술포럼, 2013.

조동성, '대학은 어떻게 바뀌어야 하나', 국제미래학회 대한민국 미래교육 정책세미나, 2017.

조석준, '4차산업혁명 기상기후 변화와 비즈니스', 국제미래학회 미래전략 최고위과정 강의안, 2019.

조선일보, 짐 데이토교수 인터뷰, 조선비즈. 2007. 1.8.

조성복, '4차산업혁명과 디지털트랜스포메이션', 국제미래학회 미래전략 최고위과정 강의안, 2019.

조성선, '양자컴퓨터 개발 동향과 시사점', ICT SPOT Issue, 2018.2.

존 나이스비스트, <마인드 세트>, 비즈니스북스, 2006.

존 나이스비트 저, 김홍기 역, <메가트렌드 2000>, 한국경제신문사, 1997.

존 나이스비트 저, 이창혁 역, <메가트렌드>, 21세기북스, 1988.

존 나이스빗(John Naisbitt), <메가트렌트 2000>(Megatrend 2000), 2000.

존 나이스빗(John Naisbitt), <메가트렌트>(Megatrend), 1982.

중앙선데이, '짐 데이토의 미래학 이야기', 2011. 1. 8.

중앙일보, 짐 데이토의 미래학 이야기, 2007,12,3, 2010.11.28., 2010,12,10.

진대제, '대한민국 4차산업혁명 제대로 하고 있나', 국제미래학회 4차산업혁명 정책세미나, 2018.

진대제, '대한민국 미래성장산업과 투자 트렌드', 국제미래학회 미래 메가컨퍼런스, 2016.

진대제·엘고어 외, <유비쿼터스의 최전선>, 미래M&B, 2005.

차경환, '4차산업혁명시대 두뇌건강 마음건강', 국제미래학회 미래전략 최고위과정 강의안, 2019.

차원용, '4차산업혁명 국가 R&D 전략', 국제미래학회 4차산업혁명 정책세미나, 2018.

차원용, '4차산업혁명 파괴적 융합기술', 국제미래학회 미래전략 최고위과정 강의안, 2019.

차원용, '미국 내 자율주행차개발 기업들의 기술수준 비교', Automotive Magazine, 2017.5.

차원용, '사물인터넷(IoT)에 앞서 건강과 생명의 생체인터넷(IoB)이 더 중요', DigiEco, 2014.6.

차원용, '생체인터넷(IoB) 기술개발과 전략 시리즈', IT뉴스, 2016.

차원용, <미래 기술경영 대예측>, 굿모닝미디어, 2006.

차원용, '미국 내 자율주행차개발 기업들의 기술수준 비교', Automotive Magazine, 2017, 5.

차원용, '사물인터넷(IoT)에 앞서 건강과 생명의 생체인터넷(IoB)이 더 중요', DigiEco, 2014,6.13.

최양희, '4차산업혁명 대한민국 미래 대응정책', 국제미래학회 대한민국 4차산업혁명 컨퍼런스, 2017.

최연구, <미래를 예측하는 힘>, 살림출판사, 2009.

최윤식, <미래를 읽는 기술>, 북리슨, 2008.

최윤식, <미래학자의 통찰법>, 김영사, 2014.

최은수, '세계화4.0 뭐지', 매일경제, 2019.1.29.

최희윤, '슈퍼컴퓨터와 과학데이터의 비즈니스 활용' 국제미래학회 미래전략 최고위과정 강의안, 2019.

카카오 정책지원팀, '미 백악관 '미국 백악관의 AI특별보고서 요약, 2016.

커즈와일, <특이점이 오고 있다(Singularity is near)>, 2005.

클라우스 슈밥, <클라우스 슈밥의 제4차 산업혁명>, 새로운현재, 2016.

클린콘텐츠국민운동본부, '인성 클린콘텐츠 스마트쉼 UCC 공모전', 2019.

토마스 프레이 저, 이미숙 역, <미래와의 대화>, 북스토리, 2016.

토마스 프레이 저, 이지민 역, <에피파니 Z>, 구민사, 2017.

토마스 프레이, '미래 기술 메가트렌드', 국제미래학회 국제 미래학 학술포럼, 2013.

토마스 프레이, '미래학자가 본 한국과 아시아의 미래', 국제미래학회 국제 미래학 학술포럼, 2014.

토비 월시 저, 이기동 역, <생각하는 기계>, 프리뷰, 2018.

통계청, '장래인구특별추계', 2019.

파비엔 구－보디망, '국가별 미래전략 기구 사례와 미래학의 역할', 국제미래학회 창립기념 국회 심포지엄, 2007.

폴 엡스타인, 댄 퍼버 지음, <기후가 사람을 공격한다>, 푸른숲, 2012.

프랑스 전략연구소(France Strategie), '인공지능의 경제적, 사회적 영향 전망', 2017.

피에르 알렝쉬브, 'OECD의 미래전략 프로그램', 국제미래학회 창립기념 국회 심포지엄, 2007.

피터 디아만디스·스티븐 코틀러 , <볼드(Bold)>, 비즈니스북스, 2016.

피터 디아맨디스, '우리가 생각하는 것보다 세상이 더 살기 좋은 이유: 10가지", 인데일리, 2016.

피터 슈위츠 저, 박슬라 역, <미래를 읽는 기술>, 비즈니스북스, 2007.

피터 트러커 저, 이재규 역, <Next Society>, 한국경제신문사, 2002.

하원규, '디지털 행성시대의 메가트렌드와 창조국가전략', 국정관리연구 제10권 제2호, 2015.8.

하인호, <미래학이란 무엇인가'>, 일송북, 2009.

한국고용원정보원, '4차산업혁명 미래일자리 전망', 2017.12.

한국고용정보원, '한국직업전망연구', 2019.

한국과학기술기획평가원, 'EU, 신뢰할 수 있는 '인공지능(AI) 윤리 가이드 라인', S&T, 2019.4.8.

한국과학기술기획평가원, '美 NIC「Global Trends 2030」 2030 주요 내용 및 시사점', 2013.

한국과학기술기획평가원, '이슈분석 130호', 2018.

한국미래기술교육연구원, '빅데이터를 통한 4차산업혁명, 분석 및 예측을 위한 통합 솔루션 적용방안', 미래기술, 2017.

한국미래학회, <한국미래학회 50년>, 나남, 2019.

한국정보화진흥원 Special Report, '美 NIC 글로벌 트렌드 2035', 2017.

한국정보화진흥원, '2030년, 인공지능과 생활', 2016.

한국정보화진흥원, 'NIA 글로벌미래전략', 2017.

한국정보화진흥원, '美 NIC 글로벌 트렌드 2035 주요내용 및 시사점', 2017.

한국정보화진흥원, '스마트 시대의 미래변화 전망과 IT 대응 전략', 2012.

한국정보화진흥원, '인공지능 발전이 가져올 2030년의 삶', NIA Special Report, 2016.4.

한국정보화진흥원, '지능정보사회 윤리 가이드라인', 2018.

한국정보화진흥원, <미래연구백서>, 2011.

한국직업능력개발원, '제4차산업혁명시대 미래직업가이드북', 2018.12.

한백연구재단, <21세기 한국과 한국인>, 1993.

한상우, '국가 미래 발전을 위한 헌법개정', 국제미래학회 국가미래법안 제정 공청회, 2019.

한석수, '4차산업혁명 대한민국 교육의 미래', 국제미래학회 대한민국 4차산업혁명 컨퍼런스, 2017.

한스모라벡, 박우석 번역, <마음의 아이들>, 김영사, 2011.

현대경영연구소, <미래예측 기술·산업·세계>, 승산서관, 2012.

호세 코르데이로, '로봇산업의 미래', 국제미래학회 국제 미래학 학술포럼, 2011.

호세 코르데이로, '세상을 움직이는 미래 기술', 국제미래학회 국제 미래학 학술포럼, 2013.

호세 코르데이로·박영숙, <2020 트렌스휴먼과 미래경제>, 교보문고, 2006.

황원식, '사물인터넷(IoT)이 가져올 미래의 산업변화 전망', KIET 산업경제, 2016 03.

KAIST 문술미래전략대학원, <대한민국 국가미래전략 2017>, 이콘, 2016.

KDB산업은행, '독일·일본의 4차 산업혁명 대응정책과 시사점', 2017.

KIAT, '유럽 로봇산업 정책 및 기술 동향', GT 심층분석보고서, 2017.8.1.

Kistep & IITP, '과학기술 & ICT 정책기술 동향', 2018.11.

KOTRA, '4차 산업혁명 시대를 준비하는 중국의 ICT 융합 전략과 시사점', 2016.

KT경제경영연구소, <한국형 제4차 산업혁명의 미래>, 한스미디어, 2017.

STEPI(이세준, 이윤준, 홍정임), '통합적 미래연구 방법론의 탐색 및 적용' 정책연구 2008.

STEPI, <미래연구 용어집>, 2018.

YTN '초보운전이에요. 자율주행차, 국내 일반도로 첫 주행', 2017.6.22.

YTN '피부에 붙여 질병 치료. 전자 패치 개발' 2014.4.13.

YTN, '사람 곁에서 협업하는 로봇. 더 가까워졌다', 2017.9.15.

■ 해외 문헌

a16z, 'The End of Cloud Computing', 16 Dec 2016.

Alexlord, Robert, *The Evolution of Cooperation* (New York: Basic Books,1984).

Amoreso, Buruno, On Globalization: *Capitalism in the 21th Century* (New York: Palgrave, 1998).

Amsden, Alice, *The Asia's Next Giant* (New York: Oxford University Press, 1989).

Anderson Janna, *Futures Studies Timeline*, Elon University, 2014.

Android Authority, 'Leaked OEM licensing terms reveal Google's strict level of control over its apps', 13 Feb 2014.

Appleinsider, 'Inside iPhone 8: Apple's A11 Bionic introduces 5 new custom silicon engines', 23 Sep 2017.

Armstrong. J. S., *Principle of Forecasting*, Springer, 2001.

Avery Goldstein, *Rising to the Challenge: China's Grand Strategy and International Security*. (Stanford University Press, 2005).

Bishop, Peter C & Andy Hines, *Teaching about the future*, Palgrave Macmillan, 2012.

BMBF－Foresight Zyklus II' (2015).

BMBM, 'Gesellschaftliche Veranderungen 2030 : Ergebnisband 1 zur Suchphase von.

Business Insider, 'Here's how much computing power Google DeepMind needed to beat Lee Sedol at Go', 9 Mar 2016.

Chermack, Thomas J, Scenario Planning in Organization: How to Create, Use, and Assess Scenario. San Francisco, CA:Berrett－Koehler Publishers, 2011.

Clarke, Arthur C, *Profiles of the Future*, Harper & Row, 1962.

CNNum, France Strategie, 'Anticiper les impacts economiques et sociaux de l'intelligence artificielle' (2017).

Dator, James. 'Teaching Futures Studies: Some lessons learned' Tamkang Univsersity, 2002.

David Gunning/DARPA, 'Explainable Artificial Intelligence (XAI)', 11 Aug 2016.

EC, 'The Knowledge Future : Intelligent policy choices for Europe 2050' (2015).

Forbes, '22 Million Amazon Echo Smart Speakers To Be Sold In 2017, Driving US Smart Home Adoption', 29 Oct 2017.

Glenn, Jerome C. & Theodore J.Gordon, <Futures Research Methodology>, The Millenium Project, 2009.

Hines, Andy, 'The Push and Pull of the Future', 2016.9.

Humanizing Tech, 'Amazon's Secret Self−Driving Car Project', Borg, 12 Jan 2017.

IBM, 'Innovations that will change our lives in the next five years' The 5 in 5, 05 Jan 2017.

Intel, 'Intel's New Self−Learning Chip Promises to Accelerate Artificial Intelligence', 25 Sep 2017.

Intel, 'Intel"fs New Self−Learning Chip Promises to Accelerate Artificial Intelligence', 25 Sep 2017.

Jacques Mattheij, 'Another Way Of Looking At Lee Sedol vs AlphaGo', 17 Mar 2016.

Jerome C. Glenn, *Future Research Methodology*, millenium project, 2011.

Jim Dator, 'Alternative Futures at the Manoa School', Journal of Futures Studies, 2009.

John Launchbury, 'A DARPA Perspective on Artificial Intelligence', DARPA, 2017.

Kuhn, Thomas S, *The Structure of Scientific Revolution* (Chicago: University of Chicago Press, 1962).

Kurzweil, R. *The Singularity is Near*, Viking, 2005.

Lum,Richard A.K, *4 Steps to the Future*, FutureScribe, 2016.

McKinsey & Company, *Big data: The next frontier for innovation, competition, and productivity* (2011).

McKinsey & Company, 'The Connected Home Market', 2017.

McKinsey Global Institute, 'Artificial Intelligence−The Next Digital Frontier?', 2017.

Melanie Swan, *Blockchain: Blueprint for a New Economy*, O.REILLY (2015).

MIT Media Lab, *Counter Intelligence* (2004).

MIT Technical Review, *5 Big Predictions for Artificial Intelligence in 2017* (2017).

Molitor, G., *The Power to Change the World: The Art of Forecasting*, Public Policy Forecasting, 2003.

Nadkarni, A, and D. Vesset, 'Worldwide Big Data Technology and Services Forecast, 2015.2019,' IDC Market Report (2015).

National Science and Technology Council, 'The National Artificial Intelligence Research and Development Strategic Plans'(2016).

O.Makeley, 'A new methodology for anticipating STEEP surprise', Technological Forecasting and Social Change 78, 2011.

OECD, 'Science, Technology and Innovation Outlook 2016' (2016).

Olson, Mancur, *The Logic of Collective Action* (Cambridge: Harvard University Press, 1971).

Seattle Times, 'Amazon deploys many more orange robots at warehouses' (29 Dec 2016).

Stanford University, 'Artificial Intelligence and Life in 2030' (2016).

Stanford, 'Stanford−led artificial intelligence index tracks emerging field', 30 Nov 2017.

Stockholm International Peace Research Institute, *SRIPI Yearbook 2006: Armaments, Disarmament and International Security* (SRIPI, 12 June 2006).

The Economist Intelligence Unit, 'Long−term macroeconomic forecasts. Key trends to 2050' (2015).

The Economist, 'Long−term macroeconomic forecasts. Key trends to 2050'(2015).

Theodore J.Gordon, 'The Delphi Method', The Millenium Project, 2011.

VoiceBot.ai, 'Amazon Alexa Smart Speaker Market Share Dips Below 70% In U.S., Google Rises to 25%', 10 Jan 2018.

Voros, Joseph, 'The Future Cone, use and history', The Voroscope, 2017.

William C. Martel, *Grand Strategy in Theory and Practice: The Need for an Effective American Foreign Policy*, (Cambridge University Press, January 12, 2015).

■ 미래 관련 사이트

http://a16z.com/2016/12/16/the−end−of−cloud−computing/

http://app.nscs.gov.sg

http://blog.daum.net/eprofessor/1393

http://blog.naver.com/parkpaulus/221293473538

http://blog.rightbrain.co.kr/?p=9003

http://data.worldbank.org/indicator/SP.POP.DPND

http://esa.un.org/unpd/wpp/

http://foresightstrategiesgroup.com

http://future.tku.edu.tw

http://futures.hawaii.edu

http://futures.kaist.ac.kr

http://kosis.kr/

http://kostat.go.kr/portal/korea/index.action

http://millennium−project.org/millennium/publications.html

http://navercast.naver.com

http://navercast.naver.com/

http://networks.nokia.com/innovation/technology−vision

http://news.kbs.co.kr/news/view.do?ncd=3304071

http://news1.kr

http://research.ibm.com/5−in−5/

http://tulevaisuus.2030.fi/

http://www.altfutures.org

http://www.andyhinesight.com

http://www.bbc.co.uk/news/world−asia−19630110

http://www.bbc.com/future/story/20150805−will−machines−eventually−take−on−ever
yjob?ocid=twfut

http://www.bio.org

http://www.bloomberg.com/news/articles/2013−08−05/trillions−of−smart−sensors−wi
ll−changelife−asapps−have

http://www.bmbf.de

http://www.boldbook.com

http://www.cabinetoffice.gov.uk

http://www.cam.ac.uk/research/news/face−of−the−future−rears−its−head

http://www.ciobiz.co.kr/news/article.html?id=20180130120015

http://www.cleancontents.org

http://www.cnrs.fr/eg

http://www.dni.gov)

http://www.dni.gov/index.php/about/organization/national−intelligence−council−nic−p
ublications

http://www.donga.com/news/article/all/20111006/40900294/1

http://www.economist.com/blogs/democracyinamerica/2015/06/pharmaceutical−pricing?zi
d=318&ah=ac379c09c1c3fb67e0e8fd1964d5247f

http://www.economist.com/news/business/21644149−established−carmakers−not−tech
−firms−willwinrace−build−vehicles

http://www.eduskunta.fi

http://www.ericsson.com/news/1925907

http://www.ericsson.com/news/1925907

http://www.etnews.com/20181107000390?m=1

http://www.europabio.org

http://www.foresight.kr

http://www.foresightcards.com

http://www.foresight−platform.eu

http://www.framtidsstudier.se/eng

http://www.futureoflife.org

http://www.gartner.com/newsroom/id/3412017

http://www.gartner.com/smarterwithgartner/gartners−top−10−technology−trends−2017/

http://www.gei.re.kr

http://www.gfuturestudy.org

http://www.gov.uk/government/collections/foresight−projects

http://www.hani.co.kr/arti/economy/it/838665.html

http://www.horizons.gc.ca/eng/content/metascan−4−future−asia−implications−canada

http://www.horizons.gc.ca/eng/content/past−projects

http://www.houstonfutures.org

http://www.ibm.com

http://www.ibm.com/smarterplanet/us/en/

http://www.ifs.or.kr

http://www.irobotnews.com

http://www.kairosfuture.com

http://www.kdi.re.kr

http://www.kisa.or.kr

http://www.kisdi.re.kr

http://www.kisia.or.kr

http://www.korea2050.net

http://www.koreafutures.net

http://www.lifehack.org

http://www.metoffice.gov.uk/climate−guide/climate−change/impacts/four−degree−rise/map

http://www.millenium−project.org/millenium

http://www.msip.go.kr

http://www.nafi.re.kr

http://www.newsis.com

http://www.nia.or.kr

http://www.nordicsemi.com

http://www.npu.go.jp

http://www.nscs.gov.sg/public/content.aspx?sid=197

http://www.oecd.org/futures

http://www.partnershiponai.org

http://www.pewsocialtrends.org/2015/12/09/the−american−middle−class−is−losing−g
round/

http://www.provin.gangwon.kr

http://www.rand.org

http://www.rand.org/pubs.html

http://www.research.ibm.com/5−in−5/

http://www.robolaw.eu

http://www.sciencedaily.com/releases/2014/09/140924084847.htm

http://www.sciencetimes.co.kr

http://www.shapingtomorrow.com

http://www.shutterstock.com

http://www.statista.com/statistics/333861/connected−devices−per−person−in−selected
−countries/

http://www.stepi.re.kr

http://www.stgeorgeshouse.org/wp−content/uploads/2016/02/Redefining_the_UKs_Health
_Services_Report.pdf

http://www.strategie.gouv.fr

http://www.technologyreview.com/news/513861/samsung−demos−a−tablet−controlled
−by−your−brain/

http://www.theguardian.com/cities/2014/jun/25/predicting−crime−lapd−los−angeles−p
olicedataanalysis−algorithm−minority−report

http://www.ungei.org/

http://www.unicef.org/esaro/7310_Gender_and_WASH.html

http://www.unu.edu

http://www.we−africa.org

http://www.wfs.org

http://www.wfsf.org

http://www.wfsf.org

http://www.who.int/gho/mortality_burden_disease/life_tables/situation_trends_text/en/

http://www.who.int/gho/publications/en/

http://www.wisdom21,co,kr

http://www.worldfuture.org

http://www.youtongnews.com

http://www.youtube.com/watch?v=kOil2HSDq0E

http://www−03.ibm.com/press/kr/ko/pressrelease/51352.wss

https://alchetron.com/Pierre−Wack

https://blog.lgcns.com/1549

https://brunch.co.kr/@mezzomedia/41

https://deepmind.com/publications.html

https://ec.europa.eu/digital−single−market/en/news/ethics−guidelines−trustworthy−ai

https://en.wikipedia.org/wiki/Gerard_K._O%27Neill

https://en.wikipedia.org/wiki/Internet_of_things

https://english.tku.edu.tw

https://etinow.me/132

https://foresightprojects.blog.gov.uk

https://futureoflife.org/ai−principles

https://futures.kaist.ac.kr

https://library.teachthefuture.org

https://masters.utu.fi/programmes/futures−studies

https://movie.naver.com/

https://news.kbs.co.kr/news/view.do?ncd=3412242)

https://news.samsung.com

https://standards.ieee.org

https://standards.ieee.org/industry−connections/ec/autonomous−systems.html

https://trailersfromhell.com/secret−movies−theodore−roszaks−flicker

https://vnk.fi/en/government−report−on−the−future

https://www.abebooks.com

https://www.apple.com/kr/iphone−x/

https://www.braininitiative.nih.gov/

https://www.cia.gov/library/publications/the−world−factbook/fields/2261.html

https://www.csf.gov.sg/our−work/our−approach

https://www.dni.gov

https://www.eduskunta.fi/EN/Pages/default.aspx

https://www.edx.org/school/mitx

https://www.eutruckplatooning.com/home/default.aspx

https://www.facebook.com/neurowear

https://www.gov.uk/government/collections/foresight−projects

https://www.gov.uk/government/collections/foresight−projects

https://www.hankyung.com/it/article/2017040288131

https://www.hightech−strategie.de

https://www.hudson.org

https://www.humanbrainproject.eu/en/

https://www.ibm.com/news/ca/en/2012/12/17/l621228e80146v42.html

https://www.ibm.com/us−en/marketplace/clinical−decision−support−oncology

https://www.ibm.com/us−en/marketplace/innovation−jam

https://www.mckinsey.com

https://www.nscs.gov.sg/events.html

https://www.nscs.gov.sg/public/content.aspx?sid=197

https://www.organism.earth/library/author/74

https://www.parliament.gov.sg

https://www.su.org

https://www.technologyreview.com/s/527336/do−we−need−asimovs−laws/

https://www.ted.com/talks/sugata_mitra_build_a_school_in_the_cloud?language=en

https://www.tum.de/en/about−tum/news/press−releases/short/article/31531/

https://www.utu.fi/en/university/for−visitors

https://www.venturesquare.net/766039

https://www.weforum.org/agenda/2016/02/these-scientists-have-predicted-which-jobs-will-behuman-only-in-2035/

https://www.wired.co.uk

https://www-03.ibm.com/press/us/en/pressrelease/51322.wss

https://youtu.be/YXYcvxg_Yro

www.futures.hawaii.edu

INDEX 찾아보기

사항 색인

〈저자 소개〉

안종배 국제미래학회 회장

한세대학교 교수 / 디지털마케팅 박사

주요 연구 영역
미래학, 4차산업혁명, 미래 윤리, 미래성공학
미디어 미래, 스마트 콘텐츠, 스마트 마케팅

학 력
서울대 졸, 연세대 언론홍보대학원1기,
경기대 대학원, 미시건주립대 대학원 졸업, UCLA 디지털미디어콘텐츠 Post과정 수료

현 직
국제미래학회 회장
한세대 미디어영상학부 교수
대통령직속 4차산업혁명위 혁신위원
클린콘텐츠국민운동본부 회장
미래창의캠퍼스 이사장
국민권익위원회 자문위원/한국교총 고문
국회미래정책연구회 운영위원장
흥사단 감사/투명사회운동본부 윤리연구센터장

경 력
호서대 벤처대학원 교수
대한적십자사 대의원 및 자문위원
언론중재위원회 중재위원

포 상
2019 서울과학종합대학원 4T 최고위 올해의 자랑스런 동문상
2015 국무총리상, 자랑스런 한세인상 수상
2014 아시아 태평양 스티비상 대상 수상
2013 대한민국 인물 대상(한국언론인총연대, 미주한인언론인연합회)
2013 대한민국학술원 우수학술 저술(스마트시대 콘텐츠마케팅론)
2011 대한민국 커뮤니케이션 대상 여성가족부장관상(클린콘텐츠 웹진 발행)
2011 정보문화 대상 행정안전부 장관상(클린콘텐츠국민운동본부 기관)

주요 저서
미래학원론(박영사) 2020년
퓨처 어젠다, 미래예측 2030(광문각) 2019년
4차산업혁명시대 대한민국 미래 성공전략(광문각) 2018년
대한민국 4차산업혁명 마스터플랜(광문각) 2017년
제4차산업혁명시대 대한민국 미래교육보고서(광문각), 2017년 문체부 세종도서 선정
대한민국 미래보고서(교보문고) 2016년 문체부 세종도서 선정
전략적 미래예측방법론 바이블(도서출판 두남): 2015년 문화체육관광부 우수학술도서
스마트폰 마이스터 되기- 스마트폰 200% 활용법, 2014년(진한 M&B)
건강한 UCC 제작과 SNS 사용법, 2013년(진한 M&B)
미래가 보인다, 글로벌 미래 2030, 2012년(박영사)
스마트시대 콘텐츠 마케팅론(박영사): 2013년 대한민국 학술원 우수학술도서 선정
스마트시대 방송통신 정책과 기술의 미래, 2010년(진한 M&A)
스마트시대 양방향방송광고 기획과 제작, 2009년(학현사)
나비효과 디지털마케팅(2004년)/ 나비효과 블로오션 마케팅(미래의 창) 2005년
010-8223-7530 daniel@cleancontents.org

미래학원론: 미래연구·미래전략 입문서

초판발행	2020년 1월 15일
중판발행	2022년 2월 10일
지은이	안종배
펴낸이	안종만·안상준
편 집	배근하
기획/마케팅	김한유
표지디자인	이미연
제 작	고철민·조영환

펴낸곳　　(주) **박영사**
　　　　　서울특별시 금천구 가산디지털2로 53, 210호(가산동, 한라시그마밸리)
　　　　　등록 1959. 3. 11. 제300-1959-1호(倫)

전 화	02)733-6771
f a x	02)736-4818
e-mail	pys@pybook.co.kr
homepage	www.pybook.co.kr
ISBN	979-11-303-0860-9　93300

정 가　　　35,000원